内務省

近代日本に君臨した巨大官庁

内務省研究会 編

講談社現代新書

2772

はじめに――なぜ、今、内務省を取り上げるのか

清水唯一朗

「省庁の中の省庁」

本書を手に取られた方には、書架に並んだ本書の厚さに驚かれたという方もあるだろう。ひとつの省庁がこれだけの紙幅をもって語られる。いや、語るためにこれだけの厚さを必要とする。なんという組織なのだろう。

内務省は明治のはじめ、一八七三（明治六）年一一月に生まれ、太平洋戦争後の一九四七（昭和二二）年一二月に廃止されるまで、七四年にわたって存在した日本の省庁であり、その規模、権限の大きさから近代日本における「省庁の中の省庁」とされる。

では、内務省はどれほどの規模を誇ったのか。その大きさを理解するために、内務省が所管していた政策を現代日本の担当省庁に置き換えてみると、次のようになる。

地方行政：総務省のうち旧自治省、都道府県知事・部長
警察行政：警察庁、消防庁、各道府県警察本部長
土木行政：国土交通省のうち旧運輸省、旧建設省、旧国土庁

衛生行政：厚生労働省のうち旧厚生省
社会行政：厚生労働省のうち旧労働省
防空行政：廃止（内閣官房へ）
神社行政：廃止（宗教法人神社本庁へ）

地方行政、警察行政だけでも、それぞれひとつの省庁に匹敵する。それに加え、今日、大規模官庁として知られる厚生労働省、国土交通省までも包括する。これだけではない。廃止時には土地収用、国籍、外国人登録から、史蹟名勝天然記念物保存といった各省に横断する事項も内務省が所管していた（「内務省官制廃止に伴う法令の整理に関する法律」）。現代には比肩するものがない、空前絶後の巨大官庁である。

所管する範囲がこれだけ広ければ、当然、許認可権限も膨大にあり、それに伴う権力は絶大なものとなる。それだけに、現在にいたるまで、内務省は常に内外からの批判にさらされてきた。

とりわけ、警察行政を所管していたことは、権力を用いて国民の権利や自由を抑制するイメージを内務省に貼り付けた。戦時中を生きた人たちにとっては特別高等警察（特高）の強権的な存在が同省を象徴するだろう。戦後に日本史を学んだものにとっては選挙干渉を行う民主主義の敵と映る。それが内務省の持つ一面であることに間違いはない。
しかし、そうしたイメージから一歩引いて研究を進めると、それが内務省の限られた一面に過ぎないことがわかる。すると、内務省とは何か、なぜ内務省を知る意義があるのかが見えてくる。

近代日本の政治・行政の「象徴」

近代日本は、明治憲法のもとで政治（藩閥、政党、宮中など）、行政（各省庁）、軍（陸軍、海軍、軍政、軍令）などがそれぞれ自立し、権力分立体制が築かれていたと理解されている。そうであるなら、なぜこのような巨大官庁が現れ、近代ほぼすべての時期に「省庁の中の省庁」として存在しつづけたのだろうか。内務省を見ることで、近代日本における政治が、行政がどのように運用されたのか、速いペースで近代化を実現しながら、なぜそれが敗戦への道を歩んでいったのか、その要因をたどることができるだろう。近代日本の政治と行政を象徴する。それが内務省であるからだ。
くわえて、地方行政は人々の生活に密着し、政策の実施にあたる都道府県庁は内務官僚のポストであった知事と部長によって運営された。警察行政は私たちが想像する治安維持に加え、建築基準や消防といった生活の細部の安全までを広く担った。衛生行政と土木行政は、災厄から人々を守り、暮らしを便利にした。社会行政はすべての人々が幸福に暮らせるよう措置をした。内務省は、生活全般にかかわる省庁であり、その影響は広く深く国民に浸透していた。植民地の行政にも内務省出身の人材が数多く派遣されている。

それだけではない。多岐にわたる政策領域の蓄積は、戦後も各省に、その人、組織、知識とともに継承された。その結果、戦後も内政は長く内務省支配のもとにあるとされた。内務省の廃止は消滅ではなく、発展的な解体であった。

内務省出身者は、解体によって新設された各省で指導的な地位に就いた。彼らを網羅した名簿が作成され、人的な結びつきも維持された。なにより、戦後の官僚機構のトップである内閣官房副長官（事務）が代々、内務省関係省庁から選ばれてきたことがその影響力を物語っている。

内務省研究会の取り組み

それほどの存在であるなら、これまでにも多くの研究が積み重ねられてきて当然だろう。しかし、実際にはそうではない。震災や敗戦時の処理、さらには解体によって資料が散逸したため、それぞれの政策分野の研究は進んだものの、内務省を全体として捉えることはできなかった。

散逸した資料を集め、まず通史を書くことが必要だった。その作業は研究者ではなく、同省の復活を願うOBたちが取り組んだ。彼らはその組織を「大霞会《たいかかい》」と名付け、一九七〇年から一年をかけて全四巻、三七〇〇ページに及ぶ大著『内務省史』が刊行された（大霞会編、一九七〇〜七一）。通史編は歴史家で、初代内務卿・大久保利通《おおくぼとしみち》の嫡孫である大久保利謙《としあき》が手掛け、各論は大霞会のメンバーが担当した。

その存在があまりに大きすぎたのであろう。同書を参照する研究や、それぞれの政策分野を詳述するものは次々と現れたが、内務省そのものを体系的に捉える研究は、なかなか現れなかった。その影響は歴史研究にとどまらず、現代政治、地方自治などの研究においても、戦前期の内務省への理解が不足する状況が続いた。

そうしたなか、若手の日本政治史研究者が集まり、内務省研究会と称する勉強会を立ちあげた。二〇〇一年の春のことである。率直に言えば、そのときに新しい内務省史を描こうといった大それた夢を持っていたわけではない。しかし、多彩な分野を専門とするメンバーが互いに切磋琢磨していくなかで、内務省の像がおぼろげながら見えてきた。

それから四半世紀が過ぎた。政治史、社会史、日本史、東アジア史などから個別の関心を深掘りした研究、論文集は刊行されているものの、やはり体系的に捉えたものは現れていない。他方で現代日本を顧みれば、中央省庁再編と公務員制度改革を経て政官関係が激変し、行政の危機も叫ばれるようになった。

発足時には若手だった研究会のメンバーも、年を重ね、中堅と呼ばれる世代になった。このあたりで自分たちの研究をまとめ、学術論文ではなく、新書として広く内務省のことを伝える一冊を世に問うよいタイミングなのではないか。そう考え、本書の執筆の打診を内務省研究会として受けることをメンバーに諮ったところ、みなさん快諾してくださった。

本書は、政治と行政にまたがる内務省の位置を論じる序章と、明治維新、政権移行、政党内閣、戦中戦後の四つに分けて捉える通史編、多彩な行政分野と他のアクターとの関係を取り上げた一〇の論稿からなるテーマ編、独自の視角による一一のコラムと付録年表、組織機構図からなる。いずれも実績のある中堅・若手の研究者による、最新の成果を踏まえた案内となっている。本書を入口として、内務省を、日本の政治と行政のあゆみを捉え、現代日本の淵源の理解に繋げていただければ幸いである。

参考文献

大日方純夫編『〝新しい内務省史〟構築のための基礎的研究』文部科学省科学研究費補助金研究成果報告書、

二〇〇八年
黒澤良『内務省の政治史――集権国家の変容』藤原書店、二〇一三年
副田義也『内務省の社会史』東京大学出版会、二〇〇七年
副田義也『内務省の歴史社会学』東京大学出版会、二〇一〇年
大霞会編『内務省史』一～四、地方財務協会、一九七〇～七一年
内務省史研究会編『内務省と国民』文献出版、一九九八年
百瀬孝『内務省――名門官庁はなぜ解体されたか』ＰＨＰ研究所、二〇〇一年

目次

テーマ編

凡例

・本書では、読者の便宜を考慮して、適宜意味を損なわない範囲で、旧字を新字に改めるなどの変更を加えています。
・明治五年末の太陽暦の採用にあわせ、本書では明治五年以前は旧暦、明治六年以降は新暦で統一をしています。
・本書では、史料の記述を尊重するため原文のまま引用している箇所があります。そのため、現在では不適切と考えられる表現が含まれている場合がありますが、歴史的背景を伝えるため、修正を加えずに掲載しています。

序論　内務省――政治と行政のはざまで

清水唯一朗

はじめに――本書の視点

内務省は、行政にありながら政治に大きくかかわり、それゆえに政治と密接不可分な、特異な存在であった。

省の名前にある「内務」は国内の政治事務全般を意味する。外交を司る「外務」に対置されることは明らかだが、そのあまりに広い職掌と権限は、同省を行政のなかに留め置かず、政治の世界に引きずり出していく。

内務省とするよりも、内政省とする方が妥当だったかもしれない。しかし、内務省の創設者たちは「政」ではなく「務」とすることにこだわった。政治ではなく、あくまで事務、行政を担うスペシャリストが集まる。その高い能力をもって統治機構を確立し、日本の独立を維持し、近代化を進める。その目的を果たすには、政治に翻弄されない方策が必要であった。

政治ときわめて密接な関係性に立つことを運命づけられた内務省が取り得る道は二つあった。ひとつは、有力な政治家の力をもって自らの能力を存分に発揮できる環境を作ることである。明治期においては明治維新を担った正統性を持つ藩閥政治家が、大正期においては国民から選出されることで正当性を持った政党政治家がその役割を果たす。もちろん、その政治家の影響が順当な結果を得ることもあれば、困難な帰結をもたらすこともある。

もうひとつの道は、藩閥政治家の持つ正統性や、政党政治家の持つ正当性に対して、行政、政策の専門性をもって対峙することであった。とりわけ、政党政治期には、国民の声を反映した政党政治家と、より俯瞰《ふかん》的、専門的な見地から考える官僚が互いの特徴をぶつけあうことで、よりよい解にたどりつくことが期待される。

前者の道が現実的であり、後者の道が理想的であるのだが、この点において、内務省や内務官僚の正当性は、他省に比べて不利な位置にあった。内務省が担う政策領域のうち、土木行政や衛生行政は専門性が高い。一方で、地方行政と警察行政という内務省の二本柱はいずれも広く人々の生活にかかわるものであり、誰しもが自分の見解を持ち、意見を述べやすい領域であった。そのために高い専門性が必要とは見なされず、利権が絡むこともあって政治家がより強く主張することとなる。

同様の認識は内務官僚の側にも見られる。彼らはしばしば自らのあるべき姿を「牧民官」と称した。民衆を養い、治める役割である。政策の専門性を高めることに加えて、よき統治者として人格を修練していくことが内務官僚の目標とされた。それは保護主義的に介入していくパターナリズムとも映る。

よき統治者としてあろうとすれば、そこにはそれぞれの声を聴き、調整する政治がある。

つまり、政治家が内務省の領域に踏み込んでくると同時に、内務官僚は自ら政治の領域に踏み出す姿勢を持っていた。内務省が政治に大きくかかわり、それと密接不可分となる宿命であったのはこのためである。

相手は政治だけではない。それは行政、他省に対しても同様であった。広い領域を持ち、よき統治を追い求める内務省は、隣接する政策領域に干渉し、各省と鎬《しのぎ》を削る宿命にあった。

高い政治性、豊富な人材、多額の予算、広範な知識。多大な政治資源を有する内務省は他省を圧倒し、「内務省支配」「内務省による平和」という言葉が生まれる。しかし、それは長く続くものではなかった。近代化の進展と同時に内務省の優位は揺らぎ、割拠の時代がやってくる。

国家をどう運営し、どのような統治を行っていくのか。藩閥政治家、政党政治家、軍部など他の政治勢力とせめぎ合いながら、政府内では他省とぶつかり合いながら、内務省は七四年にわたる歴史を歩んでいく。

内務省を「省庁の中の省庁」たらしめたものは何だろうか。それはまずもって政策領域の広さであり、第二にそれを担った人材、具体的には政治家と官僚であろう。以下、その二点に分け入っていきたい。

1 「省庁の中の省庁」の政策領域

地方行政を担うということ

内務省は、明治新政府の中軸である大久保利通《おおくぼとしみち》が内務卿となったことから、その発足時から「省庁の中の省庁」として幅を利かせたイメージがある。しかし、それは事実ではない。そこには大蔵省との激しい権力闘争があり、それは大久保が凶刃に倒れたあとも続くものであった【↓通史編第一章】。

争点は大きく二つあった。一つは各道府県の知事、部長など地方官の監督権、人事権をどこが握るかである。内務省の設置前には、戸籍と租税を所管する民部省があった。民部省が地方からの民衆の声に応えて減税に傾くのに対して、財政を担当する大蔵省は収入の確保を主張して対立していた。両者は事実上の合併と分離を繰り返したが、明治四(一八七一)年七月に大蔵省が最終的に民部省を吸収した。

そうしたなか、明治政府のありようをめぐる対立が顕在化する。それは征韓論に端を発し、いわゆる明治六年の政変を引き起こす。この政変を収拾する過程で導き出されたのが、強硬な対外進出ではなく、財政と地方行政だけでもない、勧業行政と地方行政をまとめ上げ、内治優先で近代化を推し進めるアイディアであった。一八七三年一一月、岩倉遣外使節団での見聞でこの考えを抱いた大久保利通を卿として、勧業と地方、そして後述する警察と三つの行政分野を軸に内務省が産声を上げる。

内務省の新設は、大蔵省が財政圧力を強めていくなかで打たれた、積極政策に向けた抜本的な改革策であった。大久保のもと、内務省は大蔵省、さらには太政官《だじょうかん》とのせめぎ合いを続け、西南戦争のさなか、一八七七年に地方官の人事権を掌握する。

一方、地方庁で住民と直接に接する地方官からは、本省が現地のことをよく理解していないと厳しい突き上げがなされた。彼らを集めた地方官会議はしばしば紛糾する。そうした声を受け止め、政策に体系的に反映させる必要があった。このため一八八五年に地方行政を担当する県治局が発足し、翌八六年、内務省官制に「地方官を監督す」と明記される。知事をはじめとする県幹部の人事を内務省が握る体制が構築された。

当初、県治行政と呼ばれたこの分野は、日清戦争後に地方行政と改められ、内務省―(都)道府県―郡市―町村という指揮命令系統が確立される。一八八六年に施行された地方官官制によれば、府県庁では第一部が府県会、町村会、地方税、外国人、文書往復、農工商務などを担い、第二部が土木、兵事、学務、監獄、衛生、会計などを担ったほか、収税部と警察本部が置かれている。内務省の職掌であった社寺行政、衛生、土木はもちろん

【→テーマ編第二章、第四章、第五章】、それ以外の分野もこの系統を通じて情報を集め、政策を実施するかたちである。

一九二六（大正一五）年には、上記を改組した内務部、警察部に加えて学務部が置かれ、必要に応じて土木部、産業部、衛生部を置けるようになった。一九三五年には経済部が新設されるなど、その地方行政機構は拡大を続けた。各部長の大半に内務官僚が就いた。こうして生まれた内務省の優越的な地位は、「内務省による平和」と評される相互的な自律調整の行政文化を生んだ。

本省でこれを担った内務省地方局には、大学を卒業して入省した学士官僚のなかでも、成績が優秀で企画立案に長じた俊才が登用された。もっとも、彼らの強みは、その優秀さだけではない。地方庁の存在を生かして、道府県の書記官、内務部長、知事として現場を見て、府県会議員と向き合い、経験を積んでいった。地方と中央を行き来することで、実際を理解した地方行政の担い手として育成されたのである。

以下、地方行政の実態についてはテーマ編第一章で詳述されているので、そちらを参照されたい。

警察行政と選挙行政

内務省が設立された明治初期、維新後の変動期における治安の確保と不平士族の反乱への対応から、警察制度の確立は政府にとって急務であった。一八八一年に農商務省の新設によって、勧業行政が内務省から分離されると、警察行政は地方行政と警察行政を二本柱として敗戦までの歴史を積み重ねていく。

戦前の警察というと、社会主義や共産主義、無政府主義などの反政府的な動きを取り締まった特別高等警察や、戦時期を中心に出版の検閲や言論の統制を担ったイメージが強い。もちろん、それも一面である。しかし、戦前の警察行政の担った範囲はきわめて広い。犯罪の捜査はもちろん、感染症の予防、電気、ガス、建築などの保安と許認可、消防などもその職掌であった。地方に広く組織を展開する内務省ならではの、生活に密着した行政分野を担っていたのである。

それだけに警察行政を担う官僚には、地方行政を担う俊才たちとは異なる能力が求められた。立派な体格を持ち、胆力があることが採用面接でも求められた。当初、警察官僚には創設者の関係から鹿児島出身者が多かったが、徐々に学士官僚への入れ替えが進んだ。

彼らも地方行政と同様に、書記官、警察部長、知事として地方での実践を積み、本省に戻るとその経験を政策立案に生かした。また、第一線で国民と接する警察官の養成は政府への信頼を確立するうえできわめて重要であり、明治期から講習所を設けて育成に力が割かれた。警察行政については、テーマ編第三章が詳述している。

一八九〇年に帝国議会が開設されると、それまであった地方選挙に加え、国政選挙の制度設計、選挙管理、選挙取り締まりが内務省の職掌に入ってくる。制度設計は県治局が、選挙管理は府県などの地方庁、取り締まりは警保局と、省をあげて取り掛かるものであった。

選挙制度は、議会における議論、政党の主張、新聞雑誌の論調、地方庁からの意見などを勘案して原案が起案され、省議、法制局審査、閣議を経て枢密院、ついで帝国議会で審議され、成案となる。

選挙区割りを例に考えてみよう。選挙区割りは一八八九年に小選挙区（二人区あり）を基本として始まり、一九〇〇年に大選挙区（市部は独立選挙区）、一九一九年に小選挙区（二、三人区あり）、一九二五年に中選挙区、一九四六年に大選挙区、一九四七年に再び中選挙区と変遷している。一九二五年の中選挙区が連立与党からの委員も含めた調査会で与党の意見を色濃く反映して策定されたほかは、地方局が起案した区割りが帝国議会に提出され、ほぼそのまま成立している。

選挙運動への対応も同省で積極的に検討され、一九二五年のいわゆる男子普通選挙法において、事前運動と戸別訪問を禁止する、選挙運動費用を制限する、供託金を設ける、郵便物や演説会場の使用などで選挙を公営で行うといった、今日に通じる選挙運動規制が成立している。

選挙の実施には地方官が、取り締まりには警保局と各道府県の警察部が当たる。そこには強い政治性が生まれる。巡査レベルから収集された票読みなどの情報は警保局を通じて次官、大臣にもたらされ、資金投下、弁士派遣などの判断材料とされた。取り締まりに与野党で硬軟を付ける、場合によっては実力で干渉するということも行われた。藩閥政府が民党の伸長を阻もうとした一八九二年の第二回総選挙、第二次大隈内閣が立憲政友会（以下、政友会）の「征伐」を掲げて臨んだ一九一五年の第一二回総選挙における激しい選挙干渉はよく知られている。

他方で、投票を偽造した、開票を不正に行ったという問題は、戦前の日本政治史のなかではほとんど見られない。圧力はかけながらも、選挙管理事務は比較的誠実に実施されたことは特筆してよいだろう。

新領域の担い手として

新しい有望な政策領域をどこが担うのか。それは、現在の行政においても大きな争点である。戦前にあっては、それはほぼ内務省が摑んだ。地方行政を担い、一元化して全国に政策を発していく。地方庁を隷下に収める内務省は、新領域行政においても圧倒的な存在感を誇った。

内務省の創始自体が、新領域行政である勧業行政を摑むことが目的であったことはすでに述べた。それがさらに重要性を増して、大蔵省の商務行政と合わせて農商務省として独立することで内務省は勧業行政を手放すが【↓コラム①】、同省の政策の多くに内務大臣の副署があることからも明らかなように、手放しはしたものの、強い影響を残した。

明治初期における代表的な新領域のもうひとつが救貧政策である。幕末の開国以後、物価の上昇により人々の暮らし向きは苦しく、窮民が多く発生していた。明治政府は発足当初から救済の姿勢を示していたが、財政的な理由もあり実現できていなかった。

内務省の発足は、地方における窮民救済の端緒となる。発足から一年後の一八七四年一二月、政府は恤救《じゅっきゅう》規則を発し、近隣での助け合いを前提としながら、働けない者の救済に着手した。その後も財政による制約は大きかったが、大正期に入って、その重要性も広く認められるようになる。一九一七年には担当課として地方局救護課が発足し、一九二〇年には社会局が誕生するにいたった【↓テーマ編第六章】。

経済社会の進展に伴い、労働行政も発展した。当初は工場や鉱山での保安、取り締まりの要素が強かったが、労働を健全化する必要が認識されると、一九一一年制定の工場法（一九一六年施行）のほか、職業紹介所などの職業安定行政も内務省の奨励により広がっていった。第一次世界大戦後の不況や関東大震災による大量の失業者には、従来の職業紹介に加え、失業救済策として、折からニーズの拡大していた道路、治水、埋め立てなどの土木事業を展開している。

こうして生まれてくる新領域政策も含めて、内務省の所管となる政策分野は他省庁と共管になることも多かった。そうした場合は、あらかじめ先議の省が決められていたが、対立点は多い。河川行政をめぐる農林省、逓信省との調整、軌道をめぐる鉄道省との関係、地方税財政をめぐる大蔵省との調整はつねに困難を伴うものであった。

新規事業や大規模事業を執行する際にはさらなる調整が必要となる。こうした場合、民間人も含めた調査会が立ち上げられた。一八七九年のコレラ大流行に際して立ち上げられた中央衛生会がその嚆矢《こうし》とされる【↓テーマ編第四章】。その後も、選挙制度、地方制度、土木事業、社会行政などについて各種の調査会が設置され、各省、議会、民間の調整にあたった。

こうした関連団体を多数かかえていることは、内務省の強みであった。地方局では、雑誌『斯民《しみん》』の発行で知られる中央報徳会をはじめ、全国各市連合協議会、同市長会、同町村長会などが、警保局では警察協会、大日本消防協会などがあった。現業分野では土木局に日本水道協会、道路改良会、港湾協会、日本河川協会、衛生局では大日本私立衛生会、日本医師会、済生会、社会局では愛国婦人会、協調会、中央融和事業協会、児童愛護会など、さまざまな関連団体、会議体が新しい政策領域が生まれるごとに組織され、外部から内務行政を支えた。これもまた、内務省の政治力の源泉であった。

2 「省庁の中の省庁」を担った政治家たち

政治と行政のあいだにあった内務省は、どのような政治家と官僚が担ったのだろうか。その担い手を見ることで、内務省のアウトラインを描き出していこう。

太政官政府の内務卿、初期議会期の内務大臣

一八八五（明治一八）年に内閣制度が発足する。それ以前、太政官政府における内務卿となった面々は、知らぬ者がない著名な政治家ばかりである。大久保利通、木戸《きど》孝允《たかよし》、伊藤《いとう》博文《ひろぶみ》、松方正義《まつかたまさよし》、山田《やまだ》顕義《あきよし》、山県有朋《やまがたありとも》と、太政官政府の参議や、内閣制度下で首相となる

者が並ぶ。太政官政府における内務省の高い政治的位置が見て取れる【↓通史編第一章】。

創設者である大久保のあとは伊藤が継いだ。巨大官庁を背負って近代化を進めていた大久保の死は、明治政府に再度の政治的混乱を予想させるものであった。しかし、実際にはこののち二年ほど政治は安定を見せる。大久保とともに殖産興業路線を推し進めてきた伊藤が内務卿を継ぎ、盟友である井上馨《いのうえかおる》を工部卿に就け、大蔵卿の大隈とのあいだに権力の均衡が生まれたためだ。

伊藤は大久保が台湾出兵の戦後処理で清国に渡航した際も内務卿を務めており、その継承は順当であった。この間、内務省は伊藤のもとで他省から政策領域の吸収を続け、一八八〇年末には地方行政、警察行政、勧業行政に加え、図書局、博物局など文化行政までも含めた一六局に規模を拡大する。

それにもかかわらず、内務省の歴史における伊藤の存在感は薄い。『内務省史』第四巻にある「内務大臣点描」には一七名の有力大臣の小伝が収められているが、そこにも彼の名前はない。

理由は二つある。第一に、この時期、内閣参議と各省卿の分離が行われたため、伊藤は二年弱で内務卿を退き、松方正義にその座を譲った。このため、外見上、伊藤の任期はごく短い。しかし、実際には伊藤は内務省担当の参議として省内外で奔走した。後任の松方は財政家のイメージが強いが、同郷の大久保が民部省に登用した人物であり、大隈と対立したことを見た伊藤が大蔵から引き抜いて内務卿に充てたものであった。内務省の草創期は大久保が、ついで伊藤が担った。

理由の第二は、勧業行政を失ったことにあるだろう。西南戦争後の財政難のなか、産業政策の刷新が急務となっていた。勧業政策は内務、勧商政策は大蔵と分割され非効率であること、知的財産権の管理やイノベーションを担当する部局が必要となっていることから、農商務省が新設された。新たに設置された農商務省の卿には、井上でも松方でもなく、大隈に近い河野敏鎌《こうのとがま》文部卿が就いた。伊藤、内務省の敗北である。その人事が三条実美《さんじょうさねとみ》と岩倉具視《いわくらともみ》、大隈のあいだで決められ、結果が三条から伊藤に伝えられていることからも、両者の政治の勢力の差は明らかであった。

その構図は、翌一八八一年に立憲政体のあり方をめぐる議論が激しくなり、明治一四年の政変が起こったことで一変する。大隈とその周辺が政府を追われ、大蔵卿には松方が就いた。大久保から伊藤に引き継がれた路線と権力が、大隈らを退けた瞬間であった。内務行政は大隈という大敵を退けて、順風満帆の時を迎える。

実際に比して影の薄い伊藤に対して、そのライバルとなる山県有朋は圧倒的な存在感を持つ。山県は一八八三年から実に六年半にわたって内務卿、初代内相を務め、市制・町村制、府県制・郡制といった地方制度の基礎を固め、衆議院議員選挙法など、憲法附属の内政関係法令の整備にも深く関与した。その際にかかわった官僚たちの面倒をよく見たことで、のちに「山県閥」「官僚閥」と称されるグループが形成されていく。山県といえば陸軍軍人のイメージが強いが、この経験を通じて山県は内務省を起点に内政、文官へ影響力を広げていった。

一八九〇年に大日本帝国憲法が施行され、帝国議会が開設されると、内務大臣の位置は大きく変化する。山県が退いたあとは、西郷従道《さいごうつぐみち》、品川弥二郎《しながわやじろう》、副島種臣《そえじまたねおみ》、河野敏鎌、井上馨、野村靖《のむらやすし》、芳川顕正《よしかわあきまさ》、板垣退助《いたがきたいすけ》、樺山資紀《かばやますけのり》と短期での交代が続き、その存在も従来に比して軽くなっていることがわかる。

一方で際立ってくるのは政党との関係である。自由党の党首であった板垣はいうまでもなく、数少ない元勲級の西郷と井上もいずれも自由党と強いパイプを持っており、そのことが内相就任の大きな要因であった。西郷に加え、品川も吏党系の中心人物である。議会政治が始まり、内務省の役割が地方行政から地方政治へと拡大したことで、政党の関係を調整しうる能力と人脈が重視されたことが窺える。

桂園体制期の内務大臣

一九〇〇年に伊藤博文を総裁とする政友会が創設され、伊藤が四度目の内閣を組織すると、その女婿であり、第一回衆議院議員選挙で議席を得た末松謙澄《すえまつけんちょう》が内相となる。その後、桂太郎《かつらたろう》と西園寺公望《さいおんじきんもち》による桂園体制期が訪れると、桂内閣では内海忠勝《うつみただかつ》、児玉源太郎《こだまげんたろう》、芳川顕正、清浦奎吾《きようらけいご》、平田東助《ひらたとうすけ》らが就いた【→通史編第二章】。

内海は明治初期から二〇年以上にわたって七府県の知事を務め、芳川は山県内相のもとで次官として市制・町村制、府県制・郡制の制定を担った。清浦は警察、監獄制度の創設に携わり、長年にわたって法相を務める、警察・司法行政の逸材である。彼らは「山県閥」「官僚閥」として、民主主義に抵抗した頑迷な勢力として描かれることが多いが、そうしたレッテルには収まりきらない、卓越した専門性を持つ官僚である。

異彩を放つのは陸軍軍人である児玉だろう。同じ長州・陸軍出身の桂の懇願により、一九〇三年、児玉は台湾総督のまま内相と文相を兼ねた。日露開戦の可能性が高まるなかで参謀次長が欠員となったためわずか三ヵ月で任を離れているが、児玉内相のもとでは府県再編の立案が進められ、転出の翌月に閣議決定された。同案は日露戦争によって幻となったが、台湾総督として後藤新平《ごとうしんぺい》を民政長官に据えて治績を挙げた児玉である。彼が長期にわたって内相を務めていたらどうなっていただろうか。興味深いＩＦだろう。

話を児玉以前に戻そう。なぜ、初期議会期と異なり、この時期には専門官僚が内相となった、いや、なることができたのだろうか。その解は、政党との交渉が議会政治から高等政治に吸収されていたことにある。政府と議会が対立関係に置かれ、内相が各党と交渉しなければいけなかった初期議会期と違い、首相である桂と政友会の総裁である伊藤、西園寺の交渉で多くの懸案が解決されていったからだ。

伊藤と西園寺のもとで実務的な交渉にあたったのが原敬《はらたかし》である。もっとも、一九〇六年に第一次西園寺内閣が発足した際、原は大蔵大臣に擬されていた。第一次桂内閣のもと、日露戦争前後の政争期において衆議院の予算委員長としてその知識と指導力を発揮したことから、新内閣では閣僚として予算審議を担うことを期待されていた。

しかし、原は蔵相ではなく、内相となることに強くこだわった。財政は桂が自らの領域と見做すところであり、その大臣となれば桂の隷下に属するか対立するかを選ぶこととなる。党内での交渉も、これまでのように党の勢力を背景に大蔵省と駆け引きするものから、財政の責任者として党に理解を求める難しい立場となる。

他方、内務行政は政友会が推し進めていた党勢拡張に深くかかわる。伊藤系官僚の出身であり、党幹部ながら党歴の浅かった原にとって、予算という困難な問題で政府と党のあいだに立たされるより、内相として党勢拡張に尽くすことがはるかに合理的な選択であった。

内相となった原は、郡制廃止に取り組む。郡制は古代にあった制度を近代に引き写したもので、当初から無理が指摘されており、早晩に廃止することが見込まれていた。しかし、これは山県が作った地方制度体系の一角をなすものであり、政党内閣が主導権をもって改革に着手することに貴族院にあった「山県閥」「官僚閥」が想定外の抵抗を見せ、廃止は失敗する。以後、原は自らが首相となって廃止を実現するまで、長年にわたってこの問題にこだわり続けた。それは、改正に失敗した原の執念というより、この点を押し続けることが山県系の支配構造が持つ問題点を世に問うことにつながると考えた、きわめて政治的な選択だったと見るのがよいだろう。

一九〇八年、第一〇回総選挙の勝利をもって西園寺が退陣すると、後を受けた桂にとって、原のあとに誰を内相に据えるかがきわめて大きな懸案となった。桂は貴族院の有力者であり、第一次内閣の際に農商務相として実績を上げた平田東助に白羽の矢を立てた。平田は朝敵とされた米沢藩の出身ながらドイツで博士号を取得して法制官僚として活躍した。その才を愛した山県は、娘を平田に嫁がせ、自らの幕僚として遇した。

平田は、政党勢力の伸張だけでなく、日露戦争後の思想状況にも対応を迫られた。第一次桂内閣では、日露戦争終結後のポーツマス条約の内容に不満を持った民衆が日比谷焼き討ち事件をはじめとする暴動を全国で起こしている。ひとまず警察官僚の清浦を内相として対応に当たったが、抜本的な思想改良が必要と考えられていた。

国民の「思想悪化」には、日露戦争後の過酷な経済状況、とりわけ地方財政の悪化が影響していると考えられていた。平田は農商務相時代に産業組合、農村組合、商業会議所の創設などを手掛けており、組織化を通じた運動が近代化を着実に進める手段であると理解していた。このため、地方財政の立て直しと、講習を通じた地方人材の育成を進める運動に着手する。いわゆる地方改良運動である。

運動は一定の効果を上げたが、すでに勢いを得ている活動家たちを止められるものではなかった。一九一〇年に幸徳秋水《こうとくしゅうすい》らによる大逆事件が起こると内閣は持ちこたえられなくなり、政権は政党に基盤を有する西園寺に再び託される。もっとも、政党にとってもこうした暴力による体制変化の動きは対応に苦慮するものであった。

大正デモクラシー期の内務大臣

その意味において、第三次桂内閣が大浦兼武《おおうらかねたけ》を内相としたことは象徴的であった。一九一二（大正元）年一二月、行政改革に取り組んだ第二次西園寺内閣が、陸軍二個師団増設問題にかかわる上原勇作《うえはらゆうさく》陸相の辞任によって瓦解したことで、藩閥勢力を敵視する世論が沸騰していた。これに対して、桂は伊藤のように自らがトップに立って政党を樹立することを目論んで、立憲国民党の一部と自派の官僚、財界人を糾合した桂新党を発足させる【↓通史編第二章】。

警察力によって世論を抑えつつ、自派の政党勢力の拡大を図る。このためには薩摩出身の警察官僚として圧倒的な勢力を持ち、三年にわたって農商務相として産業組合運動を率い、地方にも影響力を伸ばしていた大浦は他にない適材であった。

しかし、民衆の動きはそれを凌駕する。藩閥批判の世論は「憲政擁護、閥族打破」を掲げた憲政擁護運動として全国化し、翌一九一三年二月には帝国議会が群衆によって囲まれる事態となった。警察力の発動も検討されたが、日比谷焼き討ち事件の苦い記憶がある桂は、大浦と警察力を抱えながら、総辞職を選択する。次の機会を考えた手であったが、桂は政権に復することなく同年一〇月に逝去する。

あとを受けたのは、政友会を準与党とする第一次山本権兵衛《やまもとごんべえ》内閣であった。内相には原が就く。三度目の就任は芳川に続くものであったが、万能官僚としてリリーフに立つことの多かった芳川は通算で二年余りであるのに対して、原は実に五年の長きにわたって務めている。政友会の成立以来、一四年のうちの五年を内相として務めたのである。いかにその影響力が大きかったかがわかるだろう。

原はこの長い期間のあいだ、地方への党勢拡大と開発を進めたことが知られているが、それに加えて、従来は山県系が占めていた内務省に、親政友会の官僚を着実に増やしていった。こののち、原内閣が確固とした統治を確立する基盤のひとつがここにある。後述するように、渦巻く憲政擁護運動の勢いのなかで、彼らは親政友会の官僚という立場を超えて、政友会への入党に踏み切っていく。

一九一四年、シーメンス事件によって第一次山本内閣が倒れると、政友会の勢力打破を使命として第二次大隈内閣が発足する。桂新党の後身である立憲同志会（以下、同志会）を主な与党とする非政友会連合政権であった。

当初、内相は大隈首相が兼任した。同志会を与党とするからには、想定される内相は大浦である。しかし、大浦には憲政擁護運動の際の内相という強権的なイメージが強く、ひとまず農商務相として入閣し、時機を待った。

その時は早々に訪れた。同年に第一次世界大戦が勃発、大隈内閣は八月にこれに参戦することを決め、その余勢を駆って年末に衆議院の解散に踏み切る。この選挙を取り仕切るため、年明け早々に大浦が内相となった。未整備であった与党の基盤を充実させるために三ヵ月という過去最長の選挙期間が取られ、与党候補への資金提供をはじめとした対応がなされた。その結果は大勝であったが、大浦自身は選挙違反への嫌疑からかつての買収工作を暴かれて政治生命を失い（大浦事件）、復帰が叶わぬまま失意のうちに没することとなる。

第二回総選挙以来とされた選挙干渉に内務省も大揺れとなった。後任の内相には、文相の一木喜徳郎《いっききとくろう》が転じた。一木は山県系の内務官僚であったが、東京帝国大学法科大学教授として多数の官僚を育ててきた「官僚たちの先生」であった。大隈内閣は、政党と一定の距離を画し、官僚との師弟関係を持つ彼を大臣に据えることでこの急場を凌いだが、同志会系の政党と内務省のあいだに大きな溝が生まれた。

大隈内閣は山県の支持も失って総辞職し、一九一六年に寺内正毅《てらうちまさたけ》が組閣する。寺内は朝鮮総督として治績を挙げた、山県にとって最後の切り札であったことから、政党政派から超然としたイメージで捉えられる。しかし、実際には寺内は西園寺内閣の陸相として、事実上の副首相を自任して内閣を支え、政友会との関係に自信を持っていた。

寺内が内相に選んだのは後藤新平であった。医系技官として衛生行政の立ち上げに尽力し、児玉総督のもと台湾総督府民政長官として卓越した業績を挙げ、その実力は疑いのない逸材である。他方、桂の側近として桂新党の結成に参加しながら、桂没後、強烈な批判の声明を発表して同志会を脱党した過去がある。同志会をはじめとする非政友会政党は大隈内閣の総辞職にあわせて結集し、憲政会を結成して次を期していたが、後藤の内相就任は、その出鼻を強く挫《くじ》くものであった。

他方、政友会は是々非々の姿勢を取った。寺内内閣が反憲政会の姿勢を明確にしてくれたのだから、これ以上接近して責任を分担する必要はない。その様子を見て取った後藤は、次官に政友会に入党していた水野錬太郎《みずのれんたろう》を登用し、政友会の巻き込みを図った。水野は原と相談し、党籍を一時離脱して次官となった。

後藤は副総理をもって自任して寺内内閣の政治対応に当たったため、省内事務は水野に委ねた。第一次世界大戦の情勢が佳境を迎えたことを受けて外相に転じると、後任の内相に山県系官僚の名前が挙がるのを退けて水野を昇任させている。

しかし、それは全権委任ではなく、後藤は多くの政策実施にイニシアティブを発揮した。後藤は一九一七年の統一地方選挙、続く衆議院議員総選挙にあたって明確に憲政会を抑圧する方針を示して政友会の勝利を導いた。省内では世界大戦をレジームの転換点と捉え、現地に多数の若手官僚を派遣して、社会政策、労働運動、普通選挙などの新しい知見を持ち帰らせ、地方局救護課の設置【→テーマ編第六章】をはじめとする施策を実現している。

他方、長期化した戦争による好景気は国内における物価高と生活苦を招いていた。一九一八年夏、この不満が米騒動として全国化し、政権は政党を基盤とする原内閣に託される。

原内閣の登場に、内務省は一抹の不安を持っていた。もちろん、原は長く内務行政に通じ、内務官僚の意向を重視して政策を進めてきた。大隈内閣、大浦内相の問題を経て、内務省の主流派は親政友会となっていた。しかし、原が首相となるからには、大隈と異なり、内相を兼任する見込みはない。政党内閣であるから、誰が内相になるかで内務行政は大きく変化する。政党からの無軌道な要求を押し付けられるかもしれない。

原はそれを分かっていたのだろう。数多く寄せられる自薦他薦に取り合わず、西園寺のみに相談して人選を進めた。意中の人物は、自らが内相の際に地方局長、次官を務めた床《とこ》次竹二郎《なみたけじろう》であった。床次は薩摩出身で体格がよく、おおらかな人柄であったことから「小西郷」と呼ばれ、人望を集めていた。政友会でも九州派を率いる領袖として大きな存在感を持っており、党側に対しても押さえが利く。内務官僚も床次の内相就任を歓迎した。

原首相、床次内相のもと、内務省は黄金期を迎える。道路行政、河川行政、港湾行政といったインフラ整備を進める一方で、地方局救護課を社会課に改称、さらに社会局へと昇格させ、労働問題への対応を進めた。三・一運動で朝鮮情勢が不安定化すると、斎藤実《さいとうまこと》総督のもと、水野錬太郎前内相を政務総監とし、多くの内務官僚をその帷幕《いばく》として送りだして、いわゆる文治政策を進めた【↓コラム⑩】。一九二一年に原が暗殺されたあとも、この方向性は維持される。

こののち、一九二三年に関東大震災が起こった際に、直後に発足した第二次山本内閣が後藤を内相に補したことは僥倖であった。後藤は大風呂敷と揶揄《やゆ》されながらも、震災を奇貨として都市計画を推し進める【↓テーマ編第九章】。このとき、後藤を帷幕として支えたのは、寺内内閣の折に彼が欧州に派遣した官僚たちであった。しかし、同年末、帝国議会の開院式に向かう摂政宮を襲撃する事件（虎ノ門事件）が起こったことで、内閣は総辞職となり、後藤の青写真は序盤で大きく躓《つまず》くこととなった。

政党内閣期の内務大臣

翌一九二四年、第二次山本内閣のあとを枢密院議長であった清浦奎吾が引き受けると、政党とメディアは一斉に倒閣運動を開始した。第二次護憲運動と呼ばれるこの動きは、一年前のそれとは大きく性格を異にする。衆議院議員の任期満了が五月に迫るなかで、どの政党が国民の支持を集めるかという政党間競争であった【↓通史編第三章】。

原のもとで内相を務め、その後継者と目されていた床次は、貴族院との関係を重視して清浦内閣支持を表明する。内相には床次とともに原を支えてきた水野が寺内内閣、加藤友《かとうとも》三郎《さぶろう》内閣に続いて三度その座に就いた。芳川、原に続く三人目のことである。

床次は、内閣支持か護憲運動に乗るかで揺れる政友会を割って、同党の官僚派を軸として政友本党を組織し、憲政会、革新倶楽部を交えた政党間競争としての総選挙がはじまる。床次が水野の支援を期待したことはいうまでもない。しかし、水野は選挙干渉には踏み込まず、選挙管理に徹した。政友会の分裂を前に逡巡したとも取れるが、その行動が内務省の威信を守り、国民の輿望《よぼう》によって政権を決めることとなった。

五月に行われた総選挙の結果は、政権批判を繰り広げた加藤高明《かとうたかあき》ら憲政会、高橋是清《たかはしこれきよ》総裁が率いる政友会残留組、犬養毅《いぬかいつよし》を代表とする革新倶楽部のいわゆる護憲三派の勝利に帰した。政友会の分裂によって憲政会が漁夫の利を得た恰好である。「苦節十年」と称される野党生活を経て、同会総裁の加藤に組閣が命じられ、ここに戦前の政党内閣期がはじまる。

こうして護憲三派による連立内閣が発足するが、問題は内相人事であった。憲政会は桂の流れを汲《く》むだけあり、外務、大蔵、農商務の出身者は多く抱えていたが、内務省に連なる人材は大浦事件の影響もあってわずかだった。しかし、その座を政友会に渡すわけにはいかない。加藤首相は副総裁格であった若槻礼次郎《わかつきれいじろう》元蔵相を内相に据えた。若槻は、省内の権力基盤を整えるべく静岡県知事として県会の政友派を抑えた実績を持つ湯浅倉平《ゆあさくらへい》を次官に迎え、太田政弘《おおたまさひろ》を警視総監に、川崎卓吉《かわさきたくきち》を警保局長に据えた。いずれも愛知県知事、名古屋市長と、加藤首相の郷里で仕事をした人材である。

もうひとり、加藤内閣に用いられた内務官僚に塚本清治《つかもとせいじ》がいる。塚本は原内閣で地方局長を務めるなど政友会に厚遇されていたが、第二次山本内閣で内務次官を務め、男子普通選挙の実現に向けた陣頭指揮を執っていた。加藤は男子普選実現を掲げて彼を法制局長官に迎える。この陣容をもって加藤内閣は男子普通選挙法と治安維持法を成立させ、内務省における憲政会勢力を作り上げていった。

一方の政友会は、床次らの脱党によって原が長年にわたって築き上げてきた内務省との関係を失っていた。内務官僚の側も、野党となった政友本党を支持するわけにもいかず、去就を定めかねていた。水野らが政友会と政友本党の再合同に奔走するが、官僚派（政友本党）と党人派（政友会残留組）が袂《たもと》を分かってしまった以上、それは困難なことだった。

男子普通選挙が成立すると護憲三派内閣は対立が目立ちはじめ、ついに地租委譲問題をめぐって瓦解する。憲政会の単独政権となった加藤内閣は半年あまりで首相が急逝し、若槻が首相に転じた。空席となった内相には浜口雄幸《はまぐちおさち》が蔵相から転じた。

第一次若槻内閣・浜口内相は、すでに前回選挙から二年を超えたことを機に、一九二六年九月、地方官の掌握を目的とした異動を行う。知事をはじめとする地方官は、衆議院議員総選挙はもちろん、地方選挙を管轄する権限を持ち、既成政党の地盤の消長にきわめて大きな影響力を持つためであった。こののち、政党内閣下では、頻繁な政権交代に伴う地方官の更迭が相次ぎ、中央政界の混乱が地方自治にも波及することとなった。このことは政党政治の正当性を大きく棄損するものとなる。

大正天皇が崩御し、昭和になると、ほどなく金融恐慌が起こった。一九二七（昭和二）年四月、その打開策をめぐって枢密院と対立した第一次若槻内閣は総辞職し、いわゆる憲政の常道にしたがって政友会に政権がもたらされる。大命を受けたのは高橋から同党総裁を継いだ陸軍大将・田中義一《たなかぎいち》であった。

田中も分裂後の政友会も、内務省にはパイプを持っていなかった。このため、同省を隷下に置くため、内相に司法官僚出身の鈴木喜三郎《すずききさぶろう》を充てた。鈴木は西園寺内閣で松田正久《まつだまさひさ》が法相であったときに司法部改革を推し進め、原内閣では法相として入閣を求められながら次官にとどまり、原の兼摂法相を支えた。鳩山和夫《はとやまかずお》の女婿、すなわち鳩山一郎《いちろう》の義兄であるなど、政友会とはゆかりの深い人材ではあった。

他方、鈴木は高橋内閣の折に過激社会運動取締法案、清浦内閣では法相として治安維持法を立案し、護憲三派内閣で政友会の小川平吉《おがわへいきち》法相とともにこれを成立させている。しばしば男子普通選挙法と治安維持法はセットであったと見られているが、そうではない。前者は世論と政党の要請に応えて内務省が作成したものであり、後者は保守派の運動によって司法省が作成したものである。すなわち、治安維持法の成立は、思想潮流の多様化を背景に、内務省が司法省に凌駕された事例であった。

その鈴木が内相となった。治安維持にあたる警保局長には、司法省刑事局長として鈴木法相の下で治安維持法を起草した山岡万之助《やまおかまんのすけ》が就いた。次官には本省経験の少ない安河内《やすこうち》麻吉《あさきち》が、警視総監には貴族院官僚であった宮田光雄《みやたみつお》が充てられた。地方局長には潮恵之輔《うしおしげのすけ》が留任したが、「人に接するに誠実、職に当たるに勤勉、事を行うに周密、世に処して清廉高潔にしてまことに吏僚の模範」と誉れは高いものの、学究肌であった。省内政治は鈴木—山岡の司法官僚ラインに掌握された。

鈴木—山岡ラインは、内務行政で二つの大きな「歴史」を作った。第一に前内閣が行ったばかりの党派的な地方官人事を徹底してひっくり返し、間もなく行われる初の男子普通選挙を前に、政友会系の知事、局長に大規模に入れ替えたことである。いわゆる憲政の常道による政権交代は、第二党に次期政権を委ねることから必然的に少数与党政権を生む。それは新政権に解散総選挙を急がせ、短い期間に必勝を期させることとなる。そのひとつの帰結が、地方官における激しい党派人事であった。内務本省だけでなく、全国を含めた「地方官の政党化」が進んだ。

もっとも、それには鈴木—山岡ラインの強権発動の面ばかりが強調されるが、その背景に党地方支部からの強い要請があったことは見落とすべきではない。官僚出身の政党人が大臣となり、いずれ総裁を目指すからには、党人出身の大臣よりも増して地方党人の要望に応える必要があったからだ。

この「地方官の政党化」は、単に党派的であっただけでなく、退職により浪人となっていたもの、休職となっていたものの再登用が多く、その能力への疑問とあいまって、政友会系浪人の失業対策だと世論の強い批判を浴びた。加えて、浪人の再登用によって昇進の機会を失った省内の若手や中堅からも強い不満が表明された。そこまでしたにもかかわらず、一九二八年二月に実施された初の男子普通選挙の結果は、実に一議席差の辛勝にとどまった。

第二は、「内務省の司法省化」とされる、社会主義者の弾圧と、治安維持法の厳格・厳罰化であった【↓テーマ編第三章】。警察行政を持ちつつも、社会政策や地方政策によって培ってきた内務省の柔軟な性格はひとたび大きく損なわれた。

かつて護憲三派内閣を崩壊に追い込んだ地租委譲問題もこれによく構造が似ている。地方税は内務省と大蔵省の共管事項であった。しかし、同内閣では地方税の整理を主眼とする税制改革が浜口蔵相の主導で行われ、大蔵省出身である若槻内相は反対しなかった。いかに内務省が「省庁の中の省庁」であっても、他省の利益を主張する大臣では、閣議においては無力であった。

不幸中の幸いと言ってよいだろうか、鈴木内相は総選挙における選挙干渉の責任を厳しく問われて辞任に追い込まれた。後任には政友会の良識派と目された望月圭介《もちづきけいすけ》が、次官には地方局長の潮、警保局長には横山助成《よこやますけなり》が就いた。いずれも水野の系列に連なる本流の内務官僚である。鈴木を辞任に追い込むには、憲政会に近い伊沢多喜男《いさわたきお》らの新進会、内務省OBの貴族院議員を中心とした選挙監視委員会が大きな役割を果たした。政友会系、憲政会系双方の内務省関係者が省の危機に動いた結果でもあった。

一九二九年七月、田中・政友会内閣の総辞職を受けて、組閣の大命が立憲民政党（以下、民政党）総裁となっていた浜口に下る。前回の下野後、憲政会は床次の率いる政友本党と合同して、民政党を結成していた。政友会・憲政会時代の二大横断型政党が改編され、党人中心の政友会と、官僚出身者中心の民政党に分かれた恰好となった。前者は地方分権と積極財政を、後者は中央集権と緊縮財政を掲げて争う、より本格的な二大政党体制が生まれていた。

のちに床次は民政党から脱党するが、およそ半数の官僚出身議員が民政党に留まった。そのため、浜口・民政党には元内務次官の小橋一太《こばしいちた》をはじめ、有力な内務官僚出身者が多くあった。しかし、浜口は彼らではなく、党人たたき上げの安達謙蔵《あだちけんぞう》を内相に就けた。第七回総選挙から当選を重ね、党の選挙委員長として全国の選挙状況を熟知して「選挙の神様」と呼ばれる安達である。少数与党を克服するための解散総選挙に向けた人選である。

次官には潮を留任させて省内と行政をまとめる一方で、警保局長には安達と同郷の大塚《おおつか》惟精《いせい》を充てて選挙に備えた。その陣立ては功を奏し、翌一九三〇年二月の第一七回総選挙では四六六議席中二七三議席という大勝を収める。安達は、浜口が凶弾に倒れたあとの第二次若槻内閣にも留任し、満洲事変に対応すべく民政—政友の協力内閣構想を立ち上げる。

その構想をめぐって閣内不一致となり、若槻内閣が総辞職すると、政友会総裁の犬養毅が組閣する。犬養は鈴木派、床次派、さらには新興の久原房之助《くはらふさのすけ》派などの党内抗争の上に降り立った総裁である。とりわけ、鈴木、床次の両者が深いかかわりを持つ内相人事には慎重さが求められ、両者の仲介ができる人物として中橋徳五郎《なかはしとくごろう》が就いた。

中橋は逓信官僚から実業家に転じ、原内閣で文相を務めた党の重鎮である。しかし、これまで内務行政には特段の関係はなく、彼に期待されたのは、調停役になることであった。省内は政友会系の内務官僚であった河原田稼吉《かわらだかきち》が次官としてまとめた。

しかし、中橋は就任直後に天皇の襲撃未遂である桜田門事件が起きたことから引責辞任すべきとの批判に晒《さら》され、通常議会こそ乗り切ったものの、臨時議会には堪えられないとして辞職した。後任には鈴木が入り、その代わり、鈴木の後任の法相に床次に近い川村竹治《かわむらたけじ》が充てられた。しかし、この人事に久原が猛反対するなど、紛糾は続いた。

満洲事変だけでなく、国内では冷害による飢饉に見舞われ続けている東北の救済、失業対策など緊急の施策が求められるなかでの党内対立は、国民の強い政党不信を招いた。そうして組閣からわずか半年後の一九三二年五月、五・一五事件が起き、犬養首相は凶弾に斃《たお》れた。正当性を失いかけていた政党政治は、ここにひとたび終止符を打たれることとなった。それは、政党に翻弄された内務省にとっては福音でもあった。

官僚内閣期の内務大臣

海軍青年将校らによる首相殺害という前代未聞の事態を受けて、元老・西園寺公望は切り札である斎藤実海軍大将を総理とする挙国一致内閣に前途を託した。もっともそれは、政党内閣の終焉《しゅうえん》を意味するものではなく、政党内閣への復帰に向けた中継ぎの役割としてであった【→通史編第三章】。

こうした観点から、斎藤は朝鮮総督時代の下僚である丸山鶴吉《まるやまつるきち》らを参謀に据えて組閣に臨み、政友会から高橋を蔵相に迎える一方で、民政党からは山本達雄《やまもとたつお》を内相に迎えることとした。政友会は水野の内相就任を求めたが、それを抑えての均衡人事であった。

山本は日本銀行総裁、蔵相を務めた財政家として知られ、かつては政友会に属して原内閣では農商務相として米騒動後の物価安定に奔走した。床次とともに政友会を脱して政友本党に属していたが、民政党発足後は床次と袂を分かち、同党に残って重鎮となっていた。

内相としての経験を持たない山本は、懇意な助言者の入閣を求めた。白羽の矢が立ったのは民政党系の内務官僚を実質的に束ねていた伊沢であった。丸山をはじめ、斎藤の周囲にあった元朝鮮総督府の高官たちの多くは伊沢の系統に連なる内務官僚である。恰好の配剤であった。

しかし、伊沢は自らは入閣せず、山本と同郷の内務官僚で台湾総督府総務長官として評判の高い後藤文夫《ごとうふみお》を推した。後藤は農相となり山本を支える。内閣書記官長には朝鮮総督府学務局長であった柴田善三郎《しばたぜんざぶろう》、法制局長官には後藤新平に育てられた堀切善次郎《ほりきりぜんじろう》、内務次官には潮、警視総監には水野に近い藤沼庄平《ふじぬましょうへい》、警保局長には伊沢系とされる松本学《まつもとがく》といった具合に、内閣と内務省で、内務官僚の復権ともいえる状況が生まれた。

内閣は政党人事を止めるべく官吏の身分保障を進め、山本は鈴木前内相が任命した政友会系知事を更迭し、新進を抜擢する人事を進めた。閣議では政友会出身閣僚の反対に遭って若干の譲歩を迫られたものの、知事のうち一六名を免官、休職者を七名復職、新進を一一名抜擢、一二名を転任という大異動で政党人事の積弊を払拭した。かくして内務官僚は政党に従属してきた地位から脱した。

衆議院議員選挙にも手を付ける。選挙違反の取り締まりを厳格にし、運動費用を抑制するために選挙公営を打ち出した。政党にとっては運動の自由を縛られるものであったが、山本の調停もあり成案に結び付いた。他方、斎藤内閣が末期に立ち上げた五相会議は、首相、蔵相、外相、陸相、海相からなった。内相はこれに含まれず、内政会議の主要メンバーに留まった。国際情勢が主要な課題となるなか、内務省に退潮の兆しも見えていた。

一九三四年七月、斎藤内閣が行き詰まり、岡田啓介《おかだけいすけ》元海相が内閣を継ぐと、内相には後藤が農相から転じた。一時、政友会から脱した床次を内相に迎える動きもあったが、最終的に床次は副総理格と引き換えに逓相に甘んじた。このことは単に政党勢力の退潮を意味しない。内務省では、かつて政党と共に歩んだ官僚ではなく、進歩的な政策の実現を推進する革新官僚と言われる世代が満ちていた。後藤はその指導者と目される人物であった。

後藤内相は政治に不慣れな岡田首相を前に辣腕を振るう。蔵相と軍部の対立で疲弊した内閣書記官長の河田烈《かわだいさお》が辞職すると、その後任に内務省の革新派である吉田茂《よしだしげる》を押し込む。さらに吉田を局長として新設の内閣調査局を革新官僚で固めると、吉田の後任の書記官長にやはり内務官僚の白根竹介《しらねたけすけ》を充てるなど、強い存在感を発揮した。

後藤内相のもと、革新官僚たちは斎藤内閣による選挙法改正を一歩進めて、三五年には選挙粛正中央連盟を組織し地方選挙に至るまで徹底した取り締まりを進めた。他方、地方救済と思想統制にも注力し、年末には政治性を強めていた大本教の幹部を一斉検挙している。

その間隙を縫って、翌年二月に二・二六事件が勃発する。首相の安否が判然としないなか、後藤は首相臨時代理に任じられて閣僚の辞表を取りまとめるが、混乱を避けるため即座の辞任は認められず、当面政務を見ることとなった。

混乱が落ち着いた三月、広田弘毅《ひろたこうき》内閣が発足する。当初、憲政会の川崎卓吉が内相候補となった。加藤高明内閣で警保局長となり憲政会系となった川崎は、同内閣で次官、貴族院議員となって入党し、浜口内閣で法制局長官、第二次若槻内閣で内閣書記官長を務め、党幹事長を経て岡田内閣で文相を務めていた、生粋《きっすい》の官僚出身政党政治家である。

この人事には陸軍が不満を示した。広田は政党出身大臣を一名にせよと圧力をかける陸軍に対して二名とする代わりに、内相には川崎ではなく、事務官である潮を充てた。これには革新官僚が強く反発したが容れられず、かえって唐沢俊樹《からさわとしき》警保局長、相川勝六《あいかわかつろく》保安課長、安倍源基《あべげんき》特高課長らが二・二六事件の責任も取るかたちで休職、左遷となった。この出身者路線は継承され、つづく林銑十郎《はやしせんじゅうろう》内閣でも同様に元次官の河原田稼吉が内相となった。

自省出身の大臣を得たことで内務行政は安定する。しかし、それは政府内における内務省の比重が加速度的に低下していることの証左でもあった。国策遂行を題目に行政機構改革が立案されると、内務行政は徐々に切り崩しに遭っていく。同省出身者の官僚大臣では、その流れに抗することはできなかった。

戦時内閣期の内務大臣

一九三七年六月、林に代わり近衛文麿《このえふみまろ》が首相となる【→通史編第四章】。政党にも軍部にも財界にも好感を持たれ、国際的にも知られたサラブレッドの就任は各方面の期待を集めた。組閣参謀には前内相の河原田が就いた。当初、内相には出身者路線を継承して、革新派官僚として知られる大阪府知事の安井英二《やすいえいじ》が予定されていたが、軍部から入閣の要請が強かった馬場鍈一《ばばえいいち》元蔵相が財界との関係で蔵相に就けずに内相に横滑りしたため、安井は文相に回った。次官には社会局長官の広瀬久忠《ひろせひさただ》が就く。

馬場のもと、内務省は国民精神総動員運動の実現に動き、一〇月には中央連盟が組織される。一二月に馬場が病気で辞任すると、後任に内閣参議の末次信正《すえつぐのぶまさ》が就任する。末次はロンドン海軍軍縮条約で強硬派として鳴らした海軍大将である。内務省は日露戦争直前の児玉源太郎以来、三四年ぶりに軍人を大臣として迎えることとなった。

内政の経験の浅い末次は安井の協力を得て体制構築に臨むが、内務官僚を統御しきれない。政府が官僚人事の集約を目指して内閣人事部の設置案を提案すると、地方官の任免権を脅かされた内務官僚はこれに激しく抵抗した。すると、末次は彼らに押されて修正に奔走し、各省の人事交流のための委員会を内務省に設置する案を通す。これらの案は内閣が総辞職したため、いずれも実現しなかったが、総力戦体制が構築されるなかで内務官僚が軍部出身の有力大臣と伍す気勢を失っていないことを強く示した。

他方、馬場内相、広瀬次官のもとで進められていた厚生省の設置が翌三八年一月に実現し、初代厚相には木戸幸一《きどこういち》が、次官には広瀬が横滑りした。両省は分割されたが、人事においても政策においても、戦前は相即不離の関係を保ち続ける。

明けて三九年一月には近衛内閣が総辞職し、枢密院議長の平沼騏一郎《ひらぬまきいちろう》が首相となる。平沼はかつて「内務省の司法省化」の中心にあった鈴木の後ろ盾であり、内務省は身構えたが、意外にも内相には木戸が厚相との兼任で指名された。祖父の孝允も短期間であるが内務卿を務めたことがあるから、初の祖父・孫での内相でもある。

もっとも、平沼内閣では国家総動員体制の構築が進み、とりわけ警防団令、防空法、映画法、宗教団体法など、国民生活から思想にいたるまでのさまざまな統制が進んだ。続く阿部信行《あべのぶゆき》内閣では、前法相の司法官僚・小原直《おはらなおし》が内相となり、この路線を継承した。

続く米内光政《よないみつまさ》内閣は、いわゆる現状維持派による、戦時期においてはきわめて稀《まれ》な自由主義的気風を持った内閣であった。近衛が再登板を固辞し、前内閣を崩壊させた陸軍がその責任を回避した結果である。

組閣にあたっては内務官僚から広瀬元厚相が参謀となったが、内相の選定は難航し、まず木戸、ついで陸軍大将の荒木貞夫《あらきさだお》に断られる。広瀬は最終的に岡田内閣で米内と席を並べた後藤を推したが、米内は同じく同僚であった児玉秀雄《こだまひでお》を選んだ。源太郎の息子であり、朝鮮総督府政務総監、拓務相として内政の経験も豊富であった。革新的な後藤よりも、米内は堅実な人選を取った。

一九四〇年七月、短命であった平沼、阿部内閣に続き、米内内閣も半年で倒れた。革新的な実力内閣を待望する声に応えるかたちで近衛が再登板し、新党結成を掲げて第二次内閣を組織する。内相には満を持して安井が就き、総動員体制の確立が期された。

しかし、内務官僚は自らの論理を持っていた。政府と表裏一体の関係に立つとされる大政翼賛会の創設に対して、二元化への懸念から強く異論を唱え、翼賛会の支部長を知事の兼任とすることを強く主張して、修正を実現させた。安井がかつて末次を後見したことで内務官僚との間に大きな溝ができており、調整が困難だったとされる。

安井は同年末に辞職し、後任には無任所大臣であった平沼が就く。首相経験者の内相就任は初めてのことであるが、平沼は翼賛会に否定的な立場を取る存在である。その強いイニシアティブで新体制運動を進めるものではなく、むしろ運動の実質的な終焉を意味する人事であった。四一年七月に第三次内閣に衣替えする際、平沼は無任所大臣に戻り、その側近である田辺治通《たなべはるみち》が継いだが、内閣そのものがごく短命に終わった。

一〇月、首相の印綬を受けたのは東条英機《とうじょうひでき》であった。彼は首相のみならず陸相と内相を兼任する。首相が臨時的なものでなく内相を兼ねるのは第二次大隈内閣以来のことであり、現役軍人（組閣に合わせて陸軍大将に昇任）の陸相が内相を兼ねるのは初めてのことであった。

このため内務省の解体など様々な憶測が飛び交ったが、そうはならなかった。兼任の理由は開戦派による強硬策を抑えるために憲兵と警察を一手に掌握する必要があったためとされる。次官に就いた湯沢三千男《ゆざわみちお》は広田内閣ですでに次官を務め、その後中国に渡って陸軍との関係を深めたことから大臣候補としてしばしば名前が挙がっていた。事実上の大臣であった。

翌四二年に入り、東条は湯沢に大臣を譲る。開戦した太平洋戦争の状況下でいわゆる「翼賛選挙」を行うために専任大臣を置く措置であった。湯沢は翼賛議員同盟の幹部・山崎達之輔《やまざきたつのすけ》の弟であり、警保局長、警視総監を歴任した山崎巌《やまざきいわお》を次官に迎えて、時局を理由に延期されていた地方選挙、第二一回衆議院議員総選挙を実施し、翼賛議会を樹立する。

東条首相のもと、湯沢は久しぶりに一年を超えて在任し、東京都の設置、各府県地方事務所の開設、市町村長の権限強化、町内会・部落会を行政の末端機関に組み込むといった体制確立を進めた（昭和一八年の地方制度改革）。続く安藤紀三郎《あんどうきさぶろう》（陸軍中将）も同様の路線を進めた。安藤内相の次官は、広田内閣で休職処分となった唐沢が務めた。

四四年七月、三年近くにわたって戦時内閣を維持してきた東条が、戦線の悪化と世論の批判、閣内外から攻撃を受けて首相の座を退くと、大命は陸軍大将の小磯国昭《こいそくにあき》と海軍大将の米内光政に降りた。組閣は小磯を中心として行われた。

総督として朝鮮にあった小磯は、政務総監として側にあった田中武雄《たなかたけお》に組閣参謀を託した。だが、田中は自らが私大卒、朝鮮総督府・拓務官僚であり、官界の本流ではないことから辞退し、東京都長官の内務官僚・大達茂雄《おおだちしげお》を推した。その大達が内相となり、田中は内閣書記官長として呼び戻される。斎藤の場合でも見たように、植民地総督であった軍人が首相となる際に、植民地官僚とそれに近い内務官僚が、内政との橋渡しの役目を担ったことは注目されよう。次官は山崎が再度務めている。

四五年に入り、組閣の目的は終戦の実現へと遷る。この観点から政権も小磯から海軍大将・枢密院議長の鈴木貫太郎《すずきかんたろう》に移り、鈴木は終戦に向けて治安維持を重視する観点から警察官僚である安倍源基を内相に据えた。安倍は広田内閣の際に潮の内相就任に反対して左遷された革新官僚の中心人物であったが、その後、時流のなかで復権し、警保局長、警視総監、企画院次長と返り咲いていた。次官には前地方局長の灘尾弘吉《なだおひろきち》を昇任させ、全国を八区に分けて地方総監を任命するなど、連合軍上陸に備えた地方制度の立て直しも進めた。

この期間は主として内務省の革新官僚が内相に昇任し、総力戦体制の構築に力を尽くしていったことが見て取れるが、政局の不安定によりそれぞれの任期はきわめて短く、主体性を発揮することは難しかった。

敗戦後の内務大臣

八月、太平洋戦争が終わり、役割を果たした鈴木に代わり、東久邇宮《ひがしくにのみや》稔彦《なるひこ》王が組閣する【→通史編第四章】。皇族によることで混乱をできるかぎり抑えながら戦時から平時への移行を目指す組閣であった。内相は警察行政に長けた山崎が就き、地方局出身の古井《ふるい》喜実《よしみ》が次官としてサポートした。山崎のもと、内務省は戦後の秩序維持と体制改革にあたるが、一〇月に連合国軍最高司令官総司令部（GHQ／SCAP）から発せられた「政治的、公民的及び宗教的自由に対する制限の撤廃に関する覚書」によって警察幹部や教導司、保護司らとともに罷免を求められ、内相のみでなく、内閣が総辞職することとなった。

後継内閣は連合軍との意思疎通の観点から、協調外交期の駐米公使であった幣原《しではら》喜重郎《きじゅうろう》が引き出され、内相は堀切《ほりきり》善次郎《ぜんじろう》に白羽の矢が立った。堀切も、後藤新平系の官僚として斎藤内閣の法制局長官を務めてから一〇年以上が過ぎていた。戦時期に活躍した革新官僚では、ほどなく罷免や追放が待ち受けているのは明らかであり、それ以前の世代に戻ったかたちである。堀切は選挙制度に通じていた坂千《さかち》秋《あき》を次官に迎えて衆議院議員選挙制度の改革に取り組み、選挙区制を大選挙区に、選挙権を二〇歳以上、被選挙権を二五歳以上の男女に一挙に拡大する改正を実現した。

明けて四六年一月、総司令部から公職追放令が発せられると、堀切は自身も公職追放に該当するとして辞表を提出した。内相は政党勢力の重鎮であった三土忠造《みつちちゅうぞう》に交代し、そのもとで戦後初の総選挙が実施される。現職議員が大量に公職追放となったこともあり、この選挙では二七七〇名に上った候補の九五パーセントが新人となり、議員は大幅に入れ替わった。女性も八〇名を超える立候補があり、三九名が当選を果たした。

総選挙の結果と鳩山一郎の公職追放を受けて、吉田茂が自由党を率いて第一次内閣を組織すると、三土のもとで次官であった大村清一《おおむらせいいち》が内相に昇任した。大村は警保局長を務めたことがあったが、それは林内閣・河原田内相期のことであり、革新派とも一線を画する地方局系の人材であったため公職追放に該当していなかった。

こうして内相人事はふたたび出身者路線に回帰したように見えた。大村内相のもと、内務省は地方制度の改正と警察制度改革に着手するが、総司令部が求める急進的な改革要求と政府側の漸進主義は相容れず、難航する。

そこに、新憲法改正に合わせて衆議院議員選挙法を再度改正する動きが現れる。大選挙区制は旧勢力の地盤を破壊し、政界を刷新する目的で導入されたものであったが、それが意図せざる結果として共産主義勢力の伸張をもたらしているとして、総司令部からも、保守政党からも戦前の中選挙区制への回帰が求められた。このため、四七年一月、議会召集後ではあったが、内相は官僚出身の大村から、翼賛政治に抗した政党人として知られる植原悦二郎《うえはらえつじろう》に代わった。植原は進歩党の協力も得て選挙法改正を実現する。

同年四月は、翌月の新憲法施行を前にして大変革の時となった。五日に都道長官、府県知事、市町村長の一斉選挙（第一回統一地方選挙）が実施され、一七日には地方自治法が公布された。二〇日には第一回の参議院議員通常選挙が行われ、二五日には衆議院議員総選挙が中選挙区制に復して行われ、三〇日には都道府県議会議員、市町村議会議員の一斉選挙が行われた。日本政治にとっても、内務省にとっても空前絶後の一ヵ月であった。

総選挙の結果、吉田首相の与党である自由党は敗北し、六月、第一党となった日本社会党の片山哲《かたやまてつ》中央執行委員長を首班とする連立政権が発足した。内相には連立与党である民主党から重鎮の木村小左衛門《きむらこざえもん》前農相が就いた。次官には警視総監から鈴木幹雄《すずきみきお》が転じた。

総選挙の直後、ＧＨＱ民政局から内務省の分権化が指示される。木村は一回生議員のときに加藤高明内閣で若槻内相の秘書官となったことから同省への理解も深く、内務省を「民政省」として改組することで閣議了解を得た。しかし、解体を主張するＧＨＱの意向は強く、六月、閣議は内務省の廃止を決定し、一二月、内務省は七四年にわたる歴史を終えることとなった。

もっとも、内務省の人脈はそののちも強く、とりわけ保守政界に残っていった。河原田、湯沢、大達、安倍、山崎、大村といった歴代の省出身大臣や、広瀬、唐沢、灘尾、古井、鈴木ら次官経験者たちをはじめとする内務省ＯＢが自由党、民主党、さらには自由民主党の政党政治家に転じて戦後政治にその知見を活かした。各省に分割された元内務省の官僚たちも、内政関係者として横のつながりを持ち、占領からの復帰後は内務省出身の政治家たちとともに、同省の再興に向けても動いていく。

3 「省庁の中の省庁」を担った官僚たち

内閣制度導入以前の内務官僚

次に官僚の側を見ていこう。発足時の内務省には、初代内務卿である大久保の能力主義により、精選された人材が集められた。勧業頭に河瀬《かわせ》秀治《ひではる》（宮津藩）、警保頭に村田《むらた》氏寿《うじひさ》（福井藩）、戸籍頭兼地理頭に杉浦譲《すぎうらゆずる》（旧幕臣）、駅逓頭に前島密《まえじまひそか》（旧幕臣）、土木頭に林友幸《はやしともゆき》（山口藩）と、特定の勢力に偏らない人事が行われている。こうした人材配置は、発足まもない内務省に風通しのよさをもたらした。この自由闊達な気風が内務省の基調をなしていく。

一方、地方官はのちのように本省に還流せず、専任の地方官として府県を渡り歩くことが一般的であった。彼らからは、本省は現場のことを理解していないとしばしば突き上げがあったことは前述したとおりである。地方自治の充実、地方住民の善導に努めようとする彼らは、牧民官たれと説いた。住民を支配するのではなく、善政を敷き、慈しみ、導いていく、統治エリートとしての意識を示したものといえるだろう。この意識は時代にかかわらず内務官僚のあり方と正当化に通底するものとして受け継がれていく。

内閣制度導入後の内務官僚

内閣制度が発足した翌年の一八八六(明治一九)年、政府は行政機構を確立するために三つの勅令を発した。第一号の公文式は法律命令の書式を政府内で統一することで法体系の確立を企図したものである。第二号の各省官制は、各省の省庁機構を統一することで指揮命令体系の確立と各省間の調整を整備したものであった。

担い手を語るうえで欠かせないのが第三号の帝国大学令である。帝国大学を各専門の分科大学に分け、なかでも法科大学を中心として国家に有為な人材を育成するカリキュラムを構築した。教員には各分野の研究者のほか、明治国家建設に携わる若手官僚たちを講師として送り込み、学生を政府に惹きつけた。

一八八七年には帝国大学法科大学の学生を優先的に採用する文官試験試補制度が、明治憲法制定後の一八九三年には、私立学校も含めて試験任用を定めた文官任用令が施行される。これは明治憲法の第一九条に定められた、国民は法律と命令の定める資格に応じてひとしく文武官に任命されるという規定を体現したものであった。

かくして、全国の青年たちが立身出世の頂点として官僚と軍人を目指すようになった。そのさらなる頂点に立ったのが内務省である。一八八八年の試補試験実施から政党内閣期が終焉する一九三一年までの四四年間で文官高等試験に合格した四四三〇名のうち、内務省に入省した者は一二八二名に上り、全体の三割を占める。キャリア官僚だけでみても巨大な定員を擁し、圧倒的な勢力を有していたことがわかる。

その規模を内務省の人員で見てみよう。内閣制度が発足した一八八五年の段階では、現在の総合職に相当する勅任官《ちょくにんかん》・奏任官《そうにんかん》がそれぞれ三名、七五名、一般職に相当する判任官が五七七名、契約・嘱託に相当する雇員《こいん》・傭人《ようにん》が一二七四名と、おおよそ二〇〇〇名弱の規模であった。これが行政分野の拡充によって、第一次世界大戦中の一九一九年にはそれぞれ二一名、一八五名、七七二名、一七二七名と合計二七〇〇名強、第二次世界大戦中の一九四二年にはそれぞれ三七名、六六八名、二四四七名、一万三七〇八名の合計一万六八八〇〇名強と加速度的に拡大した。

もっとも、本省にいる者は一六〇〇名ほど、つまり一割であり、大半は土木出張所などの現業に従事するため地方にあった。ここに地方官も加わる。内務省は限定された省中枢から、広く全国に行き渡る組織を持った官庁であった。

優秀な学生がこぞって同省を目指したことも、その存在をより大きなものとしていった。一八九五年から一九三一年までの三六年のうち、実に一六名のトップ合格者が内務省を選んだ。続く大蔵省、農商務・農林・商工省は八名であり、その抜群な地位を示している。

他省庁へのひろがり

「省庁の中の省庁」だけあり、他省へ浸透する転出も際立つ。前記の四四年間についてみると、外地には朝鮮七五、台湾五三、関東庁二と全体の一割近い人員が動いている。政策分野の近い農商務・商工一二、文部九、逓信・鉄道九、宮内六は理解しやすいだろう【↓コラム②】。

異彩を放つのは一八名が転出した外務だ。次官、局長のほか大使公使になったものも多いが、今日のように各省で累進したあとに大使に充てられるかたちではなく、早くから異動が見られる。

宮内省はそもそも幹部職員が少なく、内務省支配が及んでいることが理解できる。明治末期に就任した渡辺千秋《わたなべちあき》（長野、元内務次官）以来、一名を除いて、終戦時の大金益次郎《おおがねますじろう》まで六代三四年間にわたって、内務省出身者が次官を務めている。この流れは戦後の宮内庁長官、次長にも引き継がれている。

他方、各省から内務省に転じた者もある。農商務からの二九名を筆頭に、地方庁二八、司法二五、逓信二二、民間一六、大蔵一五、文部九、大学・高校・その他学校九と続く。農商務からの転任は全期間にわたって見られ、恒常的に人事交流が行われていたことがわかる。地方庁は昭和初期に多く、本省の定員が充足された期間にひとまず地方庁で採用し、定員が空くと本省に移されたことが影響している。

民間の一六名が目を惹くが、これは試験合格、もしくは本省の定員が空くまで民間に就職したものが大半を占める。同様に大学や高校などに勤務したものも見られる。そこまでしても入りたい省庁であった。

しばしば、内務省では本省勤務が優秀の証であり、地方勤務は二流であるという議論がなされる。しかし、ほぼ地方に出ずに本省のみで累進したのは水野錬太郎【↓コラム②、⑨】や潮恵之輔など五指に満たない。多くの官僚は本省と地方を往復することで、現場を理解した政策立案が行われた。

時代が進み、学士官僚が同省を満たすようになると、むしろ若いうちに地方を、現場を見ておきたいという要望が強まる。のちの東大総長・南原繁《なんばらしげる》のケースはよく知られている。明治後期から、若手の学士官僚がまず郡長に補されるようになったのは、そうした希望とニーズを反映したものであった。

中央で、地方で、行政の現状に触れることを通じて、内務官僚たちは政治に接近していく。今日からすれば、官であるのだから党派からは超然としているべきという考えもあるだろう。そうした官僚は初代内相である山県のもとに組織化されていった。

他方、帝国大学から学士官僚となった者には政治学科や英法学科の出身者が多く、彼らはイギリス式の議院内閣制を立憲政治の到達点と考えていた。加えて、自分たちの上にいる藩閥系の官僚たちは、専門知識に乏しく、時代遅れだと批判的に見てもいた。

こうした意識を持つ学士官僚の第一世代がちょうど次官、局長級になったころ、図ったように憲政擁護運動が起こった。西園寺や原が率いる政友会に対する勢力としては桂たちのグループがあったが、こちらも同志会（のちの憲政会）を樹立して政党勢力となった。超然を掲げて山県の系統に属するか、政友会に入るか、同志会に入るか、それとも立身出世とは無縁の道を選ぶか。デモクラシーの潮流のなかで、彼らは選択を迫られていった。

もっとも、どちらの政党を選ぶかには偶然性もあった。自らが次官や局長となった時にどちらが政権を有しているかで、その官僚には党派色が付く。政権交代が行われれば、新政権はその官僚を前政権派として更迭することになる。党派化すれば、あとは政党に入るかどうかである。

政友会が一大政党として勢力を伸ばすことをよしとしない官僚たちは、憲政会を支援しつつも入党はせずに側面支援を続けた。このグループは、伊沢多喜男がリーダー格であったことから「伊沢系」「伊沢閥」などと称されて、独自の地位を歩むこととなる。

一九二四年の加藤高明護憲三派内閣以後、いわゆる政党内閣期が訪れると、官僚の政党化とそれに伴う政権交代時の更迭は苛烈を極めるようになった。身分が不安定化したことはもちろん、休職処分とするケースが多かったことから新人の採用枠に影響が及ぶこととなり、内務省本来の方針に反する党派的で能力主義ではない人事が内外から強い批判を受けるようになった。

政党同士の泥仕合は、国内外の不況と緊張と相まって強い政党政治批判につながり、ついには一九三二年の五・一五事件によって、政党政治はひとたび見送りとなる。中継ぎのために現れた内閣はその閣僚構成から「官僚内閣」と呼ばれ、内務省をはじめとする官僚出身者によって運営されたことはすでに見たとおりである。

官僚内閣からその後の戦時内閣にいたるなかで、内務省の中軸を担ったのは、革新的な統制政策を軸とする、いわゆる革新官僚たちであった。系譜のうえでは、伊沢閥の延長上に位置するともみられている。戦時体制のなかで内務省が生き残ったのも、彼らの存在があったからといえるだろう。

それだけに、戦後の内務省には困難が待ち構えていた。GHQ、とりわけ民政局は、警察権力の存在を焦点に、内務省を戦前の国家主義的な権力の中枢とみなし、解体への圧力をかけていった。

そのことは人材の処遇にも反映された。政治家が追放される一方で官僚はその地位を守ったとされるなか、内務省では警察系の官僚を中心に数多くの人材が公職追放に遭った。とりわけ、各県の知事経験者が大日本武徳会の支部長を務めていたことを理由に追放された（武徳会パージ）ことは、内務省の官界における影響力を削いだ。敗戦から一年半、よく持ったというべきかもしれない。

おわりに――内務省とは何か

内務省と政治の関係はどう評価すればよいのだろうか。内政の総合省庁として生まれた内務省は、地方行政を掌握し、多くの定員を有し、優秀な人材を集めることでその影響力を存分に発揮した。しかし、より具体的な現場や政策対象を持つ他省庁に比べ、内務省の専門性は牧民官といった意識で語られる。立法にかんする知識や、どのように政策を通すかといった政治的な専門知は高かったが、政策分野が広範に及び、異動も頻繁であったことで、特定の専門性を持つ内務官僚は多くなかった。

加えて、法科偏重という日本の官僚制に胚胎する宿痾《しゅくあ》もあり、衛生、土木といった本来であれば専門性の高い政策領域での人材育成は遅れた。こうした状況は、総動員体制下で繰り返し内務省の解体が図られたことと無縁ではない。やはり内務省は大きすぎた。

こうして内務省が都道府県庁を介して総合的に監督する中央集権は終わりを告げ、GHQの指示で一九四七年末に内務省は解体を迎えた。解体された内務省の業務は、内事局（のち総理庁官房自治課）、地方財政委員会、全国選挙管理委員会、国家地方警察、自治体警察、建設院などに分離された。

その後も、旧内務省関係者は同省の復活を図り、内政省構想が浮上したこともあったが、いずれも実現には至らなかった。二〇〇一（平成一三）年の中央省庁再編では、地方局の系譜を継ぐ総務省が郵政省のテレコム系と合わせるかたちで生まれ、内務省の復活とささやかれたが、すでに旧内務官僚は存在していない。衛生局と社会局は今日の厚生労働省、警保局は警察庁と各道府県警察、建設院は国土交通省の一部としていずれも分割、再編されている。

解体を目前にした内務省が生き残りをかけた再編案は「公共省」と名乗り、自治と公安をまとめるというものだった。戦前の政治と行政のあいだで統治のために巨大化した省庁が戦後の民主主義国家のなかで命脈を持つことは、公共という看板を掲げても、もはやあり得なかったのである。

以下、四編の通史と一〇分野のテーマ史、一一点のコラムから、現在までの内務省研究の成果を摑んでいただければ幸いである。

参考文献

粟屋憲太郎『昭和の政党』小学館、一九八三年
飯塚一幸『明治期の地方制度と名望家』吉川弘文館、二〇一七年
市川喜崇『日本の中央―地方関係』法律文化社、二〇一二年
井上敬介『立憲民政党と政党改良』北海道大学出版会、二〇一三年
大島美津子『明治国家と地域社会』岩波書店、一九九四年
大村章仁「地方改良運動下における青年郡長の自治観」中野目徹編『官僚制の思想史』吉川弘文館、二〇二〇年
大淀昇一『技術官僚の政治参画』中央公論新社、一九九七年
刑部芳則「東京音頭の創出と影響」『商学研究』三一号、二〇一五年
奥健太郎『昭和戦前期立憲政友会の研究』慶應義塾大学出版会、二〇〇四年

奥健太郎、清水唯一朗、濱本真輔編著『政務調査会と日本の政党政治』吉田書店、二〇二四年
小川原正道『西郷従道』中央公論新社、二〇二四年
小野修三『明治憲法下の立憲主義者』世織書房、二〇一九年
小幡圭祐『井上馨と明治国家建設――「大大蔵省」の成立と展開』吉川弘文館、二〇一八年
柏原宏紀『工部省の研究』慶應義塾大学出版会、二〇〇九年
勝田政治『内務省と明治国家形成』吉川弘文館、二〇〇二年
官田光史『戦時期日本の翼賛政治』吉川弘文館、二〇一六年
黒澤良『内務省の政治史』藤原書店、二〇一三年
小林道彦『児玉源太郎』ミネルヴァ書房、二〇一二年
小林道彦『山県有朋』中央公論新社、二〇二三年
小山俊樹『憲政常道と政党政治』思文閣出版、二〇一二年
小山俊樹編『近代機密費資料集成Ⅱ』三、二〇二一年
清水唯一朗「隈板内閣における猟官の実相」『日本歴史』六七四、二〇〇四年
清水唯一朗『政党と官僚の近代』藤原書店、二〇〇七年
清水唯一朗『近代日本の官僚』中央公論新社、二〇一三年
清水唯一朗『原敬』中央公論新社、二〇二一年
尚友倶楽部・西尾林太郎編『水野錬太郎回想録・関係文書』尚友倶楽部、一九九八年
季武嘉也編著『新訂日本近現代史』放送大学教育振興会、二〇二一年
スベン、クラーマー『「昭和の大合併」と住民帰属意識』九州大学出版会、二〇二〇年
副田義也『内務省の社会史』東京大学出版会、二〇〇七年
大霞会編『内務省史』一～四、地方財務協会、一九七〇～七一年
大霞会編『内務省外史』地方財務協会、一九七七年

大霞会編『続内務省外史』地方財務協会、一九八七年
谷口裕信『近代日本の地方行政と郡制』吉川弘文館、二〇二二年
手塚雄太『近現代日本における政党支持基盤の形成と変容』ミネルヴァ書房、二〇一七年
長尾宗典「法科と文科」中野目徹編『官僚制の思想史』吉川弘文館、二〇二〇年
中西啓太『町村「自治」と明治国家』山川出版社、二〇一八年
坂野潤治『明治憲法体制の確立』東京大学出版会、一九七一年
古川隆久『昭和戦中期の議会と行政』吉川弘文館、二〇〇五年
升味準之輔『新装版　日本政党史論』二、四～六、東京大学出版会、二〇一一年
松沢裕作『町村合併から生まれた日本近代――明治の経験』講談社、二〇一三年
御厨貴『政策の総合と権力』東京大学出版会、一九九六年
御厨貴『明治国家をつくる』藤原書店、二〇〇七年
水谷三公『官僚の風貌』中央公論新社、一九九九年
三谷太一郎『増補　日本政党政治の形成』東京大学出版会、一九九五年
源川真希『近現代日本の地域政治構造』日本経済評論社、二〇〇一年
宮地正人『日露戦後政治史の研究』東京大学出版会、一九七三年
湯川文彦『立法と事務の明治維新』東京大学出版会、二〇一七年
米山忠寛『昭和立憲制の再建』千倉書房、二〇一五年
若月剛史『戦前日本の政党内閣と官僚制』東京大学出版会、二〇一四年

通史編

第一章　「省庁の中の省庁」の誕生——明治前期

小幡圭祐

内務省は創設当初から「省庁の中の省庁」か？

内務省は一八七三（明治六）年一一月一〇日に産声をあげた行政官庁である。内務省と聞くと「省庁の中の省庁」「官庁の中の官庁」など巨大官庁というイメージを持つかもしれないが、生まれながらにしてそのような特徴をもっていたわけではなかった。本章では、内務省が誕生してから、「省庁の中の省庁」「官庁の中の官庁」へと成長するに至る過程を見てゆきたい。

1　内務省の建省――一八六八〜一八七三年

中央集権国家の成立

徳川将軍が頂点に君臨し、全国を幕府と藩が支配する江戸時代の体制は、慶応三（一八六七）年の大政奉還と王政復古の大号令、慶応四（一八六八）年一月三日の鳥羽・伏見の戦いに端を発した戊辰戦争を経て、まず幕府が終焉を迎え、これにかわって、上に天皇を戴き、薩摩藩・長州藩・土佐藩・肥前藩の出身者を中心とする新しい政府が日本の舵《かじ》取りを行うこととなった。一月一七日に新政府は国家意思決定を掌《つかさど》る総裁・議定《ぎじょう》・参与の三職《さんしょく》と、行政組織として神祇《じんぎ》事務・内国事務・外国事務・海陸軍務・会計事務・刑法事務の各課と制度寮を置いた。初めての内政担当機構というべき内国事務課の職掌は、新政府の拠点としていた畿内地方の庶務と諸国の運輸の統制であった。

しかし、すぐさま新政府が日本全国を支配できる体制が整ったかと言えばそうではない。政府は同年の閏四月二一日に政体書を発布し、古代の律令制度に範をとる太政官《だじょうかん》制が採用され、三職のもとで各種行政を担う行政官庁として議政・刑法・行政・神祇・会計・軍務・外国の七官が設置された。同時に、幕府から接収した領地を中心に府・県を置いたが、江戸時代以来、地方を支配してきた藩をすぐさま廃棄することができなかったのである（府藩県三治制）。新政府は明治二（一八六九）年四月八日に大久保利通《おおくぼとしみち》・広沢真臣《ひろさわさねおみ》参与の主導で会計官から府県事務を分離して内政担当官庁として民部官《みんぶかん》を設ける一方、六月一七日には木戸《きど》孝允《たかよし》参与の主導により名目上で藩の土地と人民を天皇に返還させる版籍奉還を実施するなど、藩に対するイニシアチブの確保を徐々に進めはじめる。

明治二（一八六九）年七月、政府はあらたに職員令を公布し、国家意思決定を掌る大臣・納言・参議の三職のもとに行政官庁として民部・大蔵・兵部・刑部・宮内・外務の六省と開拓使を設置した。なかでも民部省は、諸省の首位に置かれ、また七月二七日に制定された民部省規則において、戸籍・聴訟《ちょうしょう》・橋道・水利・駅逓《えきてい》・開墾・物産などの幅広い職掌を有し、地方行政を通して上下の意思疎通を貫徹することがその任務とされた。ちなみに、実現はしなかったものの、この頃に大久保が作成した制度案に「内務省」の省名がはじめて登場する（勝田政治『内務省と明治国家形成』）。その重要性にかんがみて、個別の事務を管轄するにとどまらず、「内国庶務を掌管」する存在と表現すべきと考えたのであった（「三条公に呈せし覚書」、『大久保利通文書』三）。

一方で、新政府の内部も一枚岩ではなかった。地方行政をめぐって、民政を掌る民部省と財政を掌る大蔵省を合併し、その力で速やかに地方支配を確立しようとする意見（木戸孝允参議や大隈重信《おおくましげのぶ》・伊藤博文《いとうひろぶみ》・井上馨《いのうえかおる》ら大蔵省幹部が主張）と、反発する地方官の意向を重視し民部省を存置して手厚く民政を行うべきとする意見（大久保利通参議らが主張）が対立し、民部省と大蔵省の合併と分離をくりかえした。結果として、省を統御できない政府のあり方が問題視され、政府強化が模索されることとなった。しかし、政府のあり方をめぐっても、国家意思決定を担う三職のうち参議が行政事務を担当する省の長官（卿）を兼務し、政府が直接省を掌握するか（大久保利通参議らが主張）、逆に参議は行政長官を兼務せず、省とは独立した地位にあって国政を主導すべきとするか（木戸孝允参議らが主張）で、政府首脳が鋭く対立した。

このような停滞状況を打破するきっかけとなったのが、明治四（一八七一）年の廃藩置県であった。六月二五日に設置された制度取調会議の審議の停滞に業を煮やした兵部省官僚の突き上げにより、七月一四日に、突如として全国に存在する藩を一挙に廃し、全国に三府三〇二県が置かれたのである。これにより、全国の府県は政府が派遣する地方官によって運営されることとなった。このようなあり方は、基本的に第二次世界大戦後に府県知事が公選となるまで続く（通史編第四章を参照）。

同時に、太政大臣・左右大臣・参議の三職を構成員とし国家の最高意思決定を行う正院《せいいん》、議事機関の左院、省卿（省の長官）・輔（次官）を構成員とし行政を担う右院からなる太政官三院制が採用された。参議と省卿の兼任については、木戸孝允の主張が通り、分離されることとなった。また、右院を構成する行政官庁として、神祇省（のち教部省）・外務省・大蔵省・兵部省（のち陸軍省・海軍省）・司法省・文部省・工部省・宮内省・開拓使が置かれた（小幡圭祐「太政官三院制の成立過程」・『井上馨と明治国家建設』）。

井上馨と〝大大蔵省〟

廃藩置県後の行政を担う行政官庁の中で、ひときわ異彩を放ったのが大蔵省である。大蔵省に民部省を合併して、造幣寮・租税寮・戸籍寮・営繕寮・紙幣寮・出納寮・統計寮・

検査寮・記録寮・駅逓寮・勧業寮・正算司の省内部局を持つ、強大かつ広範な権限を握る大蔵省が誕生した。同時代的にも「廃藩立県の事たるや、其事務十に八、九は大蔵省へ関係し」「天下大蔵省にて指揮する」などと表現され、後年には「只財政の事務を統轄するのみならず、今の農商務省、司法省、及び内務省の管理する事務のごときも大概之を管轄し、殆ど一国政務の七八分を総理せりと云ふも不可ならぬ程」などと回顧されるような存在であった。現代に存在する行政官庁はおろか、のちの内務省とも比較にならないほどの超巨大官庁＝〝大大蔵省〟が誕生したのである。

なぜ民政から財政にわたる強大かつ広範な権限を確保した大蔵省が誕生したのか。民部省と大蔵省の合併を主導した立役者は、長州藩出身で廃藩置県の断行にも関与した大蔵大輔の井上馨であった。井上は藩士時代の文久三（一八六三）年におけるイギリスへの密航留学経験から、経済的に国を富ませる必要があることを学び、帰国後に藩政において実現することに努めたが、藩が一つの目的を実現するためにまとまることはなかった。井上が大蔵省に強大な権限を確保することに努めたのは、ただ単に地方を掌握するのみならず、廃藩置県前の民蔵分離による混乱や、制度取調会議の紛糾を目の当たりにしたことで、政府（太政官正院）や各省をも牽制する力を大蔵省が確保し、政策の統一性を担保しようと目論んだのである。ゆえに、やむなく次善の策として超巨大官庁が国政を主導する体制によって自己の主張を実現する方法を選択したのであった。

そして、広範な権限を確保した理由は、民政から財政にわたる法整備を統一の基準に基づき実施しようと考えたからであった。井上は明治四（一八七一）年八月に大蔵省の「綱領」を定め、大蔵省の推進すべき事務の標準を明らかにした。その事務の内容とは、大蔵省の権限の広範さが示すように、県の統廃合や税制改革、予算制度確立、藩債処分、秩禄処分、士族授産、華族禄制の成立など、旧体制の解体から新体制の構築に至るまでの幅広いものであった。

この中でも、特に井上が重視したのが税制改革である。一つはよく知られているように、江戸時代の米による収税を金納に改める地租改正、もう一つは、将来的な税収増加を狙った農業振興政策（勧農政策）であった。一一月には大蔵省の「目途」を定め、地租改正と勧農政策を行うことで国庫を潤し、最終的には農民減税を行うことでその余剰から農工商業を振興し、日本を富国へと導こうとしたのである。

明治四（一八七一）年一一月から、不平等条約の改正交渉のために、岩倉具視《いわくらともみ》右大臣を団長とする外交使節団、岩倉使節団が結成され、アメリカ・ヨーロッパへと渡航することとなった。これには木戸孝允参議・大久保利通大蔵卿らが副使として随行することとなり、その留守を預かったのは三条実美《さんじょうさねとみ》太政大臣のもと、西郷隆盛《さいごうたかもり》・板垣退助《いたがきたいすけ》・大隈重信の各参議であった。

井上は鬼の居ぬ間に洗濯と言わんばかりに、正院の大隈の庇護のもと、大蔵省行政を謳歌した。地租改正を担当した租税寮は、明治五（一八七二）年には地券を発行して個人の土地所有権を確立するとともに、一八七三年には地租改正法として法整備を推進した。勧農政策を担当した勧業寮（のち勧農寮、租税寮勧業課）は、全国に存在する荒蕪《こうぶ》不毛地と官林の払い下げを行い、広く開墾を奨励して収税地の増加を企図し、また明治五（一八七二）年一〇月には東京新宿に農業試験場として内藤新宿試験場を設立した。内藤新宿試験場では、海外から輸入した果樹・蔬菜《そさい》の栽培試験を行うほか、全国にその種苗を配布した。内藤新宿試験場はのちに内務省に移管され、勧業行政の目玉として位置づけられることになる（小幡圭祐『井上馨と明治国家建設』）。

地方の〝二重関係〟

井上ら大蔵省は全国の府県を三府七二県に統合するとともに、自省の政策を推進することに努めたが、その際にネックとなっていたのが地方官の存在であった。井上は、自省の政策を全国に貫徹するためには、大蔵省が地方官人事権を確保する必要があると考えていた。そこで、民部省との合併の際に、腹心の渋沢栄一《しぶさわえいいち》に命じて、大蔵省職制中の卿の職掌に地方官人事権を明記することを計画した。しかし、政府（太政官正院）は大蔵省が独走することを危惧し、最終的に地方官人事権に「関与」するという微妙な言い回しに変更するとともに、人事は太政官正院の許可を要すると大蔵省の権限を制限したのである。廃藩置県後の地方行政が、地方官の任免権を持つ太政官正院と、地方官人事に関与し地方行政を実質的に担当する大蔵省の両方に左右されるという、いわば〝二重関係〟というべき状況は、のちに見るように内務省の地方行政にも大きな影を落とすことになる。

地方行政をめぐる主導権争いに先手を打ったのは政府＝太政官正院であった。政府は明治四（一八七一）年一〇月二八日、まず府県官制を制定し、府と開港場のある県の知事を勅《ちょく》任《にん》とし、その他の県の知事を奏任《そうにん》とした。勅任官とは、原則太政官正院が人事案を作成し、「勅」＝天皇が直接任命する官僚、奏任官は各省が人事案を作成し、政府（太政官正院）が任命する官僚である。すなわち、三府と開港場のある県は、大蔵省が関与することができない領域とされたのであった。それゆえ、府県の統一的な地方制度を構築しようとしていた大蔵省は出鼻をくじかれたかたちとなった。

次に制定されたのが、大蔵省が原案の起草にあたった一一月二七日の県治条例である。名称に「府」が盛り込めなかったのは、先に制定された府県官制が影響していた。当初、大蔵省の原案では、地方官は太政官が任命するとはいっても建前で、その当否はつねに大蔵省の意向に基づき行われるべきであると明記されるとともに、地方官が最も重視すべきは「民産」であり、そのために租税の確保と物産の繁殖に力を注がなければならないとする地方官像が盛り込まれていた。しかし、これも政府は変更を加え、地方官人事における大蔵省の記述を削除して太政官の任命権を強調するかたちに改めるとともに、大蔵省色の強い地方官像の部分を削除した。なお、県治条例によって、県の長官は県令と名称の変更がなされた。

大蔵省は、以後も県治条例の改正を虎視眈々《こしたんたん》と狙っていた。太政官の地方官人事権の記述を削除し、また地方官の権限強化要求と自省の富国化方針に基づき地方官に勧農政策の権限を委譲するべく、県治条例改正案を用意して一八七三年初頭に開幕した地方官会同において諮ることを考えていた。地方官の賛同を背景として政府にその改正を迫ろうとしていたのである（小幡圭祐『井上馨と明治国家建設』）。しかし、井上の命運はここで尽きることとなる。

征韓論政変と大久保利通

一八七三年度の予算編成をめぐって大蔵省と司法省・工部省・文部省ら諸省が対立するようになると、井上は各省を制御するために、太政大臣の三条に大蔵長官、参議の大隈に大蔵副長官を兼務させることで政府をも大蔵省化してしまおうという大胆な太政官制改革を構想した。しかし、実際に行われた一八七三年五月二日の太政官制の改革によって、予算編成権など大蔵省の権限の一部が太政官正院へと吸収される結果となり、これを不満とした井上は大蔵大輔を辞職した。当初、参議の大隈は井上ら大蔵省を庇護する役割を演じていたが、大蔵省と諸省による予算紛議を目の当たりにして、大蔵省の強権が行政の調和を阻害する要因であると考えるようになった。そこで、井上の方針に内心不服であった渋沢栄一を巻き込んで改革案を検討させたのであった。渋沢の思惑もあって、大蔵省の権限を吸収して強化された太政官正院に「内閣」という参議の合議体が新たに誕生した。井上が辞職したあとの大蔵省は、参議の大隈が事務総裁を兼任するかたちとなった。

国内行政の推進を重視していた井上らが退陣したあと、「内閣」のもっぱらの関心事は国外の朝鮮問題であった。朝鮮政府の掲げた密貿易を禁止する掲示の中に日本に対する侮辱的な文言があると現地から五月三一日付で報告があったことを受けて、八月一七日の閣議において朝鮮への西郷の派遣を内決し、岩倉右大臣の帰国をまって改めて評議をすることとなった。

九月一三日、特命全権大使の岩倉は欧米諸国の歴訪を終えて帰国した。岩倉使節団の面々は、欧米列強に伍するためには国内行政の推進が重要であると認識しており（＝内治優先）、対外出兵につながるような使節派遣には反対であった。一〇月一二日に岩倉の説得に応じて延期論の大久保が参議に就任する。

しかし、一〇月一五日の閣議で三条太政大臣の独断で西郷の使節即時派遣を決定、これに対して参議の木戸と大久保が反発し、一七日にそろって辞表を提出した。一八日に事態の収拾に失敗した三条が執務不能となり、二〇日に岩倉が太政大臣代理に就任する。岩倉は、太政大臣代理の権限を駆使して天皇に直に延期意見を奏上することに努め、天皇は二四日延期論を支持する詔書を発した。結果として閣議を覆すことに成功し、西郷・板垣らが下野した（中川壽之「征韓論政変と岩倉具視」）。いわゆる征韓論政変（明治六年の政変）である。

使節団参加者の中でも、欧米視察に強い影響を受けてきたのが大久保であった。大久保は特にイギリスの工場や造船所、製鉄場などを見学し、国を強くするためには産業振興が重要であることを学んでいる。また、渡航中に独自に各国の政治・行政の制度、とりわけ「内務」「大蔵」など内政官庁の制度を学ぶことにも努めた。その結果として、イギリス・アメリカ・フランスなどの諸国の制度を直接採用することは難しく、日本の実情に近いドイツやロシアの制度を標準にすべきとの考えを持つに至っていた。大久保は帰国後に同郷の吉田《よしだ》清成《きよなり》大蔵少輔に取り調べを命じ、吉田はロシアの君主専制を模範とするとともに、イギリス・フランスの富強に学ぶべきとの意見書を起草した。イギリス・フランスの富強に学ぶといっても、日本が直接両国を模倣することは難しいため、まずは日本の基幹産業でありフランスでも振興されている農業を発展させること、それを地方官と協力して推進することが掲げられた。換言すれば、大久保はかねてより重視していた地方行政に加え、海外渡航によって勧業行政が重要であると考えるようになったのである（小幡圭祐『井上馨と明治国家建設』）。

また、帰国後の大久保に、同郷の川路利良《かわじとしよし》司法省警保助が、西洋諸国の警察制度を視察した成果として、内務省を設立して内務卿が全国の行政警察の長となって首都の警察権を掌握するとともに、府知事・県令に警察権を兼ねさせるべきことを提言していた。警察行政を重視する提言である（テーマ編第三章を参照）。

一〇月二四日に出された詔書は、その後の政府の方針を大きく規定するものとなった。国政を整え、民力を養い、勉めて成功を永遠に期すべしと内治を優先する方針が掲げられたのである（勝田政治『内務省と明治国家形成』）。征韓論政変が、結果として大久保の構想の実現を後押しすることとなったのであった。

内務省の誕生

政変後の一〇月二五日に、政府は三条実美太政大臣・岩倉具視右大臣・大久保利通参議・

伊藤博文参議兼工部卿・大木喬任《おおきたかとう》参議兼司法卿・勝安芳《かつやすよし》参議兼海軍卿・寺島宗則《てらしまむねのり》参議兼外務卿・大隈重信参議兼大蔵卿という布陣を固めた。大久保の主張に基づき、参議が省卿を兼務する体制が採用されたのである。同月三〇日には、征韓論政変後の政府の方針を定めるための評議が行われ、岩倉右大臣から参議たちに国家意思決定のあり方など、さまざまな議題が下問されたが、この中には内務省の設立と大蔵省の権限問題が含まれていた。参議の一人である大木喬任は、前者については具体的な取り調べを行った後に設立するのではなく、速やかに設立をしたうえで体裁を取り決めるべきであり、大蔵省や府県には事前に調整をする必要はなく、事後の通達で事足りること、後者については大蔵省の権限の六割方を削減すべきとの意見を陳述した。内務省の新設と大蔵省の分割は表裏一体の関係であったことがうかがえる。

大木以外の参議も同様の意見であったとみられ、一一月二日に内務省を創立することが参議間の合意に達し、一〇日、太政官布告第三七五号により、担当する事務を決定することは後回しにしたうえで、とりあえず内務省は設立された。省名については、この間に特段の議論はなく、また留守政府期に大蔵省の権限削減の文脈でしばしば内務省設立が議論されていたから(勝田政治『内務省と明治国家形成』)、国内行政を主務とする官庁＝内務省という認識はこの頃には政府内でほぼ自明のものとなっていたようである。二九日に内務卿に就任したのは、内政に一家言を持って海外から帰国し、征韓論政変を主導した大久保その人であった（写真1）。

一一月一九日には大久保の提案によって、内務省機構の決定も含む政体改革を担当するために伊藤博文と寺島宗則が政体取調専任となった。伊藤らは大久保や木戸らから意見聴取をしたうえで、内務省の担当事務の叩き台を作成した。この段階ですでに、その後の内務省の目玉となる勧業行政が首位に置かれ、警察行政も盛り込まれていたが、大久保が重視したにもかかわらず、地方行政に関しての事務は盛り込まれなかった。

写真1　大久保利通
（国立国会図書館蔵）

大久保が内務卿に就任した二九日にはさらなる制度調査のために制度局が設置され、伊《い》地《じ》知《ち》正治《まさはる》・松岡時敏《まつおかときとし》・戸田三良《とださぶろう》（のち尾崎三良）が制度取調御用掛《ごようがかり》として取り調べにあたることとなった。彼らは政体取調の叩き台をもとに制度案を策定した。制度案の策定には、従前の大蔵省の職制が参照され、また御用掛の面々が地方行政の明文化に及び腰だったため、大蔵省が従前掌握していた程度の権限しか明文化されなかった。内務省設立は留守政府期

写真2　大蔵省と内務省の合同庁舎（筆者蔵）

に独走した大蔵省の強大な権限を削《そ》ぐことと表裏一体であったから、大蔵省より強い権限を内務省に与えることは、そもそも想定されていなかったのである。

またこれと並行して、内務省の建物の準備も進められた。大蔵省と内務省が離れていると事務上で不便が生じるとの理由から、大蔵省租税寮跡地（現在の大手町）に内務省と大蔵省の合同庁舎を建設する運びとなり、木造・石造の二案が出されたが、結果として木造二階建の庁舎が完成した（写真2）。合同庁舎の建設を裏で糸を引いていたのは、内務省行政に介入しようと企んでいた大隈重信大蔵卿であった。

制度局の作成した案は一八七四（明治七）年一月八日の閣議に諮られた。閣議の争点は、設置する部局の等級であり、当初案では戸籍寮・勧業寮・警保寮・駅逓寮・土木寮が二等寮、地理寮が三等寮であったが、閣議では勧業寮・警保寮が一等寮、地理寮が二等寮に昇格し、新たに測量司が加えられた。改めて内務省の中核的事務として、勧業行政と警察行政が位置づけられたのである。

翌日、太政官布告第一号にて、内務省に勧業寮・警保寮（一等寮）・戸籍寮・駅逓寮・土木寮・地理寮（二等寮）・測量司（一等司）が設けられた。勧業・戸籍・駅逓・土木・地理事務は大蔵省から、警察事務は司法省から、測量事務は工部省から移管されたものであった。内務省は新しく設けられた省であったが、おおむね大蔵省の事務が分割されて成立したのであった。そして、大蔵省から分割して創設された省であるがゆえに、大久保が地方行政を重視しながらも、大蔵省の持っていた以上の権限は付与されず、また大蔵省からの干渉も排除することができなかったのである。内務省は生まれながらにして、思うように省務を動かすことができないような制約が課されることとなった（小幡圭祐『井上馨と明治国家建設』）。

2　内務省の成立——一八七四〜一八八五年

単独で自らの意思を決定できない省庁

一八七四年一月一〇日、晴れて内務省は省務を開始したが、前に見たように設立時からさまざまな足かせが存在していた。省の事務を円滑に実行するために、設立当初から内務省をしてその除去に専念させることとなったのである。同日に公布された内務省職制及事務章程は業務開始に間に合わせるための仮定のものであったため、制度の確定に向けての活動が開始された。

内務省として最も不服であったのは、自省の権限として十全に地方行政の権限を明文化できなかったことにあった。そこで、二月上旬に内務省は太政官正院に対して、地方行政の管轄権限を府県の官制に明文化すべきとの上申を行った。ここでは、内務省設置前の大蔵省を話に持ち出し、大蔵省は実質的に地方行政を管轄し、府県の奏任官以上の人事に関与しているにもかかわらず、制度上は地方を管轄することになっておらず、名実相伴わない状況となっている。内務省も民政を管轄し、人民の安寧を保つことを職掌としているのであるから、民情に配慮して民益を興起し安寧を保つ責任があり、人民を守り諭すために地方を管轄するのが当然である。府県の管轄は内務省に属せば、名実一体となり官制も当を得ることになる、という主張である。

しかし、この主張は二月一八日の確定版の内務省職制及事務章程には盛り込まれなかった。制度局は、全国人民はすべて天皇が管轄するもので、府知事・県令は天皇が親任した牧民官である。フランスにおいてもイギリスにおいても内務省が地方を管轄することはないと、それぞれの国の内務省章程を掲げて反論したのである。

そして、合同庁舎であることを口実に、内務省の制度形成に大蔵省が干渉を開始した。大蔵省は建物も共同であるから官員も相互に協力した方が都合が良いと主張し、内務省に大蔵省官僚を派遣し、内務省の制度立案に携わらせた。その結果として二月二四日に定められた、内務省の意思決定方法を規定した内務省処務順序において、内務省の内規にもかかわらず、経費のかかる案件については大蔵省との稟議《りんぎ》を必須とするという制度が盛り込まれた。内務省は、大蔵省の干渉のために、単独で自らの意思を決定できない省庁としてスタートを切らざるを得なかったのである（小幡圭祐『井上馨と明治国家建設』）。

内務省の火災

設立まもない内務省は、内務卿である大久保が、征韓論政変で下野した江藤新平《えとうしんぺい》による佐賀の乱や、西郷従道《つぐみち》の独走による台湾出兵の対応に追われるなど、落ち着いて事務を実行する状況に恵まれなかった。しかし、さらに災難は続く。

一八七五（明治八）年七月四日午前零時一五分、内務省内の寮局から火災が発生し、外部に設けられた建物にも延焼したあと、午前三時までにようやく鎮火した。同居する大蔵省には影響がなかったものの、内務省本省・土木寮・戸籍寮・地理寮を中心に被害を蒙《こうむ》り、省の創設以来の公文書二万九九〇八点・図書二万二五六点を焼失した（「内務省焼失ノ処本省

写真3　内務省庁舎（筆者蔵）

無別条幷《ならびに》散帙ノ諸帳簿取纏ニ付常務不取扱儀上申」・「本省火災ニ付焼失書類取集入費金下附伺」、「公文録」国立公文書館所蔵）。この火災と一九二三（大正一二）年の関東大震災による内務省火災は、内務省研究を困難にした、歴史家泣かせの出来事としてよく知られている（コラム④を参照）。

しかし、当時の内務省にとって僥倖であったのは、この火災を契機に独自の官舎を獲得するのに成功したことである。当初は陸軍省などの官舎を間借りして執務を行っていたが、業務に支障を来たしたため、内務省は九月三〇日に官舎の新築を伺い出ている。本音としては内務省本省も含む全省新築が望みであったが、国費多端を理由に本省は従前のままとし、寮局の官舎の新築を願い出るものであった。内務省がレンガ造二階建の案を出したが、結果として一二月二三日に木造二階建での建築が認められ、大蔵省の南の隣接地に建設された（写真3）。当初は各寮局の人員に応じて部屋を配したが、さらに本省各課もここに移り、その後の局の増設も相まって手狭となったため、一八七九（明治一二）年に増築がなされている（「本省各寮局建築ノ儀伺」・「本省増築ノ件」、

「公文録」国立公文書館所蔵)。

不測の事態であったが、内務省が物理的に大蔵省から分離されたことで、内務省が独立した行政官庁として活動する素地を形成できたのであった。多少の変更はあるものの、基本的には一九二三年の関東大震災で焼失するまで内務省庁舎として利用されることとなる。

大久保と「内局」

ところで、一般に、内務省は長官である大久保が省をリードしたかのように説明されがちであるが、実際のところ大久保の思うままに各部局を動かせたわけではなかった。特に、大久保が重視した勧業行政については、事務を担当した勧業寮(のち勧農局)の長官である河瀬秀治《かわせひではる》・松方正義《まつかたまさよし》・前島密《まえじまひそか》が、それぞれ大久保とは異なる考えの持ち主であったため、大久保ではなく自身の構想の実現を優先することがしばしば見られた。中でも派手な立ち回りを演じたのが前島である。

東北地方の広い荒野を開拓して農業を振興せんとする東北開発は、農業によって富国をもたらそうとする大久保の肝いりの政策であった。しかし、前島は北海道開拓を優先させる観点から、内務少輔の立場を利用して政策の実施にかかる省内稟議を止めるのみならず、大久保が前島を説得するために見せた決裁済みの閣議の原議も自身の手許に留めて封殺したのである。大久保はやむなく、前島を政策立案・意思決定いずれにも参画させないという非常手段によって、東北開発はようやく実施に漕ぎつけることとなる。この間、東北開発は一年半も停滞を余儀なくされたのであった（小幡圭祐「大久保利通と内務省勧農政策」）。

そのような状況を打破するために、大久保が省内に設けたのが内局という組織である。大久保は腹心の松田《まつだ》道之《みちゆき》に命じ、省の改革案を練らせ、一八七六（明治九）年三月に松田が大久保に改革案を提示した。そこでは、省の裁決は長官である卿が担うべきであるが、現状は各部局の中でも寮が権勢を振るっており、基本的に寮はすべて廃止したうえで、各部局に等しい権限をもたせ、独立した上局の設立を提案した（「内務省各寮局課改革ノ法案」、「大久保利通文書」国立国会図書館所蔵）。これをもとに四月一七日に内局を設立し、松田をそこに配置している。内局にはこのほか、長州藩出身の品川《しながわ》弥二郎《やじろう》らが在勤している。松田は政策立案で手腕を発揮したが、品川はもっぱら政府や各省、地方官との調整役で活躍した（板垣哲夫「大久保内務卿期における内務省官僚」）。

一八七六年の後半には、一〇月神風連《しんぷうれん》の乱・秋月の乱など士族反乱が、一二月には伊勢暴動をはじめとする地租改正反対一揆が勃発した。大久保は地租軽減建議書を政府に提出し、地租を軽減するとともに、冗費削減のための行政改革を進言した。一八七七（明治一〇）年一月四日に大久保の意見に基づき減租の詔が発せられるとともに、各省で行政改革が断行される。各省の寮がすべて廃止され、省卿に省内部局の改廃が一任されることとなった。冗員淘汰《とうた》を口実に、省卿の権限が格段に拡張されたのである。

内務省においては、省内部局を内局・勧農局・駅逓局・警視局・勧商局・地理局・戸籍局・社寺局・土木局・衛生局・図書局・博物局・会計局・庶務局・往復課に改め、内局を筆頭部局とした。それまでの省内意思決定は各寮局の長が専決により決定する例も多かったが、内局設立以後は重要な決定は必ず内局による審査を経ることとなった（「内務省第一回年報」・「内務省第二回年報四終」、「記録材料」国立公文書館所蔵）。また、地租軽減建議書の原案が松田によって起草されたように（勝田政治『内務省と明治国家形成』）、大久保の肝いりの案件は内局自らが起案を担当したのである。

また、一八七七年の行政改革の画期性は、内務省内においてのみならず、内務省の管轄する地方行政においても存在していた。一月一六日に府県官等が改正され、これまで勅任官であった府知事が県令と同様に奏任官になったのである（「府知事県令以下等級等改定伺」、「公文録」国立公文書館所蔵）。地方官がすべて奏任官となったことは、内務卿に地方官人事権が一元化されたことを意味する。地方行政を巡る太政官・内務省の〝二重関係〟は、ここでようやく終止符が打たれたのであった。内務省はさらに進んで統一的な地方制度を構築することを目指し、一八七八（明治一一）年に郡区町村編制法・府県会規則・地方税規則からなる地方三新法が出されるに至った（テーマ編第一章）。

行政改革により、内務省は省の予算と人事が削減されることとなったが、その一方で、内務卿が省内と地方官を制御する力を確保したのである。大久保利通は部下の意向を尊重する「羊飼いの指導者」（瀧井一博『大久保利通』）などと評価されることがあるが、大久保自身はそれに甘んじるのではなく、長官が省や地方官を主導するための装置・制度を生み出し、自らの意思で省を主導しようとしたのであった。

一八七七年二月にかつての盟友・西郷隆盛らの挙兵による西南戦争を内務省の警察組織を駆使して鎮圧し、一八七八年三月に念願の東北開発を実現させようとしていた矢先、大久保は五月一四日に不平士族の凶刃に倒れ、帰らぬ人となる。

大隈重信の退場

内務省が独り立ちをするうえで残された最後の懸念が大隈重信の存在であった。先述したように、内務省が予算を必要とする案件は、必ず大蔵省の稟議を経る必要があったためである。その大蔵省のボスが大蔵卿の大隈であった。実際に大隈は、内務省が企画した案件が大蔵省に稟議をされた際に、内務省の作成した公文書を手元にとどめ、案件をそのまま闇に葬ることを常套手段としていた。また、大隈自身は、かねてより紙幣行政や通商行政など、商務行政を重視する考えの持ち主であり、大久保の在世中から内務省が持っていた勧業行政の権限を虎視眈々と狙い、自らの手で商務行政を推進することを目論んでいた。

大久保亡きあとの内務省の卿には伊藤博文が就任した。大隈は明治初年以来政府きっての西洋通として知られ、政策通としても知られていたが、伊藤もまた三度の洋行経験という他の参議にはない政治資産と、自ら法制局長官を務めるほどの行政手腕の持ち主であった（柏原宏紀『明治の技術官僚』）。大久保死後の主導権をめぐって、大蔵省と内務省という二つの巨大官庁を掌握する大隈と伊藤が鎬《しのぎ》を削るような状況となったのである。

大隈は早速、一八七九年一月九日に、勧業のうち商務権限を大蔵省に委譲することに成功し、大蔵省中に商務局を設立した。一方、伊藤は一八八〇（明治一三）年、大久保の主張により征韓論政変以来続いていた、政治の担い手である参議と行政の担い手である省卿が兼任されている状況（参議省卿兼任制）を解消し、大隈を参議専任とすることで大蔵卿の座から引きはがした（写真4、5）。

大蔵省という拠点を失った大隈は、太政官に会計検査院を設けて自身の拠点を構築する一方、なおも自身の手で商務行政を推進することを企図し、内務省のもつ農務行政と大蔵省のもつ商務行政を奪取して太政官に「農商事務局」を設立することを計画した。省であれば卿を置く必要があるが、「事務局」であれば大隈が局長に就任して自ら関与することが

写真4　大隈重信
（筆者蔵）

写真5　伊藤博文
（国立国会図書館蔵）

可能となるからである。しかし、「農商事務局」の設立は伊藤に阻まれて、一八八一年四月に農商務省という省を設立するかたちに落ち着いた。内務省の駅逓・博物・山林の三局は農商務省に移管されるとともに、内務省勧農局と大蔵省商務局は廃止されて担当事務は農商務省に委ねられた。

それでもなお大隈はあきらめなかった。同月、今度は官有財産管理を名目として太政官に官有財産管理局を設立し、内務・大蔵・農商務の各省と北海道開拓を任務とする開拓使の事務に関与することを計画した。またしても「事務局」を通じて商務行政に関与しようとしたのであった。

しかし、ここで万事休することとなる。官有財産管理局の設立と同時に、大隈は速やかな議会開設・憲法制定と議院内閣制の採用を求める意見書を政府に提出するとともに、自派の培養のために統計院を設立していたが、急進的な意見書の内容を知った伊藤ら政府が大隈の排斥に動き、一八八一（明治一四）年一〇月一二日に大隈は参議を辞任することとなった。世に言う明治一四年の政変である。大隈の官有財産管理や官業払下げ（コラム①参照）の前のめりな姿勢が、開拓使官有物払下げ事件をめぐる新聞の追及は大隈が裏で糸を引いているとの噂を呼び込み、これが政変に結実するという皮肉な結果となったのであった（小幡圭祐「大隈重信の政治的・行政的基盤と「事務局」」）。

大隈をめぐる一連の動きは、その後の内務省を大きく規定する二つの変化をもたらした。一つは、内務省創設以来の目玉行政であった勧業行政が、大隈の干渉の結果として内務省の手を離れたことである。地方行政と警察行政を主とする、内務省の骨格がここで整うこととなったのであった。二つには、それまで絶えず内務省行政に干渉しようと画策していた大隈が退場したことで、内務省が独立した官庁として存立する環境の整備を一歩進めることができたことである。

設立以来の課題の解決

大隈の辞職と引き換えに発せられた国会開設の勅諭によって、国会の開幕とその前提としての憲法制定が政治目標とされたことを受けて、一八八二（明治一五）年に伊藤博文が憲法調査を命じられ、ヨーロッパへと旅立つこととなった。

伊藤の出張中の政府においては、朝鮮で発生した壬午事変《じんごじへん》を受けて、軍備拡張論が台頭する一方、増税を危惧した地方長官と府県会の対応に迫られることとなった。政府としては、府県への法的規制強化と国庫補助の増大による利益供与というアメとムチで対応しようとしたが、大蔵省がこれに難色を示し、後者は実現しなかった。また、前者にしても、当事者である山田顕義《やまだあきよし》内務卿が、反対する元老院や参事院、また内務省の干渉を免れようとする地方官をうまくまとめ上げることができず、山田は内務省の書記官からも厳しい目を向けられた。改正を実現したのは、伊藤の後任として参事院議長に就任していた山県有朋《やまがたありとも》の政治力であった（御厨貴『明治国家をつくる』）。一連の事態がこのように進捗したのは、山田の能力不足が要因という説明もできようが、内務卿のリーダーシップの確立や、内務省の地方に対する主導権確保が、内務省にとってなおも課題であったという説明もできるであろう。

伊藤の帰国後、一八八三（明治一六）年一二月一二日に山県が内務卿に就任した。山県は内務省官制改革を進め、結果として一八八五（明治一八）年六月二五日に内務省処務条例が制定された。内務省処務条例は従前の内務省職制 幷《ならびに》 事務章程と内務省処務順序を一本化するもので、これを機に内容も一新された。省内部局は卿官房と総務局・県治局・警保局・土木局・衛生局・地理局・戸籍局・社寺局・会計局の九局で構成されている。

注目すべき点の第一が、卿官房・総務局が置かれたことである。卿官房には官房長一名と書記官若干名が置かれ、機密文書の取り扱いや卿との面談の対応のほか、卿の命令による事務一切を扱う秘書課、人事を扱う職員課、往復文書を扱う往復課が置かれた。総務局は、局長を次官である輔が兼任し、専任の書記官が置かれ、各局が立案した案件の法令審査や卿の命令による立案を担当した。これは、一八八四（明治一七）年一月二三日に制定された内局処務規程によって置かれた第一課を卿官房、第二課を総務局に格上げするもので、省内における卿の補佐機構を拡充したものと解せる。大久保利通はすでに鬼籍の人となっていたが、大久保が志向した省卿による主導体制の構築はさらに推し進められるかたちとなったのであった。

第二に、省内の意思決定の手続きから、大蔵省が排除された。内務省ならびに地方の予算・決算については、省中の会計局が専管することとなったのである。これによって、内務省が名実ともに大蔵省から独立した官庁として活動することを可能とした。

そして第三に、総務局以外の局の中で首位に置かれたのが、地方行政を専管する県治局である。従前の地方行政は実質的には庶務局が担当していたが、それ以外の業務も担っており、局の順位も低かった。県治局は府県の分合や役場の廃置、府県・郡区・町村財政に関する事務など地方事務一切を扱う部局として初めて位置づけられたのである。

設立以来抱えていた諸課題が、内閣制度創設を前にようやく解決へと向かっていったのである。

3　内務省の展開——一八八五〜一九〇〇年

内閣制度の発足

一八八五年一二月二二日に内閣制度が発足した。これは、一つに伊藤博文の政治意図の実現という性格と、明治初年以来の太政官制の欠陥を克服するという性格を有していた。

井上馨とともに幕末にイギリスに密航留学を行い、一八七〇（明治三）年にはアメリカに制度調査に赴いていた伊藤は、先述のように明治政府きっての西洋通であった。その頃から各国制度を比較検討した結果として、将来の日本において民撰議院（下院）が設立されることは不可避であると考えており、三職のうち参議に国家意思決定における強い発言権を与えて行政を制御する一方、参議の合議体を「議院」（上院）として位置づけ、将来的な下院設立に対応すべきとの考えを、木戸孝允に代弁させるかたちで主張していた。この頃伊藤がモデルとしていたのは、ロシア皇帝のアレクサンドル一世が一八一〇年に設立した皇帝の立法諮問機関で、国会の上位に位置づけられていた国家評議会であった（小幡圭祐「太政官三院制の成立過程」）。その後、参議の合議体には渋沢の創案で「内閣」の語が与えられたのは前に見た通りである。

また、地方行政の管轄問題にも代表されるように、太政官制においては三職の関係性や、政府と各省の関係、省と省の関係などが制度上曖昧で、管掌範囲をめぐって争いごとが日常茶飯事であった（御厨貴『明治国家をつくる』）。

岩倉使節団の随行につぐ、四度目の海外渡航となった憲法調査において、ベルリン大学のルドルフ・フォン・グナイストやアルベルト・モッセ、ウィーン大学のローレンツ・フォン・シュタインらの薫陶を受けることで、伊藤はドイツをモデルとする国家構想を獲得した。具体的には、ドイツで一八一〇年に制定されたハルデンベルク官制における、各省長官を束ねて国政を主導する「首相」に着想を得た（稲田正次『明治憲法成立史　上巻』）。

一八八五年一二月二二日、太政官達《たっし》によって太政大臣・左右大臣・参議と各省卿の職制を廃止し、内閣総理大臣と宮内・外務・内務・大蔵・陸軍・海軍・司法・文部・農商務・逓信の諸大臣が設置され、彼ら（宮内大臣を除く）をもって内閣を組織することとなった。内閣の合議によって国家意思決定がなされる体制の成立である。参議と省卿を兼務するか否かの問題は、兼務で決着したといえるだろう。

また、伊藤が初代の内閣総理大臣に任命され、三条実美は常時輔弼《ほひつ》の内大臣に就任した。内務大臣には内務卿であった山県有朋がひきつづき就任している。同日に内閣職権を定め、内閣総理大臣が各省大臣の首班として政治の方向性を示し、行政を統御すること、法律命令に属するものはすべて内閣総理大臣の副署を必要とするなどと定められた。内閣において総理大臣が内務省をはじめとする各省大臣の上位に位置づけられ、行政を統轄する役割を果たすこととなったのである。

地方行政の担当に

内閣制度の成立に続き、伊藤のもとに臨時官制審査委員会が設けられ、井上毅《いのうえこわし》を中心として審議が行われた。結果として、一八八六（明治一九）年二月二六日には各省官制が制定された。各省官制は各省共通の官制通則と各省ごとの官制からなるものである。

まず、官制通則には内閣職権で規定された法律勅令への内閣総理大臣の副署について明文化されたほか、これまでバラバラに制定されていた各省の官制を統一に定めようとする志向性を有していた。太政官制期においても、一八八一年一一月一〇日の諸省事務章程通則など、行政各省の統一的な制度を設けようとする動きがあったものの、ここに至っては じめて省内の機構をも統一する内容が設けられることとなった。なかでも、各省共通に大臣官房と総務局を置くとしている点は、内務省の官制の卿官房と総務局がモデルとされたがゆえであった（御厨貴『明治国家をつくる』）。内務省の省内統制機構が、行政一般の推進に有効なものとして把握され、全省へと波及したのである。職員の名称も、次官・秘書官・書記官・局長・参事官・局次長・試補・属などと改められた。

次に、各省ごとの官制のうち、内務省官制においては、内務大臣は地方行政・警察・監獄・土木・衛生・地理・社寺・出版・版権・戸籍・賑恤《しんじゅつ》・救済に関する事務を管理し、中央衛生会・警視総監・地方官を監督するものとされた。内務省が地方行政を担当する官庁であることが明記されたのである。

一八八六年七月二〇日には地方官官制が制定された。それまで府と県で名称が異なっていた長官を知事に統一し、知事は勅任官もしくは奏任官とされた。勅任官が復活したのは、府県の地位に応じて待遇改善が必要との配慮によるものである（御厨貴『明治国家をつくる』）。また、地方官は内務大臣の指揮監督に属し、各省の主務については各省大臣の指揮監督を受けて法律・命令を執行するものと、内務大臣の指揮監督権が明示された。内務省が地方行政のみならず、地方官に対しても他省とは異なる格別の地位が与えられたのであった。さらには、知事が管内における行政事務ならびに警察事務を統括する旨も明記された。

大日本帝国憲法の制定と官制改革

伊藤の憲法調査の結果、一八八九（明治二二）年二月、黒田《くろだ》清隆《きよたか》内閣において大日本帝国憲法が公布された。憲法の起草に参画した井上毅は、ハルデンベルク官制の掲げる「首相」の優位性が、イギリスの連帯責任制や政党内閣の誕生を招くことを恐れていたため、憲法第五五条に、「国務各大臣は天皇を輔弼し其の責に任す」と、内閣総理大臣とそれ以外の各省大臣を国務大臣として等しく扱うと明記された。憲法が制定されたことで、これまで制定していた法令との整合性が問われることとなり、井上毅法制局長官を長とする官制調査委員会が設置され、各省官制通則の改正に着手されることとなった。

ここに横槍を入れたのが、かつて超巨大官庁〝大大蔵省〟を主宰し、黒田内閣で農商務大臣をつとめていた井上馨である。井上は、黒田の独断による政権運営に批判的であり、憲法第五五条の規定に基づき、内閣職権を廃止して内閣総理大臣の各省大臣に対する優位性を否定すべきとする長文の意見書を黒田に送りつけた。意見書は単に井上の個人の主張というにとどまらず、各省の期待も背景としていた。黒田内閣においても内務大臣をつとめた山県は当時ヨーロッパを巡遊中であったが、山県に近い山田顕義司法大臣・青木周蔵《あおきしゅうぞう》外務次官ら長州出身者はドイツ憲法が採用する個別大臣分任制を熱心に支持しており、如上の動きを後押しした。

加えて、大隈重信外務大臣が主導した条約改正交渉をめぐって黒田内閣が崩壊すると、井上馨の協力のもと、後継の山県有朋内閣において内閣制度改革案が練られることとなった。首相兼内務大臣の山県は、山田・青木らの唱えるドイツ型立憲政体論に親和的で、かつ自身の武人というアイデンティティから軍事以外の領域については各大臣・各省の意見を尊重する政治指導を好んだ。内閣制度改革は山県と山田のイニシアチブによって行われ、それに続く各省官制の改革も、官制調査委員長を改革に消極的な井上毅から内閣書記官長の周布公平《すふこうへい》へ交代して行われた（坂本一登「明治二十二年の内閣官制についての一考察」）。

以上のような背景を踏まえて、一二月二四日に内閣職権にかわる内閣官制が制定された。内閣職権が規定していた内閣総理大臣の優位性は否定され、行政の統一を保持するにすぎない存在となった。また、総理大臣がすべての勅令法律に副署する規定も、各省の行う事務について、各省大臣が単独で副署する規定へと変更された。一八九〇（明治二三）年三月二三日に各省官制に大幅な改正がなされ、各省官制通則と各省の単独の官制が制定されることとなった。

大日本帝国憲法の制定とそれに続く官制改革の結果として、行政の担い手である各省は、内閣総理大臣の統制から離れ、それまで以上に自立的に運営される素地を形成したのである。特に、地方行政をはじめ、さまざまな行政事務を管轄する内務省にとって、それは顕著であったといえよう。

内務省を頂点とするヒエラルキー——地方行政・警察行政

内務省が地方行政における不動の地位を確保する過程と並行して、地方の枠組みも整えられていくこととなった。詳細はテーマ編第一章に譲るが、一八八七（明治二〇）年一月二四日、山県内務大臣を委員長とし、青木周蔵外務次官・芳川顕正《よしかわあきまさ》内務次官・野村靖《のむらやすし》逓信次官・ドイツ人お雇い外国人モッセの四名を委員とする地方制度編纂委員会が設けられ、モッセの示した地方制度編纂綱領に基づき立案が行われた。

まず、一八八八（明治二一）年四月二五日に市制・町村制が公布され、一八八九年四月一日より北海道・沖縄・島嶼《とうしょ》を除く全国に施行された（北海道と沖縄についてはコラム⑪を参照）。市制は都市部の市に適用され、町村制は農村部の町村に適用された。町村制においては、町村に住むものを町村住民、このうち二年以上町村に住み、地租あるいは直接国税を二円以上納め、一戸を構える二五歳以上の男子を町村公民とし、町村公民に町村における選挙権と、町村長・町村助役・町村会議員の被選挙権を与えるとした。また、それまで有給であった戸長に対して、町村長・町村助役・町村会議員は無給の「名誉職」とされた。同時に、六月一三日に内務大臣訓令第三五二号によって、いわゆる「明治の大合併」と呼ばれる大規模な町村合併が行われ、江戸時代以来の村は「大字」という名称で残存することになった。

一八九一（明治二四）年四月には郡制が、七月には府県制が施行され、一八九九（明治三二）年の府県制・郡制の改定によって全国への適用が完了した。先行して行われた府県統合と町村合併の結果として、日本は江戸時代の職業的身分編成に基づくモザイク状の世界から、国家―府県―市町村―大字という同心円状の世界に変貌を遂げることとなった（松沢裕作『町村合併から生まれた日本近代』）。そのヒエラルキーの頂点に、内務省が位置づけられることになったのである。府に府県制が適用されるのと相前後して、一八九八年に県治局も地方局と名称を改めた。

内務省のもう一つの柱であった警察行政についても、テーマ編第三章が詳述するところであるが、一八八六年の地方官官制によって各郡区単位に警察署が置かれるようになり、一八八八年の警察官吏配置及勤務概則によって巡査を受持区域の駐在所に配置する制度が発足した。これにより、全国に置かれた一万を超える駐在所を郡区レベルの警察署・警察分署が、六七〇～六八〇の警察署と八〇〇前後の警察分署を府県レベルの警察本部が管轄するという仕組みが採用され、「自治」の拠点であった町村は警察権限の埒外《らちがい》に置かれたのである（大日方純夫『日本近代国家の成立と警察』）。警察行政においても、内務省を頂点とするヒエラルキーが構築されたのであった。

帝国議会の開幕

征韓論政変によって参議の座を失った板垣退助は、将来の国会開設によって政治的に復権することを目論み、一八七四年の民撰議院設立建白書提出を皮切りとして国会開設要求運動である自由民権運動の主導者として、結社という方法によって職業的身分編成という拠り所を失った全国の士族や豪農層の組織化につとめるとともに、盛んに言論活動や演説活動により輿論《よろん》の喚起を行った。一八八一年の国会開設勅諭によって国会開設が政治日程にのぼると、板垣の率いる愛国社系結社が同年に自由党を、明治一四年の政変によって参議を追われた大隈重信の率いる都市知識人結社は、一八八二年に立憲改進党を結成した（松沢裕作『自由民権運動』）。

自由民権派が国政に関与することを警戒する政府は、内務省の持つ地方行政と警察行政によって運動を防遏《ぼうあつ》することにつとめる。第一次伊藤内閣において、山県内務大臣は清浦《きようら》奎吾《けいご》警保局長に弾圧法制の起草を命じ、一八八七年一二月二五日に秘密の結社と集会の禁止を骨子とする保安条例を公布した。警察官による集会の取り締まりと、警視総監・地方長官による内乱陰謀・治安妨害の恐れのある者の皇居から三里（約一二キロメートル）離れた地への退去を定めるもので、実際に民権派五七〇名が東京からの退去を命じられた（副田義也『内務省の社会史［増補版］』）。

当時の警視総監は、福島県令であった際に自由民権運動を大弾圧した経験を有し「鬼県令」と綽名《あだな》された三島通庸《みしまみちつね》であった。しかし、三島ですらも儒教的な愛民思想の観点から保安条例の制定には消極的な立場を表明していた（小幡圭祐「三島通庸における〝伝統〟と〝革新〟」）。まさに鬼の目にも涙の措置なのであった。

大規模な選挙干渉

一八九〇（明治二三）年六月二六日、山県有朋内閣のもとで内務省官制が出され、内務省の所管事務に「議員選挙」が追加された。帝国議会の開幕に備えて、全国から選出する衆議院議員の選挙事務を県治局に付与するものであった。

同年七月一日に衆議院議員選挙法に基づき、第一回の衆議院議員の総選挙が行われた。

当時県治局長であった末松謙澄《すえまつけんちょう》によると、選挙法の罰則規定が功を奏したとしつつも、遊説員を敵の陣営に派遣して説得を行うことを「切込」「進撃」と唱えるなど競争は戦争のような有様で、果ては投票間際に別の候補者が罪を犯して被選挙権が剝奪されたと流言をする者があったなどとされている。結果として民権派が圧倒して過半数を制し、政府にとって由々しき状況となった。一一月二五日に開幕した第一回の帝国議会においては、翌年度予算案をめぐって政府と民党が対立、政府が予算削減の煮え湯を飲まされることとなる（大霞会編『内務省史　第一巻』）。

後継の松方内閣において迎えた第二回議会においても翌年度予算案をめぐって政府と民党が対立し、一八九一年一二月に議会を解散した。松方内閣における内務省は品川弥二郎内務大臣・白根専一《しらねせんいち》内務次官・小松原英太郎《こまつばらえいたろう》警保局長という山県に近い人物で固められており、第二回の衆議院議員選挙においては、品川の指示のもと白根が大規模な選挙干渉を行った（テーマ編第七章も参照のこと）。政府は知事に対して政府に近い選挙候補者の選定と当選するための工作を指示し、干渉の手段としては買収、巡査の戸別訪問、民党候補者への誹謗などが内務省の地方行政と警察行政の権限を駆使して行われた。場合によっては暴力が行使され、内務省の調査によると死者二五名・負傷者三八八名に及んだとされている。

大規模な選挙干渉の結果は、政府系一三七名・民党系一六三名で民党の勝利という政府にとっては惨憺《さんたん》たるものであった。また政府の信頼を失墜させた責任により、一八九二年三月に品川内務大臣が辞職、七月には白根内務次官も処分され、一部の知事も転任・免職となった（副田義也『内務省の社会史［増補版］』）。

時の政府に与えたダメージは甚大であったが、内務省が議会対策や思想対策において重要な役割を果たしうることを政府や内務省に自覚させるに十分であった。一九一五（大正四）年の第一二回衆議院議員選挙においては第二次大隈重信内閣の大浦兼武《おおうらかねたけ》内務大臣のもとで展開した選挙干渉、一九二八（昭和三）年に初の男子普通選挙として実施された第一六回衆議院議員選挙において田中義一《たなかぎいち》内閣の鈴木喜三郎内務大臣が主導した選挙干渉が行われたことがこれを物語る（通史編第三章も参照）。

一八九四（明治二七）年の日清戦争を経て、日本において工業化が進展すると、あらたに労働運動が登場してくる。これに対し、内務省は一九〇〇（明治三三）年に治安警察法を制定し、運動の取り締まりを行うとともに、その後に続く社会主義運動や普通選挙運動の対応にも活用していったのである（副田義也『内務省の社会史［増補版］』）。

「省庁の中の省庁」へ

内務省はこれまで見てきたように、誕生した時から「省庁の中の省庁」という性格を持っていたわけではなかった。たしかに、内務省が持つ多様な行政範囲については、超巨大官庁であった大蔵省を分割して誕生したことで、生まれた時から備わっていた。しかし、そうであるがゆえに、権限の強大さについては、それ以前の大蔵省の強権や大蔵省の分省としての側面から、当初から十分に確保することができなかったのである。内務省は創設時から克服すべき課題を多く抱えてのスタートを切らざるをえなかったのであった。これらの諸課題を克服する作業は、おおよそ一八八五年の内閣制度の発足直前まで続いた。

そして、地方行政と警察行政を二本柱として位置づけられた内務省は、内閣制度の確立や大日本帝国憲法の成立を経て、その存在感をさらに高めていったのであった。かくして内務省は一九〇〇年の前後には「省庁の中の省庁」としての性格を獲得したと言ってよいであろう。

参考文献

板垣哲夫「大久保内務卿期（明治六年一一月〜一一年五月）における内務省官僚」近代日本研究会編『幕末・維新の日本』山川出版社、一九八一年
稲田正次『明治憲法成立史　上巻』有斐閣、一九六〇年
小幡圭祐『井上馨と明治国家建設——「大大蔵省」の成立と展開』吉川弘文館、二〇一八年
小幡圭祐「太政官三院制の成立過程——明治四年の制度取調」『明治維新史研究』一六、二〇一九年

小幡圭祐「大隈重信の政治的・行政的基盤と「事務局」」明治維新史学会編『明治維新史論集2　明治国家形成期の政と官』有志舎、二〇二〇年
小幡圭祐「大久保利通と内務省勧農政策」『日本史研究』七〇六、二〇二一年
小幡圭祐「三島通庸における〝伝統〟と〝革新〟――山形県政と儒教の関係」『歴史』一三八、二〇二二年
大日方純夫『日本近代国家の成立と警察』校倉書房、一九九二年
柏原宏紀『明治の技術官僚――近代日本をつくった長州五傑』中央公論新社、二〇一八年
勝田政治『内務省と明治国家形成』吉川弘文館、二〇〇二年
坂本一登「明治二十二年の内閣官制についての一考察」犬塚孝明編『明治国家の政策と思想』吉川弘文館、二〇〇五年
副田義也『内務省の社会史〔増補版〕』東京大学出版会、二〇一八年
大霞会編『内務省史』一、地方財務協会、一九七一年
瀧井一博『大久保利通――「知」を結ぶ指導者』新潮社、二〇二二年
中川壽之「征韓論政変と岩倉具視」明治維新史学会編『明治維新史論集2　明治国家形成期の政と官』有志舎、二〇二〇年
松沢裕作『町村合併から生まれた日本近代――明治の経験』講談社、二〇一三年
松沢裕作『自由民権運動――〈デモクラシー〉の夢と挫折』岩波書店、二〇一六年
御厨貴『明治国家をつくる――地方経営と首都計画』藤原書店、二〇〇七年
※このほか、『大久保利通文書』三（マツノ書店、二〇〇五年）、「大久保利通文書」（国立国会図書館所蔵）、「記録材料」・「公文録」（国立公文書館所蔵）などの史料を参照した。

コラム①　内務省の官業払下げ

谷川みらい

一八八〇（明治一三）年一一月二六日以降一二月にかけて、東京府内の主要な新聞各紙には連日、内務省による公告が掲載された。内務省勧農局の所管であった富岡《とみおか》製糸所・新町《しんまち》屑糸《くずいと》紡績所・千住製絨所《せんじゅせいじゅうしょ》、そして下総《しもうさ》種畜場の払下げ（民間への売却）を周知するものである。

各省を統轄する機関であった太政官は、財政難を背景として殖産興業に関する方針を転換し、従来設置してきた官営工場を民業に移すことを決めた。このことが官営工場を管轄する四つの省庁——内務省・工部省・開拓使および大蔵省——に「達《たっし》」として知らされたのは、同年一一月五日のことである。払下げ対象者を募るために公告を行うこと等の手続きを定めた「工場払下概則」もあわせて示された。それから一ヵ月足らずで、内務省は払下げに向けて動き出し、「工場払下概則」が定める通りに公告を行ったのである。

以上のような内務省の動きは、共に払下げの達を受けた他の三つの省庁とは異なっていた。工部省は払下げに対して消極的であり、払下げ公告などの具体的な対応が始まったのは、明治一四年の政変を経て工部卿が山尾庸三《やまおようぞう》から佐佐木高行《ささきたかゆき》に替わった後であった。黒《くろ》田《だ》清隆《きよたか》を中心とする開拓使の官員たちは、北海道産物の生産・加工・輸送・販売に関する開拓使の事業を自分たちが主体となって行う従来のありようを維持しようとして、いわゆる「開拓使官有物払下げ事件」を惹起し、明治一四年の政変の引き金を引いた。大蔵省は、管轄している工場はすべて現時点では払下げできないと太政官に上申し、許可された。

内務省と他省庁の対応を分けたものは何だったのか。まず挙げるべきはトップの意向であろう。太政官の払下げ政策は、大隈重信《おおくましげのぶ》の意見が採用されたものだが、当時内務卿であった松方正義《まつかたまさよし》（写真6）も、勧農局長であった前年以来、工場払下げを主張していた。安藤哲氏は、こうした松方の主張を、大久保利通が内務省の理念として掲げていた民業奨励路線を継承したものと指摘している（安藤哲『大久保利通と民業奨励』）。

写真6　松方正義
（国立国会図書館蔵）

内務省の組織的な特徴も、松方がこのような主張を展開できたことの背景として指摘できよう。工部省・開拓使においては、工場その他の官営事業が組織の中心にあり、事業の払下げは省庁組織の抜本的な改組や廃止につながりかねなかった。さらに、工部省は長州、開拓使は薩摩というかたちで、藩閥の「牙城」としての性格を強く持っていた。これに対して内務省においては、直接事業経営はその広い職掌の一部に過ぎなかった。また、薩摩出身の大久保から松方へという流れがあるとは言え、長州出身の伊藤博文《いとうひろぶみ》や木戸孝允《きどたかよし》も内務卿を経験しており、特定の藩閥の「牙城」としての性格は相対的に薄い。このことが、内務省の官業払下げを政治争点化しづらくし、また一八八一年四月に新設された農商務省への諸事業の移管も可能にしたと見ることができる。長州出身の山県有朋が内務官僚を中心として山県閥と呼ばれる一大勢力を築くのは、約二〇年後のことである（通史編第二章）。

冒頭に掲げた諸事業の払下げは、太政官・他省との調整が困難で手続きが遷延したこと等により挫折するが、ここで見られた払下げへの積極性の中に、この時点における内務省の可塑《かそ》的な性格が表れている（通史編第一章も参照）。

参考文献

安藤哲『大久保利通と民業奨励』御茶の水書房、一九九九年

上西晴也「下総種畜場の区画払下げと岩崎家」『三菱史料館論集』二四、二〇二三年

小林正彬『日本の工業化と官業払下げ』東洋経済新報社、一九七七年

鈴木淳「官営工場と民間工場」明治維新史学会編『講座　明治維新　八　明治維新の経済過程』有志舎、二〇一三年

通史編

第二章　内務省優位の時代――明治後期〜大正期

若月剛史

「省庁の中の省庁」としての内務省

第一章で内務省が「省庁の中の省庁」へと成長していく過程を見た。本章では、内務省がいかなる意味で「省庁の中の省庁」だったのか、日清戦争前後から大正期にかけて、政治の世界との関係の変化を視野に入れながら検討していきたい。

1　日清戦争から日露戦争まで

藩閥と民党の対立

第一章で見たように、初期議会において、議会の予算審議権を梃子《てこ》にして政府予算の削減を求める民党と、それに抵抗する藩閥との間で激しい対立が繰り広げられた。しかし、この対立は、民党、藩閥ともに望ましい結果をもたらすものとはならなかった（坂野潤治『明治憲法体制の確立』）。

民党は、「民力休養」をスローガンに地租の軽減を求めたが、その財源を作り出すために、「政費節減」、すなわち予算の削減を行おうとした。そして、民党は実際に、衆議院での予算案の審議を通じて、それに成功した。しかし、そのようにして作り出した財源で地租の軽減を行おうとすると、大きな困難につきあたった。地租軽減を行うためには、その法案を議会で成立させないといけなかったが、そのためには衆議院だけでなく貴族院の賛成も必要だった。この時期の貴族院は、必ずしも藩閥の強い影響下に置かれていたわけではないが、国家優先という独自の観点から、民党の主張する「民力休養」には否定的な姿勢を見せていた（小林和幸『明治立憲政治と貴族院』）。そのため、地租軽減の法案は、民党が多数派を占める衆議院でこそ通過するものの、貴族院を通過することができなかったのである。これでは、民党は何のために予算を削減したのか分からない。

他方、藩閥の方も、軍備拡張や産業基盤の育成といった自らの政策を実現するために衆議院で予算案を通過させる必要があったが、それは困難をきわめた。藩閥は、買収などによって民党を切り崩そうとしたり、天皇の詔勅を利用して衆議院に予算案を認めさせようとしたりした。これらの方法によって、藩閥はその場をしのぐことはできたが、何度もくりかえしできる方法ではなかった（北岡伸一『日本政治史』）。こうした状況を打開すべく、藩閥内では、民党と提携することで予算案の通過をめざす動きが出てくるようになる。

藩閥内で民党との提携に積極的な姿勢を見せたのが伊藤博文《いとうひろぶみ》である。伊藤は第二次内閣を組織すると、自由党と提携しようとする姿勢を見せるようになった。他方、民党のなかでも藩閥に接近しようとする動きが出てきた。その背景には、「民力育成」論が台頭してきたことが挙げられる。「民力休養」、つまりは地租の軽減ができないのなら、歳出削減によってできた財源を、「民力育成」につながる鉄道などの産業基盤の整備に回した方がよいという立場が登場したのである。こうした立場を代表する星亭《ほしとおる》らのリーダーシップによって、自由党は「民力休養」から「民力育成」へと路線を転換し、第二次伊藤内閣に接近していった。

藩閥と民党の提携に反発する古参知事

伊藤と自由党が接近する動きは日清戦争を通じて進み、一八九六（明治二九）年四月に、自由党総理の板垣退助が内務大臣に就任するに至った。さらに、板垣内相の下で、三崎亀之助《みさきかめのすけ》が県治局長に、石坂昌孝《いしざかまさたか》が群馬県知事に、桜井勉《さくらいつとむ》が山梨県知事というように、自由党を背景とする人物が省内のポストに進出していった。

こうした第二次伊藤内閣と自由党との提携に対して、内務省内では危機感が示される。特に、多かれ少なかれ民党と対決してきた経験を持つ古参の知事たちは強い反発を示した。例えば、山田信道《やまだのぶみち》や内海忠勝《うつみただかつ》、松平正直《まつだいらまさなお》らの知事たちは、「自由党たる内務大臣の下風に立つを屑《いさぎよ》し」とせず、辞任しようと相談したという（徳富猪一郎編述『公爵山県有朋伝』）。彼ら古参の知事たちの多くは、強い信念を持ちつつも、幕末維新の動乱期を生き残るために政治的なセンスを磨いてきた者たちである（高橋文雄『内海忠勝』、干河岸貫一編『明治百傑伝』）。政治状況が刻一刻と変化する幕末維新期に研ぎ澄まされた彼らの政治的なセンスは、知事時代にも衰えていない。彼らは、先に見たように、露骨に反自由党の姿勢を示しつつも、ここで辞めたら自由党に知事ポストを与えるだけだと、結局は辞任を思いとどまる。民党が相手をするのには厄介な存在である。

山県閥の形成

さて、第二次伊藤博文内閣は、一八九六年八月に松方正義《まつかたまさよし》・大隈重信《おおくましげのぶ》の入閣問題で自由党の同意を得られず退陣し、代わって第二次松方正義内閣が成立した。松方は大隈重信が率いる進歩党と提携して、外務大臣に大隈を迎えた。内務大臣には薩摩閥の樺山資紀《かばやますけのり》が就いたが、進歩党の圧力によって、愛媛県や福井県、山形県などの知事に進歩党員が就任することになった。

このように藩閥と政党との連携が進み、内務省内にも政党員が進出するようになってくると、先に見た古参の知事たちのように、それを快しとしない官僚たちは結集して対抗しようとする動きを見せる。彼らの期待を集めたのが、藩閥内でも最も政党と距離を置く姿

写真７　山県有朋
（国立国会図書館蔵）

勢を見せていた山県《やまがた》有朋《ありとも》であった（写真７）。こうして山県の下に集まった官僚たちと、山県の強い影響下にあった陸軍の軍人（桂《かつら》太郎《たろう》や寺内正毅《てらうちまさたけ》ら）たちを中心として、山県閥という一大勢力が形成される（坂野潤治『明治憲法体制の確立』、内藤一成『貴族院と立憲政治』）。その後、山県閥は、陸軍と貴族院を主な基盤として、政党勢力に対抗する勢力へと成長していく。

隈板内閣のショック

日清戦争後に大規模な軍部拡張、産業育成の計画が進められたが（日清戦後経営）、その財源を捻出するためには増税が不可欠な状況であった。そのため、堅実な財政家として知られる松方首相は地租の増徴を決意する。しかし、それは、数年前まで地租の軽減を主張していた議員が多く所属する進歩党にとって簡単に受け入れることができるものではなかった。こうして地租増徴に大隈外相が強硬に反対する姿勢を見せ、第二次松方内閣と進歩党との提携関係は壊れてしまう。その後、松方は、自由党と提携しようとしたが、こちらもうまくいかず、結局、退陣を余儀なくされる。

代わって一八九八年に第三次伊藤博文内閣が成立する。伊藤は自由党にも進歩党にも提携を持ちかけるが失敗する。伊藤内閣は、前内閣が成立させることができなかった地租増徴案を議会に提出したが、支持基盤である地主などの反発を恐れる自由・進歩両党は反対に回り、成立するに至らなかった。そのため、伊藤内閣は衆議院の解散を行った。これに、自由・進歩両党は合同して憲政党を結成することで対抗する。伊藤も自らが政党を組織することを構想したが、その総裁への就任に山県らが反対したことによって頓挫する。こうして地租増徴の展望を失った第三次伊藤内閣は総辞職する。伊藤は、政党にいったん政権を渡して財政の処理をやらせようとし（そして、その失敗を願って）、後継首相に大隈重信を推薦する。こうして、わが国で初めての政党内閣である第一次大隈重信内閣（いわゆる「隈板《わいはん》内閣」）が成立するに至った。内務大臣には板垣退助が就任した。

政党内閣の成立は、内務省内に大きな衝撃をもたらした（清水唯一朗『政党と官僚の近代』）。古参の知事たちのなかには、辞職する者も多く出た。また、それまで藩閥が独占してきた政権を政党が担当することになり、藩閥政府の下で維持されてきた自分たちの地位がおびやかされるのではないかと強い危機感を抱く者もあった。

他方で、東京大学（のちに帝国大学）で近代的な政治や行政の知識を身につけた若手の官僚たちの間では、憲政の発達という観点から第一次大隈内閣の成立を歓迎する見方もあった。また、試験による官吏の採用システムが整備される以前に情実（コネ）で採用された藩閥系官僚が省内で幅を利かせているのを、政党内閣が打開してくれるのではないかという期待もあった。そうなれば、自分たちの出世の可能性も大きくなる。

しかし、このような省内の一部で見られた政党内閣への期待は結果として裏切られることになる。政党員による激しい就官運動（猟官）が繰り広げられたからである。その運動を大隈も板垣も抑えることができず、内務本省では、次官兼土木局長に鈴木充美《すずきみつよし》、県治局長に山下千代雄《やましたちよお》というように、憲政党員の重要ポストへの登用が相次いだ。また、東京、大阪をはじめとして一〇府県で政党人が知事に就任した。こうした就官要求の高まりとそれを憲政党幹部が抑制できなかったことは、第一次大隈内閣に期待していた若手の官僚たちを失望させることになった。そして、まさにそのポストをめぐる内部対立で、第一次大隈内閣は崩壊することになる。共和演説事件で辞任した尾崎行雄《おざきゆきお》文相の後任をめぐって旧自由党系と旧進歩党系の間で対立が生じ、第一次大隈内閣はわずか四ヵ月で総辞職に追い込まれたのである。

法律学中心の人事システムへ――第二次山県有朋内閣

第一次大隈内閣に代わって内閣を組織したのが、政党との連携を快く思っていなかった藩閥系の官僚たちが待望していた山県有朋であった。内務大臣には薩摩閥の西郷従道が就任し、憲政党員の就官者たちは順次、内務省から追われていった。

さらに、第二次山県内閣は、政党員の官僚制への侵入を閉ざすために、一八九九年に文官任用令の改正を行った。この改正によって、それまで自由任用であった次官・局長級の勅任文官ポストが、原則として奏任文官（及びその在職経験者）からの任用に限定されることになった。奏任文官への任用は一部の例外を除いて、法律学中心の試験科目で行われる文官高等試験（略して「高文」という）の合格者に限られていたから、この改正によって勅任文官も高文合格者でないと就任することが難しくなった。こうして、第一次大隈内閣の時に見られたような政党員の官僚制への進出はできなくなったのである。

この改正を行う理由として、山県内閣は、一般の事務官である奏任文官だけでなく、省庁のトップを占める勅任文官にも法律学の知識が必要不可欠になったことを挙げた。そして、このような見方が根底に存在したことを背景として、この改正によって、理工系の素養を有する技術官僚についても、原則として一般の勅任文官への任用はできなくなった。その結果、この改正以前には少なからず見られた技術官僚が次官・局長に起用されるケースは、これ以後、徐々に見られなくなっていく（若月剛史『戦前日本の政党内閣と官僚制』）。

内務省でも、例えば、医療行政を掌る衛生局の局長は、その創設以来、長与専斎《ながよせんさい》や後藤《ごとう》新平《しんぺい》ら医系の技術官僚が局長を務めていたが、一九〇二年に森田茂吉《もりたもきち》が局長に就任して以降、事務官が就任するようになった。また、土木局の局長も、改正以前には、古市公威《ふるいちこうい》のように土木系の技術官僚がその椅子に座ることもあったが、改正以後は、事務官によって独占されることになる。

このような法律学重視の人事システムのあり方について、技術官僚たちは「法科偏重」であるとして不満を募らせていき、大正時代になると、その是正を求めて運動するようになっていくのである。

日清戦争後の機構改革

日清戦争後の内務省では、機構の改革も進められた。一八九五年、下関条約によって、台湾が日本の領土となった。その台湾と北海道に関する行政を統轄するために一八九六年に拓殖務省が設置された。これによって、北海道行政は内務省から拓殖務省に移ることになった。しかし、一八九七年に拓殖務省は廃止となり、北海道行政は内務省に新設された北海道局で行われることになった。また、台湾に関する事務を掌っていた台湾事務局も、一八九八年二月に内閣から内務省に移されることになった。この結果、台湾は内務省の監督下に置かれることになった。その後、北海道局、台湾事務局は一八九八年一一月に廃止され、その事務は大臣官房があたることになった。そして、北海道に関する事務は一九〇三年に地方局へ、台湾に関する事務は一九一〇年に内閣に設置された拓殖局へ移されることになる。

他に、一八九七年に監獄行政が警保局から切り離され、再び監獄局が設置された。その後、一九〇〇年に監獄行政は司法省に移されることになった。また、一八九八年には、県治局の名称が地方局に改められることになった。これは、県だけでなく府（東京、京都、大阪）が置かれており、また一八八六年に北海道庁が設置され、「県治」という名称が実態に即していなかったことへの対応であった。さらに、一九〇〇年には、神道を非宗教として、他の宗教とは異なるものであるという考え方を背景として、社寺局が廃止され、新たに宗教局と神社局が設けられている（テーマ編第二章を参照）。

玉突き型の人事

この時期の官僚制の人事は、現在のように年功序列や定期的な異動によって行われていたわけではなく、××局長のAが辞めたから、××局の政策分野に通じているBを△△局から転任させよう、そうすると△△局のポストが空くからCを補充しようというように、玉突き的に行われることが多かった。

例えば、後に内務大臣となる水野錬太郎《みずのれんたろう》は、大学卒業後、渋沢栄一から実業界に来るように熱心な勧誘があって第一銀行に入ったが、一年も経たないうちに農商務省に入る。これは、同省の藤田四郎《ふじたしろう》農務局長が、鉱業条例を改正しようと考えているが、そのためには大学出の法学士が欲しいと帝国大学の梅謙次郎《うめけんじろう》教授に相談したところ、水野が推挙されたことによるものであった。こうして、水野は農商務省に入り、鉱業法案や森林法案の立案に従事する（尚友倶楽部・西尾林太郎編『水野錬太郎回想録・関係文書』）。

半年後、今度は内務省の方から、参事官に欠員ができたので、評判のよい君に来てくれないかと水野にアプローチがあった。これに対して、水野は同じ政府内のことであるから内務・農商務の両省で話し合って決めてくださいと答えたという。そこで、内務省の方から農商務省の金子堅太郎《かねこけんたろう》次官に話がいったが、金子は、水野は農商務省にとって有用な人だから離せないと言って断った。それでも、内務省側はあきらめず、最後は金子が折れて、水野は内務省に転じることになったという。

このエピソードは、後年の水野の回想に基づくものであるから、ある程度、割り引いて考えないといけないが、当時の官僚人事の雰囲気をよく伝えている。このようにポストが空いたら人が動くという人事システムの下では、①同一ポストへの長期在職、②省庁の枠組みを超えた人事異動、が比較的容易に行われやすくなる。年功序列で一斉に昇進させる人事システムの下では、ポストを多くの人に回さないといけないので、同一ポストでの長期在職は難しくなるし、ましてや外部から人を採るというようなことはできなくなる。

そのような人事上の制約下に置かれていなかった、この時期の内務省では、知事を中心として長期の在職者が見られる。例えば、長州閥に属する周布公平《すふこうへい》は兵庫県知事を六年弱、神奈川県知事を十一年半も務めている。両県には開港場（神戸、横浜）があり、その知事は外国との交渉を行わなければならない場合もあった。その両県の知事に周布が起用されたのは、彼の五年間にわたる留学経験が買われてのことだったと言われている。そして、周布は、長期にわたる知事の在職中、神戸港や横浜港の整備など、長期的な視野に立って取り組む必要がある事業を進めていった（尚友倶楽部・松田好史編『周布公平関係文書』）。

内務省への人材の出入りも、前述した水野のように頻繁に行われていた。後に首相となる清浦奎吾《きようらけいご》は、司法官僚として治罪法（現在の刑事訴訟法）の制定に関与するなどの活躍が山県有朋内相の目に留まり、その引きで内務省に転じて警保局長を務めたという。その後、再び司法省に戻り、次官・大臣となっている（伯爵清浦奎吾伝刊行会編『伯爵清浦奎吾伝』）。また、後に原敬《はらたかし》内相の下で次官となり、政界に転じた床次竹二郎《とこなみたけじろう》（写真8）も、大学卒業後、大蔵省に入省している。その後、愛媛県の収税長時代に知り合った勝間田稔《かつまたみのる》に気に入られ

写真8　床次竹二郎
（国立国会図書館蔵）

て、彼が知事を務める宮城県の参事官に転じたという。そして、床次は内務官僚として出世を遂げていく（若槻礼次郎『明治・大正・昭和政界秘史』）。

このように、この時期の内務省では、各ポストで求められる経歴や能力に応じた柔軟な人事が行われていたのである。

2　日露戦争後から大正政変まで

桂園時代の開始

日露戦争は、日本の政治に大きな影響を与えることになる。明治維新以来、国家の目標であった対外的な自立が日露戦争の勝利によって達成された。このことを背景にして、伊藤博文や山県有朋らは第一線から退き、元老として背後から影響力を及ぼすようになる。代わって、桂太郎や西園寺《さいおんじ》公望《きんもち》ら青年期に明治維新を経験した世代が政治の表舞台に出てくる（三谷太一郎『日本政党政治の形成』）。

この時期、藩閥のなかでは、山県閥が一大勢力に成長し、陸軍や貴族院は山県閥の強い影響下に置かれるようになった。他方、薩摩閥の方は、海軍を除いて、存在感を失っていく。政党のなかでは、一九〇〇年に創立された立憲政友会（以下、政友会）が力を伸ばし、衆議院で半数近くを占めるようになる。こうして山県閥と政友会という二大勢力が力を持つようになったが、この両勢力の間で提携が成立し、政治的に安定的な状況を迎えることになる。山県閥を代表する桂太郎と、政友会の総裁である西園寺公望が交互に政権を担当する桂園時代のはじまりである（中里裕司『桂園時代の形成』）。

ただし、表面的には安定しているように見えても、その内部では山県閥と政友会との間で激しい競争が繰り広げられていた。それがはっきりと表れたのが官僚人事である。日露戦争以前においては、前節でみたように、政党員が官僚制内に進出することはあっても、官僚たちが積極的に政党に近づくことは必ずしも多くはなかった。例えば、政友会の原敬が第一次西園寺内閣の内務大臣に就任した際に、省内で知っているのは地方局長の吉原三郎《よしはらさぶろう》と神社局長の斯波淳六郎《しばじゅんろくろう》の二名だけであったという（大霞会『内務省史』）。原は、農商務省や外務省を経て政友会に参加した、官僚としてのキャリアを有する政治家であったが、その原でも内務官僚とはほとんど面識がなかった。それだけ、桂園時代が始まった頃には、政党と官僚との間には距離があったのである。

内務官僚の党派化

しかし、日露戦争後になるとこうした状況は変わってくる。政友会は山県閥に気を使いながらも、自分たちの影響下にある官僚を増やそうとする。これに対して、山県閥は政友会に近そうに見える官僚を更迭して、官僚制内での政友会の影響力拡大を阻止しようとする。こうして、本人は望んでいなくても、否が応でも官僚に党派色がついてくるようになる（清水唯一朗『政党と官僚の近代』）。

なかでも、知事などに就任することによって、多かれ少なかれ地方の政党勢力と向き合わないといけなかった内務省の官僚は、その傾向が強く表れた。ここでは、後に政友会と衆議院での勢力を二分する立憲民政党（以下、民政党）系の大物官僚として名を馳せた伊沢《いざわ》多喜男《たきお》（写真9）の事例を見てみよう（大西比呂志編『伊沢多喜男と近代日本』）。

伊沢は、内務省に入省後、岐阜県や山梨県、滋賀県など地方を転々としていた。この時代の伊沢は、政友会系の地方有力者と対立することもあったが、だからと言って政友会を目の敵にしていたわけではない。それどころか、第一次西園寺公望内閣の原敬内相によって和歌山県知事に抜擢され、原に対して恩義を感じてさえいる。その次の愛媛県知事時代には、伊沢は、安藤謙介《あんどうけんすけ》前知事が県内の政友会勢力の要望に応えて計画した土木事業を「砂上の楼閣」だとして、その予算を大幅に削減した。その結果、県内の政友会勢力との対立は強まることになった。そのせいもあって、次の新潟県知事時代には、第二次西園寺内閣の原内相によって更迭される。そして、伊沢と交代で新潟県知事に任じられたのは安藤であった。

伊沢自身は、新潟県知事を更迭された後も、原に対して親しみを持ち続けたようであるが、この頃には、伊沢は反政友会系の人物と見なされるようになっていった。その後、伊沢は、政友会に対抗する政党となる憲政会や民政党の結成に関わり、これらの政党に強い影響力を持つようになる。他方、安藤は政友会系の知事としてラベリングされる。このようにして、日露戦争後から大正期にかけて、内務官僚の党派化が進んでいったのである。

写真9　伊沢多喜男
（国立国会図書館蔵）

このような党派的な観点から人事が行われるようになると、自派の官僚にポストを回すことが何よりも重要となるので、各政権にとって大規模な人事異動は不可欠となる。そうなると、前節で見た周布のような同一ポストへの長期の在職者は、徐々にではあるが見られなくなっていく。特に、政治的には重要であるが、特定の専門性は必ずしも必要とされない知事は、「浮き草稼業」と自嘲されるように、政権交代に連動して頻繁に交代させられるようになるのであった。

地方財政の危機的な状況

日露戦争の勝利によって、日本は内外で列強の仲間入りを果たしたと見なされるようになった。しかし、列強の一員として認知されることは、それだけの経済的・社会的実力を持つことが必要となるが、当時の日本にはそれだけの内実が伴っていなかった。まず、日露戦争の戦費負担のために多額の外債を抱えていた。さらに、貿易で稼ごうにも、一部を除いて日本製品の国際競争力は弱かったため、貿易収支は赤字傾向にあった。こうした状況を切り抜けるためには、日本の経済力を高める必要があった。

しかし、それを実現に持っていくのには当時の財政状況は悪すぎた。日露戦争の戦費負担は、当時の国家予算の約七倍にあたる一七億円にものぼったが、賠償金を得ることはできなかったので、国家財政は大幅に悪化することになった。さらに、戦争が終わっても、例えば、海軍でドレッドノート型戦艦の登場（一九〇六年）といった技術革新に追いつく必要が生じるなど、軍備拡張の手を緩めることはできなかった。

そのなかで、経済力を高めるのに必要な産業基盤を整えるための財源を調達するには増税を行うしかなかった。実際、日露戦争にあたって非常特別税として実施された地租の増徴は、戦後も継続されることになった。さらに、地租の滞納を防ぐため、国は町村に対して地租への付加税を厳しく制限した。

この時期の町村は、一九〇七年に小学校の児童の修学年数が四年から六年に延長されるなど、歳出は増加していた。しかし、そのための財源を作り出そうにも、町村にとって重要な収入源であった付加税が国によって制限されたため、町村財政は大幅に悪化することになる。

こうした状況に、多くの町村は、各戸に税を割り当てる戸数割を増徴することで対応しようとした。しかし、戸数割の賦課には法律などによって明確な基準が定められていないため、例えば、村の有力者の圧力によって、彼らの負担は軽くされ、貧しい人たちの負担が重くなるというように、恣意性が強くなりかねなかった（大島美津子『明治国家と地域社会』）。また、町村は、小学校の建物を増設するなど公共事業を行うにあたって、予算の不足を補うために、地域の住民に強制的に寄付金を募ることがあったが、その割り当て額は村の有力者が自分たちに有利なように決めるケースが多く見られた。

こうして町村内では、人々の間で負担をめぐる対立が先鋭化していくことになった。そこまでして人々の負担を増やしても、増加傾向にある歳出を補うには不十分であり、町村財政は慢性的な歳入不足に悩まされた。町村財政は危機的な状況に陥ったのである。

地方改良運動

こうした状況を打開するために、内務省が中心となって文部省や農商務省などとともに展開されたのが地方改良運動である（宮地正人『日露戦後政治史の研究』）。地方改良運動とは、町村の財政的・経済的基盤を強化することを目的として始められた運動のことである。この運動は、日露戦争が終わった頃から行われていたが、一九〇八年に成立した第二次桂太郎内閣によって体系だって集中的に展開された。

町村財政を立て直すために第一に行われたのが、納税組合の設置であった。これは、税の滞納を防ぐために、納税義務を有する者を半ば強制的に加入させて、日頃から貯金をさせて納税のための資金を準備させておくというものであった。

しかし、それだけでは、危機的な状況にある町村財政を救うことができない。戸数割などの増税を行うのも、人々の負担を考えると限界がある。そこで内務官僚らによって考えられたのが、町村が有する財産を充実させて、そこから生じる収入を増やすという方法であった。そのなかで注目されたのが、町村内の部落（ここでは、集落のこと）が利用・管理していた林野であった。それを町村の財産に組み入れて、町村の手で造林を進めて、木材などを生産することで収入を得ようというのである。

この部落有林野の統一政策は、地方改良運動のなかで大々的に推進された。しかし、部落の人々からすれば、林野が町村の管理下に置かれてしまったら、これまでのように林野を利用することができなくなる。そのため、部落有林野の統一は、強い反発に直面してなかなか進まなかったのである。

部落有林野の統一がうまくいかなかったことが示すように、町村のことよりも、自分たちの生活の基盤である部落のことを優先して考える人々が多く存在していた。このような町村内が部落単位でバラバラになっているような状況では、とても人々が一致協力して町村の発展、ひいては国家の発展のために力を尽くすというようなことは期待できない。そのため、地方改良運動では、人々に町村や国家に対する公共心や共同心を植え付けるために、小学校教育の強化や、修養と奉仕の活動を中心とする青年会の設置などが進められていくことになる。

地方改良運動で行われたことは、自治体の財政破綻や「地方消滅」といった現象を見てきた私たちからすれば、とてもうまくいくようには見えない。しかし、そのような政策に内務官僚たちがすがらないといけないほど、日露戦争後の日本は、経済的にも財政的にも手詰まりの状態だったのである。

知事の主導による産業基盤の整備

地方改良運動の成果がなかなか出ず、緊縮財政の徹底が求められるなか、内務省内では、むしろ予算を拡大して、地方経済の発展に資するような事業を行うべきだという考え方もあった。地方の経済が発展すれば、それだけ税収が増加して財政の好転にプラスに働くし、列強との「経済戦」を戦うための国力の増加にもつながるからである。

桂園時代において、鉄道や道路などの交通インフラの拡張をはじめとする産業基盤の整備については、政友会がその実現を求めたことがよく知られている。これに対して、桂太郎ら山県閥は、財政の健全化を重視した側面が強調されてきた。先に見た伊沢多喜男と安藤謙介の二人は、安藤が政友会の要望を入れて土木予算を大幅に増加させたのに対して、伊沢がそれを財政的に実現不可能だとしてカットしたというように、この構図によくあてはまる。

しかしながら、山県閥に近い内務官僚であっても、政友会張りに産業基盤の整備に熱心な者もいた。ここでは、その代表例として有吉忠一《ありよしちゅういち》（写真10）を取り上げよう（中里裕司・山村一成『近代日本の地域開発』)。有吉は、一八九六年に内務省に入省し、一九〇八年三月に三四歳の若さで千葉県知事になる。有吉は、同年一一月には、松戸園芸専門学校(千葉大学園芸学部の前身)を設立することを県議会に提案する。これは、千葉県が野菜や果樹の需要がある東京に近く、それらの品種の改良などにあたる人材を育成することを目的とするものであった。さらに、翌一九〇九年からは、有吉は県営鉄道の建設を進めていくが、これは東京へ農産物を高速で大量に輸送することを可能にするためであった。その後、有吉は一九一一年から宮崎県知事を務めるが、同県でも県営鉄道の敷設にあたっている(徳永孝一『《官》が立った。《民》が動いた。』)。

写真10　有吉忠一
(国立国会図書館蔵)

有吉のように、緊縮財政が声高に叫ばれている状況であるにもかかわらず、その地域の経済発展にプラスに働くと考えられるのであれば、教育費や土木費の拡大を厭わなかった知事もいたのである。ただし、こうした積極政策が必ずしもうまくいくとは限らなかった。有吉が千葉県で建設を進めた県営鉄道の多くは赤字であり、県財政の負担になっていく。松戸の園芸専門学校も県の予算では十分な設備が整えられないことが明らかになる（一九二九年に国に移管）。緊縮政策だけではジリ貧だが、かといって積極政策に打って出ても、必ずしもうまくいくとは限らない。下手をすれば、府県の財政をさらに悪化させてしまう。この時代の知事たちは難しいかじ取りを余儀なくされていたのである。

内務省依存を強める他省庁

地方改良運動は、内務省が主導した運動であったが、そこで打ち出された政策は農商務省や文部省など他省庁と密接に提携しながら展開された点に大きな特色があった（若月剛史『戦前日本の政党内閣と官僚制』）。

先にも述べたように、日露戦争後において、経済力を列強と張り合うまで高めることが求められたが、財政状況は悪化しており、財政支出を伴うような産業政策が認められる余地は少なかった。そこで、主に農業生産力の増大のために高唱されたのが勤倹であった。国も地方も農業にカネを出すことができないので、農民に長時間働かせて、農業生産力を拡大しようというのである。このような農民の勤労強化は、もともと農商務省が唱えていたものであったが、地方改良運動に組み込まれることで強力に推進されることになった。

しかし、農民の勤労を強化するだけでは農業生産力の拡大に限界があった。やはり農業部門に投資するカネは必要である。そこで、内務省が大蔵省や逓信省と協力して行われたのが貯蓄奨励政策である。これは、人々が持つ少額の資金を郵便局に貯金させ、そうして集まった資金（預金部資金）の一部を地方公共団体や農業関係の団体に貸し付けることで、農業金融を充実化させるというものであった。さらに、預金部資金は、鉄道の建設・改良や製鉄、治水などの各事業にもあてられた。こうして、厳しい財政状況であるにもかかわらず、預金部資金を用いることで各省庁は、十分とは言えないものの、例外的に事業を拡大することができた。

このように、日露戦争後、経済政策面で他省庁は内務省への依存を強めていった。もともと、各省庁は自分たちの政策を実行に移すにあたって、府県の知事や各課長の人事権を握っている内務省に依存する側面が強かった（黒澤良『内務省の政治史』）。例えば、農商務省が農業に関する政策を立案したとしても、その実施は府県の産業課を通じて行われるように、自らの政策の実施は府県に頼らざるを得なかったからである。こうした他省庁に対して内務省が優位に立つ状況が、日露戦争後になって、さらに強まっていったのである。

内務省が他省庁へ幹部候補となる人材を送り出していたことも、他省庁に対する内務省の優位が形成された条件として挙げることができる。武石典史の研究によれば、一九〇〇年から一九二一年にかけて、農商務省や逓信省の次官・局長に就任した者の半数近くが内務省出身者であった。文部省に至っては、この時期の次官・局長の就任者のほとんどを内務省出身者によって占められていた（武石典史「官僚の選抜・配分構造」）。農商務省や文部省が内務省から人事の供給を受けていたのは、これらの省庁で職務を行うにあたって、地方行政の実際を知らなければならないと考えられていたからである。

こうした考えの下で、大学を卒業して内務省に入り、府県での職務経験を経て、他省へと移るという官僚人事のパターンが形成されていった。そして、このような官僚人事のあり方を通じて、内務省を中心とした官僚制内のネットワークが築かれ、それを背景にして他省庁に対する内務省の優位に立つ状況が形成されたのである。

こうした内務省の優位を背景として、この時期、省庁間で対立が生じると内務省が調停者的な立場にたって調整を行うことが多く見られたという。このような状況を、政治学者の御厨貴は「内務省による平和」と呼んでいる（御厨貴『政策の総合と権力』）。

桂園時代の機構改革――警視庁改革と郡制廃止法案

桂園時代における内務省の機構改革として第一に挙げられるのが、一九〇六年の警視庁の改革である。これは、第一次西園寺公望内閣の原敬内相によって行われた。それまで警視庁のトップである警視総監は、内閣総理大臣の指揮監督下で「高等警察事務」を行うことがその職務として法令（警視庁官制）に定められていた。このことが、警視総監の政治的な性格を強め、権力の濫用が行われる原因の一つになっているとの批判が出されていた。また、知事たちも警視庁の力が地方にまで及んでいるとして不満を表に出すようになっていた。こうした批判や不満に対応するかたちで、原によって警視庁官制が改正され、警視総監が内閣総理大臣の指揮監督を受けて「高等警察事務」を行うという規定は削除されたのである（テーマ編第三章を参照）。

原はまた、第一次西園寺内閣の時代に、郡制の廃止法案を議会に提出している（三谷太一郎『日本政党政治の形成』）。郡制は一八九〇年に、府県で行うには小さいが、町村で行うには大きすぎる事務を行うため、両者の中間に位置する自治体としての機能を付与することを定めた法令である。しかし、郡制はかえって行政の複雑化をもたらすだけだという批判が出され、原も廃止する方向で動き出した。これに対して、郡制は山県有朋内相によって制定されたこともあって、山県閥が強硬に反発した。こうして郡制廃止法案は、山県閥の影響力が強い貴族院の反対によって廃案に追い込まれることになる。結局、桂園時代には、原は郡制を廃止することができず、廃止を実現するには原敬内閣期の一九二一年まで待たざるを得なかった（谷口裕信『近代日本の地方行政と郡制』）。

3　大正時代の内務省

大正政変と行政整理

政治的安定を見せていた桂園時代は、大正政変を通じて山県閥と政友会の提携関係が壊れたことによって終焉を迎えることになる（坂野潤治『明治国家の終焉』）。そのなかで、昭和初期に政友会と政権を争うことになる民政党の前身となる立憲同志会が結成される。立憲同志会には、加藤高明《かとうたかあき》や若槻礼次郎《わかつきれいじろう》など官僚出身者が多く参加したが、内務省からも大浦《おおうら》兼武《かねたけ》や下岡忠治《しもおかちゅうじ》などのOBが参加している。

大正政変によって第三次桂太郎内閣が崩壊し、代わって成立したのが政友会を与党とする第一次山本権兵衛《やまもとごんべえ》内閣である。内務大臣には原敬が任じられた。第一次山本内閣は、成立早々、行政整理に着手したが、その一環として、宗教局が内務省から文部省に移された。これは、神道と宗教の分離をさらに明確にするべきだという考えに基づいてのものだった。また、内閣に置かれていた拓殖局が廃止された結果、朝鮮や台湾、樺太の拓殖事務は内務大臣が所管することになった。

また、政友会の圧力もあって文官任用令の改正も行われ、内務省では次官や警視総監、警保局長などが自由任用とされた。次の第二次大隈重信内閣による文官任用令改正によって、これらのポストは資格任用に戻されるが、政友会を与党とする原敬内閣によって再び自由任用とされる。

官僚の専門化

大正時代は、重化学工業化や都市化の進展、社会運動の活性化、都市と農村の格差拡大など、日本社会に大きな変化が生じた時期であった。こうした社会・経済状況の変化は、例えば、都市化が進展すると都市計画の必要性が高まるというように、新たな政策分野が生み出されていくことになる（若月剛史「行政国家と「革新官僚」」）。また、第一次世界大戦によって、貿易収支が大幅な黒字に転じたことは、財政面での余裕を生じさせ、各省庁は新しい政策分野に着手できるだけの予算を手にできるようになった。これらの結果、各省庁は、政策面で内務省に依存する度合いを減らしていくことになる。

新しい政策分野が生まれると、それに関する専門的な知識を官僚は求められるようになる。こうして、官僚制内で専門性を尊重する雰囲気が醸成されていく。こうした変化を、政治学者の升味準之輔は「官僚の専門化」と呼んだ（升味準之輔『日本政党史論』）。そして、それは、内政全体を見渡すことが求められる内務省よりも、農商務省や逓信省、鉄道省といった、特定の分野を所管する経済・現業官庁の方で強く見られることになる。

この点は、この時期における官僚の人事傾向の変化にもはっきりとあらわれている。桂園時代には頻繁に見られた内務省から他省庁への人事異動が、一九二〇年代以降には見られなくなっていったのである。前述の武石の研究によれば、一九二一年から一九四三（昭和一八）年にかけて、農林省や商工省、逓信省の次官・局長の就任者で内務省出身者はほとんど見られなくなる（武石典史「官僚の選抜・配分構造」）。そして、主要なポストは、それぞれの省出身の官僚によって占められることになる。これらの省庁では、その省が所管する分野に関する専門性が人事において重視されるようになったことが窺われる。

このように内務省から他省への人事異動がなくなったことは、内務省を中心として形成されていたネットワークを弱体化させ、結果として、各省庁に対する内務省の優位は失われていく。こうして内務省と他省庁との間で対立が生じる局面が多く見られるようになっていく。「内務省による平和」は大きく動揺することになったのである（御厨貴『政策の総合と権力』）。

さらに、内務省内でも、専門性を尊重する雰囲気を背景として、工学や医学などの特定の分野で高い専門性を有する技術官僚が、法学部出身の事務官が次官・局長級ポストを独占している状況は「法科偏重」だとして、官僚人事のあり方を変えるよう求めるようになる（若月剛史『戦前日本の政党内閣と官僚制』）。例えば、土木事業を管轄する土木局の局長は、法学の知識よりも、土木技術に関する知識の方が必要であり、土木系の技術官僚が務めるべきだと主張されるようになった。こうした技術官僚の運動は、この段階では、全面的に認められることはなかったが、昭和期に入ると、内務省は、彼らの待遇改善を真剣に考えないといけなくなっていく。

官僚の政党化

このように「官僚の専門化」が進展して内務省の優位が失われるなか、省庁間での対立を調整する必要性が高まっていった。その役割を期待されたのが、大正時代を通じて勢力を伸張させ、内閣を組織するだけの実力をつけてきた政党である（若月剛史「政党政治と専門官僚」）。

政党が官僚制内の対立を調整するためには、官僚制に対する統制を強化しなければならない。調整がどのようになされるにせよ、政党が下した最終的な決定に官僚たちを従わせないといけないからである。そのための方法として、政党は、人事を通じて官僚への影響力を強めようとした。現在と同じく、当時の官僚にとって出世は最大の関心事であり、出世するためには、与党である政党の方針に本心では納得できなくても、表立って反対しないに越したことはない。こうして、官僚たちは自らの人事に影響力を有する政党の方針に従うようになる。

さらに、官僚のなかには政党に近づく、さらには、入党する者まで出てくるようになる。この現象を、升味は「官僚の政党化」と呼んでいる（升味準之輔『日本政党史論』）。内務省でも、大正期から昭和初期にかけて、多くの官僚たちが政友会や憲政会などの政党に入党していった。さらに、衆議院議員に転身する者も出てくる。田子《たご》一民《いちみん》や岡田《おかだ》忠彦《ただひこ》、俵《たわら》孫一《まごいち》らである。彼らは、政党内閣の時代から戦時期にかけて、二大政党を代表する政治家になっていく（通史編第三章を参照）。

大正時代の機構改革と男子普通選挙法の成立

大正時代における内務省の機構改革として第一に挙げられるのが、省内での「社会」への関心の高まりを背景として、一九二〇年に社会局が設置されたことである（テーマ編第六章を参照）。社会局では、職業紹介や公設市場といった新しい事業が展開されていった。さらに、一九二二年には、社会局は内務省の外局に格上げされた。また、一九一七年に内閣に拓殖局が設置されたことに伴って、内務大臣の所管になっていた朝鮮、台湾、樺太の事務が拓殖局に移されている。

一九二五年には、普選運動の盛り上がりと、普選を主張していた憲政会の総裁である加藤高明を首相とする内閣が成立したことなどを背景として、男子普通選挙法が成立した（松尾尊兊『普通選挙制度成立史の研究』）。普選については原敬内閣が反対したことが知られるが、内務省内では、すでにその時から普選の導入について積極的な意見が強かったという。さらに第二次山本権兵衛内閣の後藤新平内相が普選導入の方針を示したことによって、法案作成の作業が進められていたようである。加藤高明内閣がスピーディーに男子普通選挙法を成立させることができた理由として、首相の加藤のリーダーシップが強調されることが多いが、このように内務省内で議論の蓄積があったことも見逃すことができない。

政党と官僚との関係についても新たな試みがなされた。一九二四年に、加藤内閣によって議員が就任するポストである政務次官・参与官が設置された。同時に、これまで自由任用であった次官は資格任用とされることになった。これらの制度変更は、役職面で「政務」と「事務」を区別することで、政権交代が起きても、これまで見てきたような大規模な人事異動に伴って行政が不安定になるのを防ぐことを意図するものであった（清水唯一朗『政党と官僚の近代』）。しかしながら、地方行政や警察行政などのように、政治と密接に関わることを余儀なくされる内務省では、これ以後も、政権交代のたびに大規模な人事異動が行われることになるのであった。

「省庁の中の省庁」たりえた理由

本章では、内務省が「省庁の中の省庁」であった時代を見てきた。この時代、各省庁は自らの政策を実施する際には、府県を通じて行う必要があったが、その府県のトップ（知事や各課長）の人事権は内務省に握られていた。中央においても、他省庁は人材を確保するにあたって内務省に大きく依存していた。政策の実施と官僚の人事という官僚制の根幹の部分を握ることで、内務省は「省庁の中の省庁」たりえたのである。

このように「省庁の中の省庁」だったからこそ、内務省はこの時期における日本政治の変化の影響を大きく受けることになった。地方統治の主導権の確保を、あるいは、官僚制内の影響力の拡大を狙って、山県閥や政友会、憲政会などが内務省への影響力拡大を図った。そして、内務官僚の人事は、そうした各勢力のせめぎ合いがダイレクトに表出する場となったのである。

しかしながら、次章でも見ていくように、大正期も後半になると、官僚の専門化とそれに伴う各省庁の内務省からの自立によって、内務省は「省庁の中の省庁」としての地位を失っていく。さらに、昭和期に入って、他の省庁が、地方に出先機関を持つようになり、自らの政策を実施するにあたって内務省―府県のルートに依存する度合いを低くしていったことも、この傾向に拍車をかけた（市川喜崇『日本の中央―地方関係』）。このような構造の変化は、第三章で見ていくように、官僚制、ひいては政治のあり方に大きな影響を及ぼすことになるのである。

参考文献

市川喜崇『日本の中央―地方関係』法律文化社、二〇一二年
大島美津子『明治国家と地域社会』岩波書店、一九九四年
大西比呂志編『伊沢多喜男と近代日本』芙蓉書房出版、二〇〇三年
北岡伸一『日本政治史　増補版』有斐閣、二〇一七年
黒澤良『内務省の政治史』藤原書店、二〇一三年
小林和幸『明治立憲政治と貴族院』吉川弘文館、二〇〇二年
清水唯一朗『政党と官僚の近代』藤原書店、二〇〇七年
尚友倶楽部・西尾林太郎編『水野錬太郎回想録・関係文書』山川出版社、一九九九年
尚友倶楽部・松田好史編『周布公平関係文書』芙蓉書房出版、二〇一五年
大霞会編『内務省史』一、地方財務協会、一九七一年
高橋文雄『内海忠勝』内海忠勝顕彰会、一九六六年
武石典史「官僚の選抜・配分構造」『教育社会学研究』一〇〇、二〇一七年
谷口裕信『近代日本の地方行政と郡制』吉川弘文館、二〇二二年
徳富猪一郎編述『公爵山県有朋伝』下、山県有朋公記念事業会、一九三三年
徳永孝一『《官》が立った。《民》が動いた。』鉱脈社、二〇〇八年

内藤一成『貴族院と立憲政治』思文閣出版、二〇〇六年
中里裕司『桂園時代の形成』山川出版社、二〇一五年
中里裕司・山村一成『近代日本の地域開発』日本経済評論社、二〇〇五年
伯爵清浦奎吾伝刊行会編『伯爵清浦奎吾伝』上、伯爵清浦奎吾伝刊行会、一九三五年
坂野潤治『明治憲法体制の確立』東京大学出版会、一九七一年
坂野潤治『明治国家の終焉』筑摩書房、二〇一〇年
干河岸貫一編『明治百傑伝』青木嵩山堂、一九〇二年
升味準之輔『新装版　日本政党史論』四、東京大学出版会、二〇一一年
松尾尊兊『普通選挙制度成立史の研究』岩波書店、一九八九年
御厨貴『政策の総合と権力』東京大学出版会、一九九六年
三谷太一郎『増補　日本政党政治の形成』東京大学出版会、一九九五年
宮地正人『日露戦後政治史の研究』東京大学出版会、一九七三年
若月剛史『戦前日本の政党内閣と官僚制』東京大学出版会、二〇一四年
若月剛史「政党政治と専門官僚」『歴史評論』八一七、二〇一八年
若月剛史「行政国家と「革新官僚」」鈴木淳・山口輝臣・沼尻晃伸編『日本史の現在5　近現代①』山川出版社、二〇二四年
若槻礼次郎『明治・大正・昭和政界秘史』講談社、一九八三年

コラム② 内務省の人事と官僚の生き様――水野錬太郎と福原鐐二郎

松谷昇蔵

人事は行政機関に限らず、組織の重要な営為である。任用や養成の結果が組織の質に直結するからである。人事が組織の土台かつ核心と言われる理由である。内務省は本省だけでなく地方官庁のポストの人事権を有し、なおかつ文部省や農商務省、逓信省の各省の幹部ポストにも内務省や府県で養成された官僚が充てられることが多かった。内務省が内政全般の人材管理の多くを担っていたのである。ここでは、内務省で養成された官僚と、内務省から他省に移った官僚を取り上げることで、内務省の人事と、そこに表出される官僚の生き様を見てみよう。

内務省に最も大切に扱われた人物の一人に水野《みずの》錬太郎《れんたろう》（一八六八～一九四九年）がいる。水野は一八九二年に帝国大学法科大学の英法科を卒業し、第一銀行に就職するが、九三年六月には農商務省に入り、さらに一年後に内務省へ移る（この経緯については、通史編第二章を参照）。当時内務省にいた都筑馨六《つづきけいろく》が、秀才の誉れ高い水野の評判を聞き、内務省へ引き込んだのである。以降、水野は内務本省から出ることなく、内務次官まで上り詰めることになった。多くの内務官僚が地方官庁を異動しながらキャリアを積むなかで、本省のみの経歴しか持たない水野は異色の存在であった。水野の回想によれば、自分は地方に出たかった

写真11　福原鐐二郎
（東北大学史料館蔵）

が、時々の大臣や次官から「外に出られると困る」と言われ、その機会を逸したという（尚友倶楽部・西尾林太郎編『水野錬太郎回想録・関係文書』）。

そんな水野と帝大英法科で同級生だったのが福原鐐二郎《ふくはらりょうじろう》（一八六八〜一九三二年、写真11）である。大学卒業直後の一八九二年に逓信省に入り、翌年内務本省に移った。九四年からは奈良県や鳥取県へ出向し、参事官や警察部長を務めた。内務官僚としてキャリアを積んでいた福原の転機となったのが、九七年三月の文部省への入省である。文部次官になっていた都筑が福原を文部省に呼び寄せたのである。その後の福原は文部省でキャリアを積み、一九一一年九月に文部次官となり、一六年一〇月まで在職した。内務省と異なり政争の影響が小さい文部省だからこそ、福原は安定したキャリアを歩むことができたのである（文部省の官僚養成については、松谷昇蔵『近代日本官僚制と文部省』）。福原が同世代の官僚と異なっていたのは、床次竹二郎《とこなみたけじろう》のように府県を異動するわけでもなく、犬塚勝太郎《いぬづかかつたろう》のように内務省と他省を往来してキャリアを構築する官僚でもなかったということである。

内務本省にいた水野と文部省で官歴を終えた福原は、ともに最初は都筑によって誘導されたキャリアであったが、どちらが充実した官僚人生であったのだろうか。主観的な問題なので一概には言えないが、文部省へ異動した福原よりも、「官庁の中の官庁」とされる内務省にいた水野の方が充実していたと思うのではなかろうか。しかし、文部と内務の差こそあれ、次官の就任は福原の方が一年半ほど早く、次官の在職期間も福原の方が長い。また、水野の欧米派遣が七ヵ月間の慌ただしいものであったのに対して、福原は欧州で丸二年間ゆったりと教育行政を研究する時間を文部省から与えられた。くわえて、実現しなかったが、福原は一九一四年に文相に就任する予定であった。これは一八年に内相となった水野よりも四年早い。このように見てみると、福原の官僚人生は水野に負けていないことが分かる。ただし、福原はついぞ文相になる機会に恵まれず、一方の水野が二七年に文相になってしまうのはなんの因果であろうか。

参考文献

尚友倶楽部・西尾林太郎編『水野錬太郎回想録・関係文書』尚友倶楽部、一九九八年

松谷昇蔵『近代日本官僚制と文部省――「非主要官庁」の人事と専門性』法律文化社、二〇二四年

通史編

第三章　政党政治の盛衰と内務省――昭和戦前期

手塚雄太

はじめに――政党政治の盛衰と軍部の台頭

本章では、昭和戦前期（一九二六～一九三七年）、具体的には田中義一《たなかぎいち》立憲政友会内閣期から林銑十郎《はやしせんじゅうろう》内閣期の内務省について、全体の政治状況のなかに位置づけながら論じていく。

一九二四（大正一三）年、第二次憲政擁護運動を経て、憲政会・立憲政友会・革新倶楽部の「護憲三派」の連立による加藤高明《かとうたかあき》内閣が成立した。これ以降、一九三二（昭和七）年の犬養毅《いぬかいつよし》内閣に至るまで、立憲政友会（以下、政友会）と憲政会及び後身政党の立憲民政党（以下、民政党）という二大政党の総裁が交互に政権を担当する時代が続いた（「憲政の常道」）。明治以来、その勢力を強めてきた政党の政治的影響力は、この時期に最高潮に達したのである。政友会と憲政会・民政党は、二大政党政治が本格化するなか、互いの政策を競い合うとともに、激しく鋭い権力闘争を繰り広げた。

しかし、政党内閣の時代は昭和恐慌・満洲事変という国内外の危機を前に約八年で終焉を迎えた。激しい権力闘争は政党政治への嫌悪感も招いており、政党の政治的影響力は徐々に低下していく。政党に代わって政治的に台頭してきたのは軍部、とりわけ陸軍であった。この時期の内務省は政党内閣の成立と崩壊、そして軍部の政治的影響力の上昇という政治変動に直面することになった。

他方、第一次世界大戦後に起きた戦後恐慌以来、昭和金融恐慌、昭和恐慌（世界恐慌）といった経済不況が続くなか、政治が経済、ひいては国民生活により関与すべきであるといった考え方が、程度の差こそあれ広範な層に広がりを持つようになった。「政治の経済化」という言葉が登場するのもこの頃のことである。

行政機関の影響力が増す行政国家化が実際に進展するなか存在感を増したのは、内務省ではなく、農林省や商工省といった実体経済とのかかわりが深い省庁であった。また、内務省のなかでも、従来は本流といえなかった技術官僚と呼ばれる官僚群が台頭し、軍部と接近する者も現れるようになる。

本章が扱う期間、内務本省の局レベルの機構は、関東大震災からの復興のために設置された復興局の後継組織である復興事務局が一九三二年に廃止されたことを除いて、大臣官房・神社局・地方局・警保局・土木局・衛生局・社会局（外局）と変化はなかった。しかし、内務省は政党政治の盛衰と軍部の台頭という政治的変動だけでなく、行政機構全体の変質に直面することになった。「省庁の中の省庁」としての地位、そしてその内実は大きく変容していくことになるのである。

1　政党内閣期の内務省

「官僚の政党化」の質的変化

政党内閣期において、内務大臣（内相）には党の有力者が就いていた。地方行政と警察行政という内務省の二本柱ともいえる行政分野は、政党にとって決定的に重要だったからである。地方行政を担い、地方における道路や港湾の整備といった公共土木事業を取り仕切るのも内務省であり、政党にとって最重要の関心である選挙関係事務を担ったのも内務省であった。高等警察は社会運動の取り締まりだけでなく、地方の政治情報も収集し、選挙の際には獲得票数の予想までしていた（黒澤良『内務省の政治史』）。

前章までで触れられてきたように、「官僚の政党化」と呼ばれる現象は明治以来進みつつあったが、これまで政党は内務省に対して、有力な内務官僚を自党に引き寄せ、その官僚もしくはOBを通じて影響力を及ぼすという、間接的な方法をとってきた。しかし、田中義一政友会内閣において、内務省への介入のあり方はより直接的なものへと変化する。

一九二七（昭和二）年四月、若槻礼次郎《わかつきれいじろう》憲政会内閣が昭和金融恐慌の収拾に失敗すると、元老の西園寺公望《さいおんじきんもち》は衆議院第二党の政友会総裁である田中義一を後継首相に奏薦し、田中に組閣の大命が下った。原敬《はらたかし》政友会内閣で陸軍大臣を務めていた田中は、高橋是清《たかはしこれきよ》総裁の後任を探していた政友会から新たな指導者として迎え入れられていた。政友会が軍人政治家に乗っ取られたとも、軍人政治家といえども政党に入らなければ内閣総理大臣になれない時代が来たとも、いずれにも解釈できるだろう。

田中義一内閣において内務大臣に起用されたのは、司法官僚だった鈴木喜三郎《すずききさぶろう》（写真12）であった。検事総長として辣腕を揮《ふる》い、司法大臣も務めた鈴木は、一九二六年に政友会に入党した新参者だが、親分肌の性格で急速に政友会内で勢力を増していた（奥健太郎『昭和戦前期立憲政友会の研究』）。鈴木は同じく政友会に入党していた水野錬太郎《みずのれんたろう》を押しのけて内務大臣となった（コラム②、⑨参照）。

写真12　鈴木喜三郎
（国立国会図書館蔵）

内務省に基盤を持たない鈴木は、警察行政を取り仕切る警保局長に彼と同じく司法官僚だった山岡万之助《やまおかまんのすけ》を任ずるなど、司法省出身者を多く起用した。さらに五月に行われた知事をはじめとする地方官の大異動では露骨な党派的人事を推し進め、内務省内に自派を形成しようとした。非政友会系とみなされて休職処分とされた元知事たちはこれに反発し、一九二七年に憲政会と政友本党が合流して結党された民政党に近づいていくことになる。

官僚たちの憂鬱

自ら勇んで政党に肩入れする官僚もいたが、保身のため、政党からの圧力によって、好むと好まざるとにかかわらず党派色がついたものも少なくなかった。政党の意向に人事が左右される様子を、地中に根を張らず、水にぷかぷかと浮く「浮き草」になぞらえる者やそれを自嘲する者もいた。

官僚のなかには、職を辞して衆議院選挙に打って出る者も少なくなかった。官僚出身議員の政界進出自体は、一九一五年の総選挙以来進みつつあったが、男子普選を前に再びこうした傾向が強まった。高級官僚の経歴を有する議員は一九二〇年・二四年の選挙では一〇パーセント台前半であったが、政党内閣期の二八、三〇、三二年の選挙では一〇パーセント台後半に上昇している（升味準之輔『日本政党史論』第五巻）。

一九二六年に内務省社会局社会部長に就任し、順調に出世を続けていた宮城県出身の内務官僚守屋《もりや》栄夫《えいふ》も衆議院議員に転身した一人である。守屋は手記のなかで、過去には官僚を続ければ貴族院議員や大臣になる未来もあったが、時代は移り変わったとして、政党内閣になってからの「事務次官のみじめさ」、「局長部長等の貧弱さ」、そして、大根でも切るように更迭される「地方長官の腑甲斐なさ」を嘆いている。そこで守屋は、官僚を辞して代議士となり自分の未来を切り開こうとした。こうした心境は同時代に政界へ進出した官僚に共通するものであった（手塚雄太「第一回普通選挙における選挙運動」、守屋栄夫『風樹の歎き』）。

男子普通選挙と内務省

一九二八年二月の第一六回総選挙は、一九二五年に改正された衆議院議員選挙法、いわゆる普通選挙法（男子普通選挙法）に基づいて行われた日本で最初の男子普通選挙である。選挙人資格から納税要件が撤廃され、満二五歳以上の男子に選挙権が与えられ、約三〇〇万人だった有権者は一挙に約一二〇〇万人に増加した。

男子普通選挙制が導入された後も、選挙を運営したのは変わらず内務省であった。内務省は初の男子普選を前に、棄権や買収を防止するため、増加した有権者に対する啓蒙運動を展開した。道府県・市町村を動員したほか、新聞などのメディアに協力を求め、ポスター（写真13）やビラを作成して配布・掲示したり、ラジオ放送で呼びかけることもなされた。

政友会・民政党の二大政党もポスター（写真14）、ビラといった新戦術を用いながら、それぞれ自党の政策を訴える言論戦・文書戦を展開した（玉井清『第一回普選と選挙ポスター』）。

政友会は、自党の「産業立国」論に基づく積極政策が好景気を呼ぶと訴えながら民政党の緊縮政策を批判した。民政党は、政友会の積極政策を借金財政による内実を伴わないものであると批判し、緊縮政策こそが「真面目」で堅実であると訴えた。

鈴木内相は先に触れたように、大規模な党派的人事を行い選挙に備えた。鈴木による選

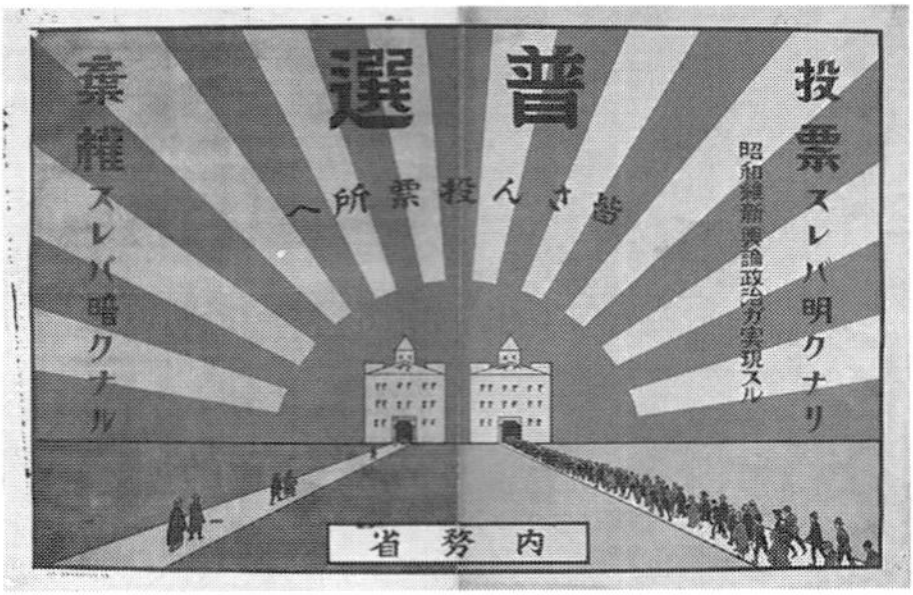

写真13　男子普通選挙の啓蒙ポスター
（内務省発行、法政大学大原社会問題研究所蔵）

写真14　民政党（左）、政友会（右）ポスター
（法政大学大原社会問題研究所蔵）

挙干渉は、第二回総選挙で行われたような露骨なやり方ではなく、与党候補への取り締まりを緩やかに、野党候補への取り締まりを厳しくする、というかたちが取られた。

しかし、ここで反撃の一手を打ったのが憲政会・民政党系の元内務官僚で貴族院議員だった伊沢多喜男《いさわたきお》である。伊沢自身は民政党に入党しなかったが、非政友会系官僚の中心人物として民政党の結党に尽力するなど党内にも影響力を有していた。伊沢が中心となり、田中内閣に休職を命じられた官僚等によって選挙監視団が結成された。監視団は各地方の選挙違反や選挙干渉を監視して政府側を牽制した（大西比呂志『伊沢多喜男』）。二大政党の競争は、政策面でも選挙戦術の面でも過熱化していった。

選挙結果は政友会が二一七議席、民政党が二一六議席、無産政党（合法社会主義政党）が八、その他諸派が七となった。二大政党が他党を圧倒する一方、政民両党の議席数は拮抗した。高学歴層やジャーナリズムから新たな政治勢力として期待を集めていた無産政党は、二大政党の争いのなかで埋没した。

与野党伯仲となった第五五議会では、政民両党による激しい多数派工作が行われたが、そのなかで焦点となったのは選挙干渉の責任を追及された鈴木の進退である。政友会内にも鈴木の強引な手法に対する反感が広がり、鈴木は内務大臣辞職に追い込まれた。後任にはたたき上げの政党人で、「人情家」として党内に信望のあった望月圭介《もちづきけいすけ》逓信大臣が横滑りで就いている。

こうした選挙干渉をめぐる一連の過程のなかで、政友会や鈴木だけでなく、選挙運営を担う内務省の信頼にも傷がついた（黒澤良『内務省の政治史』）。

田中内閣の内政改革構想

田中内閣は対外的には在留邦人保護を名目として中国山東省へ出兵し（山東出兵）、対内的には治安維持法を改正して最高刑を死刑に引き上げたほか、三・一五事件や四・一六事件に代表されるように共産主義に対する抑圧を強めるなど、対中強硬的な外交路線と保守的な思想・治安政策で知られている。

その一方で政友会では「産業立国」論とともに、地方分権が党の看板政策となっていた。政友会が打ち出した地方分権論の具体的な内容は、地方制度の改正、地租委譲論、「地方自治の経済化」、知事公選論などである（源川真希『近現代日本の地域政治構造』）。

地方制度の改正については、一九二九年に府県制・市制・町村制が改正され、各地方団体、とりわけ府県の団体自治権を拡充する改正、議決機関の権限拡充などが実現した。

地租委譲論は、明治以来、国税の中心を担っていた地租を地方税に移管して、農村の税負担を軽減するとともに、地方の財源を強化しようというものである。政友会は一九二三年の第四六議会よりこれを唱えていた。

「地方自治の経済化」は、これまでの地方自治体は国民の一般的な経済的利益を増進する事業が少なかったという認識のもと、地方自治体が経済にかかわる諸施策も担うべきだとするものである。具体的には農家の経営指導にあたっていた農会や、農村経済の組織化を担っていた産業組合を市町村や府県に合併させるという構想があった（なお、農会と産業組合の機能を事実上引き継いだのがアジア・太平洋戦争後の農協である）。また、中央卸売市場・公益質屋、生活必需品の共同購入・共同販売といった経済的な事業も地方自治体が行うことが適当であると論じられていた。

「地方自治の経済化」の発想は、内務省地方局の官僚の構想とも通じるものがあった。地方局行政課長だった安井英二《やすいえいじ》は、シドニー・ウエッブに従って地方自治体を「強制的消費団体」と捉え、民衆の生活にかかわる各種の公益事業によって住民の「消費経済的厚生」を図ることが自治体の本旨だと論じていた（コラム⑤）。また、安井は消費団体である自治体の運営には、「消費生活に重要な地位を有する」女性を関与させるべきだとも論じていた。

とはいえ、地租委譲や「地方自治の経済化」構想は、衆議院議員総選挙後に生じた党内の混乱や、内務省と他省庁との調整がつかなかったこともあり、実現には至らなかった。地租委譲は税源を地方に奪われることになる大蔵省が乗り気ではなかったし、農会や産業組合の町村への統合は両団体を管轄する農林省との対立の火種になりかねない課題であった。政策が看板倒れに陥るなか、田中義一内閣は張《ちょう》作霖《さくりん》爆殺事件の処理に失敗して退陣に追い込まれた。

写真15　安達謙蔵
（国立国会図書館蔵）

浜口内閣の成立

田中の辞職後、元老西園寺の奏薦を経て、一九二九年七月に浜口《はまぐち》雄幸《おさち》民政党内閣が成立した。浜口は大蔵官僚出身であったが、原敬以来の現職衆議院議員の首相である。外相には加藤高明内閣の外相だった幣原喜重郎《しではらきじゅうろう》を起用して協調外交路線をとり、蔵相には財界の有力者で元蔵相・元日銀総裁の井上準之助《いのうえじゅんのすけ》を招き、自党の緊縮財政政策の旗振り役とした。

内相となったのは安達《あだち》謙蔵《けんぞう》（写真15）である。安達は一九〇二年に初当選したのち、民政党の前身である立憲同志会（以下、同志会）に加わった。一九一五年の総選挙で選挙参謀として同志会を勝利に導いて以降、「選挙の神様」の異名を取った。官僚出身の有力者が多い同志会―憲政会―民政党のなかで、たたき上げの党人派の代表格として党内に勢力を有していた。

安達謙蔵内相は組閣早々の七月五日、田中内閣での意趣返しとばかりに多数の知事を更迭した。この人事では田中内閣で更迭された者を復帰させるとともに、世論の批判を避けるために新任知事をあわせて抜擢したこともあって、政友会ほどに批判されなかった。とはいえ、「内務官界の二部交代制」といわれるような「内閣の変る毎に一方の組は職を離れ、一方の組は官に就くといふ自然の制度が、劃然と定められ」、「地方官の政党化」は熾烈となった（栗林貞一『地方官界の変遷』）。

金解禁と内務省

浜口内閣の看板政策の第一は、当時の通貨制度の世界標準だった金本位制への復帰——金輸出の解禁（金解禁）であった。浜口内閣では、田中内閣で成立していた一九二九年度予算を削減し、財政の緊縮を進めた。緊縮財政（健全財政）は民政党にとって前身の同志会・憲政会以来の主張である。それとともに、財政を引き締めてデフレに導くことで、低落気味だった通貨価値を上昇させて、金本位制導入時の通貨価値にまで円高へ誘導して、金本位制に復帰しやすくする意図があった。

国家財政だけでなく、国民に対しても消費節約・勤倹力行を求める公私経済緊縮運動も進められた。こうした教化運動を主管したのは内務大臣を会長とする公私経済緊縮委員会である。この運動でも、メディア、実業団体、教化団体、女性団体などの民間団体などに協力を求めるとともに、ポスター・冊子の頒布、映画の作成、講習会の実施といった多彩な活動が展開された（社会局社会部『公私経済緊縮運動概況』）。

浜口内閣は以上の準備を進めたうえで、一九三〇年一月に金解禁を実行した。浜口内閣の進める経済政策は、不況を招くことが明白であった。しかし、慢性的な不況が続くなかで、短期的な不況に堪えれば将来は明るいと訴えた浜口内閣の主張は多くの国民に届いた。一九三〇年二月の第一七回総選挙で民政党は二七三議席を獲得し、政友会（一七四議席）を圧倒して衆議院第一党となった。分裂したままの無産政党も少数議席に留まった。

しかし、一九二九年一〇月に始まった世界恐慌の波は、選挙が終わった後、浜口内閣の緊縮政策もあいまって日本経済を深刻な不況に陥れることになる。

緊縮財政が内務省に突きつけた難問

浜口内閣の進める緊縮財政は内務省に新たな難問を突きつけた。内務省の管轄する公共土木事業も削減の対象になったためである。

民政党は、田中内閣の積極政策は党利党略の放漫財政だと厳しく批判していたが、公共土木事業が停止されれば、実際問題として地域における道路や港湾などの事業が止まってしまう。民政党内では地元の不満を聞いた政治家から緊縮財政の緩和を求める声も噴出しつつあった（加藤祐介「立憲民政党と金解禁政策」）。

昭和恐慌も深刻化するなか、安達内相は各種の土木事業を失業救済事業として進めることを主張した。緊縮財政の緩和と、党内における不満の緩和を兼ねた発案である。

安達は浜口首相・井上蔵相の難色を押し切って、一九三一年度予算において事業費の増額を認めさせ、一度は廃止・節減・繰り延べした一般公共事業の一部を失業救済事業に振り替えた。これにより民政党内の不満も緩和された。党人派の内相である安達は、政府・与党間関係の調整役も果たしていたのである。とはいえ、この問題は一九三一年に入り再燃することとなる。

田中義一内閣によって一九二九年に成立していた救護法の施行をめぐっても、当初は緊縮財政の論理が優先した。救護法はもともと内務省社会局の官僚、方面委員（民生委員の前身）や民間社会事業団体の求めもあって実現したものである（日本社会事業大学救貧制度研究会編『日本の救貧制度』）。すぐ後に述べるように、浜口内閣は社会政策を重視したが、財源を伴う救護法については実施を見合わせていた。各方面からの救護法施行を求める声に押され、一九三一年の第五九議会においてようやく予算措置がなされ、一九三二年から施行された（テーマ編第六章）。

民政党の社会政策と内務省

民政党は看板政策の一つに社会政策の確立も掲げていた。社会政策として構想されたのは労働組合法・小作法といった、資本家と労働者、地主と小作人とのあいだにあった対立を緩和するための法整備、先述した失業救済事業や救護法のような救貧事業のほか、児童保護・住宅改善といった事業であった（伊藤之雄『大正デモクラシーと政党政治』）。

なかでも最も注目が集まった一つが労働組合法である。一九一九（大正八）年の第一回国際労働機関（ＩＬＯ）総会をきっかけに、政府内でも労働組合法は構想されており、内務省社会局が立案にあたっていた。一九二六年、第一次若槻礼次郎憲政会内閣は、社会局で作成された原案を、司法省・商工省の意向を踏まえた指導・監督・取り締まり及び産業保護的な観点から修正した案を議会に提出した。このとき、法案は衆議院で審議未了になったが、浜口内閣で再び同法が検討され、一九三一年の第五九議会に提出された。この時も社会局草案が財界の反発によって修正されている。修正案は衆議院でこそ可決されたが、貴族院で審議未了に終わった。金解禁という看板政策は実現したものの、もう一つの看板政策だった社会政策の確立は道半ばに終わった。

なお、この議会では婦人公民権法案も提出されていた。一九一〇年代以来の婦人参政権運動を背景に、地方で女性に選挙権を認めることへの理解は広まりつつあった。治安警察法（一九〇〇年）の第五条は、女性が政治結社や政談集会に参加することすら禁じていたが、一九二〇年に結成されていた新婦人協会の請願運動によって、二二年には第五条の一部改正が実現していた。一九二九年には政友会が婦人公民権を党議として決定し、民政党でも浜口首相以下の主要閣僚が婦人公民権の実現を口にするようになり、一九三〇年の第五八議会では政友会から婦人公民権案が提出され、民政党有志から出された同様の案とあわせて過半数に達し、議員提出法案としてはじめて衆議院を通過した（貴族院では審議未了）。第五九議会では内務省地方局の立案によって、政府提出法案として婦人公民権法案が衆議院に上程され、衆議院で可決されるに至った。貴族院で審議未了に終わり、法案は未成立に終わったが、市川房枝《いちかわふさえ》ら女性運動家たちは、そう遠くない未来に公民権は獲得できるだろうという見通しを有していた（村井良太『政党内閣制の展開と崩壊』、コラム③も参照のこと）。

技術官僚の反発

金融・財政面で政策を実行した浜口内閣は、外交面でもロンドン海軍軍縮条約の締結にこぎ着けた。しかし、軍縮条約の締結はいわゆる統帥権干犯問題を引き起こした。浜口雄幸首相は一九三〇年一一月、東京駅で右翼団体の青年に狙撃され、重傷を負った。浜口は第五九議会の会期中に執務に復帰したものの、再び体調が悪化したため、四月に首相・民政党総裁の職を辞して療養を続けたが、八月に死去した。

浜口の辞任を受けて安達謙蔵内相も後任総裁の下馬評に挙がったが、結局は若槻礼次郎が再登板することになった。元老西園寺は若槻を後継首相として奏薦し、第二次若槻礼次郎内閣が成立した。幣原外相・井上蔵相・安達内相など主要閣僚を引き継いだ第二次若槻内閣は、浜口内閣以来の政策の実現に取り組もうとした。しかし、恐慌が深刻化していくなか、若槻内閣の施政は行き詰まりを見せていき、内閣の統制は失われていく。

第二次若槻内閣では井上準之助蔵相が主導した大規模な行財政整理と、それに伴う一九三二年度予算の編成が、政府内・党内の動揺を招いた。行財政整理では、浜口内閣で頓挫していた官吏減俸を強行するだけでなく、省庁の統廃合も検討された。予算編成では、大蔵省で作成した概算を各省に押しつけるという強引な手法が反発を招いた（加藤祐介「立憲民政党と金解禁政策」）。

内務省については、内務省の所管する直轄事業を廃止して土木事業の主体を府県に移し、土木局系統の技術官僚の人員を大幅に削減するという行政組織の改編が俎上《そじょう》に載っていた。技術官僚からすれば死活問題以外の何ものでもなかった（若月剛史『戦前日本の政党内閣と官僚

制』、加瀬和俊『戦前日本の失業対策』）。

大規模な人員削減案を前に技術官僚たちの不満は最高潮に達した。彼らは自らも関与する関連団体も巻き込んで猛運動を展開し、大蔵省のみならず内相や内務次官を公然と批判するに至った。安達内相は失業救済事業の拡大を大蔵省に認めさせることで慰撫を図ったが、技術官僚のあいだには不満が残った。

協力内閣構想の失敗

一九三一年九月一八日、関東軍が引き起こした満洲事変によって、若槻内閣は対外危機にも直面することになる。若槻内閣は事変の拡大を抑止しようとしたが、事変は満洲全域へと広がった。同月にはイギリスが金本位制を停止するなど、日本の金本位制離脱も不可避とみなされるようになると、経済危機もいっそう深刻化した。

二つの危機のなか、安達内相は政友会との協力によって情勢の転換を図ろうとし、若槻首相の賛意も得た。陸軍の一部将校が企てたクーデター未遂事件である十月事件の情報が広がるなか、一時は政友会内にも安達の構想（「協力内閣構想」）への賛意が広がった。しかし、政友会との提携は幣原外交・井上財政の転換に繋がる。井上蔵相は強く反発し、若槻首相も翻意したため、協力内閣構想は失敗に終わった。

協力内閣構想に固執する安達内相に対して若槻は辞表を出すよう求めたが、安達はこれを拒絶したため、若槻内閣は内閣総辞職を余儀なくされた。安達は国民同盟という新党を立ち上げたが、民政党からの離脱者は少数に留まった（前掲『政党内閣制の展開と崩壊』、小山俊樹『憲政常道と政党政治』）。

政党内閣の終焉

一九三一年一二月、元老西園寺の奏薦ののち、後継首相の大命を受けたのは政友会総裁に就いていた犬養毅であった。自身が率いていた革新倶楽部を政友会に合流させていた犬養は、事実上引退状態にあったが、田中義一政友会総裁が首相辞任後に急逝したため、総裁に担ぎ上げられていた。犬養は三人目、そして戦前最後の現職衆議院議員の首相である。昭和金融恐慌を短期間に収束させた高橋是清元首相・蔵相を再び蔵相に起用し、犬養内閣は金輸出再禁止を即時実行した。

政友会では、鈴木喜三郎元内相や帰り新参の床次竹二郎元内相など、党内の有力者たちがそれぞれ派閥を形成していた（奥健太郎『昭和戦前期立憲政友会の研究』）。内相の座は、次期政友会総裁を目指す彼らの争奪の的となった。派閥抗争の激化を避けるため、犬養は鈴木を法相、床次を鉄相として、内務行政にかかわりの薄かった中橋徳五郎《なかはしとくごろう》元商相（元大阪商船社長）を内相に据えた。しかし、翌年早々に中橋が病気のため辞意を示すと、後任内相の座をめぐって争いが起き、最終的には鈴木が床次を抑えて内相となった。政党にとって、そして政党政治家にとって、内相の座がいかに重みを持っていたのかを物語っていよう。

犬養内閣は野党時代に練り上げていた産業五ヵ年計画という政策を前面に押し出して、一九三二年の総選挙で三〇三議席を獲得する圧勝を収めた（民政党は一四六議席）。とはいえ、井上準之助や三井財閥の団琢磨《だんたくま》が暗殺される血盟団事件が起きるなど、社会不安は深刻化の一途を辿っていた。そして、現職首相が海軍青年将校によって首相官邸で暗殺されるという未曽有の事件、五・一五事件により、犬養内閣は終わりを告げた。

政党内閣期の内務省は政党に翻弄され続けたといえよう。政策が十分に実現しないなかで内務官僚の不満も高まり、後述する「新官僚」のように政党政治への不信を隠さない者も現れるようになった。しかし、例えば労働組合法案や婦人公民権法案は未成立に終わったとしても、衆議院での可決という大きな一歩を踏み出していた（前掲『政党内閣制の展開と崩壊』）。また、犬養内閣は積極政策の観点から若槻内閣で行われた失業救済事業の名称を産業開発事業に変更したが、これを土木局の官僚は歓迎していた（前掲『戦前日本の失業対策』）。内務官僚は政党に不満を持ちながらも、政党を利用して自らの政策構想を実現しようとしていたともいえるだろう。

2 「挙国一致」内閣期の内務省

斎藤実内閣の成立

五・一五事件ののち、政友会では後任総裁争いが起き、犬養内閣内相だった鈴木喜三郎がその座を手に入れた。しかし、元老西園寺公望は後継首相に鈴木ではなく、ロンドン海軍軍縮条約賛成派で穏健派の海軍軍人として知られた斎藤実（元海相・元朝鮮総督）を奏薦した。

事実上、テロにより倒れた浜口内閣の後任首相に若槻礼次郎を奏薦した西園寺が、犬養内閣の後任首相になぜ鈴木ではなく斎藤を奏薦したのかは研究史上の論点となっているが、紙幅の関係で詳細は省く。ともかく、穏健派の軍人のもと、政民両党も参加する「挙国一致」の形式をとる内閣を成立させることで、事態の沈静化を図ろうとする意図があったとはいえよう。

斎藤は政友会と民政党の両党の協力を求め、政友会からは高橋是清が蔵相、鳩山一郎《はとやまいちろう》が文相、三土忠造《みつちちゅうぞう》が鉄相として、民政党からは党長老である山本達雄《やまもとたつお》が内相に、永井柳太郎《ながいりゅうたろう》が拓相として入閣した。民政党では政友会長老の高橋が蔵相である以上、民政党長老の山本が内相に就任することを望んでいた。また、組閣には先述の伊沢多喜男も関与していた。伊沢は斎藤の朝鮮総督時代の側近だった丸山鶴吉《まるやまつるきち》（元内務官僚、浜口内閣警視総監）を通じて影響力を行使し、山本内相の誕生に一役買った。伊沢自身も入閣を求められたが辞退し、山本と同郷で元内務官僚の後藤文夫《ごとうふみお》に農相の椅子を譲った（前掲『伊沢多喜男』）。

後藤は民政党系の内務官僚と目された一方、一九二五年には近衛文麿《このえふみまろ》や他の内務官僚とともに新日本同盟なる団体を結成するなど、既存の政党政治の腐敗を正し、政界革新を目指す野心も有していた。後藤は斎藤内閣、そしてその後に続く岡田《おかだ》内閣において、新たに台頭する官僚群の代表格として存在感を増していく。

他方、民政党の長老である山本の内相就任は政友会にとって受け入れがたく、その代償として内務政務次官を政友会員とするよう要求した。しかし、山本はこれを突っぱね、後に「粛軍演説」「反軍演説」で著名となる民政党の斎藤隆夫《さいとうたかお》を起用した。さらに政友会は、山本や伊沢がまとめた地方官人事に対して、政友会系知事の留任を求め、こちらについては一部を修正させた。

内務省に影響力を及ぼせるか否かは、依然として政民両党にとって重大な関心事の一つであった。

文官任用令の改正

とはいえ、政党が官僚の人事を左右することへの批判は高まりつつあった。斎藤首相は官吏の身分保障を内閣の重要課題に掲げた。一九三二年七月には官吏身分保障案要綱が閣議決定された。官吏の休職処分に際しては、新たに設ける文官分限委員会への諮問を要することにして、政党が濫用していた知事など地方官の休職処分に歯止めをかけることにした。

一九三四年四月には文官任用令・文官分限令が改正され、時の政権が自由に任用できる自由任用だった内務省警保局長と警視総監が、文官高等試験に合格した有資格者以外は任用できない資格任用となった。文官任用令等の改正により、政党が内務省の人事に介入する余地は狭められたのである。

官僚にとって、とりわけ政党に翻弄されてきた内務省・内務官僚にとっては歓迎すべきことのようにも映るが、必ずしもことは単純ではない。内務省首脳は人事の停滞に繋がるとして、過度な身分保障には反対だった。政権交代とともに大規模な人事異動がなされることが通例となっていた内務省にとって、官吏の身分保障が強まることは人事権の制約にも繋がり、人事の停滞をもたらす可能性があった。実際、こののち内務省では新規採用者数を減員しなければならない事態に陥ってしまった（黒澤良『内務省の政治史』）。

時局匡救事業

昭和恐慌の影響が甚大だったのは農村であった。斎藤実内閣のもとで開かれた第六二議会（一九三二年六月）を前に、全国の農民団体が農村救済を求める激しい運動を起こし、陳情や請願が政府・議会、政党に殺到した。

政党内閣期には、民政党の失業救済事業、政友会の産業開発事業の名で土木事業の維持を図っていた内務省土木局は、農村救済運動を利用して、農民に現金収入を得させる土木事業拡張構想を打ち出した。運動の高まりから政友会・民政党両党も同様のことを主張するに至った。土木局は政民両党を巧妙に巻き込み、自らの構想を実現したともいえよう（前掲『戦前日本の失業対策』）。衆議院では政府に対して速やかな次期臨時議会の開催と、農村救済のための予算案・法律案の提出を要求する決議案が可決された。

続く第六三議会（八月〜九月）は「救農議会」などと呼ばれ、斎藤内閣は多くの農村救済策を打ち出した。農村救済策の一つは、農民に当座の現金収入をもたらすために行う土木事業を中心とする時局匡救《きょうきゅう》事業である。内務省土木局は、時局匡救事業により土木事業の規模の維持、そして自らが構想する全国的な土木事業を展開するための足がかりを得た。

時局匡救事業を進めた府県では、官吏の身分保障もあいまって、公共土木事業の実施にあたって政党の介入を拒否する例も現れるようになった（有泉貞夫「日本近代政治史における地方と中央」）。

経済更生運動

他方、恒久的な農村対策として展開されたのが農山漁村経済更生運動（以下、経済更生運動）である。経済更生運動は、農産物価格の下落、農家経営の悪化、農家負債の増大、といった状況に対して、「自力更生」をスローガンとして、農村経済の立て直し、そして農民精神の更生を図ろうとする国民運動である。

経済更生運動を主導したのは農林省であり、民間組織のなかで中心を担ったのは、先述した農家への経営指導にあたった農会と、信用・購買・販売・利用事業を担い農村経済の組織化にあたっていた産業組合である。特に中心的な役割を果たしたのは、運動の中核的実行機関として位置づけられた産業組合であった。

農林省には一九三二年九月に経済更生部・経済更生中央委員会が設置され、各府県・市町村にも委員会が設置された。経済更生計画を樹立した市町村では、市町村長や市町村会議員、農会・産業組合だけでなく、青年団体や女性団体、在郷軍人会まで一体となり、市・町・村を挙げて運動が展開された。農林省は農会・産業組合を通じて、農村経済の組織化を進めることにより、結果として内務省に依存しない独自の農村へのルートを築いた。

この時、内務省も国民更生運動計画要綱を八月に地方長官に通達するなど、経済更生運動と連動するかたちで国民の「自力更生」を促す教化運動を実施していた。また、農相が元内務官僚の後藤文夫だったという事情もあり、この時点では内務省と農林省は協調して更生運動に取り組んでいた。府県の幹部人事も変わらず内務省が掌握しており、一九三五年に農林・商工行政を管轄する部として、新たに府県へ設置されることになった経済部の部長人事も内務省が握っていた。しかし、昭和戦時期には、農村をめぐる両者の権限争いが露わになっていく。

岡田啓介内閣

一九三四年七月、斎藤実内閣は財界人や大蔵省幹部、そして現職閣僚が贈収賄の疑いで逮捕された帝人事件をきっかけに総辞職した（三七年には裁判の結果、全員が無罪となった）。元老西園寺が後継の首相に奏薦したのは、斎藤同様、穏健派の海軍軍人として知られた岡田啓介《けいすけ》であった。

岡田は斎藤内閣の後藤文夫農相と、大蔵官僚出身の河田烈《かわだいさお》拓務次官を組閣参謀とした。岡田は陸海軍に協力を求めるとともに、斎藤と同じく政民両党に協力を求めた。この求めに民政党は早々に応じて町田忠治《まちだちゅうじ》が商工相、松田源治《まつだげんじ》が文相として入閣した。

一方、政友会内は岡田の要請を受けて紛糾した。政友会では、五・一五事件後、党内に路線対立が生じていた。三二年の総選挙で得た衆議院における多数を背景に、政党内閣への早期復帰、すなわち政権奪取を目指す鈴木喜三郎総裁派（強硬派）と、高まっていた政党不信に対応し、陸海軍や官僚と協調して、政党が信頼を回復したのちに政党内閣復活を目指すべきだという穏健派の路線対立である。

岡田首相からの入閣交渉に対して、鈴木総裁は閣外協力を申し出たが、岡田は個別に説得工作を始め、元内相の床次竹二郎が逓相、山崎達之輔《やまざきたつのすけ》が農相、内田信也《うちだのぶや》が鉄相として入閣し、農林政務次官に就任した守屋栄夫はじめ九名が政務次官・参与官に就任した。政友会は彼らを党議に反したとして除名処分にしたが、党内に残留した穏健派と強硬派との対立は錯綜していく。

「新官僚」の登場

斎藤内閣では高橋是清・山本達雄という政党長老が蔵相・内相という主要閣僚を占めた。これに対して岡田内閣では組閣参謀だった後藤文夫が内相となり、蔵相には高橋是清の推薦もあり大蔵次官の藤井真信《ふじいさだのぶ》が就任するなど、官僚の政治的台頭が目立った。なかでも新たな政治勢力として注目されたのは、後藤を中心とする官僚群であった。彼らを指す語として「新官僚」という語も現れるようになった。続けて「新々官僚」「革新官僚」といった類義語も登場する。

「新官僚」「新々官僚」「革新官僚」の語が指すところは同時代的にも、また研究史上も多義的である。ここでは政党の政治介入を嫌い、政治的な自立を図ろうとする傾向を持っていた官僚群が台頭してきた、という事実を確認しておくに留めておく（テーマ編第七章参照）。

陸軍という存在

政党の軛《くびき》を脱しようとしていた内務省にとって、新たに行動を制約する存在として登場したのは陸軍である。内務省の主要行政分野である地方行政を所管する地方局と、警察行政を所管する警保局のうち、陸軍と接近したのは警保局の警察官僚だった。

一九三四年ころの内務省警保局では、松本学《まつもとがく》警保局長のもとで「警察精神作興運動」が展開されていた（テーマ編第三章）。警察官の意識改革によって「天皇陛下の警察官」としての自覚を持たせ、政党の影響力を排除し、警察の選挙取り締まりにおける公正さを確保することを目的としたこの運動の裏側には、陸軍が「国軍」に代わり「皇軍」を自称しはじめたことへの対抗意識があった。軍人が関与するクーデター未遂事件も起きていたことから、治安を預かる内務官僚のなかには、陸軍に対する不信感を有したものも少なくなかったのである。

しかし、陸軍が政治的に台頭するなかで、政治情報を扱う警察官僚を中心に、情報収集先である陸軍軍人との交流を深めていく官僚が現れた。岡田内閣が成立すると、軍部への警戒心を隠さなかった松本学に代わり、唐沢俊樹《からさわとしき》が警保局長となった。唐沢は陸軍のいわゆる統制派と呼ばれる軍人と緊密な関係を築くようになっていく（黒澤良『内務省の政治史』）。

「満洲国」と技術官僚

唐沢のように、陸軍に接近する内務官僚は他にもいた。その動きが目立ったのは土木局の技術官僚たちである。

技術官僚と陸軍を結んだきっかけは、「満洲国」の成立である。関東軍が造り上げた満洲国には多くの日本人官僚が送り込まれた。内務省では一九三四年春になってから、地方行政の専門家を求める満洲国側の要望に応じ、四〇名弱の幹部要員を派遣している。

しかし、これ以前に満洲国にわたっていたのが技術官僚である。技術官僚の中心的人物だった宮本武之輔《みやもとたけのすけ》は一九三二年六月、満洲国の開発にかかわる意見書を提出し、九月には現地を視察していた。技術官僚からすれば、自らが立案した施策が政党によって二転三転する状況にも、自らが強く自負している専門性が内務省のなかで重んじられない状況にも、それぞれ不満があった。時局匡救事業もあくまで三ヵ年の時限措置であった。

要するに技術官僚たちは、満洲国での土木事業の発展に活路を見出したのである。満洲国に多くの内務省系統の土木技術者が派遣されるようになると、宮本は陸軍や関東軍との関係を深めていくことになる（大淀昇一『技術官僚の政治参画』）。

岡田内閣と政友会

岡田内閣は民政党を事実上の与党としたが、衆議院の過半数は依然として政友会が占めていたため、政権運営には不安定さがあった。過半数を背景に政友会、特に鈴木総裁派は岡田内閣を追及しようとしたが、突如窮地に追いやられた。一九三四年一一月、藤井真信蔵相が病に倒れたのち、高橋是清が党の懇願を拒絶して再び蔵相に就任したためである。元総裁の高橋を除名することはできず、政友会は「別離」を宣言した。だが、党長老であり、昭和恐慌克服の立役者とも目された高橋の離党は、岡田内閣への対決姿勢を強めていた総裁派にとって痛手であった。一方、岡田内閣からすれば、政友会の穏健派にも渡りをつけて、政権基盤を強化する好機にもなった（松浦正孝『財界の政治経済史』）。

一九三五年五月には重要国策を審議するための内閣審議会が設置された。閣僚級の政治家や財界人が並んだ委員として、岡田内閣は政友会から水野錬太郎・望月圭介元内相を引き抜いた。これも政友会にとっては痛手であった。

なお、内閣審議会の設置にあわせて、その事務局及び政策の調査機関として内閣調査局も設置された。長官には吉田茂《よしだしげる》（後の総理大臣とは別人の同姓同名の内務官僚）が就任した。政策立案を担った調査局には陸軍を含む各省の中堅官僚や、民間からも人材が集まった。内閣審議会は一九三六年に廃止されるが、調査局は一九三七年に企画院へと拡大される。

国体明徴運動

政権復帰を目指す政友会は、一九三四年末から三五年の帝国議会において、岡田内閣に対していくつかの手段で迫った。その一つが国体明徴運動である。貴族院議員菊池《きくち》武夫《たけお》が貴族院本会議において、憲法学者美濃部《みのべ》達吉《たつきち》の唱える天皇機関説を国体に反するものだと批判したことを契機に、天皇機関説排撃を訴える運動が起きた。軍部や在郷軍人会、右翼団体に加えて政友会もこの運動に加わり、最終的に政府は二度にわたり国体明徴声明を出し、機関説を否定した。内務省も美濃部の著書を発禁処分・次版改訂処分とした。

なお、高等学校で用いられる日本史の教科書は、この事件によって政党政治の理論的支柱が失われたと評するが、政友会では衆議院多数である政友会が政権を担うべきだという

「憲政常道」論と国体明徴運動とが、矛盾なく同居していたことには留意が必要であろう。衆議院における「国体明徴に関する決議案」の説明にあたった鈴木喜三郎総裁は、万世一系の天皇が統治権の主体者であり、その天皇によって五箇条の誓文が下され、日本の立憲政治は成立したと論じていた。鈴木の説明後、決議案は全会一致で可決された。

五・一五事件後、もはや政党は不要であるとする政党排撃論も高まりつつあった。内務省も、それまで主な取り締まり対象だった左翼運動だけでなく、政党排撃論を展開する右翼運動への取り締まりも強化していた。そのような状況下においては、議会政治の正統性を天皇機関説に求めるよりも、五箇条の誓文に求めるほうが、議会政治を擁護するためにも、政党内閣の復活にとっても得策であると、主観的には考えられたのである。民政党においても、国体明徴運動を政党排撃論に対抗するための論理として読み替えていた点では、政友会と共通するものがあった（官田光史『戦時期日本の翼賛政治』、米山忠寛『昭和立憲制の再建』）。

官民一致の選挙粛正運動

政権から転落した政党にとって、政権を担う資格があることを他の政治勢力や国民に再び認めさせることは至上命題であった。政権担当能力を示すために重視されたのは、選挙の浄化であった。買収・供応といった選挙違反は選挙の公正を損ない、政党・政治不信を高めた要因でもあったからである。

選挙の浄化を図ろうとする動き自体は政党内でも政党内閣期から存在していたが、なかなか実現しなかった。内務官僚やOBのなかには、後藤新平、後藤文夫、田沢義鋪《たざわよしはる》、丸山鶴吉のように、青年団などの内務省の関連団体・外郭団体を通じて、国民の政治教育に取り組む者もいた。選挙における腐敗を正すためには、票を買う側はもちろんのこと、売る側の意識を改善する必要があると考えられたためである。

政党内閣崩壊後、斎藤実内閣期の一九三四年に衆議院議員選挙法が改正されて、連座規定の拡大、文書図画配布の制限といった選挙取り締まりが強化された一方、選挙の一部公営が実現した。いわゆる「選挙公報」もこのとき導入されている。

また、一九三五年秋の府県会選挙、三六年春の衆議院議員の任期満了、すなわち総選挙を前にして、岡田内閣期には選挙粛正運動という国民運動が展開された（佐藤健太郎「選挙粛正運動の本義」）。

選挙を運営する内務省にとって、選挙の浄化は政党との癒着イメージを払拭するうえでも重要だった。内務省は、警保局に設置されていた高等警察を掌る高等課を廃止し、防犯課を新設した（テーマ編第三章）。先に触れたように、高等警察は政治情報を収集し、選挙の際の得票予想まで担い、選挙干渉の際にも機能していた。高等課廃止は選挙における内務省の公平・公正さを示すために必要だった。

政党内では選挙粛正運動について、官僚による選挙の抑圧を招くという批判もあったが、基本的に政党も運動へ加わった。選挙の「浄化」に協力し、「浄化」された選挙によって当選を果たせば、論理的には「禊《みそ》ぎ」を済ませたことになり、政権復帰への道が開けると考えたからである。

一九三五年六月には選挙粛正中央連盟が結成された。中央連盟には帝国教育会、中央報徳会、中央教化団体連合会、大日本連合婦人会、全国町村長会といった内務省・文部省の外郭団体が加盟した。会長は天皇の側近職である内大臣となっていた斎藤実元首相（中央教化団体連合会会長）、理事には各団体の役員や、選挙浄化運動に携わってきた元内務官僚が就いた。この運動でも内務省は道府県・市町村、各種団体、新聞社・映画会社などと共同して、官民一致の運動を多種多様なメディアを通して展開した。

また、三三の女性団体によって選挙粛正婦人連合会も立ち上げられた。連合会には婦人参政権運動を担った市川房枝《いちかわふさえ》らの婦選獲得同盟も加わった。市川は連合会で会長吉岡弥生《よしおかやよい》に次ぐ書記の地位に就いた。選挙権のない女性の政治参加が、政府の進める運動への参加というかたちで進みつつあったといえよう（写真16）。ただし、このことが、戦時期における女性団体の国策協力へと繋がっていくことになる。

秋の府県会選挙では、政友会・民政党がそれぞれ多数を占めた。また、社会大衆党として統一された無産政党も議席を伸ばした。政民両党はともに「浄化」された選挙での勝利を誇っている。

第一九回衆議院議員総選挙

一九三六年一月二一日、衆議院において政友会から提出された内閣不信任案に応じて、岡田内閣は衆議院を解散した。選挙粛正運動が展開されるなか、岡田内閣の与党的立場を取った民政党と政友会離脱組が作った昭和会、野党の立場を取った政友会、いずれが多数を占めるか、社会大衆党がどの程度議席を伸ばすかといった点に注目が集まった。

写真16 「投票はお済みですか」と記されたたすきをかけて棄権防止ポスターを貼る選挙粛正婦人連合会の人々（1936年2月20日衆議院選挙、朝日新聞社蔵）

一九三六年二月二〇日に行われた第一九回衆議院議員総選挙の結果、四六六議席中、民政党が二〇五議席、政友会が一七一議席、昭和会が二二議席、社会大衆党が一八議席、国民同盟が一五議席という結果となり、政友会は鈴木喜三郎総裁まで落選する大敗を喫した。

社会大衆党の議席増は、一九二八年の男子普通選挙以来たびたび期待されていた無産政党の躍進が実現化したものとして、注目を浴びた。

岡田首相は選挙後の二三日、選挙で示された民意を尊重して、帝国憲法の本義に則った政治の確立に邁進したいと声明を発した。政界では政友会も巻き込んだ挙国一致内閣の再建まで取り沙汰されるようになった。選挙結果を受けて、新たな政界分野のもとで政治が動き出そうとしていたのである。その矢先に起きたのが陸軍青年将校による二・二六事件であった。

二・二六事件の衝撃

斎藤・岡田内閣期、陸軍内では天皇親政による国家改造を目指す皇道派と、陸軍の組織的一体性を重視し、国家総力戦に備えた国防国家の建設を目指す統制派という、二つのグループによる派閥抗争が激しくなっていた。抗争の末に、皇道派青年将校らが、「君側の奸」を除いた「国家改造」による新たな政治体制の樹立を目指し、一九三六年二月二六日に蜂起した。約一五〇〇名の反乱部隊は首相官邸ほか永田町一帯を占拠し、斎藤実内大臣、高橋是清蔵相、渡辺錠太郎《わたなべじょうたろう》陸軍教育総監らを殺害した。

陸軍内には皇道派の高級軍人を中心に決起将校に同情的な者も多かったが、昭和天皇が鎮圧の意向を明示したこともあり、事件は収束に向かっていく。しかし、この事件によって総選挙で示された民意は踏みにじられ、政界安定化、そして政党内閣復活の機運も吹き飛んでしまった。

広田内閣の成立――陸軍と距離を置く内務省

首相官邸で襲撃された岡田首相は官邸内に潜み、辛くも脱出に成功したが、辞意を表明した。後任首相には、岡田内閣の外相だった広田弘毅《ひろたこうき》が就いた。

とはいえ、広田内閣の閣僚人事は陸軍の介入により難航した。内相候補となったのは民政党の次代を担うと目されていた川崎卓吉《かわさきたくきち》貴族院議員（元内務官僚）だったが、陸軍が政党員の内相就任に反対したため、川崎は商工相に移った。内相には田中内閣・第二次若槻内閣・斎藤内閣の内務次官だった潮恵之輔《うしおしげのすけ》が就任した。潮は次官を退任した後に貴族院議員に勅選されていたが、「官吏の典型的人物」、地味な堅物として知られていた。政党出身の内相がいずれも党の有力者だったことと比べると、また、「新官僚」のリーダー格とされた後藤文夫と比べても、政治的存在感は明らかに薄い。内務省の位置づけが変化しつつあることを象徴する人事でもあった。なお、政友会は農相・鉄相、民政党は商工相・逓相のポストを得て準与党的立場を取ったが、内相・蔵相という主要閣僚の座を得ることはできなかった。こちらはこちらで、政党の影響力後退を示すものといえよう。

陸軍では皇道派の将軍が予備役に編入され、統制派が主導権を握った。陸軍は「粛軍」のためにも政治の刷新が必要だとして、政治的な発言を強めるようになっていく。

なお、国内の治安を預かる内務省にとって、二・二六事件の発生はきわめて深刻な問題であった。潮内相は陸軍に近づいていた警察官僚を省内から一掃した。警保局では松本学系統の内務官僚が復帰し、陸軍とのかかわりが深いとみなされた警保局官僚は朝鮮総督府や満洲国などに左遷された。内務省は事件を機に、陸軍とも距離を置いたのである（古川隆久『昭和戦中期の議会と行政』、黒澤良『内務省の政治史』）。

主導権を失いつつある内務省――地方交付金制度

政党からも陸軍からも距離を置いた内務省は、政治的な自立に成功したようにみえる。しかし、陸軍は内務省の既得権に立ち入ろうとしていた。

庶政一新を標榜《ひょうぼう》した広田内閣のもとで、一九三六年九月に陸軍は海軍とともに広田首相に対して行政機構・議会制度改革案を提出した。この案は、国策樹立遂行のための総合機関の設置、人事行政の内閣への移管、そして大規模な省庁再編を含んでいた。内務省所管事務のなかでは、土木行政を新設省に、神社行政を文部省に移管し、衛生局・社会局が担う衛生行政も刷新するとされた。地方行政の核ともいえる地方官人事すら、内務省から分離するとされた。大規模な行政改革案に他省も及び腰となったため、案は実現しなかったが、陸軍は内務省の既得権になど遠慮はなかった（前掲『昭和戦中期の議会と行政』）。

内務省は地方行政制度についても政策の主導権を失いつつあった。この点を中央地方の負担均衡を図るために設けられた地方交付金制度をもとにみてみよう。

政党内閣期以来、地方の税負担軽減は重要な政策課題の一つであった。斎藤・岡田内閣のもとでも、政民両党は農村の負担を軽減するための地方交付金制度導入を主張していた。内務省でも交付金制度案が練られており、三六年八月に決定した広田内閣七大国策のなかには「中央、地方を通ずる税制の整備」が置かれた。内務省が検討していた地方交付金制度は、地方税増税分の一割を地方交付金として、それを地方の負担軽減に充てるという内容である。政党が立案していた税制案もこれに準じている。

対して馬場鍈一《ばばえいいち》蔵相（元日本勧業銀行総裁）が提出した税制改革案は内務省案とはまったく異なる抜本的な改革案だった。馬場税制改革案は国税を増税する一方で、地方税の大部分を占めながらも重課が指摘されていた、戸数割を廃止して減税するというものである。そのうえで、戸数割に代わる地方自治体の財源として、国税増税分のおよそ半分を地方交付金として再分配するという、中央地方の税体系そのものを刷新する改革案であった。全国町村長会や農会・産業組合といった農村団体の多くは交付金制度の実現に賛成した。内務省は地方行政の根幹にかかわる交付金制度について、大蔵省に引きずられるかたちになったのである（手塚雄太『近現代日本における政党支持基盤の形成と変容』）。

広田内閣から林内閣へ

一九三六年一一月、新たな帝国議会議事堂が完成した。この議事堂が現在も使用されている国会議事堂である。しかし、新議事堂で本格的な質疑が始まった矢先、衆議院本会議で陸軍の政治関与を批判した政友会の浜田国松《はまだくにまつ》と、それをとがめた寺内寿一《てらうちひさいち》陸相との応酬の末に起きた「腹切り問答」のために広田内閣は総辞職した。馬場税制改革案も総辞職により宙に浮いた。

紆余曲折の末、岡田内閣で陸相を務めた林銑十郎に組閣の大命が下り、林銑十郎内閣が成立した。林は政友会・民政党から一名ずつ閣僚を取ろうとしたが、離党を条件にしたため実現しなかった。よって、林内閣は議会に基盤をほとんど持たないことになった。

内相に就いたのは犬養内閣で内務次官を務めた元内務官僚の河原田稼吉《かわらだかきち》である。政党内閣時代は党の有力者が就いた内相の座は、内務省が政治的に中立的な立場を取ろうとするなかで、徐々に内務官僚の上がりポストの体を示すようになっていった。このことは、政党内閣期には副総理格と目された内相の地位の低下にもつながった。政党から離れて得た政治的な中立の代償として、他省庁からの挑戦とあいまって、政府内での内務省の立場は弱くなっていく。

さて、林内閣で蔵相となった結城豊太郎《ゆうきとよたろう》（元日本興業銀行総裁）は、馬場税制改革案を撤回し、「臨時地方財政補給金制度」を設けて戸数割の軽減に充てることにしたが、農村団体は税制改革案の実現を求めていた。政友会と民政党はこの主張を背景に、協調して地方交付金のさらなる増額を政府に求め、成功した。大日本帝国憲法に議会の協賛権が定められている以上、衆議院の多数を占める政友会・民政党を無視した政権運営はできなかった。

成果を得た政民両党は予算案にも賛成したが、予算案成立後、林内閣は突如として議会の更生を理由に衆議院を解散した。抜き打ちの解散に政民両党は協力して「非立憲内閣撃滅」を目標として選挙戦に向かった。結果、民政党が一七九議席、政友会が一七五議席、社会大衆党が三六議席となり、政民両党をあわせて衆議院の大半を押さえた。選挙後、その余勢を駆った両党は、一致して林内閣を退陣に追い込んだ。

おわりに

本章では田中義一内閣から林銑十郎内閣にかけての内務省の動向を、日本政治全体の動向と関連づけながら論じてきた。

　政党内閣期においても内務省が「省庁の中の省庁」といえる地位を保持し得たのは、結局のところ内務省が政党にとって重要だったからにほかならない。政党内閣崩壊後、内務省は政党からの自立を図り、また新たに台頭してきた軍部とも距離を置き、純然たる行政庁としての立場を取ろうとした。しかし、そのことは、政党にとっても、軍部にとっても、内務省の「利用価値」を低減させたといってよい。政治が経済に関与を深めるなかで、行政国家化が進むと、内務省は政策の主導権すら他省に奪われつつあった。

　政党内閣崩壊後、内務省の「省庁の中の省庁」という地位は揺らいでいった。こうした傾向は、第四章で見ていくように、日中戦争が始まるとより顕著になっていく。

参考文献

有泉貞夫「日本近代政治史における地方と中央」『日本史研究』二七一、一九八五年
粟屋憲太郎『昭和の政党』小学館、一九八三年
伊藤之雄『大正デモクラシーと政党政治』山川出版社、一九八七年
大西比呂志『伊沢多喜男――知られざる官僚政治家』朔北社、二〇一九年
大淀昇一『技術官僚の政治参画』中央公論新社、一九九七年
小川原正道編著『日本近現代政治史――幕末から占領期まで』ミネルヴァ書房、二〇二三年

奥健太郎『昭和戦前期立憲政友会の研究――党内派閥の分析を中心に』慶應義塾大学出版会、二〇〇四年
加瀬和俊『戦前日本の失業対策――救済型公共土木事業の史的分析』日本経済評論社、一九九八年
加藤聖文「植民地官僚の形成と交流――関東州・満洲国・拓務省の役割」松田俊彦編『日本の朝鮮・台湾支配と植民地官僚』国際日本文化研究センター、二〇〇八年
加藤祐介「立憲民政党と金解禁政策」『史学雑誌』一二一―一一、二〇一二年
河村真『日本近代の歴史五　戦争とファシズムの時代へ』吉川弘文館、二〇一七年
官田光史『戦時期日本の翼賛政治』吉川弘文館、二〇一六年
栗林貞一『地方官界の変遷――内務畑の新人旧人』世界社、一九三〇年
黒澤良『内務省の政治史』藤原書店、二〇一三年
小山俊樹『憲政常道と政党政治――近代日本二大政党制の構想と挫折』思文閣出版、二〇一二年
佐治恵美子「浜口内閣期の婦人公民権問題」『日本史研究』二九二、一九八六年
佐藤健太郎「選挙粛正運動の本義――知識階級と議会制」佐藤健太郎・荻山正浩編著『公正の遍歴』吉田書店、二〇二二年
社会局社会部『公私経済緊縮運動概況』一九三〇年
季武嘉也編著『新訂　日本近現代史――民意と政党』放送大学教育振興会、二〇二一年
菅谷幸浩『昭和戦前期の政治と国家像――「挙国一致」を目指して』木鐸社、二〇一九年
副田義也『内務省の社会史』東京大学出版会、二〇〇七年
大霞会編『内務省史』一～四、原書房、一九八〇年、原著は一九七〇、七一年
玉井清『第一回普選と選挙ポスター――昭和初頭の選挙運動に関する研究』慶應義塾大学出版会、二〇一三年
手塚雄太『近現代日本における政党支持基盤の形成と変容――「憲政常道」から「五十五年体制」へ』ミネルヴァ書房、二〇一七年
手塚雄太「第一回普通選挙における選挙運動――内務官僚・植民地官僚守屋栄夫を事例として」『史潮』八四、

二〇一八年
手塚雄太「昭和戦前期立憲政友会と政務調査会」奥健太郎・清水唯一朗・濱本真輔編著『政務調査会と日本の政党政治――130年の軌跡』吉田書店、二〇二四年
西成田豊『近代日本労資関係史の研究』東京大学出版会、一九八八年
日本社会事業大学救貧制度研究会編『日本の救貧制度』勁草書房、一九六〇年
古川隆久『戦時議会』吉川弘文館、二〇〇一年
古川隆久『昭和戦中期の議会と行政』吉川弘文館、二〇〇五年
升味準之輔『日本政党史論』四～六、東京大学出版会、一九六八、七九、八〇年
松浦正孝『財界の政治経済史――井上準之助・郷誠之助・池田成彬の時代』東京大学出版会、二〇〇二年
水谷三公『官僚の風貌』中央公論新社、一九九九年
源川真希『近現代日本の地域政治構造――大正デモクラシーの崩壊と普選体制の確立』日本経済評論社、二〇〇一年
村井良太『政党内閣制の展開と崩壊――一九二七～三六年』有斐閣、二〇一四年
守屋栄夫『風樹の歎き』私家版、一九三六年
米山忠寛『昭和立憲制の再建――1932～1945年』千倉書房、二〇一五年
若月剛史『戦前日本の政党内閣と官僚制』東京大学出版会、二〇一四年

※本稿脱稿後、当該期の二大政党政治を扱った研究として、櫻田会編『立憲民政党全史　1927‐1940』（講談社、二〇二四年）、十河和貴『帝国日本の政党政治構造――二大政党の統合構想と〈護憲三派体制〉』（吉田書店、二〇二四年）、村井良太『「憲政常道」の近代日本――戦前の民主化を問う』（NHK出版、二〇二五年）が刊行された。あわせて参照されたい。

コラム③ 選挙権なき女性の政治参加——政治家の妻の視点から

手塚雄太

戦前日本において、女性の政治活動は著しく制限されていた。帝国議会でも、道府県・市町村の議会でも、選挙権は男性にしか認められなかったうえ、一八九〇年の集会及政社法及び一九〇〇年の治安警察法は、女性の政談集会への参加及び発起、政治結社への加入すら禁じていた。治安警察法を所管したのは、もちろん警察行政を担った内務省である。

この背景には、女性は本質的に政治に向いていないとする、同時代のジェンダー観があった。女性参政権運動は、男女間にある差別的待遇の是正を求める運動であった。戦前に女性参政権は実現しなかったが、運動によって治安警察法第五条の一部改正が実現したほか、選挙権のない女性の政治参加も徐々に広がっていた（通史編第三章）。

ここでは選挙権がない女性の政治参加を、政治家の妻の視点から考えてみよう。

一八九〇年の第一回衆議院議員総選挙から間もなく、政治家の妻が選挙というきわめて政治的な活動に係わるようになった。女性教育家としても知られた鳩山春子《はとやまはるこ》（後に内閣総理大臣となる一郎の母、写真17）は、夫・和夫《かずお》の選挙運動を取り仕切り、有権者の家を個別に回り投票を依頼する戸別訪問も行った。選挙情勢は夫より詳しかったという。人々の注目を浴びた春子は揶揄や中傷をされることもあったが、春子にならい戸別訪問を中心に夫の選挙運動を手伝う妻は増えていく。

政治活動を制限された女性が、なぜ、選挙運動に参加できたのか。その理由は、治安警察法にも衆議院議員選挙法にも女性の選挙運動を禁ずる規定がないという、身も蓋もないものである。

とはいえ、一九一五年の総選挙で「近頃選挙界の新流行は何と言つても婦人連の活動」と新聞で報じられるほどになると、妻の選挙運動が論争の的となった。明治以来、政府は女性に夫を支え子を育てる「良妻賢母」の役割を求めていたから、選挙を取り仕切る内務省は妻の選挙運動を禁じようとした。ジャーナリストの石橋湛山《いしばしたんざん》のように、形はどうあれ政治参加の範囲を広げる「飛躍」と評価する意見もあった一方で、女性運動家の伊藤野枝《いとうのえ》のように、自覚ある女性が戸別訪問などすべきではないという意見もあった。

議論は多岐にわたったが、選挙運動を手伝う女性は増加していく。支持者が政治家のため必死に選挙運動をしているのだから、妻も献身すべきだという圧力すら生まれた。

写真17　鳩山春子
（近現代PL／アフロ）

転機となったのは一九二五年の男子普通選挙法である。同法は、選挙における買収の温床あるいは情実による投票の原因となっているとして戸別訪問を禁じた。また、選挙権がない者は、候補者の選挙運動を取り仕切る選挙事務長等にはなれないとした。これにより選挙権がない女性は、演説や文書を除き公には選挙に関与できないことになった。川崎卓吉《かわさきたくきち》内務次官は、一九二五年二月二二日の衆議院における男子普通選挙法の委員会審議のなかで、選挙権がない者は選挙事務長等の重要な位置につけないほうが「性質上」「取締上」「社会的の境遇」からいって適当であると論じていた（国立国会図書館「帝国議会会議録検索システム」）。女性を選挙事務長等には適当でないとする具体的理由はこれ以上示されない。しかし、男子普通選挙法により政治家の妻の選挙運動は、演説が得意でなければ、選挙事務所の炊き出しなど内向きのものが中心となっていく。男子普通選挙法は、この点に限っていえば、女性の政治参加を制限したのである。

とはいえ、この後も政治家の妻は形を変えながら夫の選挙に関与を続けた。政治家の妻の選挙運動のあり方、妻に求められた立ち居振る舞いや役割から同時代のジェンダー観を考えることもできるだろう。

参考文献

手塚雄太「戦前日本の選挙運動と候補者家族」『國學院雑誌』一二三—一〇、二〇二二年

通史編

第四章　内務省の衰退とその後——戦中〜戦後期

米山忠寛

通史編の第四章として、本章では内務省が変質していった時期、及び解体とそれ以降の時期を扱う。一般的な歴史叙述の方法としては、内務省を対象とするのであれば、内務省がなくなるまでを記述の対象とするものかもしれない。だが、本章ではそのような方針は採らない。本章では内務省の喪失でもって分析を終えることはせずに、内務省が存在しなくなった時期にも重点を置く。

というのも、予定調和の起承転結のように事態が進行したのであれば通常の分析が適しているのだろうが、ここで対象としている内務省はそうではない。いくらかの衰退と変容の予兆はあったものの、計画性や脈絡を欠いたかたちで唐突に消え去ったのであり、そこには単なる敗戦の結果というだけではない、また別の説明が必要になる。

結果的に、近代日本の行政及び政治にとって圧倒的な存在感を示していた内務省は、消え去った後も多くの余韻を現在に至るまで残しているのである。しかしながら、これまで「戦後の」内務省については解体の過程を描くだけで済まされがちであった。戦前と戦後(近代と現代)が切り離せると考える世間の傾向は研究の世界でもあったかもしれない。戦後日本の行政・政治が研究対象として扱われる場合にも、戦後民主化によって日本が変化したという評価を受け入れ、戦後のみを見て事足れりとする傾向があったことは否めないであろう。そんな中で扱いにくさがあったのがわかりにくく巨大な内務省という存在だったということになる。

それに対して、わかりにくい存在である戦時・戦後の内務省について、改めて検討をし直すことの意義を問うのが本章にとっての大きな課題である。単に内務省という存在を越えて、近代・現代の日本の行政政治のあり方を視野に入れるのであれば、内務省の余韻や亡霊について考える必要が発生するのはむしろ当然の帰結であろう。

1　行政機構改革と内務省——昭和戦前期

「厚生省」の分離

戦時体制の構築が将来的な政治課題として視野に入ってきた一九三〇年代初め頃から、日本では国内の行政機構改革の論議が流行することになった。企画院や各省内部での立案に加えて、陸海軍の内部や政党、民間の調査機関などの改革案も含めて活発なアイデアが出されていた。その中には、内閣調査局・内閣企画院などの内閣直属の組織や第一次近衛《このえ》文麿《ふみまろ》内閣での大蔵商工両大臣の兼任、阿部《あべ》信行《のぶゆき》内閣での少数閣僚による農林商工・鉄道逓信・内務厚生の両大臣兼任、東条英機《とうじょうひでき》内閣での軍需省設置など、後の行政機構の再編の試案としての意味合いを持ったものもあった。

　それらの改革構想の中では内務省についても言及はされていたものの、全体的にはあまりよい扱いではなかった。内政省に関わる構想もなくはないが、もともと強い内務省をさらに強化するのでは既存の制度の継続ということになり、新味はない。そもそも行政機構改革の中では戦時統制経済の導入が課題とされたことから経済官庁に関心が向きがちであった。それを抜きにしても内務省はしばしば主役ではないかたちで改革再編の対象とされがちであったと言えるだろう。

　嫌な言い方をすれば戦時改革の中では内務省は謂《い》わば改革論者たちによって、改革構想の中で「おもちゃにされていた」と言ってもよい。戦後改革に重きを置きすぎた観察をすると、内務省はGHQ（連合国軍最高司令官総司令部）が解体したものと誤解してしまうかもしれないが、むしろ戦時期に内務省は壊れ（壊され）かけていたことは確かである。「厚生省」の分離（一九三八年一月）だけで終わっていたのは、むしろ戦時期だからこそ大きすぎる改革は避けられたことと、衰えが見えたとはいえ、内務省の残存する政治力の賜物と言ってよいのかもしれない。

　厚生省の設置は日華事変（日中戦争）の初期にあたる時期であり、戦争のための変化とは言えない。また提唱は陸軍からなされたものの、（その後の貿易省設置や大東亜省設置などに比べて）目立った内務省からの反発ということもなかった。

内務省にとってみれば、社会局・衛生局による厚生省設置は、ある程度はもともとの行政の性質に由来する部分があったと言えるだろうか。もしかしたら大横綱である内務省にとっては各省全体が内務省の風下にあり、個別の独立などは問題にしなかったとも言える。

例えば文部省などは地方の教育現場については関与できず、各県では内務省出身者が教育行政を担っていた。内務省から文部省に移った例も多く、文部省は内務省にとって分家格であったと言える。厚生省の分離も内務省にとっては分家格が増えただけとの感覚もあっただろうか。実際に厚生省では新規入省の採用人事は内務省と同時に行われ、厚生省の人事課長が内務省に来て採用人事を行う慣行が内務省の最後まで続いたという（新居善太郎による回想・大霞会『続内務省外史』三九〇頁）。

政治力の弱体化

ただ後になってみると、厚生省の離脱後に内務省は自らの位置づけに悩みはじめたとも言える。昭和戦前期・戦時期の内務省には勢いはなかった。政党政治とともに官界・政界の中心にいた内務省にとっては副総理格の内務大臣を担ぐのが当然であったものが、内務官僚出身者の比率が増えることになった。馬場鍈一《ばばえいいち》・末次信正《すえつぐのぶまさ》・平沼騏一郎《ひらぬまきいちろう》など内閣の方向性を決定づける有力者の内務大臣もあったものの、政党人の起用が忌避された結果、政治力は落ち込んだ。内務大臣には内務官僚からの昇格のみとなり、金融界や財界の大物を時折大臣にできた大蔵省や、産業界の新興財閥からの大臣起用があった商工省に比べても、内部登用の比重が高く、結果的に省としての政治力の維持に苦しむことになったとも言えよう。

ある意味で解体される前から内務省は解体されかかっていたとも言える。実際に厚生省に加え、技官優位の土木局はその後の建設省離脱へ繋がるかたちで自立性を強めていた。分裂への動きを引き続き内部に抱えることになった。言うなれば内務省解体については、最後にとどめを刺したのがアメリカ・GHQというだけのことであって、すでに戦時日本の状況の下で弱体化が進んでいたというのが実態であろう（日本の戦後改革における戦時改革との関係の重要性については、雨宮昭一『占領と改革』で注意喚起されている）。

2　官製運動と地方行政の再編——昭和戦時期

官製国民運動の組織としての大政翼賛会

まず昭和戦時期の内務省についてその位置づけを確認していこう。内務省は各県と繋がりを持ち、戦時の国内においても戦意高揚などの国民運動の旗振り役ではあった。その点では日清戦争・日露戦争の頃から大差はない。一方で、内務省による運動では型にはまって旧態依然として熱気を欠くとの批判、批評が出てきたのも昭和戦時期の特徴である。というのも別ルートでの動きがあったからである。

大政翼賛会は近衛新党運動を背景にして一九四〇年に各政党が解党するかたちで結成されている。議会・政党関係の側面では翼賛会は実質的には政友会・民政党・社会大衆党他の大連合と言える。他方で翼賛会は「公事結社」とされ、議会以外の側面では国民精神総動員のための組織となり、内務省が行う官製国民運動の組織となったとして活力を失ったと評されることが多い。

写真18　国民精神総動員・中央連盟発会式
（1937年、毎日新聞社）

国民精神総動員運動（写真18）とは、一九三七年八月二四日に閣議決定された「国民精神総動員実施要綱」にもとづき、日華事変（日中戦争）の勃発後早々に、官民一体の一大国民運動を起こそうとするものであった。総力戦の中でも思想戦に対応すべく、内務省・文部省と地方自治体の知事・市町村長などをトップに据えた組織を作っていった。尽忠報国・消費節約・貯蓄奨励など細かく目標は立てられたが、最終的に大政翼賛会に引き継がれた。内務省というよりも各自治体での活動であるが、国民の自発的な運動の喚起を望む立場からすると、上からの一方的な官製国民運動として不評ではあった。

政府が煽っても……

翼賛会が同時代にもその後の研究でも関心を集めがちであるのに対して、それに並行したかたちで内務省については国民を動員したファシズム運動の担い手として評価されることもある。宣伝によって人々の心理を動かすという視点でいえば、戦争に反対している国民を政府が無理矢理に戦争に参加させたといった構図で理解しようとする場合には、宣伝をした内務省が悪役という主張の根拠になるのだろう。

ただ、一方的に政府が煽ったとしても戦意高揚ができるわけでもないということは同時代の人々も理解していた事柄であった。失敗したとされている運動について管轄したから内務省に責任があるというのは奇妙な議論でもある。かつては国民動員を重視した「日本ファシズム」研究の視点から内務省が注目される要素であったのだが、近年ではそもそも

「日本ファシズム」に依拠する研究が減少している。

また並行して、近年の研究では「総動員」という用語自体が分析にあまり意義がないものとして使われなくなってきている。使われるとしても「総力戦」の下位概念としてその一部分として扱われる機会が多いと言ってよいだろう。物的・人的部分について、戦争への関与・貢献に特化した部分を支配関係を中心に見ていく発想は、やや視野が狭くなりがちである。ファシズムか否かといった古典的な議論の残滓《ざんし》としての意味合いが強いということになるだろう。

地方行政の組織再編

その他に戦時期の内務省の関連としては、一九四二年には拓務省の廃止と大東亜省の新設に伴って、拓務省の所管事務の一部が内務省に移管されている。また、内務省そのものの活動ではないが、南方・東南アジア地域への占領地拡大に際しては、占領地での軍政の実施における責任者として知事他の行政官に内務省関係者が多数起用されていた。

戦時期の地方行政についてのトピックとしては、道州制の関連などで注目されるのが「地方連絡協議会」(一九四〇年五月)、「地方行政協議会」(一九四三年七月)、「地方総監府官制」(一九四五年六月)という一連の広域地方行政組織である。地方連絡協議会では、北海道を除いた全国を東北・関東・東海・北陸・近畿・中国・四国・九州の八地方に分けて、宮城・東京・愛知・新潟・大阪・広島・愛媛・福岡の知事を会長とした（後に北陸については廃止された）。おおむね戦後の高等裁判所が設置された大都市に相当するだろうか。各地方で月一、二回程度会議を実施し、物資配給・価格統制などを行っていた。宮城県知事には大物政党政治家である内田《うちだ》信也《のぶや》（写真19）が起用され、内務省にとっての政治力を持った存在の必要性がうかがえる。

写真19　内田信也
（国立国会図書館蔵）

これが終戦間際の地方総監府となると、本土決戦にともなう国土分断も予期して、東京との連絡が遮断されても活動できるように総監に広汎な権限が与えられ、出兵請求権なども含まれるものであった。これらの組織再編は、内務省の地方への関与を強めたとも弱めたとも言えないが、旧来の活動の枠組みが揺らぐ効果はあったと言えるだろう。

3　なぜ戦争以前から内務省の地位は低下していたのか

政党との相互補完関係の中断

内務省は敗戦やGHQの存在を抜きにして、すでに日本の行政機構の中でその地位と政治力を低下させていた。そこには短期的な要因と長期的な要因が考えられる。

短期的な要因としては、内務省の持つ政治力の低下が挙げられる。政党政治の中では民意を政治力の源泉として重視する政党にとっては、内務省は最重要のパートナーであった。「官僚の政党化」「党弊」といった批判を受けつつも、政党と内務省の相互補完による政治力の確保状況は変わらない。逆に一九三〇年代前半には「新官僚」といった内務官僚側の政党からの離反と政治的中立志向の動きもあったが、これも政党・内務省の緊密な関係の中での変動に過ぎない。

ただ、政党が政権を失い、加えて軍部などが内務大臣への政党人就任に反対をするようになり、さらには挙国一致内閣の中で政友・民政の二大政党の勢力拮抗が続く中で、内務省は力を発揮できなくなっていく。少なくとも政党の勢力拡大に寄与し、逆に依存される関係は中断されることになった。結果的に内務省は政党による支配から脱け出すことはできたかもしれないが、特別な省としての内務省の地位は徐々に低下を余儀なくされたということになるだろう。

近代の行政から現代の行政へ

一方で長期的な視点で言えば、近代において内務省が担ってきた対象が、社会の変化とともに内務省という枠組みでは扱いきれなくなってきた状況がある。いわゆる各国の行政が「行政国家化」「社会国家化」「福祉国家化」と言われるような変質を起こし、多かれ少なかれ行政の膨張が発生したことに起因するものであった。それは「近代の行政」から「現代の行政」への変化によって生じた事態とも言える。象徴的な部分としては、それまでは内務省内で治安との関係も含めた中で経済的貧困への対策が扱われていたものが、二〇世紀の世界各国の行政国家化・福祉国家化への流行の中で、社会福祉が国家の役割の中心、ないしは社会福祉こそが国家の存在意義そのものと見なされるようになっていく。行政の「現代化」の中では、内務省の一部であった厚生省がむしろ内務省の存在を越えて国家の中心となっていくのであった。結果的にそれは内務省という枠組みを大きく揺り動かし、崩すこととなる。

「近代の官僚制」と「現代の官僚制」の差異について検討する際に、内務省の存在は避けては通れない。世界各国の近代化と共通する点でもあるが、日本においても前近代（近世・江戸時代）には国民は基本的に徴税の対象としての位置づけが主であったものが、近代には国民は育成し、教育する対象となった。結果的に武士階層が独占していた政治参加の権利も国民全体に広がり、身分秩序が崩れる背景ともなった。

現代には近代よりもさらに一層国民への国家の関与は進んだ。男性が中心の兵士だけでなく、総力戦を「銃後」で支える女性労働力や怪我、病気で働けないでいる者も含めて労働力が国力と見なされ、総力戦を支えるためには国民全体の生活や健康を国家が丸抱えにして保護するように発想が変化したのである。その背景には社会主義の流行とその流行への対抗があったことも確かである。

そのような近代から現代への国家の役割の変容と拡大に伴って、たとえば経済的貧困も自己責任ではなく国家が責任をもって対応すべき課題となった（近年は新自由主義の流行や国家が責任を担いきれないことで揺り戻しは起こっているが、元に戻ったわけではない。一種不可逆な変化として国家への要求はなお大きい）。国民の老後や福祉、年金といった事柄について、近世・近代の国家はまったく関心を抱かなかったし、抱くべきという発想がそもそも存在しなかったわけである。

それらの近代と現代の官僚制の変容を象徴するのが内務省であり、また厚生省である。

厚生省（その後、労働省が分離し、また統合されて厚生労働省）の存在は令和の時代には国家予算の中で膨張し続けている。良くも悪くも厚生省の領域が政府の仕事の領域の大半を占めると認識されたとしてもあながち間違いではないだろう。

またこの時期の変化としては、大蔵省との関連で国税・地方税を通じた税制大改正が一九四〇（昭和一五）年に実施され、地方税については現在の地方交付税に繋がる地方分与税制度が導入された。これは単に地方税の改革というだけでなく、両税委譲や戸数割と関連して馬場蔵相の馬場税制などから続く長期的な課題とされてきた問題の帰結であった。地方への過負荷という意味では、この税制改革は昭和初期の農村不況などが日本国内で深刻な政治的不安定要因であった問題の解消としての意味合いも持っていた（米山忠寛『昭和立憲制の再建』）。意義の大きい制度ではあったが、内務省の視点から見ると、近代的な各県知事による自治という枠組みに、現代的な国家による管理と制御という異なる視点が持ち込まれたという側面もないとは言えない。

「部落会」「町内会」の整備

戦時期における行政国家化の進展と関連して注目されるのが、末端行政機構の問題である。総力戦と現代化する国家のあり方の中で、食料配給なども含めて行政が各個人の存在を把握し、管理する必要性が生じることとなった。合わせて戦時の行政活動が急増する中で、一九四三年の地方制度改革では「部落会」・「町内会」（写真20）が私的な組織ではなく、市町村に繋がる公的な存在として制度化されることになった。その際には政党や農業団体からは官治であり、自治に反するとの批判があったという。政党組織や農会による地域秩

写真20　東京・巣鴨での町内会による待避訓練
（1944年、毎日新聞社）

序に対抗する存在と見なされたということになるだろう。

部落会・町内会では配給事務・納税事務・兵事関係を扱い、戦意高揚などの役割も担ったとされる。見方を変えれば、政党政治の凋落《ちょうらく》以後の私的地域団体の迷走を回収するとともに、行政国家が国民の生活全般を視野の中に入れる契機となったと言えるだろうか。

4　内務省自身による内務省の解体——占領期

突然の解体

戦時期の動揺を踏まえて戦後GHQによる占領統治がある。内務省は、戦後まもなくして廃止された部局もあり、残っていた主な部局は、警保局、地方局、国土局であった。その後、一九四七年六月に廃止が決定され、同年一二月には廃止される。翌年の一九四八年一月には、内務省国土局と戦災復興院が合わさるかたちで総理庁の外局として建設院が設置される（七月には建設省）。同年には、警察についても、国家地方警察と自治体警察として出発することになった（写真21）。

戦後に最終的に解体されたということでその結末ばかりに注目が集まりがちであるが、

その過程については謎が多い。少なくとも当初から内務省は解体に向かってスケジュールが進行していたわけではなく、ある日突如として解体に向かって突っ込んでいった、といった草柳大蔵の指摘はおおむね適切な分析であるように思われる（草柳大蔵『内務省対占領軍』一九六頁）。それはすなわち、内務省が戦時期から問題のある組織であったから懲罰的に解体の対象となったという、よく知られた説明が誤りなのではないかという問いかけも意味している。

写真21　国家地方警察東京都本部が同居する警視庁（1949年、毎日新聞社）

そもそも内務省に問題があるのであれば、さっさと解体すればよいのである。それが実際には、戦後の警察改革・地方自治改革について、内務省とＧＨＱは協力して場合によっては有能過ぎるほどに対応し、さらには技術系官僚の要望に沿って建設省も独立へと進んだ。となると、警察・地方など残された（後の自治省などの）国側の機構や残った各機関の寄せ集めとして内務省が残存するのかと思いきや、そこに解体の方向性が示されることになった。経緯としてはかなり不可解である。

ＧＨＱの側では一時期から内務省解体については頑なに

なり、内務省からの交渉はあまり成果を挙げていない。この点は占領統治の中で内務省との対立ないしは齟齬《そご》が相次いだことが原因とも見られるが、GHQにとって解体にこだわる要素があったのかは判然としない。どちらかと言えば、日本側の各省間の力関係がアメリカ側を動かした側面や、アメリカ側にとってはわかりやすい占領統治の成果を出して、現在に至るまでのように「内務省解体」が大きな成果であったかのように示す宣伝の必要性があったということになろうか。実質的な変化という意味では厚生省・建設省はどちらかといえば日本側の要因でもあり、警保局・地方局については占領統治の中で早々に対応された。形式的な変化としての解体というのはかなり意味合いの違うものということになる。

このあたりの内務省解体の事情というものは、解体によって日本の地方自治が促進されたといった古典的な構図に基づく説明に対する違和感を象徴するものともなるだろう。その点の状況の齟齬は「民主主義にとって地方自治が有益」といった美辞麗句で収まるものではない。結果的に後述するような中央地方の人事交流の必要や中央との関係での補助金獲得の必要性が生じてきたとすれば、そもそもの制度設計や変化の意義についても疑問を生じさせることにもなろう。

アメリカの行政官の質

戦後の占領統治については、一種の戦勝国崇拝の気運の中で、研究においてもアメリカと日本を善・悪という構図で対比したり、先進国アメリカの制度を後進国が受け入れたといった構図で説明されることが多かったことは事実だが、それらの戦後民主化の価値観に過度に依拠した研究分析の構図からはそろそろ脱却してもよい頃だろう。

というのも、当時のアメリカは、経済が発展して経済・軍事の両面で第一次世界大戦において欧州諸国を驚かせたものの、文化・学問においては未だ欧州に劣る二流国であった。欧州に学んできた日本人にとっては、一流の制度や学問に学んできたのにわざわざ二流国に揃えさせられる違和感を伴った奇異な事態というのが占領統治への素直な反応でもあった。アメリカが文化・学問などにおいても世界で最先端の超大国とされるのは、二度の世界大戦を踏まえて欧州からアメリカに中心が移った第二次世界大戦以後に進展したもので、この時期はまだその過渡期である。

ＧＨＱに送り込まれてきたアメリカの行政官の質についても問われる部分はあった。占領統治に直面した当時の内務官僚の反応として目立つのは、占領初期はＧＨＱと対立してその権力に従わされたものの、徐々にさほど質の高くないアメリカ側の行政官としての能力がわかるようになると、内務官僚たちは彼らの足元を見始め、占領末期になると、信頼を得つつも実権を握り、政策の起案や文書の修正は実質的に日本側に委ねられたとの回想である。それらの反応の中には単なる日本の行政にアメリカ側が不慣れなことによる問題もあるだろうし、敗戦国の官僚の愚痴と鬱憤に基づくものでもあっただろうが、中には一面の真理もあるのかもしれない（日本側各省が対手とするGHQのカウンターパートには専門家もいるのに、内務省の対手は素人ばかりであるとの愚痴めいた批評もあった。草柳大蔵『内務省対占領軍』一五四頁）。

改めて確認しておかねばならないことは、それほど内務省が問題の多い組織であるのならば、アメリカとGHQは占領統治の中で真っ先に内務省解体を行わなければならなかったはずである。しかし実際には内務省の実質的解体はGHQの民主化方針を受け入れた内務省自身の手で行われた。そして、解体後の残存組織をまとめて内務省とするのかと思いきや分散させたままにするという方針が示された。これは実質的な必要性とはまた別に、政治的に評判の悪い内務省を解体したという成果が、GHQ関係者にとって一種の政治的勲章として求められていたということになろう。ただ当然のことながらそこには形式的な解体についての必然性はない。

また解体の対象が内務省のみとなった印象が強いものの、そこには結果論としての要素も少なからずある。GHQにとっては官僚機構の中で最も重要な部分から相手にしていっただけで、当事者達にとっては内務省の次は大蔵省や日銀、文部省など各官庁へと拡大していくものと予期されていた。財閥解体などを考慮すれば大蔵省が対象とならない方がおかしい。ただ内務省の次は大蔵省と対応が準備されていた中で、朝鮮戦争に繋がる米ソ冷戦・逆コースへの変化が始まったことで、結果的に内務省のみが抵抗して時間を稼いだ格好となった。内務省が頑張ったから大蔵省は助かったというのが内務省選挙課長・行政課長であった小林《こばやし》與三次《よそじ》の解釈である（本間義人編著『証言地方自治』三四頁）。戦後の霞ヶ関における内務省の消滅と大蔵省の栄華を見れば、皮肉な運命とも言える。

内務省復活論の問題点

このようなかたちで内務省が「解体」された以上、戦後に何度か発生した「内務省復活論」は、発生はしたものの目的地が見えないことになる。成功が見通せないことになったのも仕方のないことであるかもしれない。内務省の内部にも外部にも賛同者が見出せない状況では、偉大な内務省の過去の栄光を夢見ても実現性は乏しい。

政界関係では公選知事は地方政治に関与するための重大な機会であり、それを失うことは利益にはならない。官界では各省がかつて頭を押さえつけられていた内務省の復活を望むとは思われない。戦後日本の官僚制の描写では大蔵省が最強の官庁などと評されることがあるが、それはあくまで戦後限定の話であって、大蔵省などは内務省に比べればはるかに格下であった。そのような存在の復活は各省にとっては望ましいことではないだろう。

加えて内務省が扱う対象についての位置づけの変化という問題がある。近代においては貧困というのは、失業や治安対策の隣にある存在であって、だとすれば近代の行政において警察がそれを担うのは適切であった。警察は治安を担うのに合わせて貧困失業に対処しようとし、社会主義思想の拡大の苗床を未然に潰すことに力を注ぐことになった。だが時代とともにそれでは対応できなくなったのである。だとすれば厚生省の分離というのは、内務省にとっては単なる社会局の喪失と独立というだけでなく、「現代の官僚制」に求められる要望に対して「内務省」という近代の組織が応えきれなくなったという限界を示唆するものでもあったということになるだろう（そして令和の現代には、社会福祉関係の予算が国家予算の中心となり、あたかも厚生労働省が政府の中心とも言える状況が発生しつつある）。

もともとは内務省の一部であった厚生省・建設省ではあるが、彼らにしても、その後に復活を望む意義があったかというと疑わしい。となると復活を考えるにしてもかつての内務省の中核であった地方と警察の統合ということになるのかもしれないが、ここは戦後に変化があって、すでに統合する意義が見えにくい。内部外部の要素を踏まえてみても、過去の栄光への憧れはあっても復活論の具体化、現実化はかなりの困難が伴ったということになりそうである。

5　内務省の喪失と現代日本

「行政」と「政治」

本書は内務省の全体像について中堅・若手の研究者が分担して執筆する企画である。ただ各研究者が各分野で研究を進展させてはいるものの、「内務省」が全体としていったいどういう存在であったのか、という問いはじつは研究があまり進んでいない。というのも内務省は行政組織としては多くの分野を扱ってきたうえに、総体としての内務省が日本の官僚制の中で示した存在感や、内務省を通じて日本の政党政治が形成されていった過程などの要素もある。それらを含めてみれば、内務省の存在は単なる行政組織の枠や時期を越えて日本の行政・政治の中で重要性を持ち続けてきた。もちろん内務省そのものがなくなった現在でもその影響は残っている。

言い換えるならば内務省というのは行政的にも政治的にもあまりに巨大であり、近代日本の行政史・政治史・社会史など全体に目配りをしないと論じ切ったことにはならないことになる。加えて本章（戦中期・戦後期）との関連でいえば、戦後には内務省は解体されてなくなるわけであるが、その「解体」・「喪失」が現代日本にとってどのような意味を持ったのかまで検討せねば十分とは言えないだろう。消滅後の「亡霊としての内務省」も重要ということになる。

その意味では（政治史研究からの視点からすると）、戦後の政治・行政に関わる研究の多くは内務省の存在をいくらか忘却し過ぎである。「戦後には内務省は存在しないのだから」扱わなくてよい、というのは言い訳としてはあり得るものではあるが、「巨大な存在の喪失」によって何がもたらされたのかという研究の基礎的要素が見落とされる懸念がある。

全体像についての研究がなかなか進まないでいるのは、本章の執筆者を含む研究者たちの怠惰にも一因があるとして反省しなくてはならないわけだが、そこにはもちろん理由もある。「行政」「政治」の問題に加えて「戦時動員」「占領政策」については研究上の議論の種となる論点が存在するのである。このあたりの議論を全部扱える研究者はいない。本章の執筆者も主に戦前期・戦時期を研究しており、戦時体制・官僚制を分析している者であって分析の専門性に限界はある。個別の「行政」分野だけでも本書のテーマ編に並んでいるように多くの分野を内務省は扱ってきたのであって、各領域だけで研究書数冊が成り立ち得ることになるわけである。たとえば警察行政（特高〈特別高等警察〉）・思想犯取り締まり・治安維持法などは日本の近代史の中で関心を持たれてきた論点を含んでいるが、それでも内務省の中の一部局の歴史に過ぎないということにもなるのである。

「政治」の領域の問題はより広いということになるかもしれない。すでに本書通史編「明治後期～大正期」「昭和戦前期」でも出てきたように、近代日本の政党政治の展開に際して、内務省はしばしば二大政党と藩閥・官僚勢力の中の争奪戦の焦点となり、大袈裟に言えば内務省を押さえた勢力が各県知事を押さえ、全国の地方政治を押さえることにもなった。ともすれば内務省の位置づけは日本における政党や政党政治のあり方を規定してきたということにもなるのである。もちろん戦後の現代日本政治について考える際にはそこには内務省は存在しないかもしれないが、そこにある日本の政党はあくまで内務省とともに育ち、戦後の内務省の喪失を何かしらのかたちで補うように成立した政党であるということは理解せねばならないだろう。

「戦時期」「占領期」の中の位置づけ

続いて困らされるのが、本章が対象とする昭和戦時期・戦後期の内務省について扱う際に、しばしば「総動員」と「内務省解体」という論点に関心が偏重しがちという問題である。内務省は悪の組織だから解体されたのだ、解体されて当然だったのだというのが、戦後のアメリカによる占領政策を好意的に見る研究者などからは自明の前提とされてきたわけである。

内務省を研究し、その位置づけを考える際には、この説明の枠組みを鵜呑《うの》みにせずに立ち向かう作業が必須になる。むしろGHQの判断を美化するために、後付け的に内務省の悪役設定が固定化されてきた側面も無視できない。GHQが廃止したのだから問題のある組織だったに違いない、という思い込みから始まる研究では、内務省の実像を理解することは難しいままで古典的研究に安住することになるかもしれない。

想定される理由の一つが、マルクス主義などに対する思想犯取り締まりなどを批判する可能性などだろうか。実際に戦時期の警察による、いわゆる思想弾圧に対する恨みが戦後の内務省への逆風の一つであったことは否定できない。だが、よく知られているように、共産主義への向き合い方はアメリカ・GHQの方でも占領統治の中で変化していった。当初は共産党や労働組合運動に対して寛容であったGHQは、「逆コース」と言われる変化の中で共産党・労働組合の抑え込みへと向かった。警察改革・地方自治などの変化はあったものの、自治体警察への細分化などは徹底されなかった。共産主義への向き合い方はアメリカの方でも変化していた点には注意が必要である。

内務省に関わる行政はそれぞれ求められた変化に対応していっており、さらに言えばそこで各部局が省としてまとまりを保つべきか、解体すべきか、というのは、じつは戦後改革そのものとは別の問題ともいえる。内務省関係の行政に改革が必要として求められたということと、それが内務省を解体し、行政機構の再編というかたちをとるべきか否かは別の問題であって注意が必要である。

この点に関して言えば、内務省に対する懲罰的な意味で解体を捉えるのは学問的にはあまり生産的ではない。天皇などへの責任追及がうまくいかないことへの鬱憤を晴らすために、批判対象である陸軍などへの生贄《いけにえ》としての責任追及があり、そこにさらなる生贄として内務省が加わるだけの構図である。

6 内務省解体の余波

警察の中立性

内務省の喪失による戦後日本政治への直接の影響というものが論じられることはほとんどない。ただ、いわゆる戦後民主化を成功と見て、戦後の政治システムを自明のものとした場合に何が見落とされることになるのかは注意してみてもよいかもしれない。

戦前に比べて、戦後の政治構図は野党にとってよいものなのか、成長発展をしやすいのか、内務省がなくなったことで政党にとっての政権争奪のゲームのルールがどう変わったのか、一度考えてみても宜しかろう。

重要になるのは戦後のいわゆる「五五年体制」（自由民主党と日本社会党の対立構図）の中での警察の役割である。国家公安委員会・都道府県公安委員会（一九四七年に設置、一九五四年に新警察法で改正）の下で、中立性が重視され、その後名誉職的色彩も生じて党派性を抑制されることになった。逆に言えば内務省を押さえれば警察と地方行政を押さえられるということにはならない。警察を間接的にしか押さえられないことになる。明治の初期議会期に民党との争いで苦心していた山県有朋《やまがたありとも》や山県系官僚がもし公安委員会制度を利用可能であったならばその超然性にどれほど狂喜乱舞したことであろうか。

その意味で言えば、もしも行政が選挙選出勢力による直接の影響下にあるか否かという点に基準を置くとすれば、戦後民主化の成果よりも明治の方が「より民主的であった」ということは明らかである。日本の制度だから非民主的で、アメリカの指令であれば民主的などというわけではないのだから当然のことである。

昭和戦前期までの政党政治の展開過程は、政官関係の攻防と妥協と交渉を含んだ政党側からの藩閥・官僚の利権の切り崩しの過程であったとも言える。著名なのは原敬《はらたかし》などの党勢拡大の過程である。最終的に藩閥・官僚の基盤は掘り崩され、大正期末・昭和初期には「官僚の政党化」などともいわれるように官僚（とりわけ内務官僚）が政党の影響下に入る状況が確立することになる。

権力への足掛かりとしての内務省

これらの過去の状況を踏まえて見ると戦後政治はどうなるだろうか。内務省の喪失によって生じた「大きな空白」の存在について、戦後日本政治研究が検討対象とすることはこれまでほとんどなかったものと思われる。だが近現代の日本政治史研究を長い視点で眺めてみれば、明治・大正・昭和戦前までの帝国憲法の下での政党政治と、昭和戦後から平成・令和と続く時期の政党政治で対比してみる視点が有益な場合もあるかもしれない。そこに内務省の存在を置いて対比してみるとどうなるだろうか。

本書各章でも解説があるように、近代日本政治において内務省は単なる行政機関ではなく、権力への足掛かりであり、時には首相（内閣総理大臣）よりも内務大臣の人選が政権の方向性を指し示すこともあった（古くは第二次伊藤博文《いとうひろぶみ》内閣での板垣退助《いたがきたいすけ》内務大臣などの例がある）。近年には首相官邸の機能強化に伴い、平成令和には内閣官房長官によって内閣の方向性が定まる傾向があり、現在進行形で変化しているものではあるが、位置づけには共通する部分もあり得る。

内務省を（内務大臣を）確保し、統御する（場合によっては「官僚の政党化」として自勢力に取り込む）ことが、政治勢力にとっての影響力拡大へのわかりやすい手段であったことは、近代政治史研究においてはもはや議論されることもなく、自明の事柄とされていると言ってよい。

治安という経験

さてそこで戦後日本政治についてである。長期政権となった自民党の側には多様な政治力の維持拡大の方策があった。一方で野党はどうか。戦後日本の野党（革新勢力）が重視したのは護憲であった。そこから安保・自衛隊・在日米軍などへの反発が生じ、結果的に戦後日本の国際環境と乖離した言説に政治行動が規定されてきた側面もある。政権担当能力という点からすると与野党の政権交代を野党自身も放棄し、自民党内の派閥政治に一種代替されることになった。

結果的に戦後の日本社会党が変化を強いられた契機とされているのが村山富市《むらやまとみいち》内閣である。自社さ連立内閣で社会党から首相を出したことを契機に社会党は自衛隊・日米安保に対する方針を変更することになった。加えて阪神・淡路大震災では自衛隊出動の遅れについて批判を受けることにもなった。結果的に政権を担当して責任を負うことになるまで、長年夢想的な安全保障観が維持されてきたことになる。

「軍事・国防・安全保障」は野党にとっては関与しにくい領域であるから仕方がないということになるだろうか。ただ対比するならば、明治の民党の場合には、軍事・国防に次ぐ領域として権力への足掛かり・一里塚としての「治安」面での関与が重要な経験となったのではないか。民党にとって内務省への関与の機会は勢力拡大に活用する好機でありつつも、政党の責任を大きく問われる局面ともなったと評価してよいものと思われる。わかりやすい部分では、政党にとっては思想犯に甘過ぎないか否かというのは関心を集めるところでもあった。

明治時代の自由民権運動でも戦後初期の労働運動でも、官憲を敵視しがちな点は共通した雰囲気があったとされる。警察は敵であり、逮捕された回数が勲章となるといった風潮は、たとえば自由党・立憲政友会では議員政党化の進展とともに後景に退いたが、戦後の革新政党では長く残存した傾向が見られる。

アメリカの場合、州知事は州兵を指揮する機会があり、治安維持や災害対策の指揮を行う。それゆえに州知事はアメリカ大統領選挙でも有力な候補となり、州知事時代の州兵の指揮状況が大統領としての適性として議論の対象ともなっている。そのような経験は戦後日本の知事にはない。

戦後の地方選挙では革新自治体ブームがあり、東京・大阪・京都など大都市の知事が社会党、共産党などの革新勢力に掌握された。環境問題や生活福祉などで話題と人気を集めたのはよいものの、中央政界との関連で言えば、革新知事の存在が野党・革新勢力の低迷からの脱却に関してほとんど寄与できなかった事実の方がむしろ注目されることなのかもしれない。国民は野党にも経済面・生活面では期待をした。だが外交・国防面での政策的硬直化からの脱却には繋がらず、自民党長期政権に対するささやかな異論の提示に留まったと言える。少なくとも治安面において知事が責任を問われる場面があればどうだっただろうか。「革新知事が大衆運動・学生運動の鎮圧について責任を問われる」という場面は実際には起こらず、野党と革新自治体は惰眠をむさぼる中で緩やかにその役割を終えていくことになった。

原敬と戦後野党

大衆運動・学生運動からすれば警察・機動隊は国家の守護者であり、唾棄すべき資本家の走狗であったかもしれないが、一方で彼らを切り崩し傘下に置く努力と工夫がどこかにあったかといえば、その点の工夫と努力には疑問符をつけざるを得ない。革命が成功するプロセスを考えるならば兵士も警察官も取り込んでこそ成功するものであって、闇雲に敵視するのは一種の無能の証明ということにもなろう。いうなれば「戦後革新陣営には原敬が存在しなかった」というのが長期的な日本政治史研究の視点からの結論ということになろう。

原敬などが内務省を足掛かりにして政友会に着実に身につけさせた政権担当能力を、戦後の野党はついに得られぬままであった。暴れまわって自己の存在を誇示するだけであれば、それは明治の自由民権運動から一歩も進歩がないことになる。「日本に二大政党制が成立してこなかった」といった、一時期好んで使われた俗説的な論評があるが、近代を通してみればそれは明らかに誤りであり、どちらかといえば日本は常に二大政党であったと言える。「立憲政友会」「立憲民政党」はどちらも藩閥・官僚との対立や連携をくりかえす中で政権担当能力を身につけていった（そして戦後には保守合同により自由民主党にまとまった）。しかし政権担当能力を持つ三つ目の政党は長らく存在しないでいる（平成には民主党がそれに挑戦し、失敗した）。権力と政権への足掛かりとしての内務省の意義が再び検討される必要はあるのかもしれない。

とはいえ、そこに内務省が存在することはできない。戦後日本政治の中で警察が重要であればこそ、内務省などの存在で警察に目立たれては困ったことになるのである。革新政党からは敵視され、保守政党からは警察を掌握されることへの危惧があり、せっかくの党派的中立性を示す公安委員会制度が意義を失ってしまうのであれば何の利点もない。内務省復活などありえないし、誰の利益にもならない。このような状況を踏まえて見れば、戦後に何度か発生しては尻すぼみになった内務省復活論などはその多くが政治力を欠き、関係政治勢力にとっての利益を欠くものであり、真面目に分析の対象にすべきものはほとんどないと言っても差し支えないだろう。

官選知事から公選知事へ――地方行政の悪化？

次に戦後の地方行政における問題である。内務省が解体されることで何か大きな変化はあったのだろうか。地方自治にとって望ましい変化はあったのだろうか。もちろん制度的には中央政府との関係は変化したと説明することはできる。では実際にはどうか。さまざまな側面から評価をすることは可能であろうが、少なくとも人事面で見るとあまり変化したようには思われない。地方自治のあり方を考えるうえでは、一部の側面では悪化・後退したようにも思われる。どういうことだろうか。

戦後には各都道府県の知事は「官選知事」から「公選知事」へと変化した。知事公選を含めた地方行政改革については、内務省としてはGHQの意向を受け入れており、特段の抵抗はなくむしろ地方自治の展開に積極的ですらあった。終戦後早々に幣原《しではら》内閣の堀切善次郎《ほりきりぜんじろう》内相は知事公選の実施を明言して地方局に調査を命じている。府県知事・市町村長の住民による直接選挙は選挙権の拡大などとともに吉田茂《よしだしげる》内閣が「地方制度改正案要綱」として一九四六年五月に閣議決定した後に両院を通過して成立した。

中央から内務官僚が知事として派遣されてくる制度から、選挙によって知事が選出される制度へと変化したのである。選挙での選出は民主化であるからよいこと、とされがちだが、判断をそこで打ち切ってしまうとすれば制度分析としては十分とは言えないだろう。

すでに本書各章で解説されているように、官選知事の時代には内務省本省と内務大臣による党派的人事が常態化し、一年に三人、四人と知事が交代する例もあった。内務大臣は自党の影響力拡大のために自党に取り込んだ内務官僚を知事として送り込み、また知事のポストをちらつかせることで内務官僚の取り込みと党派化を進めたのである。この点は戦前までの二大政党制と政官関係の骨格をなすものでもあり、かつまた政党政治の弊害の象徴として批判の対象ともなったものである。

ではそれは公選知事になってどうなったか。確かに変化はしたのだが、変化の振れ幅が大き過ぎたとも言える。かつては官選知事の頻繁な交代が問題とされたが、公選知事では逆に「多選知事」の存在が地方政治の弊害として目立ってきている。中央の政争に振り回されるのも困るかもしれないが、中央の政争から切り離されたことで、狭い地方政界の構図はすぐに固定化し、それが長期化する。奇妙であり、一種異常なほどの固定化・安定化が内務省喪失後の地方政治の現状と言える。

たとえば多選知事で有名な石川県の場合、官選知事は六一年間で三八人（一八八六～一九四七年）であったのに対して、公選知事は七七年間で五人（二〇二四年現在。一九四七～二〇二四年：二期・二期・八期・七期・一期、五人目が当選一期目）となる。八選、七選と三〇年間の在任とまではいかずとも、四選・五選などは全国各県で珍しいことではない。知事の高齢以外の要因では県政に変化のきざしがないということであれば、県知事は事実上の「終身制」の役職であり、「殿様」との表現が揶揄で終わらないものと理解して差し支えないのかもしれない。

各省の地方行政への進出

しかもここで長期在任している公選知事は、中央官界から派遣されてきた総務省（旧・自治省）出身の県副知事・県総務部長などからの出馬当選者ということも少なくない。となると実質的には半年任期であったはずの内務省出身知事が、選挙の洗礼を受けて二〇年前後の任期に長期化しただけと言えなくもない。初回の選挙の際には県を二分する保守革新の対決選挙になった場合でも、しばしば二期目以降には各政治勢力を超然としたかたちで無所属となり、「県民党」を標榜《ひょうぼう》するオール与党化した選挙での当選となることも珍しくない。知事の多選が常態化したことで、県内の政治勢力にとってはもし県政に不満があったとしても、四年・八年ならともかく、二〇年続くかもしれない県知事・県庁との県内政治抗争に耐え抜くには尋常ではない覚悟が必要となる。結果的に反知事勢力は県政から駆逐されることになる。

東京から派遣された当該県と縁もゆかりもなかった総務官僚（旧・自治官僚）が副知事として実績を挙げて、知事選挙で現職の後継として擁立されて多選長期在任の知事となるといった事例は珍しくないだけでなく令和の現在でもしばしばみられる光景である。

ただ戦後の公選知事の出身は旧内務省系の総務省だけではなく、国交・農水・財務・経産などの地方経済との関連のある省庁の出身者がいることが変化と言えば変化である。内務省時代とは異なり、各省が自治体との人事交流で各都道府県他の地方自治体に派遣されている。

その点はいわば内務省による地方自治の独占が崩れた結果とも言える。このあたりの各省の地方進出という問題は、GHQ占領期にも内務省に近いGS（民政局）と大蔵・商工・農林各省と近いESS（経済科学局）の対立としてすでに存在していたものであった（草柳大蔵『内務省対占領軍』一七二頁）。それまでには、たとえば戦時期には商工省なども戦時統制経済などの旗振り役でいながらも地方での活動の足場はほとんど持っていなかったのである。それが戦後には内務省という壁が消えた結果、各省の地方行政への進出が始まり、いわゆる中央の「縦割り行政」が地方に波及していくことになる。内務省の解体というのは地方の行政にとってプラスマイナスを合わせてみて、それほど成果に富んだものだったのだろうか。

各省の対手となるGHQの各部局は一般に中央の政策を地方に浸透させることに積極的・協力的であった。その中でGHQからの支援の乏しい内務省は「自治」の主張を貫徹できなかった。内務省が地方に影響力を持ってきたことに不満を持つ論者は、一方ではそれでも内務省が地方自治の担い手であったことを忘却しがちであるかもしれない。結果的に戦後の地方自治では、内務省の弱体化に伴って、他省による中央支配が導かれることにもなるのである。

内務省解体によって、日本に地方自治が確立されたといった古典的な解説はこの状況をどう説明するのか。そもそもそれらの状況を自明として、内務省との関係を視野に入れていないのか。研究状況の基礎的な分析視角に見落とされている側面がなかったか。懸念は強く残る。内務省解体によって地方自治は進展よりもむしろ後退したと言っても差し支えのない部分が存在するのも否めない事実であろう。

内務省解体は民主化をもたらしたのか

このように戦時期・戦後期の内務省は「総動員」や「内務省解体」といった要素に関心が持たれては来たものの、実際にはそれらの対象自体の中に未だ検討されていない部分が多いだけでなく、戦前と戦後・近代と現代・政治と行政、などが入り組んでおり、多くの問題と仮説の生じ得る可能性の宝庫と言える。少なくとも「内務省が解体されたことが民主化の成功」といった古典的な思想弾圧の側面に偏った理解では、それらの多くの問いに対してまったく対応できない。むしろ「内務省解体」という五文字に多くの説明を依存し過ぎてきた現状が反省を必要とされているとも言える。内務省が解体されたとしても、解体後にはすべてを忘却して過去を顧みなくてよいということにはならないのは当然である。

事実上現在の政治史研究では「戦中・戦後の内務省」については、古典的な研究の中で位置づけがいったん固定化されてしまったが故に研究が停滞して、現状ではむしろ扱い方がわからぬままに、ほとんど手つかずの状況で持て余されてしまっている感もある。少なくとも古典的構図からは脱却すべき時期が来ているということは間違いないように思われる。扱いにくい研究領域ではあるものの研究の現状には問題が多く、今後の進展が期待されるところである。

参考文献

天川晃『戦後自治制度の形成――天川晃最終講義』左右社、二〇一七年
雨宮昭一『占領と改革（シリーズ日本近現代史7）』岩波書店、二〇〇八年
五十嵐仁、木下真志、法政大学大原社会問題研究所編『日本社会党・総評の軌跡と内実――二〇人のオーラル・ヒストリー』旬報社、二〇一九年
池田順『日本ファシズム体制史論』校倉書房、一九九七年
市川喜崇『日本の中央－地方関係――現代型集権体制の起源と福祉国家』法律文化社、二〇一二年
伊藤隆『大政翼賛会への道――近衛新体制』講談社、二〇一五年
稲垣浩『戦後地方自治と組織編成――「不確実」な制度と地方の「自己制約」』吉田書店、二〇一五年
岡田一郎『革新自治体――熱狂と挫折に何を学ぶか』中央公論新社、二〇一六年
草柳大蔵『内務省対占領軍』朝日新聞社、一九八七年
黒澤良『内務省の政治史――集権国家の変容』藤原書店、二〇一三年
自治大学校編『戦後自治史8（内務省の解体）』自治大学校、一九六六年
鐘家新『日本型福祉国家の形成と「十五年戦争」』ミネルヴァ書房、一九九八年
神一行『自治官僚』講談社、一九九〇年
神一行『警察官僚――知られざる権力機構の解剖　完全版』角川書店、二〇〇〇年
曽我謙悟『日本の地方政府――一七〇〇自治体の実態と課題』中央公論新社、二〇一九年
大霞会編『内務省史』一～四、地方財務協会、一九七〇～七一年

大霞会編『内務省外史（正・続）』地方財務協会、一九七七、八七年
高岡裕之『増補　総力戦体制と「福祉国家」――戦時期日本の「社会改革」構想』岩波現代文庫、岩波書店、二〇二四年
平野孝『内務省解体史論』法律文化社、一九九〇年
古川隆久『昭和戦中期の議会と行政』吉川弘文館、二〇〇五年
本間義人編著『証言　地方自治――内務省解体　地方分権論』ぎょうせい、一九九四年
百瀬孝『内務省――名門官庁はなぜ解体されたか』ＰＨＰ研究所、二〇〇一年
米山忠寛『昭和立憲制の再建――１９３２〜１９４５年』千倉書房、二〇一五年

コラム④　内務省とそのアーカイブズ

下重直樹

一八七三（明治六）年一一月に創設され、総合内政官庁として近代化を強力に推進することを期待された初期の内務省は、設置規則である事務章程に「全国の記録を保存する事」とあるように、国全体の記録文書の保存・管理行政をも所掌した。もっとも、中央・地方の全官衙《かんが》を対象とした「文書保存条例」の制定を目指した同省の意気込みもむなしく、その構想は財政難により潰え、七五年七月の本省庁舎の火災（通史編第一章）で建省以来の大半の文書も烏有《うゆう》に帰した。以後、内務省はたびたび記録を喪失し、私たちがこの巨大組織の実像に迫ることをたいへん難しくしている。

一九二三（大正一二）年九月の関東大震災による火災（写真22）では、再び庁舎が被害を受け、ほとんどの記録を失った。その被害状況は社会局が編纂した『大正震災志』にも記録されており、例えば琉球処分の際に明治政府が接収し、外務省から同省が引き継いだ「琉球王国評定所文書」も焼失したとみられていた。ただし、評定所の記録には一九八六（昭和六一）年に警察庁で存在が確認され、国立公文書館に移管されたものなどがあり、震災志の記述は必ずしも詳細ではない。震災に際し、「重要書類、とくに本省、各府県別の高等官の履歴書綴、略履記載台帳」等を大臣官邸に避難させたという当時の属僚の証言もある（大霞会編『続内務省外史』）。人事により組織や政策を動かした内務省の、まさに面目躍如といったところであろう。他にも、地方局では先例となる「行政実例」（法令解釈・運用についての照会・回答集のこと）を大臣官邸に持ち出しており（川村芳次『地方自治創造の悦び』）、そのような属僚の献身的な努力の結果が、自治省より国立公文書館に移管された内務省地方局文書の一端をなしている。今日の私たちが内務省を研究し、理解することができるのも、案外こういった「刀筆の吏」のおかげなのかもしれない。

写真22　関東大震災直後の内務省跡
（アフロ）

内務省自らが記録を湮滅《いんめつ》した事実にも触れねばなるまい。

敗戦時の混乱のなか、他の政府機関の例に漏れず、内務省でも公文書の焼却が実施された。警保局は言うに及ばず、地方局でも府県・市町村に至るまで焼却を進める動きがあったことが知られる（テーマ編第八章）。ただ、内務省の裏庭で三日三晩にわたって公文書を燃やした「勤勉」な内務官吏があった一方で、狼狽して文書を焼くような不始末をなさず、結果として後で業務に不便が生じなかったという厚生省のようなケースもある（厚生省社会局『社会局参拾年』）。これで内務省社会局時代の記録も今日に幾分か伝わっているのであるから油断できない。
一九四七年一二月の内務省の解体によって残された記録も四散し、『内務省史』の編纂事業は信頼できる史料の乏しさに苦しめられた。のちに後継官庁から公文書の移管と公開が進むことで、もちろん状況は変わってきた。内務省が省外に発出した文書や、これにかかわる記録はまだまだ多く残されている。今後は府県をはじめとした内務省の出先機関や実施部門のアーカイブズの保存とさらなる利用も図ることで、地方支配の体制の形成と展開、これに対する地方の動きを総合的に究明して、内政上における同省のすがたを異なる切り口から捉えることも期待されよう。

参考文献

川村芳次『地方自治創造の悦び』私家版、一九七七年
厚生省社会局『社会局参拾年』厚生省社会局、一九五〇年
大霞会編『続内務省外史』地方財務協会、一九八七年
永桶由雄「自治省より移管された内務省関係公文書について」『北の丸』一三、一九八〇年
中野目徹『近代史料学の射程――明治太政官文書研究序説』弘文堂、二〇〇〇年
山田敏之「国の機関における公文書の保存について」『レファレンス』八三六、二〇二〇年

テーマ編

第一章　近代日本を支えた義務としての「自治」

――地方行政

中西啓太

はじめに――地方と内務省の関係

内務省の役割を考える上でも、近代日本の歩みにとっても、地方行政は決して「ローカル」な意義に留まらない。なぜなら、中央政府が立案した政策は、地方行政機構が各地で実行に移さなければ、現実を動かすことはできないからである。国家レベルでの地方行政の重要性について、明治末期に内務官僚の湯浅倉平《ゆあさくらへい》が次のように語っている。

「自治体のする仕事には国家の事務があり又自治体の生命として居る所の仕事があるのでありります。自治体の生命として居る所の仕事と申しましてもこれ又国家の存立に必要なる事務であるのであります（中略）一国の存立を鞏固《きょうこ》ならしむる為めに一国を組織している所の自治体に或る義務を負わしむる訳けでありります」（「地方監督事務の要項」『第一回地方改良事業講演集　上』）

義務として「自治」を課された地方と、内務省の役割はどのようなもので、いかに変化して戦後へとつながったのだろうか。本章では、以下のような主題を念頭にたどっていく。

内務省は日本国内を、広域の単位である「府」や「県」、その内部の基礎的な単位である「町」や「村」、町村を集めた単位である「郡」、さらに都市部である「市」に整理し、区画内の行財政をそれぞれ分担させた（北海道・沖縄についてはコラム⑪参照）。しかし、これらは何もないところに敷かれたわけではない。江戸時代の人々が城下町や村々で幕府や大名の統治に対応してきた経験や、国家のためではなく自らの生存・生活のために強固に練り上げてきた結びつきを、あるものは受け継ぎ、あるものは破壊して作り上げたのである。また、明治政府が様々な政策を展開する上では、江戸時代を通じて蓄積されてきた民力に頼る必要があった。明治期に地方制度が構築される過程を追うことが、第一の主題となる。

内務省は知事（一八八六年地方官官制以前は府知事・県令）ら府県庁の幹部人事を握り、明確な上下関係のもとで地方を監督した（地方官の人事については序論・通史編第一章・第二章を参照）。内務省は府県以下の行政機構を通じ、他省庁の政策を含めた行政事務を下ろしていき、総合的に地方での政策展開を束ねた。ただし、これが機能するためには一方的な命令ではなく、双方向的なやり取りが不可欠であった。この実践を捉えることが第二の主題となる。

ただし、地方に与えられた財源は乏しく、特に町村レベルでの「自治」には財政的な無理が大きかった。とりわけ第一次大戦以降は、租税制度の制約のために地方財政は経済成長の恩恵を享受しにくく、電気や鉄道などの市営事業を展開できた都市を除けば、財政難は大きな問題となった。都市部も、社会問題を課題として抱えることになる（テーマ編第六章、コラム⑧参照）。財政問題をめぐる政策論議には、後の制度の萌芽もある。いわゆる両大戦間期に地方財政問題がどのように論じられたのかが第三の主題となる。

昭和恐慌を経て都市・農村間格差はさらに拡大する一方、恐慌対策や戦時行政など、時代的要請が次々と現れる。各省庁は、内務省を介さない地方での直接的な政策展開を模索し、地方財政制度は戦争が本格化する中で大きく転換する。戦時期の改革を前提に、内務省なき後の中央―地方関係は変容していく。戦時を挟んだ転換を捉えることが第四の主題となる。

1　明治期の内務省と「自治」

明治初期の模索

内務省創設時にはすでに大名が支配する藩は廃され、府県庁の官僚が地方を統治していた。一八七一～七二年に戸籍作成や村役人らの名称変更などの法令が出されており、これに基づき府県内は大区や小区に分けられ、戸長や区長が置かれていた。しかしこれは地域ごとにまちまちで、各府県による法令解釈や試行錯誤と、江戸時代に文書行政や広域連合の経験を積んだ村々による協力とで保たれたにすぎなかった。まずは区画の統一整備が課題だった。

写真23　松田道之
（国立国会図書館蔵）

写真24　井上毅
（国立国会図書館蔵）

内務省は実地における経験を、府知事・県令からの人材登用や建言書、彼らを集めた地方官会議で吸い上げようとしていた。地方制度の整備をリードしたのも、鳥取藩出身で京都府での勤務や滋賀県令を経て、一八七五年に内務省本省へ抜擢された松田《まつだ》道之《みちゆき》（写真23）であった。

しかし、地方区画や事務権限を整理した内務省案は、法律案の審査を担当する法制局の反対に遭う。特に、熊本藩出身で後に帝国憲法の起草にかかわる法制官僚・井上毅（写真24）は、地方行政が扱うことが適切な費用を取捨選択する必要など、様々な課題を意見した。

両者が議論を重ねて七八年に公布されたのが、郡区町村編制法・府県会規則・地方税規則のいわゆる地方三新法である。

地方三新法のもとでは、住民に選挙された議員が集まる府県会が各府県に置かれた。もっとも、選挙権は一定額以上を納税した男性に限られ、議会権限は狭かった。それでも、府県内の住民全体から徴収する税を財源に、府県が担うにふさわしい費目へ支出する「地方税」の予算を、住民代表が審議したのは画期的だった。国の財政とも、人々の私的・個別特殊的な資金とも区別される、公財政領域が地方に創り出されたからである（渡邉直子「「地方税」の創出」）。つまり、府県は、住民と関係の無い権力が自由に振る舞う単位でも、特定の者や地域の利害のための単位でもなく、府県内に住む「みんな」の一般的・公的な利益を担う単位と位置づけられたのである。

一方、大区や小区は廃止され、府県内の都市部は区、農村部は郡とその下にまとめられる町や村の二層とされた。しかし井上毅の意見で、地方三新法は町や村の権限や機能を定めず、「自然」のままと称して放任した。たとえば町村の財政は協議費と呼ばれ、財源や支出項目は法律上の規定が無く住民の話し合いに任された。

しかし、様々な政策を実地で行うため、各町村の代表者として住民に選挙される戸長は行政事務に従事する存在とせざるを得なかった。私的な社会集団とされた町や村の代表者である戸長が、同時に行政事務を担ったため、戸長は住民個々の要求にさらされることになった。租税の立て替えや違反の見逃しをしばしば強要され、そのために有能な人物ではなく言いなりにできる人物が選出されがちだったのである。

こうした事態を解消するため、制度改正が行われた。関連する法令がいくつか出された年をとって、「明治十七年の改革」と呼ばれている（松沢裕作『明治地方自治体制の起源』）。

まず、戸長は府県による任命制とされた。さらに、戸長を各町村に置くのではなく、五〇〇世帯を目安に複数の町村で連合戸長役場を作らせ、そこに配置した。つまり、戸長の立場を強化するとともに、住民の個別的利害から引き離したのである。さらに、協議費の支出費目が仕分けられた。たとえば村の祭礼に要する費用は、私的費用とみなされて排除された。その上で、租税と同様に差し押さえなどの強制措置を可能とした。町村レベルの行政の担い手と財政のありようを修正し、府県レベルと同じく公的な領域に位置づけたと言える。

さらに、議会という点に注目すると、八〇年に公布された区町村会法によって、その区町村の「公共ニ関スル事件」や費用を審議する議会を設けることが認められていた。さらに郡レベルについても、区町村会法の条文の解釈により、郡内の全町村から議員が出される全郡連合町村会を置くことができた。設置に同意しない町村が一つでもあると成立しないという不安定さはあったが、事実上の郡会が可能となっていた（飯塚一幸『明治期の地方制度と名望家』)。

一方で、府県会ではしばしば民党系の議員たちが予算を削減して府県当局と衝突をくりかえした。ただし、道路や堤防などのインフラを整備する役割も認識され、府知事・県令には補助金獲得のための国とのパイプ役も期待された。また、財源不足を補うため、寄付金募集など様々な手段が模索され、府県会の審議事項は拡大していった(袁甲幸「地方税寄付収入に対する府県会議定権の変遷」)。

以上のように、江戸時代に大名や旗本の統治を受けた広域の領域も、農民や町人ら住民それぞれの利害に密着した細かい領域も、明治初期の試行錯誤を経て府県以下の重層的な行政単位に整備された。つまり、江戸時代のそれぞれの身分にかかわって存在した多様な地域のまとまりは、境界線で区切られた単位に整理され、その住民「みんな」の公的な利益や行政を担うものとされたのである。さらに、府県会の役割は広がり、区町村や郡レベルの議会もすでに設置されつつあった。早くも、地方三新法は地方行政を支えるには不十分となっていた。

基礎的地方制度の成立と「自治」の原理

内務省は改めて地方制度を検討していたが、一八八六年に提出されたお雇い外国人アルベルト・モッセ（写真25）の意見書は、地方行政を国家全体の安定につなげる構想を論じていた。

モッセはまず、府県から町村までの各レベルへ国の行政事務を分任し、これを住民代表が自らの問題として無給で引き受けることを「自治」と位置づけた。さらに、「自治」を通じて地域の有力者層が行政運営に習熟し、国会をはじめとする議員に就いて国家を支えることにも期待していた。この時期、憲法制定と国会開設が目の前に迫っており、意見書を受けた内務大臣・山県有朋はモッセ構想に期待を寄せた。

写真25　アルベルト・モッセ
（国立国会図書館蔵）

ただし、当時の日本の町や村は、モッセが祖国ドイツからイメージした単位よりも小規模であった。そこで、八八年から翌年にかけて三〇〇世帯を目安とした合併が実行され、新たな町村が「自治」単位として創り出された。内務省の統計によると、全国で約七万あった町村は約一万五千まで集約されている。合併前の旧町村は「部落」と呼びならわされ、新町村の下で連携して地域秩序を保つ場合もあれば、割拠状態で地域間対立を引き起こすこともしばしばであった。

ともあれ、この「明治の大合併」を前提として、戦前の基本的な地方制度となる市制・町村制が八八年に、府県制および郡制が九〇年に公布された。府県・郡・(市)町村の重層する各区画にそれぞれ議会と財政、内務大臣に任命される府県知事・郡長や、議員による選挙などで選ばれる市町村長らが置かれた。立案段階では各レベルとも住民参加を重視しており、条文の構造も共通性が高かった。しかし、政党の伸張を警戒する井上毅らの批判で、府県や郡はこの時は法人格や条例制定権などの規定を削除され、行政機構としての性格を強めた(居石正和『府県制成立過程の研究』)。市町村にこれらの規定は残ったが、府県や郡、内務省の許認可を得なければ実行できない事項も多い。

前提とした郡の分離・統合がなかなか進まない地域も多く、府県制・郡制をともに公布翌年中に施行できたのはわずか一〇県に留まり、九九年の両方の全文改正まで三府四県が未施行だった。しかし、府県はインフラ整備など地域振興の期待に応えることで定着していく。

対して、郡は府県庁の充実に伴って次第に重要性を低め、郡での事業が有効な地域も必要でない地域もあり、次第に全国一律で郡会を置く制度は齟齬を生じていった。そのため、大都市の周辺町村の吸収合併による郡部縮小なども背景に、内務省は一九二一(大正一〇)年に郡制廃止を決断した。さらに、直接には護憲三派内閣が行政整理の成果として合意しやすいことだったため決定したと考察されているが、経過措置を経て二六年に郡長・郡役所も廃止された。中間行政機構を求める地域もあり、戦時行政への対応で一九四二（昭和一七）年には地方事務所という形での「復活」も起こるが、郡は戦前の行政区画で唯一姿を消し、住所表記に残るのみとなる（谷口裕信『近代日本の地方行政と郡制』）。

地方行政の「自治」を支えた人材

さて、以上の各法に基づく戦前の「自治」は、日本国憲法における住民の意思や国からの独立性という「地方自治の本旨」とも、法的規定を欠いた三新法下の放任とも異なる。法律命令などにより委任された事務を遂行すること（一八八八年町村制第六八条）やその費用は自ら負担すること（第八八条）が明記された、義務としての「自治」であった。

特に町村には、戸籍事務や国政をはじめとする選挙の運営、小学校運営や教員への給与支給、国税や府県税の徴収、徴兵・召集など、多岐にわたる事務が集まった。各省庁が政策を展開するには内務省を介して地方行政に託すよりなかったためで、内務省の主導力の源泉であった。ただし地方にとっては、限られた歳入があらかじめ一定量の事務遂行のため圧迫されることになる。義務としての「自治」は近代日本を下支えしたが、地方の自主性を犠牲としてであった。

しかし、市制・町村制の運用は日清戦争頃まで軌道に乗っていないきらいがある。たとえば、町村長などは無給が原則で「名誉職」と呼ばれたが、現実にはしばしば忌避された。地域振興に期待して地方行政に携わった者も居れば消極的な者も多く、四年任期の町村長を一年ごとに病気と称して辞職し、村内有力者の間で輪番する例や、報酬と称した支払いも見られた（石川一三夫『近代日本の名望家と自治』）。

また、市町村は条例を制定できるようになったが、内務省が条文修正を指示したことに対し、県が県内他町村の既存の条例にも一斉に改正を指示しなければならなくなると反発し、内務省が匙《さじ》を投げる例も見られた。条例によって市制・町村制の規定を地方の実情に合わせようとし、不許可にされる例も多かった。制度と現実のズレや対応に迷う場面は頻出したが、しかし一定の制度下で内務省と地方とのやり取りが繰り返され、解釈や前例が蓄積・共有されたことが安定につながっていく。

地方行政の安定には、省内のトップ級や府県知事へ進む官僚だけでなく、本省側の最前線を担う地方局（一八九八年県治局から改称）に長年勤続する官僚の働きも枢要だった。まさに生き字引と言えるのが、一八八四年に入省し九一年に県治局に配属されて以降、退官後も嘱託として勤務を続け、一九四三（昭和一八）年に郷里の群馬へ疎開するまで約六〇年にわたって地方行政を支えた五十嵐《いがらし》鉱三郎《こうざぶろう》である。地方制度の解釈や実例を整然と記憶し、

『市制町村制逐条示解』などの編著もある。上京した知事が必ず立ち寄るほどの重鎮であったという。

明治期内務省の執務に関わる一次史料は関東大震災による焼失などもあってあまり残っていない（コラム④参照）が、彼らの働きを数少ない現存史料から垣間見てみよう。

知事らによる照会と内務省が回答した公式見解は、一件ごとに『伺照会』という簿冊に記録され、条文ごとに『市町村制指令録』などに整理される。このように、法律制度に関する内務省の公式見解は整理・蓄積され、しばしば各府県にも参考として配付された。出版された地方制度の解説書にも、反映されている内容は多い。

他方で、府県庁と地方局の官僚同士が直接やり取りしていた形跡が、一冊のみ現存する『課中意見』という簿冊に見られる。ここでは、地方の問い合わせに対し地方局内部で意見が問われ、相互に議論した書き込みや印が捺《お》された賛否の欄が残っている。さらにその内容は、町村内の軍人団体や企業の「株金利子」に町村が寄付・補助できるかという問いに、内務省は黙認するが行政裁判では敗訴するかもしれないと答えたり、政争に絡んだ元県会議員が村長に選出されたため不認可にする手段を問われたことに対し、具体的に町村制の但書や過去の訓令を示したりするなど、グレーゾーンを探るものであった。公式に法解釈を固める次元と、非公式に柔軟な運用を促す次元とが使い分けられ、地方制度の稼働を助けていたのである（中西啓太『町村「自治」と明治国家』）。

さらに、『課中意見』の書き込みからは、重鎮五十嵐が経歴の浅い課員の批判に応えて論戦する様子も見ることができる。博覧強記の特別な人材が神業的にリードしたのではなく、闊達《かったつ》な議論が飛び交う環境こそが地方行政を支えたのではないだろうか。

2 「自治」の限界と転換

地方財政問題と変化の兆し

地方には多くの事務が委ねられていたにもかかわらず、租税制度は国税が優先され、地方財源は限定的であった。そのため、「自治」は財政面から限界が見えはじめる。

地方が徴収できる税目の多くは、国税納税額を基準に計算して別途徴収する付加税で、算出は簡単だが自由度は低く、税率も法律によって制限されていた。独自に課税できる独立税では戸数割が代表的だが、逆に基準がほぼ無いため特に町村では戸数割付加税が極端に膨張し、負担を感じた富裕層と決定的に対立して都市部へ転出されてしまう事例もあった。

そもそも、歳入についての市制・町村制の条文は、現実離れしたものであった。市町村が有する基本財産の運用益などを収入の中心とし、不足すれば税を課すことができるという「不要公課村」理念を建前としていたのである。これは全国で数えるほどの村しか実現せず、実際には租税中心で運営され、付加税の制約と事務負担の中にあった。とりわけ歳出の多くを占めたのは教育費である。町村には小学校設置義務があり、大半の児童が就学する日露戦後には、小学校経費の九五パーセントを補助金無しに町村が支出していた。校舎建築も大きな負担だった。

最初の大掛かりな対応は地方改良運動と呼ばれる。一九〇八年発布の戊申《ぼしん》詔書に基づき、勤倹貯蓄を奨励する講習会を内務官僚が展開したことを指すが、政策自体は日露戦前からの継続も多い。基本財産を強化することが目指されたのは、町村制の理念に立ち返る志向と言える（地方改良運動については通史編第二章、代表的な担い手の井上友一についてはコラム⑥参照）。

ただし、地方改良運動はあくまでも自助努力や経費節減の奨励だった。農業補助金などは増加するが、府県の補助や町村自身の支出を前提とする「呼び水」にとどまった（長妻廣至『補助金の社会史』）。

第一次世界大戦期の経済成長にあっても、その果実を得にくい税制の下で歳入増は不十分だった。企業への地方課税を行いやすくする法改正は明治後期に実現していたが、これは、本社所在地で国税が一括納税されるため、工場や支社などの営業拠点がある地域では地方税を取れていなかった状況の解消で、本来徴収できる税を各地で調整・分割するようにしたに過ぎなかった。その一方、物価高騰により歳出は膨張していったのである（中西啓太『町村「自治」と明治国家』）。

内務省も財源確保は目指しており、国税の一部を地方に渡すことを提案していた。これは第一次大戦を挟み、原敬内閣が置いた臨時財政経済調査会で取り上げられる。一九二〇年の法改正で国税が所得税中心の体系へ転換し、地租・営業税が補完的な位置づけになったことも背景に、この二税を地方財源にする「両税委譲」を内務省は主張した。

他方で、内務省の指導を広めるため一九二〇年に設けられた研究機関が、翌年にかけて全国町村長会となり、財政難に伴って国へ要求を逆流させ、圧力団体化していた。寺内正毅内閣で始まった義務教育費の国庫負担は教員俸給費の半分にも満たず不十分だとし、町村長を支持基盤にしたい政党へ影響を与えていたのである（政党内閣期については通史編第三章参照）（渡邉宏明「大正末期の政界再編」）。

全国町村長会の主眼は町村財政の負担緩和だったが、政策論議としては全国的な行政サービスの平等という観点となり、この考え方は地方財政調整制度へつながると位置づけられている。二〇年代半ばには各党の税制整理案が鼎立《ていりつ》するが、不況で緊縮財政志向が強まり、両税委譲論は立ち消えていった。義務教育費国庫負担増額は部分的に実現したものの、金額が固定されていたため、財政膨張の中で問題の解決はもたらさなかった（金澤史男『近代日本地方財政史研究』）。その後、政党が政権から遠ざかっていくと、選挙行政を担う内務省の政治的な重要性が低下する。加えて、内務省の基盤である地方での政策展開を侵食しかねない事態まで現れるのである。

内務省地方行政の終焉と戦後の地方自治

世界恐慌の影響が日本に及ぶと、特に大打撃を受けた農村の救済が課題となった。一九三二年の帝国議会で対策が審議され、土木事業を行って現金収入をもたらす時局匡救《きょうきゅう》事業の予算が組まれた他、各村が立てる「自力更生」の計画を指導する農山漁村経済更生運動が農林省系列の帝国農会や産業組合を通じて進行した。農林省に臨時で置かれた経済更生部の下、地方では経済更生委員会が組織され、町村内の部落に基礎を置く農家小組合が実行機関となり、産業組合と結び付きを強めて事業を進めた。

つまり、恐慌対策では、内務省が束ねる地方行政の系列ではなく、農林省の「産業自治」の系列が活躍したのである。三七年に日中戦争がはじまると、戦時への対応を掲げて他省庁も地方に出先機関を設置しようとした。さらに、四〇年に設立された大政翼賛会の支部という形で、地方への経路が生まれる可能性があった。内務省はこれらに対抗する必要があった（黒澤良『内務省の政治史』）。

まず、内務省は三五年に地方官官制を改正して全国共通の府県庁組織を再編し、農工水産と土木関係を担う経済部を新設した。さらに、市町村と、部落を基礎に経済行政を担う農会や産業組合などの各種団体との連携を試みた。「明治の大合併」以降、合併前の単位である部落が法律の次元に現れることはなかったが、三七年設置の地方制度調査会に内務省地方局が提出した「農村自治制度改正要綱」では、部落会を制度化するとともに、町村が各種団体の調整を担うことが盛り込まれたのである。

四〇年には内務省訓令で「部落会町内会等整備要領」を発し、部落や町会を、部落会・町内会という全戸加入で地理的領域も異なる地域団体に再編し、市町村を支える土台へと組み替えていった（白木澤涼子「「部落会町内会等整備要領」再考」）。大政翼賛会の地方支部長も知事が兼任する形に落着し、翼賛運動は内務省・地方行政の系列がおさえた。

一方で、食糧の増産、工場への動員、軍への召集の実務や残された家族の支援など、多くの戦時行政が町村役場を戦時の要請に対応するため逼迫させた。しかも、都市の発展と農村の停滞により地域間の財政力格差は拡大していたにもかかわらず、戦時行政は性質上全国一律であることが求められた。対応するため、四〇年に税制改正が実施され、ついに地方財政が根本的に転換する。

まず、特定の税目を一旦国に集め、課税力や人口状況などに合わせて配付する地方分与税など、地方財政調整制度の出発点が据えられた。これにより、区画内で財源をまかなう「自治」から、国を介した資金の還流を組み込んだ地方財政へと移行した。また、恐慌対策を機に補助金は増大していたが、義務教育費の半額負担など定額ではなく定率の国庫負担が始まった。さらに、四三年の地方制度改正で、国が地方へ委任する事務について財源の裏付けに配慮することが規定された。義務として地方に負担を求める「自治」が放棄に至ったと言える。

このように、戦時行政の要請に応じるため、行政事務負担にもかかわらず財源付与が乏しいという戦前地方「自治」の限界は、ようやく解決されるに至った。中でも地方分与税などによる中央と地方・地方と地方の資金の還流は、戦後の地方制度へつながっていく。

ＧＨＱ占領下では、「民主化」要求の矛先が地方自治に強く向かい、内務省の予想を超えて改革が迫られることになった。特に、憲法草案に地方公共団体の長や議員らは住民が直接選挙すると明記されたことは大きな変更点で、これに合わせて一九四六年に町村制などが改正された。内務省は引き続き都道府県知事らを官吏として任命し、人事権や監督権を握り続ける構想を持っていたが、ＧＨＱ民政局や議会の厳しい批判を避けられなかった。

結果として、地方団体ごとに法律を設けるのではなく、単一の地方自治法が一九四七年に定められ、同法が手直しを受けつつ戦後の地方行政を枠づけていくこととなった。命令を下せる官吏ではなく、公選の公吏となった知事へ事務を委ねるにあたり、内務省はそれまで広く有していた地方への監督権を「所轄」に替えて温存しようと試みたが、この文言は審議の過程で削除された。ただし、地方に委任される個別行政については、具体的な施策の実現をGHQの各部局が求めていたこともあって、担当各省から地方への指揮監督が明記された。これが各省の出先機関の拡充と組み合わさり、個別行政分野ごとに担当省庁が補助金による誘導を伴って実施を促す、新しいタイプの中央集権へと変容したのである（市川喜崇『日本の中央―地方関係』）。

こうして、内務省が都道府県庁を介して総合的に地方を監督する中央集権は終わりを告げ、一九四七年末に内務省は解体された（内務省の解体については通史編第四章参照）。ただし、地方行政を担った内務省地方局の後継機関は、五二年に自治庁となり、自治省を経て、二〇〇一年の中央省庁再編で総務省につながる。その主な役割は、戦後ますます精緻化していく地方財政調整制度の運用や、地方自治体の財源確保・効率的運営の指導であった。戦前に総合的な役割を担った内務省の地方行政は、戦後、個別行政分野の一つとしての地方行政を担う省庁へ転生したのである。

参考文献

飯塚一幸『明治期の地方制度と名望家』吉川弘文館、二〇一七年
石川一三夫『近代日本の名望家と自治』木鐸社、一九八七年
市川喜崇『日本の中央―地方関係』法律文化社、二〇一二年
袁甲幸「地方税寄付収入に対する府県会議定権の変遷」『日本歴史』八五五、二〇一九年
大島美津子『明治国家と地域社会』岩波書店、一九九四年
居石正和『府県制成立過程の研究』法律文化社、二〇一〇年
金澤史男『近代日本地方財政史研究』日本経済評論社、二〇一〇年
黒澤良『内務省の政治史』藤原書店、二〇一三年
白木澤涼子「「部落会町内会等整備要領」再考」『日本歴史』八四三、二〇一八年
大霞会編『内務省史』二、地方財務協会、一九七〇年
高久嶺之介『近代日本の地域社会と名望家』柏書房、一九九七年
谷口裕信『近代日本の地方行政と郡制』吉川弘文館、二〇二二年
内務省地方局編『第一回地方改良事業講演集　上』内務省地方局、一九〇九年
長妻廣至『補助金の社会史』人文書院、二〇〇一年
中西啓太『町村「自治」と明治国家』山川出版社、二〇一八年
松沢裕作『明治地方自治体制の起源』東京大学出版会、二〇〇九年
宮地正人『日露戦後政治史の研究』東京大学出版会、一九七三年
山中永之佑『日本近代地方自治制と国家』弘文堂、一九九九年
湯川文彦『立法と事務の明治維新』東京大学出版会、二〇一七年
渡邉直子「「地方税」の創出」高村直助編『道と川の近代』山川出版社、一九九六年
渡邉宏明「大正末期の政界再編」『史学雑誌』一二三―一〇、二〇一四年

コラム⑤ 「人見植夫」――雑誌『斯民』に登場したシドニー・ウエッブ

白木澤涼子

日露戦争後の一九〇五年一一月、東京音楽学校で「二宮尊徳翁五十年記念会」が開催され、一九〇六年に報徳会が結成された。「自治民政に資する意味」で報徳会の機関誌名は、『斯民《しみん》』となった。報徳会は一九一二年に中央報徳会となるが、雑誌『斯民』は、一九〇六年四月から一九四六年一二月まで四〇年間にわたり発行され、内務官僚が中心となって編集・執筆を行った。報徳会は、「自治民政の振興」を図り「道徳と経済との調和」を目指した。

そこで『斯民』は「国家に貢献すべき精神」を育むために、「広く内外に渉りて、近代最新の識見を求め、之が講明の資料を世に紹介」することを目的とした（山梨あや「地方改良運動期における読書と社会教育――井上友一の「自治民育」構想を視点として」『哲学』一一五）。『斯民』で一九三三年（第二八編六号）から「海外自治資料」というコーナーを担当したのが、「人見植夫」である。

彼の記念すべき第一回のテーマは「一、アメリカの市政を支配するもの」であった。その後、不定期ではあるが各国の自治制度や選挙制度を紹介し、それは一九四二年（第三七編二号）「ナチス内務行政の展望」まで続く。「人見植夫」はペンネームで、シドニー・ウエッブをもじったものである。イギリスのウエッブ夫妻は、一八九七年にナショナル・ミニマム（国民の最低限度の生活の維持）を提起し、来日の際（一九一一年）に慶應義塾大学などでナショナル・ミニマムに関する講演を行っている（写真26）。

安井英二《やすいえいじ》（一九四〇年内務大臣）や三好重夫《みよししげお》（地方局財政課長として一九四〇年地方税法制定）は、シドニー・ウエッブ、ビアトリス・ウエッブ著『消費組合運動』の影響を受けて、市町村会を市民の強制的消費者組合、つまり市町村会は「社会の要求する学校と授業とを供給し、それなくしてはその町の住民が健康で生活し得ない下水や鋪道や清潔法や灯火等の設備を供給」する、「加入が該地域内の凡《あら》ゆる住民の法律上の義務である消費者組合」（『消費組合運動』、四八一、四八二頁）であると捉えた。その意味するところは、強制的消費者組合である市町村会が、教育や衛生・水道・ガス・電気などのナショナル・ミニマムを公営事業として提供する主体となることである（安井英二「地方自治の動き」『斯民　自治記念号』第二三編四号、一九二八年。三好

写真26　シドニー・ウエッブ
（Gettyimages）

重夫「自治観念の再検討」『自治研究』第一二巻第六号、一九三六年)。

「人見植夫」の「海外自治資料」は、実は内務省の若手が交代で執筆していた。戦後、東京都知事となる鈴木俊一《すずきしゅんいち》によると、「海外自治資料」の基となる洋書を選定・購入したのは古井喜実《ふるいよしみ》(内務省地方局長として一九四三年市制・町村制改正法を制定した。定説では、改正法で部落会・町内会を「法制化」したとするが、府県制・市制町村制のような「法人」規定などは存在しない。あえて明確な「法制化」が避けられた〈白木澤「衛生組合法と町内会」、「明治地方自治体制における「自治ノ移行」とはなにか」〉)である(内政史研究会編『鈴木俊一氏談話速記録 第一回』内政史研究会、一九七五年)。一九四〇年地方局長として地方税法・「部落会町内会等整備要領」制定に関わり、のちに大政翼賛会組織局長を務めた挟間茂《はざましげる》も、「ウエッブは、別な意味においてわれわれの時代においては相当の影響力」(内政史研究会編『挟間茂氏談話速記録 第一回』内政史研究会、一九六五年)があったという。

「人見植夫」は、内務官僚の手により産み出された。彼は、ナショナル・ミニマムのみならず、さらに防空・軍事救護・配給・供出・貯蓄・国債などの「戦時ナショナル・ミニマム」(当時の言葉では「時局関係事務」)を、強制的消費者組合である市町村会だけでなく、部落・町会から市町村の枠内に整理・統合された全戸加入の新たな地域団体である部落会・町内会に分任する方策を模索していく。

参考文献

シドニー・ウエッブ、ビアトリス・ウエッブ『消費組合運動』同人社書店、一九二五年
白木澤涼子「衛生組合法案と町内会」『日本歴史』七八一号、二〇一三年
白木澤涼子「「部落会町内会等整備要領」再考――明治地方自治体制の法制化なき変容」『日本歴史』八四三号、二〇一六年
白木澤涼子「東京新市域（荏原区）における町内会の創設過程」『首都圏史研究年報二〇二〇』一〇、二〇二〇年
白木澤涼子「明治地方自治体制における「自治ノ移行」とはなにか――一九四三年部落会・町内会の法制化から考える」『経済学研究』七一―二、二〇二一年
白木澤涼子「北海道・樺太・沖縄県の地方制度から明治地方自治体制の「自治」を考察する――「会」、法人格、議決、地方費をめぐって」『地域経済経営ネットワーク研究センター年報』一一、二〇二二年
白木澤涼子「一九四〇年地方税法と明治地方自治体制――地方公共団体の整理と解体」『日本歴史』八九二、二〇二二年
安井英二『公営事業論』良書普及会、一九二七年
山梨あや「地方改良運動期における読書と社会教育――井上友一の「自治民育」構想を視点として」『哲学』一一五、二〇〇六年

テーマ編

第二章　戦前の「国家と宗教」――神社宗教行政

小川原正道

はじめに

神社は現在、宗教法人として扱われているが、戦前は内務省のもとで国家管理されており、神社は宗教ではない、という神社非宗教論に基づいて、神社と宗教は分離されていた。内務省社寺局も神社局と宗教局となって、宗教局はのちに文部省の所管となる。大日本帝国憲法第二八条の信教自由規定を踏まえながら、内務省宗教局は宗教の保護・監督にあたり、キリスト教政策も欧米列強への外交的配慮を踏まえながら、秩序維持のために警保局と共同歩調を取るという、難しい舵取りを迫られた。

日露戦争後には、ヨーロッパをモデルとした、神社を中心とする田園都市を形成するという構想が、地方局と神社局との間で練られることになる（藤本頼生「明治末期における神社整理と井上友一」阪本是丸編『国家神道再考』）。神社行政は地方行政と連携を取りながら進められたが、神職は特別官衙《かんが》を設置する運動を続け、最終的には神社局の神祇院昇格という形に結実する。神祇院は戦時下で敬神思想の普及にあたるが、その影響力は限られたものだった。

太平洋戦争での敗戦後、ＧＨＱ（連合国軍最高司令官総司令部）は「国家神道」を解体、神祇院を廃止し、神社は宗教法人として位置付けられることになる。「国家神道」が軍国主義の温床として危険視された結果だが、内務省は実際にいかなる神社行政を実施していたのか。その実態に迫りたい。

1 内務省社寺局の発足と活動

内務省社寺局発足前まで

内務省が神社宗教行政を所管するようになるのは、一八七七（明治一〇）年一月に同省に社寺局が設置されて以降のことである。

慶応三（一八六七）年一二月に王政復古大号令が渙発《かんぱつ》されて新政府が発足した際、神武天皇の時代に戻って統治を行うことが示された。神武天皇は天神地祇や皇霊を祀って、神々の権威を背景に国家建設を行ったと理解されており、翌年三月には王政復古により祭政一致が回復したとして、神社・神官を神祇官の附属とすることが命じられた。その翌日には、新政府の統治方針である「五箇条の御誓文」を明治天皇が神々に誓い、祭政一致を実践した。

古代以来続いていた神仏習合の解消も目指され、仏像を神体とすることを禁じるなど、一連の神仏分離令が出された。廃仏的な国学思想が普及していた地域などでは、寺院や仏像等を廃合・破壊する廃仏毀釈も展開される。宣教使が設置され、神祇官のもと、「惟神《かんながら》之《の》大道《だいどう》」を布教することとなるが、布教内容が不明確であったことなどから布教は停滞、神祇官は神祇省に格下げされた。

政府は民衆教化政策を立て直すべく、仏教を動員することを目指し、一八七二年には教部省を設置して宗教を所管、そのもとで教導職に任じられた神官や僧侶などが、「敬神愛国」などの三条教則を布教していくことになる。教導職を育成し、教化政策を統括すべく大教院が設置され、その講堂には神殿が据えられた。この間、一八七一年に太政官は、神社は「国家ノ宗祀」であって個人が私有すべきではないとして、神官の世襲を禁じている。

教部省・大教院による民衆教化に批判の声を挙げたのが、長州出身の浄土真宗本願寺派の僧侶、島地黙雷《しまじもくらい》（写真27）である。欧州のキリスト教事情を視察した島地は、「敬神」は宗教、「愛国」は政治であるとして政教分離を主張し、教化政策は信教の自由に反すると批判した。

木戸孝允（写真28）や伊藤博文も島地に賛同して、大教院解体、教部省廃止を目指す運動を積極的に支援する。その結果、一八七五年五月には大教院が解体され、一八七七年一月には教部省も廃止され、その所管事項は内務省社寺局に移管された。なお、島地は神道を未開であるとして排斥しつつ、皇室の祖宗や名臣に敬意を示すという意味での神道を非宗

写真27　島地黙雷
（国立国会図書館蔵）

写真28　木戸孝允
（国立国会図書館蔵）

教として認めており、この神道非宗教論に、のちの明治政府の公式的解釈の原型が見出せる。

内務省社寺局の設置過程

　宗教行政を内務省に移管すべきだと言いはじめたのは、木戸であった。木戸は一八七三年一一月に伊藤に宛てた書簡で、行政整理の一環として、教部省を廃止して内務省に「社と寺との寮」を設けるべきだと述べている（木戸公伝記編纂所編『木戸孝允文書』第五巻）。木戸は宗教と教育を分離して教育を重視する立場を取っており、神道色の強い薩摩閥が影響力を持つ教部省に不満を持っていた。伊藤は島地の働きかけも受けて、教部省を廃止して、神社と寺院を担当する「寮」を新設する意見書を作成する。

　そうした中、全国で士族反乱や地租改正反対一揆が続発し、政府は地租を減額して、その拡大を防ぐ対応に乗り出すことになった。歳入の減額は歳出の抑制で補わざるを得ず、そのために行政改革が期待され、大久保利通は内務省・工部省合併案を提示して伊藤博文も基本的に合意、伊藤は改革原案をとりまとめ、両省の合併や警視庁の内務省への統合、教部省の「局」への格下げなどを盛り込んで、行政組織が肥大化し過ぎていると警鐘を鳴らした。

これを受けて大久保は岩倉具視や大隈重信などと協議し、木戸も改革を支援、一八七七年一月四日に減租の詔が発布され、一一日に行政改革の一環として教部省を廃止、その事務の内務省移管が布告される。内務省に行政機構を集約して機構全体を縮小して歳出削減を目指すという大久保、伊藤、木戸などの合意の過程で、木戸の持論が具体化していったわけである。木戸は文部卿として教化より教育を優先する政策をとったが、ここでは行政整理による内務省への一元化が優先された形である。

こうして発足した社寺局は、神社と宗教の事務を所管することとなったものの、内務省は以前から地方官が教導職を兼務することや神宮大麻の頒布に関与することなどについて教部省と対立しており、この後、地方官による神宮大麻の頒布不関与が命じられ、民衆教化政策も中止となる。社寺局の省内での序列は低く、政府の宗教行政への消極的姿勢を示していた。

教部省廃止後も教導職は残っており、教導職は葬儀を執行できるとされていたが、政府は神社神道を非宗教の「国家ノ宗祀」とすべく、一八八二年には官国弊社の神官と教導職を分離して、神官が宗教行事である葬儀に関与できないこととし、一八八四年には教導職自体を廃止した。廃止にあたって内務省が提出した理由書には、政府が直接宗教に干渉することには「弊害」が多く、宗教は政府の「保護」から離れて自立するべきであると述べられている（「教導職廃止並神仏各宗派管長身分取扱等ノ件」「公文録」国立公文書館所蔵）。こうして、神道を「国家ノ宗祀」である非宗教としつつ、宗教には一定の自治権を与え、「祭祀」と「宗教」を分離していく、一種の政教分離が構築されていく。

2 明治憲法制定と神社局の設置

大日本帝国憲法第二八条制定過程

戦前の宗教政策を規定することになる、大日本帝国憲法第二八条「日本臣民ハ安寧秩序ヲ妨ケス及臣民タルノ義務ニ背カサル限ニ於テ信教ノ自由ヲ有ス」の制定過程についても、触れておきたい。

井上毅が作成した憲法草案である甲案・乙案では、日本国民の権利として、「安寧秩序ヲ妨ゲズ及国民ノ義務ニ背カザル信教ノ自由」が示されており、当初から、自由の前提として「安寧秩序」が想定されていた。これに対してドイツ人顧問のヘルマン・ロエスレルは、信教の自由を保護しつつ、「公共ノ秩序」や「安寧」を害し、「国家ニ対スル義務」に違反する場合はこの限りではないとする答議を示し、同じくアルベルト・モッセは、信仰の自由は不可侵のものだが、「礼拝ノ自由」は「風儀」や「公然ノ秩序」を害さない限りにおいて保護されると答えており、大きな認識の相違は見られていない。こうして、一八八七年に伊藤らが作成した憲法草案である夏島草案段階では、「日本臣民タル者ハ安寧秩序ヲ妨ケス及臣民タルノ義務ニ背カサル限ニ於テ信教ノ自由ヲ有ス」と、二八条の条文がほぼ完成した（「明治憲法起草過程における関連条項」山口輝臣『明治国家と宗教』）。

「安寧秩序」や「臣民タルノ義務」といった条件が設けられたのは、ロエスレルやモッセが、信教の自由を認めすぎて社会秩序が混乱し、宗教が営業活動に利用されている事例としてアメリカをあげ、個人の信仰を妨害するものは政府が掣肘《せいちゅう》すべきだと主張した点にも由来している。

なお、プロイセン憲法はキリスト教に事実上の国教的地位を与えていたが、ロエスレルもモッセも、国教規定を設けることは求めていない。ロエスレルはカトリックに改宗したことで、プロテスタントの信者のみを教授とするロストック大学から辞職を余儀なくされた経験があり、モッセはユダヤ人で、伊藤に対してプロイセンでは信教の自由が重視され、異教徒が移民しやすい点を強調していた。

こうした少数者の声も受けて、憲法では国教規定は設けられず、憲法の逐条解説書である『憲法義解』は、「国教」を強制するのは人知の発達と学術の進歩を妨げ、どの国も政治的権力が信仰を「制圧」する「権利」・「機能」を有していないと解説することになる（伊藤博文著、宮沢俊義校注『憲法義解』）。

枢密院での審議過程では、宮中祭祀に官吏が参拝しない場合、臣民としての義務に背くことになるのか、といった点が議論になり、最終的にはその時々の政治家の判断に委ねられたが、宮中祭祀と神社神道は切り離されて認識されており、そのいずれも、「国教」という名に値するものとは認識されていなかった。

キリスト教公認と宗教取り締まり

一九〇〇年四月、内務省に神社局が設置されて社寺局が宗教局となり、「神社」と「宗教」の分離が、行政機構上も確認された。全国神職会は神祇に関する特別官衙の設置を求める運動を展開しており、帝国議会も神社行政専門官衙の設置を建議したことを受けて、神社局は設置された。官制上の地位は高かったものの、その規模は局長以下一〇名程度に過ぎず、一九一三（大正二）年には宗教局が文部省に移管されることになる。

内務省の宗教行政の一例として、一八九九年に実施された外国人の内地雑居への対応をあげておきたい。

一八九四年七月、ロンドンで日英通商航海条約が締結され、不平等条約の一部改正が実現した。この条約は五年後に実施されることになり、日本は居住地が居留地に限定されていた外国人の内地雑居を認めるとともに、条約で認めた外国人の信教の自由を保障すべく、体制を整備していく。明治政府は当初、江戸幕府のキリシタン禁制を継承し、一八七三年にその高札を撤去したものの、キリスト教の法的位置付けは不明確で、公式に布教を許したことはなく、黙認状態にあった。条約締結を受けてキリスト教を公式に認めるべく、一八九九年七月に内務省令第四一号が発令され、一定の行政的管理のもとで、布教を許すこととなる。

宗教に関しては統一的な法律が存在していなかったこともあり、政府は一八九九年一二月に貴族院に宗教法案を提出した。教派や教会の設立、教会規則の事前許可、教派・宗派・教会への主務官庁の命令・処分権限などを定めつつ、宗教団体に自治権や非課税特権を認めたもので、教派神道、仏教、キリスト教を対等に扱うものだが、仏教側は自らを

「公認教」として特別な地位を得たいとする運動を展開しており、結果として否決された。

キリスト教などの宗教の取り締まりは一九〇〇年二月に成立した治安警察法に含まれ、同法は宗教団体も取り締まりの対象とすることとなり、西郷従道内相は、宗教の教師・僧侶が「無稽ノ言語」や「詐術」で民衆を惑わし、「公安」を害し、風俗を乱す行為がある場合は、警察が対応して法規に基づいて厳重に処分すべき旨、訓令を発している（「内務大臣決裁書類　明治三三年」「内務省警保局文書」国立公文書館所蔵）。

内務省令第四一号の運用窓口となったのは、府県であった。東京府では、一八九九年九月頃からキリスト教各派の宣教届が続々と提出され、所管の区長から東京府内務部長、東京府知事から内務大臣へと進達されて、書類上の不備がない限り、許可を得ている。治安警察法が施行されると手続きが厳格化され、バプテスト派から芝区に教会の移転申請が出された際には、内務部長が移転の理由や信者の数、資金調達方法、秩序・風俗を乱すことはないか、神社や寺院などとトラブルを起こすことがないか、などを調査するよう求め、問題ないとの区長の回答を得て、内務省に上申した。宗教局はこれに対して、外国の伝道会社から寄附金を受ける点について、さらに調査するよう求め、教会の独立性を確認した上で、ようやく内相が許可している。

かつて一夫多妻制を取り入れていたモルモン教のように、「安寧秩序」への影響が強く疑われる場合は、警保局も共同歩調を取り、宗教局長と警保局長が連名で、布教活動を「細密」に「偵察」するよう命じる通牒を出した（「内務大臣決裁書類　明治三四年」「内務省警保局文書」国立公文書館所蔵）。

キリスト教への厳しい措置は外務省や欧米列強の反発を買うため、あくまで目立たない形での訓令や通牒、といった形を取り、国内秩序の安定と対外関係のバランスを取ることに腐心した形跡を見てとることができる。

日露戦後経営と田園都市構想

治安警察法成立から四年後の一九〇四年二月に、日露戦争が勃発した。戦時下の日本ではロシア正教が敵視され、ニコライ堂はその象徴だったが、桂内閣は民衆の襲撃を許さなかった。日英同盟を後ろ盾に戦う日本にとって、この戦争がキリスト教対異教徒の様相を呈することは好ましくなかった。一九〇四年五月、神道、仏教、キリスト教の代表者が集まって大日本宗教家大会が開催され、日露戦争は日本の安全と東洋の平和、「世界ノ文明」のための戦いであり、「宗教ノ別」によるものではないと宣言する（大日本宗教家大会事務所編『宗教家大会彙報』）。

こうした宗教間協力と、宗教法案において各宗教を平等に保護しようとした方針を踏まえ、床次竹二郎内務次官は各宗教の代表者を会同させることを計画し、一九一二年二月二五日、原敬内相、床次次官、斯波淳六郎《しばじゅんろくろう》宗教局長などの政府側と、教派神道、仏教、キリスト教の代表者が集まった。

三教会同と呼ばれるもので、計画段階から、政府の宗教利用などとして厳しい批判を浴びたが、会同の翌日、三教代表者が参集し、各宗が教義を発揮して「皇運を扶翼」し、「国民道徳の振興」を図り、当局者に宗教を尊重するよう期待する決議を行った（斎木仙酔『三教会同の未来』）。これ以降、政府は戦争をはじめとする諸課題をめぐって、積極的に宗教者に協力を要請していくことになる。

日露戦争は当時の国家予算の七倍の戦費と一〇万名余りの戦病死者を出したため、国力の衰退と地方農村部の活力の低下、人心の荒廃が懸念される事態となった。一九〇八年一〇月には明治天皇が「戊申詔書」を出し、日露戦後の「勤倹」の精神で「義醇《ぎじゅん》厚俗」を実現するよう求め、「荒怠」を戒めている。

こうしたなか、内務省地方局を中心に地方改良事業が展開され、その一環として田園都市構想と神社整理が提示された。この頃、イギリスの社会改良家であるエベネザー・ハワードが唱えた、自然と共生する職住近接型都市（田園都市）を構築する理論が日本で紹介され、一九〇七年には内務省地方局有志が『田園都市』（博文館）と題する著作を刊行している。

その中心を担ったのが、内務省神社局長兼地方局府県課長の井上友一《いのうえともいち》（コラム⑥参照）であった。井上は、神社は国家に貢献した祖先を奉祀した所で、国民は「絶対無限に感謝の意を表せねばならぬ」とした上で、神社を中心として「精神的訓育」を施し、「協同の美風」を進めた各地の事例を紹介して、地方自治の上で円満な治績を達成するためには、神社を中心として民心の結合をはかることが大切であると強調している（井上友一「神社中心の説」）。神社を中心とした田園都市を構築し、精神的紐帯《ちゅうたい》を形成しようという試みであった。井上が神社局と地方局を兼任したのも、こうした政策を推進するためである。

床次次官も、欧米で視察した荘厳なキリスト教会に比して、全国に散在する由緒のない小規模な村社や無格社を問題視したようで、一町村一社を原則として、壮麗な社殿を備えた礼拝体系を整備するよう期待し、内務省は小規模の神社を中心に合併を進め、全国の神社が約一九万から約一二万まで激減、平田東助内相は、神社を合併して設備を強化し、敬神の念と民心の統一を達成させていると評価した。

3　大正・昭和期の神社行政

神社制度の整備と特別官衙設置運動

神社局の設置と併せて、神社に関する制度整備が進められ、一九〇二年以降、「官国幣社職制」、「官国幣社及神部署神職任用令」、「府県社以下神社神職任用規則」、「神社行事祭式作法」、「官国幣社以下神社神職奉務規則」、「神宮祭祀令」、「官国幣社以下神社祭祀令」などが制定されたほか、一九〇六年には官国幣社経費の国庫支弁案、府県社以下への神饌《しんせん》幣帛《へいはく》料供進案が帝国議会で可決され、「国家ノ宗祀」としての体裁と資金が調えられていった。「官国幣社以下神社神職奉務規則」は府県社以下の神社を「国家ノ宗祀」と規定したものである。

井上の前任の神社局長である水野錬太郎は、官国幣社の経費が国庫から支出されることになり、府県社には「府県費」から神饌幣帛料を供進し、郷社には「郡費又は市費」、村社には「町村費」をもって供進する制度になったとした上で、「公共団体と神社との連絡」がついてきたため、神社を「公共団体の中心」に据えて、団体員から崇敬の対象とすべきであり、それによって、地方行政と神社が連携して、「神社行政上又地方行政上最も宜しきこと」になってきたと述べている（水野錬太郎「神社を公共団体の中心とすべし」、傍点原文）。地方局と神社局も連携して行政実務にあたっていた。

特別官衙設置運動は継承され、一九一二年には第二次西園寺内閣が行財政整理の一環として神社・宗教両局の合併や神社局の縮小などを検討していると伝えられたため、同年に「神社行政統一ニ関スル建議案」を帝国議会に提出していた神職関係者の運動が活性化した。一九一八年に全国神職会が特別官衙設置を声明し、天皇直属の機関を設けるよう求め、同年には貴衆両院でも特別官衙設置建議案が可決された。政府側は消極的で、神社局の拡張や予算の増額などで対応したが、第一次世界大戦後の不況やロシア革命を受けて運動はさらに高揚し、全国神職会が特別官衙設置のための神社調査会を設置する運動を展開、一九二三年に勅令で同調査会官制が定められた。同調査会の特別官衙設置意見を受けて、政府は神社局と造神宮使庁、明治神宮造営局を合併して「神祇院」を創設して皇族を総裁に迎えることを公約する。

大正に改元される頃から、キリスト教徒や真宗門徒の神社参拝が問題視されるようになり、キリスト教・真宗側は神社参拝を絶対的に拒否するのではなく、神社を非宗教化（記念碑化）する神社倫理化運動を展開したが、神社局は国民に神社参拝を強要する意思はないと回答している（新田均「近代日本政教関係の時代区分について」）。

神祇院の設置と活動

神祇院設置の公約は、関東大震災による被災者の救済と復興事業を優先させるために延期され、加藤高明内閣は神祇院設置方針を放棄、神祇行政に関する統一法規を制定することを先決問題とした。政府は一九二九（昭和四）年に神社制度調査会を設置し、同会に集った神社関係者は特別官衙設置を強く主張、全国神職会も一九三二年に特別官衙設置案を決議しており、一九三九年に平沼騏一郎が首相となると運動が活性化する。

神職側は祭祀と行政を司る内閣直属の特別官衙の設置を求めたが、内務省側は同省に外局を設ける案を提示した。それは、省内で地方局と神社局が不可分の関係で行政にあたってきたという経緯から、神社行政が内務省から独立すると地方官との連携がとりにくくなると懸念したためだと言われている。全国に散在する神社を総轄するには、地方行政との連携が不可欠であった。木戸幸一内相は内務省案に基づいた予算案を計上し、大蔵省の査定を経て、一九四〇年二月に予算案が帝国議会を通過、一一月に神祇院官制が定められ、内務省の外局として神祇院が設置される。

神祇院は敬神思想の普及と考証調査・指導機能を掲げ、『皇国開闢《かいびゃく》の大道』（一九四一年）、『敬神』（同年）、『神祇教育と訓練』（一九四二年）といった書籍を刊行しているが、敬神思想の普及という意味では、文部省が刊行した『国体の本義』（一九三七年）や『臣民の道』（一九四一年）などの影響力には及ばないものだった。神社行政では伝統的に、国民への思想普及活動を行っておらず、人員や予算も、当初の内務省案は大蔵省や法制局によって削られ、地方官庁内に神社課を設置するといった構想も実現しなかった。

ただし、神社をめぐる状況を総体的に見れば、昭和天皇の即位・大嘗祭以来、小中学校における神社参拝が定例化し、その拒否は「皇国臣民」に反すると批判される風潮となり、満洲事変以降はその傾向が強まったこともまた、事実である。一九三七年から開始された国民精神総動員運動では、神社礼拝によって国民としての覚悟を固めさせることとなり、国民の神社に対する意識を向上させていった。

内務省神社局員の岡田包義《おかだかねよし》は、一九三六年刊行に私的著作として刊行した『神祇制度大要』において、神社は憲法第二八条が「信教の自由」を保障した宗教に含まれず、神社崇敬を認めない宗教は、「安寧秩序ヲ妨ゲ又臣民タルノ義務ニ背ク」ものとして、「国憲によって取締らるゝ」と明言し、神社は「皇国の発展と離るべからざるの関係を有する」と述べていた（岡田包義『神祇制度大要』）。

岡田は東京帝国大学を卒業して内務省に入り、戦後も北海道庁長官などとなった人物で、特に過激な国家主義者ではない。一九三九年に成立した宗教団体法案の審議過程では、荒木貞夫文相や松尾長造宗教局長も、神社参拝を拒否する宗教団体・教師は、同法で取り締まられると明言している。ただし、個人については神社参拝の法的義務はなく、戦前の政府が個人に対する参拝強制を合憲・合法とする解釈を示すことはなかった。

4　占領統治と神祇院廃止

神道指令

太平洋戦争終結後の一九四五年一〇月八日、アメリカ国務省極東部長のジョン・C・ヴィンセントの発言が、「神道の公的地位廃止される」といった見出しで報道された。ヴィンセントは、政府によって強制される神道を排除し、日本政府による神道への支援を禁止、神道を学校から駆逐すると語っている。連合国側は、内務省のもとにあった「国家神道」を国家主義思想と捉え、その廃止は軍備解体と同レベルの重要問題と認識していた。これを受けて、GHQ民間情報教育局長のケネス・R・ダイクはウィリアム・K・バンス宗教課長に指令案の起草を命じ、一二月一五日、「国家神道、神社神道ニ対スル政府ノ保証、支援、保全、監督並ニ弘布ノ廃止ニ関スル件」と題する指令（いわゆる神道指令）が発令される。

同指令は、官吏が公的資格において神道を保証、支援、保全、監督、弘布し、神道や神社に財政的援助を行うことを禁じ、伊勢神宮や官国幣社の式典に関する政府の指令を撤廃、神祇院を廃止し、神道の調査・研究・弘布、神官の養成を目的とした私立教育機関への支援を禁止、公教育機関での神道の弘布も禁じた。『国体の本義』や『臣民の道』などの頒布も禁じて、公的建造物から神棚などを撤去、官吏が公的資格で神社に参拝することも禁止している。

神社の宗教法人化

神道指令によって神祇院が廃止され、内務省の神社行政が終焉を迎えるとともに、一二月二八日には宗教法人令が公布・施行、翌年二月二日に同令が改正されて、神社が宗教法人となる道が開かれた。神社関係の諸法令も改廃されている。神社界では、二月三日に包括宗教団体として神社本庁を設立、約八万の宗教法人としての神社が所属し、法人化の手続きをしなかった約二万の神社は、解散したものと見做された。神道指令は神社界の人々にとって大きな衝撃だったが、神社界は民間の宗教団体として生き残る道を模索して政府側と交渉を重ねており、これらはその成果でもあった。

内務省の神社行政は基本的に、神社を行政的に管理するもので、国民動員に積極的に活用する効果はなく、神道指令作成に関わった岸本英夫（東京帝国大学助教授）も、連合国は「国家神道」を過大評価し、その「幻影」におびえていたと述べている（岸本英夫「嵐の中の神社神道」）。

その連合国の認識の結果として、神社は宗教法人として生まれ変わり、一九五一年三月に宗教法人令に代わる宗教法人法が成立、翌月に施行され、以後、神社は文部省と都道府県知事の所管のもとに置かれることになる。

参考文献

安藤精一編『紀州史研究』四、国書刊行会、一九八九年
井門富二夫編『占領と日本宗教』未來社、一九九三年
伊藤博文著、宮沢俊義校注『憲法義解』岩波書店、二〇一九年（初出・一八八九年）
井上友一「神社中心の説」『全国神職会会報』一二二、一九〇八年
井上順孝・阪本是丸編著『日本型政教関係の誕生』第一書房、一九八七年
岡田包義『神祇制度大要』岡田包義、一九三六年
小川原正道『大教院の研究――明治初期宗教行政の展開と挫折』慶應義塾大学出版会、二〇〇四年
小川原正道『近代日本の戦争と宗教』講談社、二〇一〇年
小川原正道『日本政教関係史――宗教と政治の一五〇年』筑摩書房、二〇二三年

小川原正道『「信教の自由」の思想史——明治維新から旧統一教会問題まで』筑摩書房、二〇二四年
小川原正道『西郷従道——維新革命を追求した最強の「弟」』中央公論新社、二〇二四年
柏原宏紀「大久保利通の内務・工部省合併論に関する一考察」『法学研究』九四—一一、二〇二一年
柏原宏紀「内務・工部省合併の頓挫と伊藤博文」『日本歴史』九〇四、二〇二三年
岸本英夫「嵐の中の神社神道」脇本平也・柳川啓一編『岸本英夫集』五、溪声社、一九七六年
木戸公伝記編纂所編『木戸孝允文書』五、日本史籍協会、一九三〇年
國學院大學研究開発推進センター編『昭和前期の神道と社会』弘文堂、二〇一六年
国民精神総動員本部『国民精神総動員運動』国民精神総動員本部、一九四〇年
小室徳『神道復興史』水戸神祇官復興同志会、一九四三年
斎木仙酔『三教会同の未来』道の栞社、一九一二年
阪本是丸「明治宗教行政史の一考察」『國學院雑誌』八二—六、一九八一年
阪本是丸『国家神道形成過程の研究』岩波書店、一九九四年
阪本是丸『近代の神社神道』弘文堂、二〇〇五年
阪本是丸編『国家神道再考——祭政一致国家の形成と展開』弘文堂、二〇〇六年
神社新報政教研究室編著『近代神社神道史』神社新報社、一九七六年
鈴木紀彦「神祇院の成立過程の研究」『明治聖徳記念学会紀要』五一、二〇一四年
大霞会編『内務省史』二、原書房、一九八〇年
大日本宗教家大会事務所編『宗教家大会彙報——時局に対する宗教家の態度』金港堂、一九〇四年
新田均「近代日本政教関係の時代区分について」憲法政治学研究会編『近代憲法への問いかけ——憲法学の周縁世界』成蹊堂、一九九九年
文化庁文化部宗務課編『明治以降宗教制度百年史』原書房、一九八三年
水野錬太郎「神社を公共団体の中心とすべし」『斯民』三—一、一九〇八年

安丸良夫『神々の明治維新――神仏分離と廃仏毀釈』岩波書店、一九七九年
山口輝臣『明治国家と宗教』東京大学出版会、一九九九年
吉井良晃『古稀記念回顧随筆』吉井良晃、一九三六年

コラム⑥　府県課長のイスにこだわった井上友一

木下　順

井上友一《いのうえともいち》（一八七一～一九一九年）は、一八九三（明治二六）年に入省し、わずか四年で府県課長に抜擢されたあと、明治末年（一九一二年）まで一九年間在職した。明治後期地方行政のキーマンといっていい。

井上が入省した頃の地方行政は、一八八九年に施行された市制・町村制を根づかせることが焦眉の課題だった。法令の「正しい」解釈を全国に指し示さねばならなかったから、省内では熱い議論が交わされていた。だが井上は、大学で専攻したにもかかわらず、法律論には深入りしなかったと伝わる。

たしかに全国一律の法令解釈は、法治国家であるかぎり、もちろん不可欠である。しかしその反面、厳格に適用するあまり、せっかく地方の人びとが創意工夫した「ふるさと創生」の実践を抑圧してしまったことも、否定できない。次の一手が必要であった。

井上は一九〇〇年に欧米に長期出張し、その報告を『列国ノ形勢ト民政』として刊行した。タイトルに示すように、井上は欧米列強の「形勢」すなわち国力の源を「民政」すなわち地方行政に求めた。

井上は、それまでの法令解釈を基軸とする地方行政を「消極的監督」と名づけ、これに

「積極的監督」を対置した。積極的に監督するというのは、町村社会に生きる人びとの創意工夫を奨励し、これを全国に普及させるということである。そのために、全国津々浦々の篤農家や篤志家たちに、陰に陽に働きかけようとした。

井上が力を入れたのは、村興しの先進的な事例を全国の人びとに知らせることだった。課員たちを派遣して村落を巡視させ、模範的事例を『官報』やパンフレットや書物に掲載し、報徳会を結成して月刊誌『斯民』を刊行し、泊りがけの講習会＝体験交流会を実施した。こうして啓発された人びとは、自分たちの村の話を聞いてもらい、また村興しの秘訣を学ぼうと、東京に行くときは内務本省の井上のもとを訪れるようになり、「地方局特設の食堂は、日々来訪者を以て満された」（『井上博士と地方自治』）のである。

写真29　井上友一

（国立国会図書館蔵）

井上は府県課長のイスにしがみつこうとし、そのためなら人事にも敢えて逆らった。

一九〇六年、西園寺《さいおんじ》公望《きんもち》内閣が発足し、原《はら》敬《たかし》が内務大臣になった。世間は井上が地方局長に昇格するに違いないと噂したけれども、原内相は、すでに秋田県知事に決まっていた床次竹二郎《とこなみたけじろう》を地方局長に抜擢した。玉突き人事で、井上には知事のポストが用意されたようだ。ところが井上は、あの手この手で府県課長のイスにしがみついた。

さらに一九〇八年、省内人事に強い影響力をもつ水野《みずの》錬太郎《れんたろう》神社局長が、自分のポストを井上に譲ってやると言い出した。今回はこの昇格人事を受け入れた。ただし、府県課長を兼任させてほしい、と異例の条件をつけた。

そうして、日露戦後の歴史的な緊縮財政が組まれようとするとき、井上府県課長は大蔵省にかけあって予算を獲得し、一九〇九年には地方改良事業を立ち上げた。事業の目玉である講習会では、ほぼ毎回、「自治の訓練」と題する講演を担当した。

これまで内務官僚というと、床次や水野ら政治家に転身した人びとに光が当たりがちであった。だが、歴史の表舞台で華麗な踊りを披露している人びとの舞台裏《バックステージ》では、府県・郡・市町村など自治の現場を愛した高級官僚たちが汗と膏《あぶら》を流していた。さらに、かれらに率いられた「属（官）」とよばれる人びとの働きがあったことも忘れてはならない。

参考文献

井上会編『井上博士と地方自治』全国町村長会、一九四〇年

テーマ編

第三章　権力の走狗か、民衆の味方か——警察行政

中澤俊輔

1　内務省警察の誕生

内務省警察とは何か

警察は、巨大な内務省の中でも主要な組織として位置付けられる。全国の警察を監督する警保局長と、東京の治安を預かる警視総監は、内務次官とともに「内務省三役」として特に重んじられ、政権とともに交代するのが常だった。

警察が所掌する仕事も、治安の維持にとどまらず、行政警察という名の下で多岐にわたった。悪名高い「特高警察」はもちろん、政治情報を収集する「高等警察」は政権にとっても重要だった。地方においては、警察署は町村役場や小学校と並んで、国民の生活を支え、近代国家を象徴する存在だった。

イギリスの女性旅行家イザベラ・バードは、一八七八年六月から一一月にかけて、東京から函館までの東日本を縦断した。バードが旅先で目撃したのは、膨大な規則に振り回される民衆と、規則を触れまわる警察官の姿だった。秋田県白沢村（現・大館市）では、宿屋の主人から、「先週警官が巡回してきて、外国人を泊めるときは先に最寄りの警察に知らせなければならないとの通達があった」と言われ、宿泊を拒まれている（イザベラ・バード

『イザベラ・バードの日本紀行（上）』）。

民衆や外国人にとって、警察は国の治安を保ち、民を守るとともに、市井に危険な兆候がないか目を光らせ、口やかましく生活に介入してくる、うっとうしい存在でもあった。

明治政府はフランスやプロシアをモデルとして内務省に警察を置き、中央集権的な警察制度を整備したことで知られる。

もっとも、明治日本では、当初から内務省警察が構想されていたわけではない。内務省が設置される以前は、まだ「警察」という言葉もないなかで、警察制度はめまぐるしく変化した。

一八六八年、江戸から改名した東京府では、各藩の藩兵からなる府兵が治安維持にあたっていた。一八七一年に府兵は廃止され、代わりに鹿児島県と各府県から徴募した邏卒《らそつ》三〇〇〇人を置いた。また、東京府は並行して、民衆の安全を守るために自治体警察に類似した制度として番人制度を置いた。

横浜などの居留地では、幕末から西洋諸国を模した警察が設置されていた。明治維新後、旧幕府の直轄地では藩兵または府兵が治安維持にあたり、犯罪捜査と犯人の捕縛を担う司法警察として捕亡司が置かれた。その他の各藩では、藩兵が治安を担っていた。

明治政府の治安機構も毎年のように改正された。まず一八六八年、地方の警備を担う軍務官と、司法警察および裁判を担う刑法官が置かれた。翌一八六九年には、軍務官は兵部省、刑法官は刑部省へとそれぞれ再編され、政治的陰謀の取り締まりと情報収集を担う政治警察として弾正台が創設された。

だが、一八七一年七月に司法省が設置されると、それまで刑部省と弾正台が持っていた職務権限は司法省へと移された。一八七二年八月、司法省警保寮が置かれた。警保寮は全国警察を監督するとともに、東京府の邏卒を管轄して治安維持にあたった。地方でも、前年の廃藩置県を契機として、府県の下で警察制度が再編されていく。一八七一年一一月の県治条例にもとづき、各府県の聴訟課が司法警察と裁判を管轄し、租税課・庶務課が行政警察をそれぞれ分掌した。

東京府では一八七三年一月、司法省警保寮の下で、自治体警察に類似した番人制度が導入された。しかし、後述するように、翌一八七四年一月に東京警視庁が設置されると、番人制度は廃止され、邏卒は巡査に統一された。

内務省警察の誕生

明治政府は近代警察を導入するにあたり、西欧諸国や植民地の警察制度を調査した。一八七〇年、福沢諭吉は明治政府の依頼を受けて、欧米の警察制度を要約した「取締之法」を献策した。福沢の意見書は、『New American Cyclopedia』の「Police」の項を抄訳したものである（太田臨一郎「「ニュー・アメリカン・サイクロペディア」をめぐって」）。フランスの警察に紙幅が多くとられているが、イギリスとアメリカの警察にも触れ、イギリスの軽犯罪裁判を管轄する治安判事を紹介している。

このほか、一八七二年に大築拙蔵《おおつきせつぞう》はイギリスの警察制度を訳述した『邏卒勤方問答』を出版した。同年、神奈川県に命じられた石田《いしだ》英吉《えいきち》が、香港、上海やマカオでの実地調査をもとに居留地警察について解説した『上海邏卒規則』等を提出している。明治初期には、すでに実施されていた制度を含めて、欧米諸国の警察や居留地警察など複数の選択肢があったといえよう。

明治政府の公文書に「警察」という言葉が初めて登場するのは、一八七二年八月の「司法職務定制」であるという（警察政策学会資料第三一号）。同じく一八七二年一一月からフランスを視察した川路《かわじ》利良《としよし》（写真30）の手記にも、「コンミュン」（コミューン）の長である「メール」（市町村長）の行政官の権能を示す言葉として「警察」の文字が確認される（『在仏中の川路利良手記（抄）明治五・六年』）。川路は、「警察」を使い始めた最初期の人物といえよう。

ともあれ、日本で「警察」という呼称が定着するのは、一八七三年以降のことである。一八七三年九月に欧州から帰国した川路は、警察制度に関する建議を正院へ提出する。

写真30　川路利良
（国立国会図書館蔵）

「夫レ警察ハ国家平常ノ治療ナリ人ノ兼養生ニ於ルカ如シ」から始まるこの建議書によって、川路は、日本も西洋諸国に倣い警察を内務省の下に置くこと、首都に特別な警察を置くこと、司法警察と行政警察を区分すること、消防を警察の下に置くことなどを提案している（内務省はまだ存在しておらず、川路は、当面は司法省が司法警察を、太政官が行政警察を管轄することを提案した）。特に、危険を事前に予防することを目的とする行政警察は、事後的な犯罪捜査を目的とする司法警察と対比して、内務省警察の根幹をなすものだった。

ほどなくして、一八七三年一一月に内務省が設置されると、川路の提案は全面的に受け入れられた。翌一八七四年一月には警保寮が内務省へと移管され、首都警察として東京警視庁が設置された。川路は初代大警視として東京警視庁を指揮し、近代警察制度の創始者たる地位を不動のものとした。川路の『警察手眼』（一八七九）には、「一国ハ一家也、政府ハ父母也、人民ハ子也、警察ハ其保傅《ほふ》也」との言葉がある。川路にとって、国家と人民の危険を予防する行政警察は警察の主な役割であった。

川路の建議書は、警察による情報収集の重要性にも言及している。いわく、プロシアは警察をよく用いて内外を治め、外国の情報を収集した結果、ついに強国フランスも破られたという。これがのちの高等警察へとつながっていく。

そして、一八七四年一月の司法警察規則と、一八七五年三月の行政警察規則をもって、司法警察と行政警察の区分が明確となった。こうして近代日本の警察制度は一応の完成を見た。一八七五年の地方官会議を経て、府県の警察も基本の型が作られた。

一八七七年、内務省は西南戦争に際して、東京警視庁を廃止し、本省に直轄する警視局に再編した。一八八一年には警保局から分離して警視庁を復活させている。その後、一八八三年に内務卿に就任した山県有朋の下で、内務省警察はフランス型から各地に駐在所を置くプロシア型への転換が図られた。もっとも、フランスやプロシアとは異なり、戦前の日本では町村が警察権を持つことはなかった（大日方純夫『近現代日本の警察と国家・地域』）。

内務省警察の仕事

ここで、内務省警察が所掌する仕事について、それぞれ簡単に触れておく。

警務警察は、通常の警備や皇族の警衛などの治安維持と、人事や法令などの組織管理をつかさどる。内務本省から府県に赴任した若手の警務課長は、ベテラン警部に補佐されながら人事をさばいた（野間龍一「日中戦争期の警務警察」）。

高等警察は、在野の政治運動の取り締まりや、政治情報の収集、検閲（出版警察）を目的とする。選挙対策も管轄しており、政府にとっては最も重要な活動である。

特別高等警察、いわゆる特高警察は、反政府的勢力の内偵と取り締まりを目的とした。一九一〇年、明治天皇の暗殺を計画した容疑で幸徳秋水《こうとくしゅうすい》ら社会主義者が死刑となった大逆事件が発覚する。同事件を受けて、一九一一年には警視庁に特別高等課が置かれた。特高は左翼の内偵と取り締まりが主な仕事だったが、昭和期にはテロ、クーデターを企てる右翼や、国体を脅かすと見なされた新興宗教も対象となった。

刑事警察は、犯罪の捜査、容疑者の検挙を目的とする。当時の府県では、地方長官は犯罪捜査について検事と同一の権限を有しており、府県警察部が実質的に捜査を指揮した。

衛生警察は、伝染病の予防や、食品などの品質管理を主な仕事とする。本来は内務省衛生局の管轄であり、府県警察部が現場の実働力として事務にあたる。行政執行法や娼妓取締規則にもとづいて、公娼の健康管理や私娼の取り締まりにもあたった。

保安警察は、民間の商業や産業に対する許認可と取り締まりを担当する。管轄する対象は旅館業、風俗、古物商、電気、ガス等、多岐にわたった。また、防火を目的とした建築物の規制（建築警察）も広義の保安警察に含まれる。民衆の生活に最も接するため、行政警察の中心的な役割を果たしたともいえる。

労働警察は、労働運動に対する取り締まりだけでなく、労働者に対する内偵・監視、工場での労使間の調停も担った。

外事警察は、外国人の保護取り締まりのほか、出入国者の監視（特に外国人や社会主義者の往来）、在留外国人の内偵といったスパイ対策を担った。

なお、川路の建議の通り、戦前は内務省が消防を管轄し、警視庁と府県警察が現場を指揮した。一八九四年二月の消防組規則によって消防組が組織され、警察官の指揮命令に従い消火にあたった（テーマ編第九章）。

以上の警察の仕事は、刑事警察を除けば、いずれも行政警察の範囲に含まれる。内務省警察は、行政警察の手段としていくつもの法令を活用した。抽象的な基準にもとづいた裁量権の広い行政処分が、行政警察の活動を支えていた。とりわけ、現場の警察官が用いたのが、現在の軽犯罪にあたる刑法違警罪である。

文明開化を進めたい明治政府は、往来での立小便や裸体、刺青、男女混浴などの江戸以来の旧慣を取り締まろうとした。一八七二年一一月には東京府違式詿違《いしきかいい》条例が公布され、文明に相応《ふさわ》しくない行為や軽微な違法行為を取り締まった。この条例と同時に、警保寮職制章程と東京番人規則も公布されている。東京以外の府県もこれにならい、各地の風俗に配慮しつつ独自の条例を制定している。なお、冒頭のイザベラ・バードを困惑させたのも、秋田県が出した違式詿違条例である。

その後、一八八二年に旧刑法が施行されると、違式詿違条例は廃止され、かわって違警罪が適用された。各府県では、引き続き地方違警罪を条例で定めることが認められた。違警罪は単なる軽犯罪だけでなく、容疑者や危険視された人間を勾留する手段としても用いられた。

そして、一八八五年九月の違警罪即決例は、警察官が違警罪の違反者を裁判によらず処分することを認めた。同法はもともと、軽微な犯罪を簡素な手続きで処理することを目的としており、イギリスやフランスにも類似した制度は存在した。しかし、日本では違警罪の浮浪徘徊罪を理由として警察が即決処分することで、容疑者を長期にわたり拘束することもできたのである。これは、通常の容疑者はもちろん、治安維持法違反の容疑者に対しても用いられた。

その後、一九〇七年の刑法改正に伴って違警罪は廃止されたが、罰則自体はそのまま内務省令の警察犯処罰令に継承された。違警罪即決例はその使い勝手の良さの反面、議会では人権を蹂躙《じゅうりん》するとの非難を浴び、同法の廃止を謳った法案が何度となく提出された。しかし、いずれも成立せず、制度自体は終戦まで残った。

2　変化する警察行政

内務省警察の「改良」

一八八九年の大日本帝国憲法の公布、一八九四年の条約改正（領事裁判権の撤廃）によって、日本は法治国家としての歩みを本格化させた。ここに至る過程で、刑法などの国内法が整備されたことで、警察もまたさらなる近代化を果たす必要に迫られた。

一つは、法治国家に見合った警察官の育成である。明治前半の警察は、在野の不平士族や自由民権運動、民党を取り締まることを職務としていた。同時に、収入を失った士族を吸収する受け皿としても機能していた。しかし、警察官は激務なうえに離職率も高く、一八七八年の大久保利通暗殺事件のように、士族の元巡査が凶行に及ぶこともあった。また、警視庁は川路利良以来、警視総監を含めて鹿児島出身者が多く、幹部や警察署長のポストを占めていた。藩閥の牙城と目されるだけでなく、警察官の素養や知識に欠ける者も少なくなかった。

こうしたなか、一八八四年から一八九一年に警保局長を務めたのが清浦奎吾である。清浦は熊本県に生まれ、司法省に出仕して頭角を現した。戦前、警保局長から総理大臣になった唯一の人間である。一八八五年、内務省は条約改正に向けて、警察官の教育を目的として警官練習所を設置し、清浦は練習所長を兼任した。

一八八七年には保安条例が制定され、警察は自由民権運動を弾圧した。一八九一年の初期議会で保安条例の廃止が提案されると、清浦は、議会周辺の静謐《せいひつ》な環境を守ることを訴えている（小野修三『明治憲法下の立憲主義者――清浦奎吾研究』）。

清浦が警保局長を退いた後の一八九一年五月、来日中のロシア皇太子ニコライを現職巡査が襲った大津事件が起きた。警察の人材改良は道半ばだった。

なお、一八九二年二月の第二回衆議院選挙では、政府が民党候補者に対して苛烈な選挙干渉を行い、死傷者を出すに至った。この時の選挙干渉については、知事の暴発説のほか、議会の連続解散を避けたい明治天皇の意図を汲んで、内務大臣の品川弥二郎が民党の当選を阻止しようと指示した説も指摘されている（末木孝典「明治二十五年・選挙干渉事件と立憲政治」）。

二つ目は、社会の変化に応じた警察改革である。一八九四年の日清戦争から一九〇四年の日露戦争にかけて、日本は新たな状況に直面した。それは、条約改正であり、社会の都市化・工業化であり、人権意識の高揚であった。社会主義もいよいよこの時期に日本へ流入した。新たな時代に対応するために、内務省警察は法律を作り、組織を拡大し、旧態依然とした体質を改善しなければならなかった。反面、かつて取り締まりの対象であった政党は、議会で勢力を築き、政権に参画して警察の組織と権限を削るよう迫った。

この時期に作られた代表的な法律が、一九〇〇年に公布された治安警察法と行政執行法である。治安警察法は、保安条例や集会及政社法を統合した法律であり、政治活動に関していえばむしろ取り締まりは緩和された。ただし、新たに労働者のストライキや争議を取り締まるようになった。

行政執行法は、それまで曖昧だった警察官の職務執行の根拠法であり、人民の保護を目的とした行政検束を可能とした。ただし、行政検束は、違警罪即決例の即決処分と同じく、容疑者や危険人物を警察署に留め置く手段に使われた。

この間、内務省で「警察改良」に取り組んだのが、有松英義《ありまつひでよし》と松井茂《まついしげる》である。有松はもともと私立独逸学協会学校から第一回文官高等試験に合格し、井上馨《いのうえかおる》の自治党構想にも参加したが、内務省に入ると頭角を現し、治安警察法案と行政執行法案を起草した。有松は警保局長を二度務めた後、枢密院書記官長などを経て、枢密顧問官となった。

松井茂は、東京帝国大学を卒業した後、警視庁に入った変わり種の「学士官僚」である。

四谷署長、香川県警部長を歴任したあと、第一次大隈重信内閣で警保局警務課長に抜擢され、治安警察法案と行政執行法案の起草に携わった。続く第二次山県有朋内閣では有松が後任の警務課長として、二つの法案を成立させている。さらに松井は、『警察協会雑誌』などに多数の論文を寄稿し、警察だけでなく消防の啓蒙活動を担った。一九〇六年に警視庁官房主事を辞職した後、韓国統監府警務局長として警察制度改革に従事した。
川路、清浦、有松、松井の四人は、警察界の先覚者とされている。

日露戦争後の変化

こうして、順調に見えた内務省警察だったが、大きな挫折を迎える。一九〇五年九月の日比谷焼き討ち事件である。日露戦争のポーツマス講和条約に不満を抱いた民衆が激昂し、東京で大規模な暴動に発展した。警察官と群衆が衝突し、双方に死傷者を出す事態になった。当時、警視庁第一部長として治安維持の責任者だったのが、他でもない松井茂である。

実は、松井は日露戦争よりも前に、警察は民衆に対して親切丁寧であるべきだ、と吹聴していた。「抑《そもそ》も警察官は親切丁寧に人民に説諭を加へべきことは恰《あたか》も教育家が懇切に児童を教へ込むと同じやうになければなりませぬ」（松井茂「警察と教育との関係」）といった言説である。松井の他にも、親切丁寧で人権を重んじる警察官と、国民の自治の精神が高いイギリスを称賛する者もいた（中澤俊輔「日清・日露戦間期の警察改革」）。他方で、松井は、日本の警察官はイギリスとは異なり「公僕」ではない、との立場をとり、陸軍への対抗心もあって「陛下の警察」を主張している（大日方純夫『近現代日本の警察と国家・地域』）。

日比谷焼き討ち事件によって、警視庁は多大な犠牲を払い、松井茂も事実上更迭された。こうした挫折を踏まえて、日露戦争後の警察は、民衆との関係を一歩進めて、「民衆のための警察」を主張するようになる。

内務省警察にとって重要人物の一人に原敬がいる。一九〇六年一月、第一次西園寺公望内閣が発足する。与党立憲政友会の原敬は内務大臣に任命された。原は、三つの内閣で通算五年間、内相を務めた。

着任した原は早々に内務省人事に着手し、警保局長に司法省法学校で同期の古賀廉造《こがれんぞう》、警視総監に鹿児島出身の安楽兼道《あんらくかねみち》を任用した。安楽は第四次伊藤博文内閣、第一次・第二次西園寺内閣、第一次山本権兵衛内閣で警視総監を四度歴任した。また、貴族院会派の交友俱楽部に所属し、事実上の政友会の別動隊として活動した。原は安楽を任用する際に、警視庁改革に同意すること、今後警視総監の地位を保障しないことを念押ししている。安楽は、日露戦争後の官僚の党派化を体現すると同時に、藩閥出身者が警視総監の地位を保持するという特異な存在だった。

原は、帝国議会で繰り返される警視庁廃止論をかわしつつ、警視庁改革を行うと言明した。

第一に、藩閥出身の幹部や警察署長を淘汰した。これは警視庁に限らず、内務省で大学卒の「学士官僚」を抜擢する世代交代と符合していた。第二に、警視庁の「高等警察」を首相に直属させるのを止め、内相の下に置くこととした。首相と警視総監を切り離すことで、警視庁の政治警察としての印象を薄めようとしたのだった。また、原は警察官の待遇を改善することを約束することで、警視庁の支持をとりつけた。

警視庁改革はおおむね歓迎されたものの、新たな課題として登場したのが社会主義政党である。当初、原は一九〇六年に結党した日本社会党を容認したが、後に禁止に踏み切った。内務省は当時、欧米諸国の社会主義取り締まりに関する立法を調査している。その後、第二次桂内閣では、大逆事件をきっかけとして警視庁に特別高等課を設置した。以後、社会主義者は「冬の時代」として停滞を余儀なくされる。

もう一つの課題は、大衆運動である。日比谷焼き討ち事件のあと、大小さまざまな規模で大衆運動がおこり、東京を中心に暴動へと発展した。有名なものとして、一九〇六年の東京市電値上げ反対運動、一九一三年の第一次憲政擁護運動、一九一四年のシーメンス事件がある。警察は強硬な態度を戒めたものの、大衆と衝突する場合もあった。

その後、民衆の暴力は、一九一八年七月の米騒動として全国に波及し、結果として寺内正毅内閣を総辞職に追い込んだ。内務省は当初、社会主義者の扇動を疑ったが、後に米価高騰による自然発生的な現象であると認めた。米騒動の鎮圧に失敗した警察は、初の本格的政党内閣である原敬内閣で、またしても変化を迫られることとなった。

大正期の警察行政

原敬内閣とその後の政権では、大正デモクラシーを受けて警察改革が模索された。

その一つは、行政整理と相まった警察事務の整理縮小である。洋行した内務官僚を中心として欧米諸国の警察も研究対象となった。昭和初期に知事公選が検討される過程では、営業警察や衛生警察を市町村に移管する案も議論された（黒澤良「昭和戦前期の日本警察について」）。しかし、これらは内務省警察を根本から覆すには至らなかった。

地域にとって警察署の存在はなおも大きく、統廃合が問題化することもあった。一九二六年、長野県では警察分署の廃止に反対する住民が暴動を起こしている（警廃事件）。

いきおい、大正期の警察改革は、意識改革と実務の向上、法整備、そして警察官の待遇改善として現れた。

大正期に注目されたのが、「警察の民衆化」「民衆の警察化」である（大日方純夫『警察の社会史』)。これは、先に述べた「民衆のための警察」からさらに一歩進めて、警察は民衆に親しく接し、民衆生活の向上に努めるべし、というスローガンである。具体的には、就職斡旋や人事相談窓口、運動場の開放、果ては雨傘の貸与といった形で実現した(『自警』三一二六八)。一方で、「民衆の警察化」とは、民衆に警察に関する知識を啓蒙するだけでなく、消防組や自警団と提携し、傘下に置くことで地域の治安を守る活動へと発展した。こうした一連の変化は、大正デモクラシーに対する警察なりの順応ともいえた。

しかし、一九二三年九月の関東大震災では、住民が自警団を組織し、朝鮮人や中国人、日本人までも殺傷する事件が発生した。警察も流言飛語の内容を全否定はせず、殺傷事件を防げなかった。これによって、「警察の民衆化」はともかく、自警団に治安機能を肩代わりさせる「民衆の警察化」は壁に直面したのである。

なお、関東大震災では、災害に際しての非常警備規程が十分でない、府県によっては存在しないといった課題が浮き彫りとなり、各府県は規程を整備した。一九三二年には、内務省もテロや災害を想定した非常警備規程をつくることとなる。

内務省警察を語るうえで外せないのが、一九二五年四月、加藤高明内閣の下で制定された治安維持法である。治安維持法は、国体の変革、私有財産制度の否認を目的とする結社、協議、扇動を処罰する刑事法である。日本共産党をターゲットにしたが、その他にも労働組合、無産政党、宗教団体まで猛威を振るった。

もともと、内務省は治安警察法、出版法、新聞紙法にもとづき、結社や出版を禁止する行政処分をもって社会主義運動を取り締まっていたが、米騒動の後は外国の立法を調査して新たな取締法を模索していた。治安維持法が内務省警察にとって強力な武器であったことは疑いない。一方で、治安維持法は一九二三年の虎ノ門事件を受けて司法省が起草し、ある種の法治主義、法的根拠を欲する司法省の意図を多分に汲んだものだった。

さらに、一九二二年の過激社会運動取締法案にあった「宣伝」罪は、早い段階で除かれていた。治安維持法が成立した加藤高明内閣は、憲政会・政友会・革新倶楽部の連立政権である。言論の自由を尊重する政権与党の存在もあって、「宣伝」取締法ではなく、「結社」取締法として生まれたという事実は指摘しておきたい。

昭和期の警察行政

治安維持法が拡大適用されるのは、一九二八年の三・一五事件（共産党事件）を経て、同法が改正され目的遂行罪が追加されるのを待つ必要があった。

目的遂行罪は、党員でなくとも共産党の活動に協力している（ように見える）だけで罪に問えるという点で、警察にとっては実に使いやすかった。当時の議員、弁護士、ジャーナリスト、学者に至るまで、ほとんどこれを論評しなかったのが不思議なくらいである。

ともあれ、一九三〇年代にかけて、治安維持法による検挙者数は急増し、一九四〇年までに内地だけで六万五〇〇〇人に達した。一九三五年に日本共産党が事実上解体された後も、特高警察は対象を広げて検挙を続けた。一九四一年の第二次改正を経て、自由主義者や宗教団体をも含む弾圧を可能とした。府県警察部でも、特高課長（警視庁は特別高等警察部）は文官高等試験合格者のいわゆるキャリアが当てられ、警務課長とともに出世コースと目された。もっとも、特高の現場はノンキャリアが支えており、警視庁巡査から叩き上げで特高係長に昇進し、のち佐賀県・埼玉県警察部長になった毛利基《もうりもとい》のような人間もいた。

もちろん、特高警察ばかりが警察の仕事ではない。大正期から昭和初期の政党内閣の時代には、政治情報を収集する高等警察も引き続き存在した。選挙に勝利し政権を盤石とする意味では、むしろこちらこそが重要だった。

内務本省は各府県に選挙情勢を調べさせ、巡査たちは戸別訪問で情報を収集した。政党内閣では政権交代が起こると、まず知事と警察部長は異動の対象となる。本人の好むと好まざるとによらず、あるいは全く不本意に党派（政友会、民政党）で色分けされ、実質的にキャリアが決まってしまう。そうした「党弊」を受け入れる者、進んで政党に参加する者、嫌悪する者で、内務官僚は分かれた。

政党が力を失った一九三〇年代には、警察本来の職務に立ち返る「警察精神」が志向された。一九三四年には、警保局長の松本学を中心として「警察精神作興」が議論された。「警察精神」を観念的な運動にとどめず、警察の実務を刷新するアイディアを警保局が募ることもあった。さらに一九三五年五月、警保局の高等課が廃止され、各府県警察部でも高等課に代えて防犯課が設置された。選挙犯罪は刑事警察の管轄となり、選挙情報を収集する高等警察は制度の上では消滅した。そして一九三五、三六年には、内務官僚たちによって「選挙粛正」運動が展開された（黒澤良「政党政治転換過程における内務省」）。この運動には、警察界の先覚者である松井茂も参加した。

一九三〇年代の課題として、右翼や軍人による政治的暴力、テロ、クーデターを外すことはできない。五・一五事件が起こるまで、警視庁には右翼専門の部署は無く、治安維持法を活用した左翼対策に比べて右翼対策は不十分だった。しかし、戦前の日本政治を不可逆的な方向に決定づけた点では、右翼・軍人は左翼よりもよほど影響が大きかった。

主な事件を列挙するだけでも、一九三〇年の浜口雄幸暗殺未遂事件、一九三一年の三月事件、十月事件、一九三二年の血盟団事件、五・一五事件、一九三三年の神兵隊事件と救国埼玉青年挺身隊事件、一九三四年の士官学校事件、一九三五年の相沢三郎《あいざわさぶろう》事件（永田《ながた》鉄山《てつざん》暗殺事件）、一九三六年の二・二六事件と続く。そして警察目線でいえば、これらの政治的暴力は未然に防げたものもあるが、防げなかった事件も少なくない。

五・一五事件では、警視庁は陸軍の将校に不穏な動きがあるとの情報は察知していたものの、テロを起こすには至らないだろうと認識していた。しかし、陸軍との情報収集はままならず、犬養首相暗殺を看過してしまった。事件後、斎藤実内閣は、内務次官に潮恵之輔、警保局長に民政党寄りの松本学を、警視総監に政友会系の藤沼庄平《ふじぬましょうへい》を任命した。事態を重く見た松本と藤沼は連絡を密にし、陸軍首脳とも情報交換の機会を設けた。警視庁は一九三二年に特別高等警察部を新設し、右翼対策の特別高等二係を置いた。一方で、一九三三年のゴー・ストップ事件のように、陸軍と警察の関係が悪化したのも事実である。陸軍への対抗意識から、松井茂が提唱した「陛下の警察官」が再び注目された。

続く岡田啓介内閣では、警保局長の唐沢俊樹と陸軍省軍務局長の永田鉄山との間で情報が共有され、陸軍皇道派に近い青年将校の行動を防ぐことに成功した（唐沢と永田は同郷で長野出身）。警察としては、合法的な改革を目指す統制派よりも、現状変更を否定しない皇道派を警戒するのが自然だった。しかし、一九三五年八月に永田が暗殺されると、陸軍と警察の情報共有は滞り、二・二六事件を防ぐには至らなかった。

一九三七年七月に日中戦争が勃発し、戦争が長引くなか、警察の仕事はさらに多様化していく。主なものとして、戦時中の物資の統制を行う経済警察、空襲を警戒する防空警察が挙げられる。こうした戦時下の警察行政は、ともすれば警察が国民の生活にますます介入することを意味する。しかしながら、戦局の悪化に伴い、警察官の士気は低下していった。戦時下の娯楽統制に関しても、全国統一的な興行取締規則が制定されたものの、地方では運用が徹底せず十分な取り締まりがなされなかった（金子龍司『昭和戦時期の娯楽と検閲』）。総じて、警察は戦況に対応するのがやっとのまま敗戦を迎えた。

敗戦の後、東久邇稔彦内閣は直ちに言論の自由を尊重する旨を声明した。治安維持法も事実上、新規の適用を控える旨が通達された。だが、特高警察と治安維持法の廃止を求めたGHQに対し、東久邇内閣は応じず総辞職した。人権指令によって治安維持法が廃止され、現職の特高が罷免されたのは、一九四五年一〇月、幣原喜重郎内閣でのことになる。

翌一九四六年一月からの公職追放では、特高警察の職歴を持つ者が対象となった。警視庁は一九四六年三月に婦人警察官を採用するなど、戦後日本への適応を模索している。しかし、マッカーサーの要求もあり、警察制度の抜本的な改革は不可避だった。一九四七年一二月、内務省の解体とともに、内務省警察は自治体警察へと移行したのである。

参考文献

イザベラ・バード、時岡敬子訳『イザベラ・バードの日本紀行（上）』講談社、二〇〇八年
梅森直之「規律の旅程——明治初期警察制度の形成と植民地」『早稲田政治経済学雑誌』三五四、二〇〇四年
太田臨一郎「「ニュー・アメリカン・サイクロペディア」をめぐって」『福沢手帖』七、一九七五年
荻野富士夫『特高警察』岩波書店、二〇一二年
荻野富士夫『特高警察体制史　増補新装版』明誠書林、二〇二〇年
荻野富士夫『検証　治安維持法　なぜ「法の暴力」が蔓延したのか』平凡社、二〇二四年
小野修三『明治憲法下の立憲主義者——清浦奎吾研究』世織書房、二〇一九年
大日方純夫『日本近代国家の成立と警察』校倉書房、一九九二年
大日方純夫『警察の社会史』岩波書店、一九九三年
大日方純夫『近代日本の警察と地域社会』筑摩書房、二〇〇〇年
大日方純夫『近現代日本の警察と国家・地域』日本評論社、二〇二四年
金子龍司『昭和戦時期の娯楽と検閲』吉川弘文館、二〇二一年
川路利良述『警察手眼』警視局、一八七九年
北岡伸一編『国際環境の変容と政軍関係』中央公論新社、二〇一三年
黒澤良「政党政治転換過程における内務省——非政党化の進行と選挙粛正運動」『東京都立大学法学会雑誌』三五—一、一九九四年
黒澤良「昭和戦前期の日本警察について——行政・政治の視角から」『季刊行政管理研究』一五二、二〇一五年
警察政策学会資料第三一号「「警察」という言葉の成立事情」二〇〇四年
警視庁史編さん委員会編『警視庁史』明治編、大正編、昭和前編、一九五九〜六二年
『自警』三—二六、一九二一年
末木孝典「明治二十五年・選挙干渉事件と立憲政治——系統的指令説と暴発説をめぐって」『近代日本研究』

三二、二〇一五年
大霞会編『内務省史』二、地方財務協会、一九七〇年
中澤俊輔「日清・日露戦間期の警察改革」『本郷法政紀要』一三、二〇〇四年
中澤俊輔「日露戦後の警察と政党政治」『日本政治研究』二―二、二〇〇五年
中澤俊輔『治安維持法』中央公論新社、二〇一二年
中村勝実『警廃事件――われら警察を奪回す』櫟、一九九四年
野間龍一「日中戦争期の警務警察――戦時動員と治安維持の矛盾」『日本歴史』九〇四、二〇二三年
松井茂「警察と教育との関係」『警察協会雑誌』三八、一九〇三年
宮地忠彦『震災と治安秩序構想：大正デモクラシー期の「善導」主義をめぐって』クレイン、二〇一二年
『在仏中の川路利良手記（抄）　明治五・六年』国立公文書館所蔵

コラム⑦ 文化・芸術と検閲――演劇検閲のあり方から

藤井なつみ

近代日本では、出版物をはじめ、演劇、映画、レコードなど様々な表現物が内務省警保局をはじめとする検閲の対象となっていた。時期による異同はあるが、原則として書籍や映画、レコードは完成された作品が警保局によって一度検閲を受ければよかったのに対し、演劇は上演こそがその完成形態であるため、興行する際には、上演する地方の警察による脚本の検閲を受け、かつ上演時にも劇場の臨検警官が検閲済み脚本と舞台を対照し、問題となる演出がないかなどを臨検席から検閲した。

このような検閲制度は、東京ではすでに一八七八年には実施されている。各劇場へ出向き、観客も含めた劇場内の雰囲気を見極めることが求められるため、演劇の検閲は娼妓取り締まりなど各地方の風紀を取り締まる風俗警察の職掌となっていた。また検閲基準も、「地方ごとに文化・風俗が異なる」として、地方警察がそれぞれ独自に設定し、そのため東京で上演できたものが大阪で上演禁止となるなどのことも往々起こった。これは、内務省によって統一的な基準が定められていた出版物などの検閲とは大きく異なる。

以上のように、二段階制で、かつ風俗警察の職掌として検閲が行われたため、娯楽・芸術二つの側面を持つ演劇に対して、警察官がどう向き合うべきかということは常に議論の的となった。一九〇七年には警察官僚の松井茂《まついしげる》（写真31）が、自著『警察叢譚』の中で、警察が行うべきはあくまで風紀などの警察的観点から問題のある点を指摘することであり、内容の訂正案を提示してはならない、と述べている。警察が芸術の内容に介入することはその職掌を超えるという立場からである。この時期には、警察は芸術性の有無を考慮する必要はないという見方が主流であった。

しかし、大正期に入り、既成道徳に挑戦すると共に芸術性を強く追求する新劇が東京で盛んになり、それに対する厳格な検閲処分が頻発すると、警察が演劇の芸術性を理解できず、過剰な検閲を行っているという批判が劇界からなされるようになる。警視庁もこうした批判を受け、芸術性を理解する専門的な人材が必要であるという考えから、大学で文学を専攻した人物を演劇検閲官として雇うようになっていく。当時警視庁の検閲係長であった橘高広《たちばなたかひろ》は、彼自身も映画評論家としての一面を持つ「専門家」検閲官であったが、一九二〇年の自著『民衆娯楽の研究』の中で、芸術を理解する能力を持つ検閲官がその演劇

写真31　松井茂
（国立国会図書館蔵）

の持つ芸術性や意義を適切に判断する必要性を主張した。ただしそれでも最終的な目的は警察的見地からの検閲にこそあると論じている。

しかし昭和戦時期に入ると、演劇好きを自負する「専門家」検閲官たちは、橘の主張を越えて、自身の芸術的価値観から「低劣」な演劇の「向上」を企図して積極的な介入を行うようになる。例えば、一九三九年に警視庁の脚本検閲官であった氏田勝恵は、自身が当時知識層を観客としていた新劇を愛好しており、大衆向けの商業演劇である新派劇に冷淡であったこと、それゆえにその新派劇の脚本検閲の際に「こんなものくだらん」といって「ずたずたに切ってしまった」ことを戦後になって告白している(『悲劇喜劇』一九七三年一一月号)。

ただし、これはあくまで首都東京や大阪における検閲の事例である。大部分の地方では、芸術性理解の必要性は認識されておらず、時に「理不尽」とも批判されるような検閲が行われていた。このような差異を抱えながら、近代日本の演劇検閲は全国で行われていたのである。従来警視庁の検閲ばかりが注目され、こうした地方の演劇検閲のあり方はほとんど検討されていないが、そうした検閲のあり方から、各地方の多様な文化や風俗のあり方と、一筋縄ではいかない警察の社会への向き合い方が明らかにできるのではないだろうか。

参考文献

奥平康弘「検閲制度（全期）」鵜飼信成ほか編『講座日本近代法発達史』一一、勁草書房、一九六七年
氏田勝恵、片谷大陸、尾崎宏次「戦前・戦中の検閲制度について聞く」『悲劇喜劇』二六―一一、一九七三年
金子龍司『昭和戦時期の娯楽と検閲』吉川弘文館、二〇二一年
藤井なつみ「近代日本検閲研究の現状と演劇検閲研究の可能性」『年報近現代史研究』一三、二〇二一年
藤井なつみ「大正期東京における演劇検閲の変容――検閲基準としての「芸術性」」『史学雑誌』一三四―二、二〇二五年

テーマ編

第四章　感染症とどう向き合ってきたか――衛生行政

市川智生

1 衛生局のはじまり

はじめに

衛生局は、一八七五年から一九三八年まで、六四年間にわたって存在した内務省の部局である。その職掌は、医務、公衆衛生、環境衛生、薬事など、おもに保健医療にかかわる行政領域を対象としていた。現在の日本では、厚生労働省の医政局、健康・生活衛生局、医薬局などに継承されている。二〇二〇年の新型コロナウイルス感染症の流行時には、厚生労働省だけでなく、産業・流通界や学校現場への影響から経済や教育部門の省庁が対応に追われたが、戦前の日本における感染症対策は内務省衛生局が一手に引き受けていた。

現在、社会学、哲学、文化人類学では、「生《せい》政治」という術語が用いられることがある。住民の生活、そしてその根源である生命そのものに作用する政治や行政という意味の言葉である。内務省衛生局やその意を受けた各府県の衛生課が管掌していた保健医療関係の行政領域は、「生政治」そのものだったといえるだろう。

ここでは、衛生局が戦前の日本にあって、行政組織としてどのような機能を果たしていたのかを概観したい。

伝染病研究所による科学的裏付け

当初文部省に設けられていた医務局が内務省に移管され、衛生局となったのは一八七五年のことである。そこには、初代衛生局長に就任した長与専斎《ながよせんさい》（写真32）の回顧録によれば、文部省における医学教育と内務省での医事・薬事・防疫行政との管掌を区分する目的があった（小川鼎三ほか校注『松本順自伝・長与専斎自伝』）。部局名の「衛生」という言葉は、一八七一年の岩倉使節団に随行し、ベルリンで医学・理化学・気象学・統計学などに基づき健康保護を講じる行政組織の存在に着目した、長与による造語であった（言葉としての「衛生」の由来は『荘子』庚桑楚篇《こうそうそ》にさかのぼる）。

写真32　長与専斎
（国立国会図書館蔵）

衛生局という組織が持つ特徴として、保健医療部門の行政を通して、医学、薬学、生物学、化学などの近代諸科学が応用される場であったという点が挙げられるだろう。衛生局長には、長与専斎、後藤新平、長谷川泰《はせがわたい》と設置から三代にわたって医師が就任しており、局内では医師、獣医、薬剤師などの技師・技手が重要な役割を担っていた。この点は、組織編制にも表れている。防疫や薬事行政を担う部局にとって、細菌学検査や化学分析を行う衛生試験所、感染症の予防・治療を目的とした血清薬院、痘苗《とうびょう》製造所などの組織は必要不可欠のもので、いずれの所長・院長にも技師が着任していることが大きな特徴である。

序論にあるように、明治中期以後の中央官庁の主役は、明治維新の功労者から帝国大学を卒業した学士官僚へと変化していったが、衛生局では感染症への対応や輸入薬品の検査などのために、自然科学系の知識と技術を身につけた技師の存在が必要とされたのである。

衛生局が保健医療行政を進めるなかで、その科学的裏付けを行っていたのが、伝染病研究所（伝研）である。ベルリン大学医学部のロベルト・コッホ（コレラ菌および結核菌の発見者）のもとで細菌学研究に従事した後に日本へ帰国した北里柴三郎《きたさとしばさぶろう》を所長に迎えて、一八九二年に設立された。当初は、後述する大日本私立衛生会の組織であったが、一八九九年に内務省直属の研究機関に再編された（小高健『伝染病研究所』）。この研究所では、北里の指導のもと、感染症の病原微生物の探索、予防・治療についての研究が行われた。ジフテリアの血清治療の実践（一八九五年）や所員であった志賀潔《しがきよし》による赤痢菌の発見（一八九七年）など、感染症研究の分野では国際的にみても高い水準にあった（前掲『伝染病研究所』）。

伝研は、府県の衛生行政担当者を対象とする細菌学講習を通して、地方行政と強固な関係を構築していたことが知られている。一八九九年から一九〇三年にかけて、神戸、大阪、横浜で致死率の高い感染症であるペストが流行した際に、北里をはじめとする伝研の技師が現地に赴いて防疫の指導にあたったのはこのような背景があったと考えられる。なお、伝研は一九一四年に内務省から文部省に移管され、一九一六年に東京帝国大学の附置研究所となった。これに反発した北里が辞職の上、北里研究所を創設して今日に至る。この管轄替えには、北里ら医系技師らが主導する衛生行政を事務系官僚によるものへと転換させる目的があったと理解されている（横田陽子『技術からみた日本衛生行政史』）。

衛生局の軌跡

衛生局には諮問機関や外郭団体のような形で、局外に多くの組織が存在したことも大きな特徴である。これは、生物学や化学などの基礎科学が、医学や薬学などの応用的性質を持つ科学を経て行政として実践される際に、専門的見地からの助言や検証が必要とされていたことが大きいだろう。

一八七九年に設置された中央衛生会は、後で述べるアジア・コレラへの対応の際に、海港検疫の制度設計を協議した組織が衛生局の諮問機関として常設化されたものである。衛生局長とともに医学、化学、獣医学などの分野の実務家や研究者が委員として名を連ね、一九四四年に廃止されるまで専門的見地から衛生局にかかわる政策を審議する場となった。感染症流行という緊急時に作られた組織が、その後に通常の衛生行政にも対応していったという点で、現代の新型コロナウイルス感染症をめぐる専門家会議とその後の動向と比較しうる事例といえる。

さらに、一八七九年末に府県による衛生行政の諮問機関として地方衛生会が設置された。地域の医療従事者、府県立病院院長、衛生課員、府県会議員など一〇名程度で構成され、当初はもっぱら防疫行政の調整を行う組織として機能していたが、のちには、府県単位で発令される衛生関係の布達、達、県令などを地域の専門家が協議する場となった。

地方衛生会は、各地で医師や薬剤師が防疫行政に参与する道をひらいたことに加え、保健医療関係の地方行政全般に、庁外からノウハウを吸い上げる役割を果たしていた。そして、地方行政の場に医学や工学の専門家が医務官や技師として直接参画するようになると、地方衛生会はその役割を終え、一九〇三年に桂太郎内閣による行政整理の一環として廃止されたのだった（市川智生「コレラ対策から公衆衛生へ」）。各地の衛生会の日誌からは、地域社会の保健医療上の課題を垣間見ることができる。

衛生局は医療従事者や国民に対して啓発活動を熱心に行う官庁でもあった。一八八三年に設立された大日本私立衛生会は、博愛社（のち日本赤十字社）の中心人物だった佐野常民《さのつねたみ》

（写真33）が会頭をつとめ、一般のひとびとに保健・医療知識を普及させる人材の育成を行った。当初はアジア・コレラに代表される感染症対策の知識を医療従事者に浸透させることが主な目的だったが、後には公衆衛生全般に関する啓発活動を行う組織へと発展した。

機関誌『大日本私立衛生会雑誌』には、医療関係者や衛生行政担当者による講演記録や海外で発表された研究成果の翻訳が収録されている。明治期の衛生面での主要課題が急性感染症の克服であったことは明らかであるが、次第に飲料水、栄養、統計、学校衛生、出産・育児など、幅広い領域についての情報が掲載されるようになった。

ほかに同会は、天然痘の予防接種である種痘の材料を管理する牛痘種継所の運営、前に述べた伝染病研究所の設立・経営、府県衛生課の職員を対象とした衛生事務講習会の実施など、衛生局の行政を補完する団体としての性格を濃厚にしていった。その後、一九三一年に日本衛生会、一九五一年に日本公衆衛生協会へと名を変え、現在に至るまで活動を継続している。

なお、大日本私立衛生会には、府県、郡、市町村などを単位とした多くの地方支部の存在を確認

写真33　佐野常民
（国立国会図書館蔵）

することができる。一八九六年までに五四の支部が設立された。たとえば、一八九五年に発足した大日本私立衛生会山梨支会は、衛生知識の普及と行政の支援に賛同することのみが入会条件であったためか、一八九八年には会員六二六一名を擁する組織へと発展した。事務所は山梨県庁内に設けられ、会頭は県知事、幹部は衛生課長をはじめとする行政関係者であったから、会員名簿に記載された者は医療従事者を除けば大半が町村役場関係者や地域有力者だったのだろう。

明治末期の機関誌『大日本私立衛生会山梨支会会報』で目立つのは、この時期の山梨で蔓延していた細菌性赤痢に関するものである。毎号のように掲載される町村単位での流行報告や、対策や治療をめぐる質疑応答欄は、行政担当者と地域の医療関係者を結ぶコミュニティが形成されていたことを物語っている。

以上の衛生局の最大の課題であった急性感染症の克服は、明治末期には達成へと近づいていた。そして、都市における貧困や工場現場における労働衛生など、新たな課題に取り組む必要が生じ、一九二〇年の社会局の新設、一九三八年の厚生省への昇格へとつながるのである（テーマ編第六章）。

衛生局の軌跡をたどることができるものに刊行物がある。試みに国立国会図書館の検索システムで著編者または出版者に内務省衛生局を含むものを検索すると、復刻版などを除

衛生局刊行物

種類		点数	主なタイトル（刊行年）
逐次刊行物（統計を含む）		29	内務省衛生局雑誌（1876～1877）、衛生局年報（1877～1935）、法定伝染病統計（1920, 1937）、日本薬局方（1886～1933）
法令・例規集		14	薬事衛生ニ関スル法規及例規（1933）、予防衛生ニ関スル法規及例規（1932）、医事衛生ニ関スル法規及例規（1932）
感染症報告書		7	虎列刺病流行紀事（1877～1927）、流行性感冒（1922）
調査報告書	国内	115	本邦ニ於ケル地方病ノ分布（1928）、結核予防ニ関スル調査報告（1928）、寄生虫予防に関する調査報告（1931）、農村保健衛生実地調査成績（1929）、花柳病予防ニ関スル報告（1925）、痘瘡予防に関する調査報告（1929）
	海外	27	衛生叢書（1912～1920）、米国癩患者ノ監護及処置法（1919）、香港ノ衛生状態ニ就テ（1914）、上海衛生状況（1916）、比律賓群島ノ衛生状況（1921）、英国衛生制度視察報告書（1924）
啓発書・講演録など		17	虎列刺予防諭解（1880）、近視の予防（1922）、医師の来るまで（1922）、国民と結核（1923）、寄生虫（1923）、チフスの話（1926）、花柳病予防の心得（1928）
その他		2	医制五拾年史（1925）、結核予防国民運動振興記録（1937）

注：国立国会図書館の検索システムで著編者または出版者に内務省衛生局が含まれるもの。
逐次刊行物や複数巻で構成されるものは全体で1点と数えた

く二一一点を確認することができる。それらは、①『衛生局年報』に代表される逐次刊行物、②医事や薬事法令の例規集、③『虎列刺《コレラ》病流行紀事』などの感染症対策の報告書、④国内および海外の疫学調査や医事・薬事制度調査の報告書、⑤衛生行政の担当者および国民一般に向けた啓発的なものに大別することができる（表「衛生局刊行物」）。

　日本は明治初期から中期にはアジア・コレラおよびペストに代表される急性感染症、明治期末期以後には結核、大正末期から昭和戦前期には風土病（寄生虫感染症）の克服が、公衆衛生上の課題とされていた。感染症を軸に三つの時期に区分が可能なわけであるが、それぞれの時期に、衛生局によって疫学的な報告書、海外の調査報告、啓発書が刊行されていることが確認できる。これは、国内で改善すべき衛生上の課題が発生した場合に、海外の研究成果を取り入れ、防疫法令などの政策を立ち上げ、平易な文章で国民に説明するという日本の衛生行政のあり方を示しているといえるだろう。

2　衛生局と感染症の戦い

急性感染症対策から公衆衛生へ

一八七五年に発足した衛生局にとって最も重要な課題は、アジア・コレラに代表される急性感染症への対応だった。感染症予防に関してはたぶんに場当たり的な対策が実施され、のちに恒常的な制度設計へと改められたという特徴がある。

アジア・コレラとは、当時のヨーロッパ諸国において、エジプトやトルコなど西アジア地域からの流入が危惧されたコレラに対してつけられた呼称である。致死性が高く、かつてヨーロッパを席巻したものとは異なるタイプの感染症がアジアから流入しているとの認識があった。現在の細菌学では「古典型」と呼ばれるコレラの世界的流行である。欧米社会において、アジアが異質な環境を持ち、新たな感染症が蔓延《まんえん》しているという認識を共有していたことは、明治以後の日本が衛生行政を推進する重要な動機付けとなった。

一八七〇年代のヨーロッパでは、コレラの原因をめぐっては、未確認の微生物による感染症であるとする説と大気中の瘴気《しょうき》（ミアズマ）による説とで決着がついていなかった。一八七九年の大流行に瀕して制定された「虎列刺病予防仮規則」（のち、「伝染病予防規則」に改正）は、戦前の防疫法令の基調となる感染者の届出・隔離・消毒などを規定したもので、日本が原因不明ながら何らかの感染症であるという考えを受け入れつつあったことを示している。コレラ菌の存在は、ドイツの細菌学者コッホによってエジプトおよびインドの調査をもとに一八八四年に発表され、国際社会ではこの病気が感染症であるとする理解が浸透していった（脇村孝平「国際保健の誕生」）。

当時、コレラに有効な治療法はなかったため、海外の流行地から日本に寄港する船舶からの感染を海港検疫（いわゆる水際作戦）によって防ぐことで、国内への伝播《でんぱ》を回避する方法が実践された（市川智生「明治期日本の海港検疫をめぐる政治外交」）。そこには、日本にとってコレラが輸入感染症であるという思想が通底している。しかし、この病気は一八七七年の西南戦争を契機とした全国的な流行のあと、ほぼ毎年のように感染爆発を繰り返していた。一八七九年および一八八六年には国内感染例が拡散した結果、それぞれ一〇万を超える死者を出していた事実を考えると、実際にはアジア・コレラは日本に定着してしまったと考えるのが妥当だろう。

このような衛生上の問題に起因して、開港場では一八八〇年代に鉄管水道の設計が行われた。コレラ蔓延の主要な原因は飲料水の汚染と考えられており、都市部から離れた水源からの上水が必要とされたのである。横浜（一八八七年）および函館（一八八九年）、長崎（一八九一年）は、いずれもイギリス人技師が中心となって設計され、地方予算や水道公債の発行に加えて政府の臨時支出を得て実現したものである。その後、大阪（一八九五年）、東京（一八九八年）、神戸（一九〇〇年）と、開港場および都市部における水道の新設が実現していった。そこには、長与衛生局長が抱いていた衛生行政における地域住民の自治的要素への着目と水道条例（一八九〇年）による市町村公営の水道経営の制度化があったとされる（松本洋幸『近代水道の政治史』）。

以上のコレラに代表される急性感染症については、衛生局によって『流行紀事』と呼ばれる報告書が編纂されていた。これは、病気の疫学的特徴、対策の概要、統計、関係法令などから構成されており、消毒や隔離施設に多大な費用を消費した防疫について、後年に参照する目的で作られたものである。さらに、『流行紀事』は府県単位でも作成されており、感染症蔓延による地元産業への影響や貧困との関連など、地域ごとに抱えていた衛生問題の一端を知ることができる（市川智生「感染症と地域経済の歴史」）。

興味深いことに、衛生局による『流行紀事』は日本語版だけでなく英語版も刊行されていた。現在、欧米諸国の国立図書館や対日外交文書のなかにその存在を確認することができる。日本国内の感染症の流行や対策に関して、衛生局はなぜ英語で情報発信していたのだろうか。これは、ありきたりな説明となるが、近代化を目標にかかげた明治期の日本にとって、頻繁に流行を繰り返すアジア・コレラに対して医学的に裏付けのある防疫を実施し、制圧につとめているという事実を欧米諸国に向けて示す目的があったと考えられる。疫学情報（病気の特徴、流行規模）、統計、対策、関係法令などからなる『流行紀事』の構成は、同時期のイギリスの感染症報告書を模倣したものである。したがって、記録を残すという方法そのものも近代化を測る指標だった可能性が高い。そして、衛生局の防疫への取り組みは、駐日各国公使らを通して彼らの本国へと伝えられていたのである。

結核対策から社会医学へ

アジア・コレラに代表される急性感染症は明治末期になるとかつてのような大流行はなくなり、海外からの輸入感染例が中心となっていった。この時期に衛生局が取り組んだのが、結核、ハンセン病、性感染症、寄生虫症などの慢性感染症の対策だった。日本では主要な死因が急性疾患から慢性疾患へ移行しつつあり、衛生局による調査や対策法令の策定にも反映していったからである。

一八九九年以後、内閣統計局の『日本帝国人口動態統計』および『日本帝国死因統計』に死因が計上されるようになると、年あたりの結核による死亡数が一〇万を超え、一九一八年の死亡率が一〇万人あたり二五七・一に達することが明らかとなった。当時の『衛生局年報』によれば、日本における死因の第一位は胃腸炎（実態は乳幼児や老人の「下痢及腸炎」）だったが、結核による死亡数はそれとほぼ同水準ということになる。しかも、これは同時期のイギリスやアメリカの二倍以上の数値であった。日本の衛生行政において結核対策が重要な課題だと認識されるようになったのである。

結核は結核菌によって引き起こされる細菌性の感染症で、感染経路は飛沫感染であったから、労働者が密集する工場、多くの児童が教室で勉強する小学校、徴兵された若者が寝起きを共にする軍隊などがおもな感染の場だった。なかでも、綿紡績業および製糸業における工場労働は結核との関連が強い。生糸の供給地である長野・群馬・山梨などの製糸工場や、大阪・東京・名古屋など都市部の紡績工場で働く女性労働者（女工）について、二交代制による長時間就業や劣悪な食事などの労働環境が問題とされていたのである。

工場労働と結核の関係について、公衆衛生学的観点から指摘したのが、京都帝国大学福岡医科大学（現・九州大学医学部）で衛生学を学び、内務省の嘱託として工場衛生調査を行っていた石原修《いしはらおさむ》である。一九一三年の講演「女工と結核」は、都市部で操業する紡績工場で結核による死亡率が極めて高く、七万人あまりの死傷者を出した日露戦争の奉天会戦に匹敵する規模であるにもかかわらず、何ら対策がとられていないとして、政府の姿勢を批判するものだった（石原修『衛生学上ヨリ見タル女工之現況』）。

石原は、故郷にもどった女工が農村部で近隣のひとびとに結核を拡散させる「帯患帰郷問題」についても指摘していた。このような労働環境に起因する集団的な健康阻害は鉱山業などにもみられ、問題の解決のためには個人の感染を防ぐのではなく、労働現場や学校生活に象徴される社会集団を対象とすること、つまり社会医学的な対応が必要とされるようになった。日本の医学界で社会医学を学問として導入したのは東京帝国大学医科大学衛生学教室教授の横手千代之助《よこてちよのすけ》とされる。石原は大学卒業後に横手教室で指導を受けて全国の鉱山や工場での衛生調査を行った経験があった。

結核に関する初の本格的な予防法令は、一九一九年の結核予防法（旧結核予防法）である。旅館や理髪店など特定の業種への結核患者の就業禁止、人口五万人以上の市町村への療養所の設置、自宅療養が困難な感染者の収容などが規定された。これを受けて、東京、大阪、京都、神戸、横浜、福岡、札幌をはじめとする一七都市に結核療養所が開設されている。結核予防法は感染した場合の措置を規定するものだったが、この時期の衛生局には感染を未然に防ぐための活動がみられる。それは、衛生観念や知識の向上などを目的とした国民一般への啓発活動を通したものだった。たとえば、一九二二年に刊行された北島多一編『国民と結核』では結核について、「独り此《この》病に侵された人の不幸のみでなく、広く社会の人々全体に害毒を及ぼす」として、感染の予防を個人単位ではなく社会全体で行うことを訴えるものだった。

結核には社会全体で対応すべきであるとする主張は、医療の現場にも確認することができる。戦後、国立東京療養所を経て日本大学医学部教授として結核の外科治療の専門家として知られた宮本忍《みやもとしのぶ》は、一九三六年の著作のなかで、個人の疾病に対する予防や対応を治療医学として批判的にとらえ、資本制社会の弊害である肺結核や性感染症に対処するためには、社会的予防が必要であると説いた（『社会医学』）。宮本は、肺結核に対する当時唯一の積極的な治療であった外科治療を行うなかで、結核の予防が「集団的乃至《ないし》国家的立場からのみ完全に行はれ得る」と考え、臨床の現場から社会医学的な発想に立つ必要性を主張したのだった（『日本の結核』）。

戦前日本の結核というと、山本茂実《やまもとしげみ》『あゝ野麦峠』の影響もあり、女工の集団感染を連想することが多い。しかし、一九三一年の満洲事変以後、軍需工場を含む重化学工業施設での労働機会が男性の間で増えた結果、結核の死亡率は一九三二年に女性優位から男性優位へと移行していた（島尾忠男『結核の今昔』）。死亡率の増加傾向にあったのは二〇歳から三四歳の男性であり、なかでも陸海軍の結核蔓延が深刻な状況になっていたことの反映である。一九二〇年代には「軍隊胸膜炎問題」として陸軍・海軍ともに健康上の大きな問題となっていた（市川智生「近代・現代日本の結核の歴史」）。一九二二年には、陸軍将兵一〇万人あたりの感染者が三二二七名に達しており、軍医研究者は、入営から一年程度の期間に結核を発症する例が多いことから「国民結核病増加ノ反映」と結論づけていた。この問題は、昭和戦前期になると、陸軍省医務局と内務省衛生局の連携による結核対策へと発展し、一九三八年の厚生省設置の要因のひとつになったと考えられる。

「風土病」から寄生虫感染症へ

結核対策と並行して、内務省衛生局が注力したのが風土病（地方病）対策である。風土病とは、自然環境に起因して特定の地域にみられる疾病のことで、代表的なものとしては広島・山梨・佐賀の日本住血吸虫症、愛媛・長崎・熊本・鹿児島のリンパ系フィラリア症、彦根のマラリアなどがあった（佐々学『日本の風土病』）。これらは、歴史的には原因不明とされてきたものが、一九世紀末から二〇世紀はじめにかけて、原因となる微生物や感染経路が特定され、寄生虫感染症と認識されたという点で共通していた。

この時期の衛生行政の方向性を表す組織として、保健衛生調査会を挙げることができるだろう。一九一六年、内閣（第二次大隈重信内閣）の直属の組織として設置され、この時期の課題とされた死亡率の改善と体格の向上を目的としていた。第一部乳幼児・児童の保健衛生（三宅秀《みやけひいず》）、第二部結核（北島多《きたじまた》一《いち》）、第三部性感染症（山根《やまね》正次《まさつぐ》）、第四部ハンセン病（同）、第五部精神疾患（柳沢保恵《やなぎさわやすとし》）、第六部衣食住（高木兼寛）、第七部都市・農村の保健衛生（添田敬一郎）、第八部統計（柳沢保恵）から構成され（カッコ内は主査委員）、委員は帝国大学、陸海軍、伝染病研究所など関係部局から集められていたが、実地調査などの実務を担ったのは内務省衛生局の技師たちだった。

調査会第七部の活動のうち、都市の衛生改善については、東京市京橋区の月島で行われた一般労働者の家計や健康に関する社会調査（いわゆる月島調査）がよく知られている。これは、社会統計学者でのちに大原社会問題研究所の所長となる高野《たかの》岩三郎《いわさぶろう》が中心となって計画したものであった。一方、農村調査を進めたのが宮入慶之《みやいりけいの》助《すけ》（写真34）である。

宮入は一八九〇年に帝国大学医科大学を卒業したのち、第一高等学校医学部教授、内務省衛生局技師などを経て、ドイツへ留学し、一九一二年に九州帝国大学医学部衛生学講座の教授に就任した。一九一三年、佐賀の筑後川流域で、この地域の住民を長年苦しめてきた日本住血吸虫症の中間宿主ミヤイリガイを発見したことで知られる。

その宮入が保健衛生調査会の委員として最初の調査地に選んだのは甲府盆地に位置する山梨県西山梨郡の三ヵ村だった。そこは、戦国時代にはすでに日本住血吸虫症と思われる症状の記録が残る、日本の代表的な流行地である。その甲府盆地を対象として調査項目および調査基準を策定することで、寄生虫感染症が長年にわたって特定の場所で蔓延している場合には、その要因を比較検討できるようにする目的があったと考えられる（内務省衛生局『山梨県に於ける農村保健衛生調査報告』）。宮入による山梨調査は、保健衛生調査会による「農村保健衛生状態実態調査」のモデルとなり、地域住民の出産・死亡、体格、住環境、そして寄生虫症への感染状況を対象として、一九二七年までの間に全国一四一ヵ村で実施された（岩水真治「大正期の衛生調査」）。

写真34　宮入慶之助
（国立国会図書館蔵）

保健衛生調査会による農村調査と並行して、衛生局によって国内の風土病（地方病）に関する調査も進められた。内務技師・内藤和行による『本邦に於ける地方病の分布』は、全国のマラリア、リンパ系フィラリア症、ワイル病（レプトスピラ症）、日本住血吸虫症などに関する疫学的情報の集大成とも呼ぶべきもので、各地で風土病として知られてきた疾患が寄生虫感染症として認知されたことを物語っている。

このように、衛生局によって寄生虫感染症に関する現状が把握されたことを踏まえて制定されたのが、一九三一年の寄生虫病予防法である。法案作成の中心となったのは衛生局予防課長だった高野六郎《たかのろくろう》である。同法は、当時の日本で感染がもっとも一般的であった回虫症と鉤虫《こうちゅう》症に、日本住血吸虫症と肝吸虫症を加えた四つの寄生虫症に対して、検便を実施し陽性者に駆虫薬を投与するというものだった。根本的な解決は、一九五〇年代以後に学校および職場での集団駆虫によって実現するが、寄生虫病予防法は一九九四年に廃止となり、九八年に感染症に関する法令が統合されるまで七〇年近くにわたって存続したのである。

参考文献

石原修『衛生学上ヨリ見タル女工之現況』国家医学会、一九一四年
市川智生「感染症と地域経済の歴史――明治後期の長野県における「赤痢病ノ養蚕ニ及ホス関係」をめぐって」『エコノミア』七一―一、二〇二〇年
市川智生「コレラ対策から公衆衛生へ――明治日本の地方専門家会議の消長」『REKIHAKU』〇〇四、二〇二一年
市川智生「明治期日本の海港検疫をめぐる政治外交」『年報政治学』七三―二、二〇二二年

市川智生「近代・現代日本の結核の歴史」『感染症でまなぶ日本と世界の歴史』清水書院、二〇二四年
岩水真治「大正期の衛生調査――内務省衛生局「農村保健衛生状態実態調査」に関する序論的考察」川合隆男編『近代日本社会調査史』Ⅲ、慶應通信、一九九四年
小川鼎三ほか校注『松本順自伝・長与専斎自伝』平凡社、一九八〇年
小高健『伝染病研究所――近代医学開拓の道のり』学会出版センター、一九九二年
北島多一編『国民と結核』内務省衛生局、一九二二年
佐々学『日本の風土病』法政大学出版局、一九五九年
島尾忠男『結核の今昔――統計と先人の業績から学び、今後の課題を考える』克誠堂出版、二〇〇八年
大日本私立衛生会山梨支会『大日本私立衛生会山梨支会会報』一六、一八九八年
内務省衛生局『山梨県に於ける農村保健衛生調査報告』内務省衛生局、一九一八年
内務省衛生局編『本邦に於ける地方病の分布』内務省衛生局、一九二八年
内務省東京衛生試験所編『衛生試験所沿革史』東京衛生試験所、一九三七年
松本洋幸『近代水道の政治史――明治初期から戦後復興期まで』吉田書店、二〇二〇年
宮本忍『社会医学』三笠書房、一九三六年
宮本忍『日本の結核――その現状と対策について』朝日新聞社、一九四二年
横田陽子『技術からみた日本衛生行政史』晃洋書房、二〇一一年
脇村孝平「国際保健の誕生――一九世紀におけるコレラ・パンデミックと検疫問題」遠藤乾編『グローバル・ガバナンスの最前線――現在と過去のあいだ』東信堂、二〇〇八年

テーマ編

第五章　河川・道路政策の展開と特質——土木行政

柏原宏紀

1　土木行政の概要

はじめに――土木行政の近代

河川や道路は私たちの日常生活に密接に関わるものであり、近年では、線状降水帯による河川氾濫、道路インフラの老朽化などが大きな問題にもなっている。河川も道路も古くから存在し、整備や修繕が必要とされてきたが、日本は国土の大半を山地が占め、河川も急流が多いため、それは容易なことではなかっただろう。だからこそ、地域や人々の利害と結び付きやすく、また、その時々で技術の進歩を反映するものでもあった。時代を超えて、多額の費用、高度な調整、最新の技術と人材が求められたとも言えよう。

それでは、政治的にも技術的にも大きな画期となった日本の近代において、河川、道路政策はどのように展開し、そこにいかなる特質が見出せるだろうか。その答えは、当時に河川と道路を管轄していた内務省の土木行政を検討することで明らかになるだろう。なお、土木行政は、港湾（テーマ編第十章参照）も含め、より広い範囲に及ぶが、本章では特に河川と道路を取り上げる。

土木行政組織

土木行政を担う組織は新政府発足以降目まぐるしく変化し、明治二（一八六九）年五月になって民部官に土木司が新設され、七月から民部（大蔵）省に引き継がれた。明治四（一八七二）年七月に土木寮（責任者は土木頭）へ格上げされ一時的に工部省下に入り、一〇月からは大蔵省管轄に改まって、一八七三（明治六）年一一月に内務省が新設されて土木寮も移管された。営繕部門は議論があって切り離されたが、土木寮自体の移管は同省設立に向けた取り調べの段階から異論がなかったようで（小幡圭祐『井上馨と明治国家建設』）、民部省管轄であった経緯から当然視されたのだろう。

一八七七（明治一〇）年一月に各省で寮が局に格下げされたことに伴い、土木寮も土木局（責任者は土木局長）となった。以降は一九四一（昭和一六）年九月に内務省内で国土局に再編されるまで、六五年近くも土木局が土木政策を担当した。一九四七（昭和二二）年一二月に内務省が廃止され、翌年一月、国土局は戦災復興院と合併して建設院となり、七月に建設省が設置されて、二〇〇一（平成一三）年一月に今の国土交通省に統合される。このように、戦前の大半は内務省が土木行政を管轄してきたのである。

また、この分野は技術も重要であり、一八九四（明治二七）年六月には技術系官職のトップとして大臣・次官直属で土木技監が設けられるが、数年で廃止された。一九一一（明治四四）年から土木局内に土木技監が設置された。地方組織も、一八八六（明治一九）年七月に全国を六区（のちに七区）に分けて土木監督署が置かれ、国直轄工事の施行、府県工事の監督などを担当した。一九〇五（明治三八）年三月には、これに代わって土木出張所が全国に四ヵ所（後に八ヵ所）設置され、これらの組織の幹部には技術系官僚が配された（以上、大霞会編『内務省史』三、拙稿「国土交通行政史」参照。以下、人事は「官員録」参照）。

河川政策

慶応四（一八六八）年五月に淀川で六十数年ぶりの大洪水が起こるなど（山本三郎・松浦茂樹「旧河川法の成立と河川行政1」）、創設当初から新政府は土木担当組織を整備しつつ、その対応や対策を求められた（崎島達矢「土木行政の近代化に関する考察」）。最初に河川に関する統一的な法規が定められたのは内務省創設前の一八七三（明治六）年八月であった（河川政策の展開は、別に示さない限り、国立公文書館所蔵「土木局沿革史料」、山本晃一『河川堤防の技術史』、梶原健嗣『近現代日本の河川行政』参照）。

この河港道路修築規則により、河川に関して等級、費用負担などが示された。利害が数県にまたがる一等河は国が直轄工事を、一県内に及ぶ二等河は地方官が工事を行い、いずれも国庫補助の対象（六割分）となったのに対して、市郡村に留まる三等河は、地元民の負担で地方官が工事を実施するとされた。もっとも、わずか三年でこの規則は廃止され、当面、河川に関する統一法制を欠く状況が続いた。

河川工事は、舟の通りやすさなどを考慮し川底にたまった土砂を取り除いて河身改修をする低水工事、堤防などを設けて洪水を防ぐ高水工事があって、土木局は、前者を「預防ノ工」、「運輸工」、後者を「防禦工《ぼうぎょ》」などと表現していたが、前者にも洪水を予防する目的が含められるなど、今日の低水・高水工事の区分とは多少ズレもあった（葦名ふみ「明治期の河川政策と技術問題」）。明治初期は「預防」工事に力点が置かれ、オランダ人御雇外国人技術者たちが中心となってこの工事を進めた。

費用負担については、一八七八（明治一一）年の地方税規則で「河港道路堤防橋梁修繕費」を地方税支出の対象としつつ、太政官達第三〇号で従前通り国庫補助は認めていたが、一八八〇（明治一三）年には紙幣整理などを理由に国庫からの府県土木費補助も廃止されるなど、明治初期は方針が一定しなかった。もっとも、淀川などの大河川は国家負担による直轄の低水工事が継続され、災害復旧の補助も引き続き行われた。その補助率は府県で異なり、旧慣を反映した結果であったとされる。一八八五（明治一八）年には一四大河川を改修する直轄工事に向けて予算が認められ、翌年にかけて府県土木費補助も現実に応じて復活するが、基本的には明治初年以来、低水工事を国庫で、高水工事を府県以下が負担する方向で政策が行われた。

一方で、水害も頻発し、一八八五（明治一八）年には大洪水で全国的に甚大な被害が生じた。地方からはこれまでの河川政策に対する批判がなされ、国庫補助の増額や、国直轄での堤防工事の推進が求められるようになり、開設直後の帝国議会でもこれらの要求が建議された。内務省でも高水工事の必要性を強く認識するようになり（山本三郎・松浦茂樹「旧河川法の成立と河川行政1、2」）、古市公威《ふるいちこうい》や沖野忠雄《おきのただお》ら留学経験のある技術官僚が、計画立案から制度設計まで、土木局の政策を支えるようにもなっていた（土木学会土木図書館委員会ほか編『古市公威とその時代』第四章）。

そして、河川政策に関わる基本法を制定すべく、一八九五（明治二八）年に「公共河川法案」が内務大臣の諮問機関である土木会で審議された。同会は内務、農商務、陸海軍、逓信省などの関係機関幹部や内務省技術官僚幹部に加え、任意委員として貴族院・衆議院の議員も合わせて九名ほど参加したが、超党派的な専門家集団の色彩が濃く、議員の委員は所属政党との調整を図っていた、とされる（村山俊男「土木会に関する基礎的研究」）。この会議で低水工事を重視する内容に強い反対を受け、翌年、修正された河川法案が土木会、帝国議会で審議され、貴族院で若干の修正を受け、速やかに決定された。

河川は地方行政庁が管理し、工事の実施や維持も原則として地方行政庁の義務とされ、利害関係が一府県を超えたり、工事が技術的または財政的に難しかったりする場合は国が直轄工事を行うことも規定された。費用は府県が負担する原則であったが、条件により国が負担または一部補助するとされた。低水工事は国直轄、高水工事は地方担当という従来の原則は示されず、高水工事の直轄化と国庫による負担という選択肢も取り得ることになった。さらに、形の上で廃止されていた、府県の改良工事に対する国庫補助も府県内の地租額を超えた場合に正式に認められた。大水害の原因となった森林伐採や山地荒廃に対して、一八九七（明治三〇）年に森林法や砂防法も制定された。

一方で、多額の費用を要する河川政策は財政的制約も大きく、河川法が適用されて大規模の直轄工事が行われたのは、一九〇七（明治四〇）年段階で一〇河川に過ぎなかった。このうち、例えば木曽川は一八八七年から一九一二年の改修費総額が約九七〇万円、淀川は一八九六年から一九一〇年で約一〇〇〇万円であった。相当な年数の総額とは言え、両者の開始段階における国家予算が一億円弱から二億円近くの規模であったことを踏まえれば（明治財政史編纂会編『明治財政史』三）、費用の多さが窺い知れよう。

この河川法制定後も断続的ながら、治水や河川改修に関する複数の建議が帝国議会に提出されていた（葦名ふみ「帝国議会における「河川問題」」）。そして、一九一〇（明治四三）年における大水害を契機に、内務、農商務、逓信、大蔵省、鉄道院、内閣法制局の幹部や複数の貴衆両院議員などから成る臨時治水調査会が設置され、第一次治水計画が策定された（西川喬『治水長期計画の歴史』）。

六五河川を国直轄工事の対象に指定し、二〇河川は第一期として一八年間で改修工事を完了させ、続けて残りを工事する計画であり、多額の費用と財源も含めて帝国議会で審議、決定をみた。こうして統一的な長期計画のもと、国家による本格的な河川改修工事が実施されるようになったが、財源確保のために創設された治水費資金特別会計が一九一四（大正三）年度で廃止されるなど、時々の社会情勢に左右され、全体として計画通りには進まなかった。

一九一七（大正六）年から大水害が度々発生し（前掲『内務省史』三）、一九二一（大正一〇）年には第二次臨時治水調査会の審議などを経て、第二次治水計画が決定された。第一期で未完了だった一八河川や新規五七河川も含め、合計八一河川を二〇ヵ年で改修する計画であったが、関東大震災の復興などで多額の予算を要したこともあり、予定通りに運ばなかった。概して大正時代までは、国直轄の大河川を中心に治水工事が進められ、中小河川改修は地方に一任されて、地方は国庫補助の要望を継続する構図であった。

一九三二（昭和七）年には、度重なる不況で疲弊した農山漁村を救済すべく実施された時局匡救事業の中に、中小河川改修助成も入るようになった。内務省も府県が担当する中小河川への補助に乗り出し、この背後には河川法でほとんど規定されなかった利水をめぐる他省との競合もあった。河川の統一的な管理を目指す内務省は、農業用水をめぐり農商務省（農林省）と、水力発電に関して逓信省と対立し、一九二〇年代頃からそれが激しくなっていたのである。

一九三三（昭和八）年には、内務、大蔵、陸海軍、農林、商工、逓信、鉄道各省ほか関係機関の幹部、貴衆両院議員などから成る土木会議が設置され、第三次治水計画が策定された（前掲『治水長期計画の歴史』）。直轄施工予定で未着手の河川から二四河川を選び、一五年以内に完成させる計画であり、併せて中小河川改修への国庫補助制度が確立され、時局匡救事業で拡大していた府県河川事業への国庫補助も正式に認められた。しかし、翌年から再び大水害が頻発し、また戦争の時代へ突入して、計画は完遂されることなく終わった。一九三五（昭和一〇）年には各省庁の技官を構成員とする水害防止協議会が設立され、洪水対策と利水をめぐる対立解消のため、ダム開発を柱とする河水統制事業の具体策を審議、決定した。一部でこの工事も行われたが、全体的に戦時下でさほど進展せず、戦後に受け継がれていった。

河川政策は旧慣に左右され、全国的統一的な制度もない段階からスタートし、法制度を構築し、人材も育成して、全国的な制度の下で政策が展開できるようになり、また優先順位や財政的な裏付けも考慮して、諸方面の調整も行って計画を立てられるようにはなった。戦後につながるダム開発も萌芽を見せた。河川行政でも一応の近代化が進んだとは言えよう。しかし、河川政策を取り巻く環境は、近代日本の針路と共に予想し難く、それらの計画が思うように実行できないまま、内務省の河川政策を担当する時代が終焉したことも間違いない。

道路政策

近代の道路政策は、輸送手段の変化に応じて実施される部分が大きかった。幕末に登場した馬車利用が明治初期に急速に増え、近世と異なった道路整備が求められるようになった。前述の河港道路修築規則では、道路についても、東海道など「大経脈」を通ずるものを一等、「大経脈」と各地の「経路」をつなぐ「脇往還」などを二等、「村市ノ経路」を三等と区分し、一等は国直轄で、二、三等は地方官が工事を実施するとされた。費用負担も、一、二等は国が六割を補助し、三等は全て地元負担と規定された（以下、道路政策の展開は、別に示さない限り、前掲『内務省史』三、日本道路協会編『道路政策の変遷』参照）。

一八七六（明治九）年には、太政官達第六〇号によって、新たに国道、県道、里道の種別とそれぞれの三等級が、例えば、国道一等は東京と「各開港場」を結ぶ道路のように列挙された。また規格も国道一等は「道幅七間」などと明示され、費用負担は当面従来通りとされるに留まった。そして、内務省は国道県道の状況を把握すべく、早速に府県に対して道路等級などを定めて図面を提出するよう求めた（武藤博己『道路行政』）。

一八七八（明治一一）年の起業公債事業では、国内輸送ネットワーク構築の一環として国道の整備も盛り込まれ、東北で新道建設が進められた（小風秀雅「起業公債事業と内陸交通網の整備」）。また、同年の地方税規則で道路建築修繕費が原則地方負担であることを明示した。実際は官費支出に関するものも当面は従前通り認められたが、一八八〇（明治一三）年に国庫補助が廃止され（前掲『道路行政』）、この展開は河川の場合と全く同様であった。このように明治初年は規定が変転し、道路整備は本格化しなかった。

一八八五（明治一八）年には国道に限り等級が廃止されたほか、国道表が定められて四四路線が国道として示され、二年後には軍事国道の一六路線も追加指定され、合計六〇路線となった。府県道は路線指定がなされず、府県が「仮定県道」という形で認定していた。そして、道路に関する基本法がない中で、断片的な法規で政策を展開する状態を脱するべく、一八八八（明治二一）年に「公共道路条例」などが閣議に提出されて道路法の制定に向けて動き出し、以降、法案が閣議、時に議会まで提出されることもあったが、決定を見ないまま三〇年が経過した。

この間、道路整備の中心は国道から府県道、さらに一八九〇年代にかけて里道へ移り、一九〇〇年前後には里道（市町村道）の総延長が大きく伸びた。一八九四年から一九〇一年にかけて、国道は約七四〇〇キロメートルで大きな変化はなく、府県道は約二五〇〇キロメートルから六〇〇〇キロメートルほど増え、市町村道は約二四万キロメートルから七万二〇〇〇キロメートルほど増加したのであった（いずれも北海道・沖縄を含まず）。これは鉄道敷設が進んで、国内輸送の中心を占めるようになり、駅からその周辺地域をつなぐ里道の意味が増大したことによるとされる。なお、一八九四年から一八九八年の道路・橋梁費（年平均）は、国道が約一〇四万円、府県道が約三〇〇万円、市町村道は約四六七万円で、合計すれば既に相当額に上るようになっていた（中村尚史ほか編『岩波講座　日本経済の歴史3　近代1』）。

そして、国内輸送で鉄道が中心を占める時代となり、道路に対する一般社会の関心が低かったことが統一法制定の遅れの大きな原因になった。結局、しばらく道路改良は地方庁の自主判断に任せ、中央は毎年度予算内でその都度助成する形が継続した。ようやく道路法が成立したのは一九一九（大正八）年であり（道路法については、北原聡「道路法と戦間期日本の道路改良」参照）、都市部で自動車の利用が広がりつつあったことが背景にあった。

道路法では、道路の種別が国道、府県道、郡道、市道、町村道に変更され、国道から郡道まではどのような路線がこれにあたるのか、それぞれ列挙された。道路認定については、国道は内務大臣、府県道は府県知事、郡道は郡長、市道は市長、町村道は町村長が行うとされ、新設、改築、修繕、維持を行う管理者は、国道は知事、それ以外は路線認定者であることも明示された。費用も、軍事目的の国道や内務大臣指定の国道の新改築は国庫から、その他は管理者の統轄する府県・郡・町村が負担するとされ、国道のほか、特別の理由がある場合に府県道以下の新改築も一部を国庫から補助するとされた。

併せて、内務、大蔵、陸海軍省幹部や一部の貴衆両院議員などから成る道路会議も設置され、その審議を経て道路構造令も制定された。審議の中心は、政党間の争論ではなく軍部の要求への対応であった。同令は各種道路の幅員を規定し、例えば、国道は四間以上とされ、特殊の事由のある場合は一間以内の範囲で縮小可能とした。国道と府県道は自動車二車線分の二間半以上が最小幅員でも確保されることになった。

さらに、これらの法令に則って道路を整備するべく、第一次道路改良計画が実施された。一九二〇(大正九)年から三〇年間で、国道約七〇〇〇キロメートル(他に軍事目的の国道約二八〇キロメートル)、府県道約一五〇〇キロメートルなどを改良し、道路公債約二億八〇〇〇万円を財源に国庫から補助する内容であった。こうして、内務省は産業の振興を大きな目的として重要な道路から整備に着手したが、関東大震災で財政難に陥り、計画通りには進まなかった（以上、前掲「道路法と戦間期日本の道路改良」）。

この間も自動車交通は発展し、道路整備の必要性も増していた。一九二九（昭和四）年には産業道路改良計画を策定し、重要な府県道の改良を進めようとしたが、浜口雄幸内閣が予算を大幅削減し中止に追い込まれた。道路政策も存在感を増し、党派対立の影響を色濃く受けるようになったと言えよう。さらに、一九三一（昭和六）年以降には、都市の失業対策、次いで農山漁村救済の時局匡救も目的とする道路改良事業が行われるようになる。

また前述の土木会議への諮問を経て第二次道路改良計画が策定され、一九三四（昭和九）年度から実施された。国道、府県道で未改良部分を対象に、道路公債募集金などの約六億三〇〇〇万円を財源として、二〇年かけて工事が行われることになった。戦時体制に入っても計画は続行され、質を落として改良工事が実施されるようになったほか、道路整備への軍事的影響がさらに強まった（前掲「道路法と戦間期日本の道路改良」、前掲『道路行政』）。そして、自動車利用が飛躍的に増加する戦後を迎えることになる。

2　内務省土木行政の特質——工部省との管轄争いから考える

工部省の土木移管要求

内務省は一八七四（明治七）年以降の戦前期に一貫して土木部門を担当してきたが、その管轄が揺らぐような危機が早くも一八八三、一八八四（明治一六、一七）年に訪れていた。工部省が、古今東西の土木管轄の例なども持ち出し、本来土木を担当すべきは同省であると主張し移管を求めたのである。同省は鉄道、鉱山、電信、造船など多岐にわたる近代化事業を担うも、官業払下げで衰微しつつあり、新たな存在意義を探していた。

写真35　佐佐木高行
（国立国会図書館蔵）

工部省側の主張は、佐佐木《ささき》高行《たかゆき》工部卿（写真35）が政府に提出した二つの建議と渡辺《わたなべ》洪基《こうき》工部少輔の意見書から読み取ることができる（「公文別録」、津田茂麿『明治聖上と臣高行』）。いずれも基本的に最初の佐佐木建議を敷衍《ふえん》し具体化したもので、内容は通底している。当時の政治家も時間をかけて議論したが、結局採用されることなく、内務省は土木管轄を守り、新たな存在理由を獲得できなかった工部省は一八八五（明治一八）年に廃止された。

この移管論争は、明治一四年の政変後の主導権争い、明治天皇側近グループであった佐佐木工部卿による構想の実現など、様々な観点から研究されてきたが（この移管論争については御厨貴『明治国家形成と地方経営』、西川誠「佐佐木高行と工部省」、植村正治「工部省解体と帝国大学工科大学設立」参照）、以下では当時の土木行政への批判を含んだ工部省意見と対比することで、初期の内務省土木部門の特質を浮かび上がらせてみよう。この初期の特徴は、それまでに形成された構造の延長上に位置づけられたり、その後の展開を規定したりと、内務省土木行政の歴史的特徴や構造を窺わせるものになろう。その上で、近代日本の土木行政の成果や問題点を見据えたい。

財政的制約と旧慣

まず、工部省は内務省による土木事業が進んでいないことを問題視し、その打破のために工部省移管を求め、同省が基本的に国庫からの支出で道路整備や堤防建設を行っていくことを主張した。確かに、当時の内務省は土木事業を進める上で地方の負担に頼り、国庫補助を減らすことも余儀なくされていた。一方の工部省は、かつて激しい政治闘争を繰り広げてでも事業に要する多額の費用を国庫から獲得し、政策を決定に持ち込み、各部門で一定の成果を残してきたので（拙著『工部省の研究』）、それらも踏まえての意見であろう。

しかし、河川・道路の工事を何も限定をかけずに実施すれば、計り知れない莫大な費用を要することになる。上記の工部省の意見に対して、内務省も反論を用意したが、その中でも土木工費を全て国庫負担とすることは不可能であるとしていた（前掲『明治国家形成と地方経営』）。この点は、工部省への反論としては有効であったが、内務省が土木政策を進める上での制約でもあった。工部省のような強引な予算獲得は時代が下ればできなくなり、大蔵大臣が国家予算に余裕がないとして、内務大臣の請求に応じないことはこの後も見られるところであり、常に国庫補助のあり方が問題になるのもこの側面の表れであった（前掲「旧河川法の成立と河川行政１、２」）。

また、工部省は意見書の中で、道路や河川事業の費用負担などについて「各地ノ慣習法規」があり、これは内務省の領域であると認めて、仮に工部省に移管しても「評議会」を開催する必要があると指摘していた。このような旧慣も内務省の土木政策に長く影響を及ぼしてきた。河川も道路も近代に登場したものではない以上、近世にもそれぞれの地域で歴史的蓄積があり、維新後すぐにそれらを一新することは難しかった。

旧慣は、大河の片岸だけ大藩支配にあって大藩側のみ水害が防げているような体制、非合理的な迷信、古い工法など様々であった（長町顕「西村捨三と内務省の河川政策」）。明治ゼロ年代から一〇年代の内務省伺などでも旧慣にしばしば言及され（「土木局沿革史料」）、河川法成立に際しても、時の内務大臣が旧慣からの脱却を理由の一つとして掲げており（前掲「旧河川法の成立と河川行政2」）、二〇年以上にわたり土木政策の制約要因であり続けたのである。

これに対して、鉄道、電信を始めとして多くが維新以降に登場した工部省事業では、鉱山などを除けば、近世における経緯がその推進を長く妨げることはほとんどなかったろうし、工部省事業は工事が局地的で、予算を集中投下しやすかったろう。事業対象となる河川や道路が全国的に多数存在し、かつそれらが旧慣という根を張っているところは、内務省土木事業の特徴であり、前者は全体の予算を膨大にし、両者ともに後述する地方政治に密接に関わるものでもあった。

土木事業を担う技術官僚の遅い登場

工部省の土木移管意見書に対して、井上馨は国政政治家たる参議の立場で、内容自体に異論はないが、人材が得られなければ意見書の趣旨は貫徹できず、そうならば実行しない方がよいだろう、と有栖川宮熾仁《ありすがわのみやたるひと》左大臣に伝えていた（「公文別録」）。実は工部省の意見書でも、工部大学校で土木に従事する人材を養成し、優秀な卒業生を選抜して事業に当たらせ、経験を積ませた上で土木工事を専任させるとしており、すぐに必要な人材を十分に確保できる状況ではなかった。土木事業を牽引する技術官僚は内務省にも工部省にもまだ極めて少なく、政府が国家事業として土木工事を幅広く実施していくことは難しかったのである。

工部省では、設立段階から山尾庸三や井上勝ら留学で技術を習得してきた人材が活躍していた。既に明治四（一八七一）年九月には幹部クラスの奏任官として技術都検などの技術官職が設定されたが、当初留学組もこれらの官職に就かず、幹部事務官職として省務や各政策部門を主導し、まだ名実が乖離《かいり》していた。しかし、明治ゼロ年代後半から渡辺蒿蔵《わたなべこうぞう》、飯田俊徳《いいだとしのり》など新たな留学帰りの官僚も各部門に補充され、実態としては省内で技術官僚の存在感は大きかった。一八七七（明治一〇）年から宇都宮三郎《うつのみやさぶろう》らが技術系官職に就き、続けて事務官職就任の技術習得者も技術系官職に任じられるなど、名実ともに技術官僚が充実し、当面は省内で強力な存在であり続けた（拙著『明治の技術官僚』）。従って、工部省はその経験から、土木部門でも人材を確保しながら事業を進めることが可能であると考えたのだろう。

対照的に、内務省では一八七四（明治七）年三月に技術系官職が土木部門にも設定されたが、幹部の一〜三級出仕は月給が定められず、当時の日本に未だ「学術精達ノ者」が存

写真36　古市公威
（国立国会図書館蔵）

在しないことを理由としていた。しかも、一八七七（明治一〇）年一月には土木技術系官職自体が一旦廃止となったので（技術官僚制度は内閣記録局編『法規分類大全11』参照）、フランス留学で土木を学んだ古市公威（写真36）などは（前掲『古市公威とその時代』）、一八八一（明治一四）年に臨時的な准奏任御用掛として任用された。この段階で実際に「学術精達ノ者」が少し登場したが、今度は技術系官職の方が整備されていなかったのである。一八八三（明治一六）年には山田《やまだ》寅吉《とらきち》、石黒《いしぐろ》五十二《いそじ》らも准奏任御用掛に加わった。

翌年五月になって内務省に、奏任官より上の勅任官に当たる技監が創設され、他部門で既設定の技術等級を拡大する形で土木部門にも技術系官職が置かれた。これ以降、三等技師に古市、山田、四等技師に沖野忠雄、石黒ら数名が配置されて、その下に技師補も設定され、ようやく土木局技術官僚が名実ともに登場したのであった。このように技術官僚の登場が遅かったことも内務省土木部門の特徴であり、工部省の意見書が出されたのは、まさに内務省土木局に中堅幹部の技術官僚が登場し始めた時期であった。

土木官僚の登場の遅れもまた、前述した明治前期における土木事業の停滞の一因となっただろう。技術官僚の不在は、工部省のように組織を主導し方向性を定めて政策を強力に推進できる勢力がいなかったことを意味し、御雇外国人も工事や技術面でしか代替できず限界があった（梅溪昇『お雇い外国人の研究』上巻）。結果として、政策方針が安定せず、その時々で、河川と道路の間で、また河川の中でも低水工事と高水工事の間で、急務となるものが変わることにもなった。何より予算が強引に獲得しやすい明治初年において、専門性を背景に予算獲得や政策決定を強硬に要求することもできず、スタートダッシュができなかったのは、政策スピードの点からすれば大きな問題であったろう。

他方面の調整を要する土木行政

内務省は、先の工部省意見への反論の中で、土木行政が工事だけに止まらず、少なからず地方行政と関係しており、判断を誤れば地方官やその地方の人々の「不信」を招きかねないので、地方行政を担当する同省が土木を管轄し続けた方がよい、としていた（小風秀雅「起業公債事業と内陸交通網の整備」）。河川も道路も全国にあり、それぞれに地元住民がいて利害関係が生じるものである。土木事業が地方の利害に直結する以上、まずは自由民権運動でそれが噴出することもあり得たから、時代が下るほど全国的な問題にもなりやすくなった。

また、土木部門は様々な勢力から介入を受けやすく、政治問題化しやすかった。工部省も移管要求の中で、仮に実現できたとしても、旧慣などとの関係から内務省はもちろんのこと、農商務、海陸軍、大蔵省も加えて「評議会」を開く必要があるとしていた。確かに陸軍も道路建設に容喙《ようかい》する存在となっていく。しかも、政党が登場し議会政治が開始されて、地域住民と結びついた要求が先鋭的な形で国政に表出しやすくなったので、議会への配慮も徐々に必要となった。

そして、道路法の制定、第一次道路改良計画、第二次治水計画の策定がいずれも原敬内閣であったことに示されるように、土木政策においていよいよ首相の方針や指導力が大きな意味を持つようになる。一九二〇年代後半になると、年度別の道路橋梁費決算額が政友会内閣の時に拡大傾向であったことも看取できるので（内務省土木局編『土木局統計年報』七）、政党の政策方針に左右される部分も出てきた。

一八七五（明治八）年段階で、「政治がかつたもの」でないと認識されて、地方官会議で取り上げられた土木事業は（東京朝日新聞社政治部編『その頃を語る』）、国家制度や行政組織が発展する中で、地方政治との関係も含めて、多方面と調整の必要な「政治的性格」を帯びるようになった。統一法制の制定、長期計画の策定に際して、しばしば土木会などの会議を置き、議員も含めて関係者の意見を調整してきたのは、利水をめぐる競合と共に、この土木部門の特徴の発露である。内務省は土木分野を継続して担当することを地方行政との関係から正当化したが、皮肉にも、土木政策の不安定要素でもあった「政治的性格」によって、廃止まで七〇年以上も土木分野を管轄し続けた、ということにもなるのだろう。

内務省による土木行政がもたらしたもの

工部省との移管論争は、内務省の土木行政の構造的特質を浮き彫りにした。第一に、内務省時代の前半までは旧慣が根強く存続していたことが挙げられる。これは時間をかけて統一法制に刷新されたのであった。第二に、膨大な費用を必要とすることであり、当初は地方と分担し、その後財源確保策も実行し全国的な事業計画も打ち出されるようになったが、この特質自体は事業推進の制約であり続けた。第三に、土木行政が地方政治と結びつき、移管論争も含め他省との調整も要し、政党の影響も受けるようになるなど、多方面から介入を受けやすいことも構造的特徴であった。その後、関係者の会議体の創設などで一定の調整が図られるようになった。

第四に、技術官僚の遅い登場である。時代が下れば幹部も含め人材が育成されていったが、土木分野において事務官が局長や幹部を占める慣例を生み出し、これを構造化することにもなった。古市公威を除き、基本的に技術官僚は局長などに就くことができず、幹部クラスでも技監など限られた技術系官職にしか就任できなかったのである。やがて技術官僚の待遇改善運動などを惹起するが（大淀昇一『技術官僚の政治参画』、若月剛史「「挙国一致」内閣期における内務省土木系技術官僚」）、技官が事務官より低く位置づけられる構造は、内務省の時代には変わらなかった。戦後、後継の建設省では次官級の技監が置かれ、局長に加え、時に事務次官にも就くようになり、改善は見られたものの、全体としては冷遇される構造が長く受け継がれることになった（拙稿「国土交通行政史」）。

これらの構造的特徴は、政治・経済・社会をめぐる時代状況と共に、土木事業を不安定にして、全体としてスピードを遅くした。この第五の歴史的特徴も既に移管論争で工部省が鋭く指摘しており、確かに大きな問題ではあった。しかし、結果的にもたらされた時間的ゆとりは、土木事業をめぐる財政危機や政治的大紛糾を回避させ、人材育成も含め制度・組織の近代化を着実に前進させるものであったろう。もちろん、その中で現代の基盤となるような河川・道路の整備も一部で実施できていた。長期的に見れば、このような現実的な発展こそ、内務省土木行政の大きな成果であったのだろう。

参考文献

葦名ふみ「明治期の河川政策と技術問題」『史学雑誌』一一五―一一、二〇〇六年
葦名ふみ「帝国議会における「河川問題」」『土木史研究　講演集』三一、二〇一一年
植村正治「工部省解体と帝国大学工科大学設立」『社会科学』五一―二、二〇二一年
梅溪昇『お雇い外国人の研究』上、青史出版、二〇一〇年
大淀昇一『技術官僚の政治参画』中央公論新社、一九九七年
小幡圭祐『井上馨と明治国家建設』吉川弘文館、二〇一八年
柏原宏紀『工部省の研究』慶應義塾大学出版会、二〇〇九年
柏原宏紀「国土交通行政史」笠原英彦編『日本行政史』慶應義塾大学出版会、二〇一〇年
柏原宏紀『明治の技術官僚』中央公論新社、二〇一八年
梶原健嗣『近現代日本の河川行政』法律文化社、二〇二一年
北原聡「道路法と戦間期日本の道路改良」『関西大学経済論集』五一―二、二〇〇一年
小風秀雅「起業公債事業と内陸交通網の整備」高村直助編『道と川の近代』山川出版社、一九九六年
国立公文書館所蔵「土木局沿革史料」、「本省事務整理ノ件建議」、「公文別録・工部省・明治十五年～明治十八年」二―一四、「工部省佐々木高行意見書工部省事務改革ノ議」、「公文別録・上書建言録・明治十一年～明治十八年」三―一〇、「官員録」
崎島達矢「土木行政の近代化に関する考察」『土木史研究　講演集』三八、二〇一八年
大霞会編『内務省史』三、地方財務協会、一九七一年
津田茂麿『明治聖上と臣高行』自笑会、一九二八年
東京朝日新聞社政治部編『その頃を語る』東京朝日新聞発行所、一九二八年
土木学会土木図書館委員会ほか編『古市公威とその時代』土木学会、二〇〇四年
内閣記録局編『法規分類大全11』内閣記録局、一八八九年

内務省土木局編『土木局統計年報』七、クレス出版、一九九七年
長町顕「西村捨三と内務省の河川政策」『神戸大学史学年報』三四、二〇一九年
中村尚史ほか編『岩波講座　日本経済の歴史3　近代1』岩波書店、二〇一七年
西川喬『治水長期計画の歴史』水利科学研究所、一九六九年
西川誠「佐佐木高行と工部省」鈴木淳編『工部省とその時代』山川出版社、二〇〇二年
日本道路協会編『道路政策の変遷』日本道路協会、二〇一八年
御厨貴『明治国家形成と地方経営』東京大学出版会、一九八〇年
武藤博己『道路行政』東京大学出版会、二〇〇八年
村山俊男「土木会に関する基礎的研究」『神戸大学史学年報』二一、二〇〇六年
明治財政史編纂会編『明治財政史』三、明治財政史発行所、一九二六年
山本晃一『河川堤防の技術史』技報堂出版、二〇一七年
山本三郎・松浦茂樹「旧河川法の成立と河川行政1、2」『水利科学』四〇―三、四、一九九六年
若月剛史「「挙国一致」内閣期における内務省土木系技術官僚」『東京大学日本史学研究室紀要』一六、二〇一二年

テーマ編

第六章　救貧・慈善から「社会事業」へ——社会政策

松沢裕作

1　内務省と「社会福祉」行政

厚生労働省の源流

内務省は、現在の厚生労働省の源流の一つでもある。しかし、内務省が設置された時代に、今日の厚生労働省が所管している「社会福祉」という政策分野が存在したわけではない。つまり、さまざまな理由で生活の困難に直面した人びとの生活の安定をはかるような諸政策が、一つのまとまりとして意識されてはいなかったのである。そうした諸政策は、一九一〇年代から、徐々に「社会事業」という名称で内務省が取り扱うべき政策として認識されてくるようになり、やがて一九三八年に、内務省から厚生省が独立するにいたる。

この点を組織の面から見ておこう。一八七四年の、内務省の最初の事務章程では、「貧院」（救貧施設）の設立や、「賑恤《しんじゅつ》及貸付」（生活困難者への金品の支給および貸し付け）、捨て子の養育に関する政策、災害にあったものの救助などが内務省の担当事務に含まれている。ただし、これらを専門に扱う部署が置かれたわけではない。一八八六年の内務省官制では、これらの政策は県治局（のち地方局）のいくつかの課に分散して担われていたほか、貧民に対する無料の医療供給（当時の用語でこれを「施療」という）に関しては衛生局が担当していた。

今日の社会福祉行政につながる専門の部署は、一九一七年に地方局に救護課が設置されたのが最初である。これは陸軍の要請で、傷病兵・戦死者遺族を救済するための軍事救護法（テーマ編第八章）が制定されたことを契機にしていた。このとき救護課長に就任したのが田子一民《たごいちみん》であり、彼は生活困難者の支援にかかわる政策を「社会事業」という名称のもとに包括しようとした（コラム⑧）。一九一九年、救護課は社会課と改称され、一九二〇年には社会局に昇格した。さらに一九二二年、社会局は、省内の局とは異なり、内務大臣管理のもとに、独自の「長官」をトップにいただく、独立性の高い「外局」となり、これまでは農商務省の管轄だった、工場法をはじめとする労働者保護に関する行政も社会局が担当することになった。ここに、現在の厚生労働省につながる社会福祉行政の原型が姿を見せることになる。

「社会事業」という政策領域

明治期に公費の支出によって救護がおこなわれたのは、限定された条件を満たす生活困難者の直接救済、すなわち「救貧」に限られており、民間の事業、すなわち「慈善」の領域は政策の外に置かれていた。「社会事業」という政策領域は、国家や地方自治体が公費によって何らかの事業をおこなう場合と、民間の組織が事業を担う場合の双方を含み、政府は民間事業者に対して指導、組織化、一定の補助をおこなう。公費による救済、民間の事業、そして、日露戦争前後から重視されるようになった、貧困を予防する政策（「防貧」）が相互に関連しあった政策課題として認識されるようになる点が「社会事業」という政策領域の登場の画期性であるといえよう。

2　恤救規則と個別法令による救護

恤救規則の救助対象

戦前の日本で、現在の生活保護法にあたるような、生活困難者の最終的なセイフティネットとなっていたのは、一八七四年の恤救《じゅっきゅう》規則であり、同規則にかわって一九二九年に公布、一九三二年に施行された救護法である。

恤救規則は、前文と五つの条文からなる短い法令である。前文では、「貧者を救済したり、憐れんで助けたりすることは、本来人々がおたがい、自発的な意志でおこなうものである。しかし、誰にも頼ることができず、放っておくわけにもいかないような者については、この規則に基づいて救済する」という意味のことが書かれている。この前文には、政府は生活困難者を救うという義務は負っていないという立場が明瞭に示されている。

この方針にしたがい、救助対象も、①七〇歳以上の高齢者、②障がい者、③病気の者、④一三歳以下の児童の四つのカテゴリーに限定された。そして、いずれの場合も、働くことができず、きわめて貧困であり、かつ、「独身」である場合には、一定の米の量を代金に換算した額が支給されることになっていた。この場合の「独身」とは、事実の上で一人で暮らしているということではなく、戸籍のうえで「一人」であることを指していた。扶養可能な者が戸籍上どこかに存在すれば、恤救規則の救助対象とはならないのである。

窮民救助法案の否決——「救助が惰民を生む」という議論

法令として非常に単純で、かつ受給資格を厳しく制限している恤救規則が生活困難者への対策として十分でないことは、一八九〇年ごろの内務省では自覚されるようになっていたと思われる。一八九〇年一一月、最初の帝国議会に、政府は恤救規則にかわる「窮民救助法案」を提出しているからである（稲葉光彦『窮民救助制度の研究』）。

法案の内容は次のようなものであった。第一に、障がい者、病気、高齢、その他のため、自分の力で生計が立てられず飢え死にしそうなもの、および養育者のいない孤児・捨て子が救済の対象となる。恤救規則と比べると、窮民救助法案には、「独身」の条件がない。

第二に、市町村は救助の義務を負うと定めたことである。第三に、有志が醵出《きょしゅつ》する窮民救助のための義援金や米穀は、いったん市町村長に委託し、市町村長は公費救助と同一に支給することを定めていることである。つまり、民間慈善についても包括的にこの法が扱うことが予定されていたのである。

なぜこのような法案が提出されたのであろうか。直接の契機は、一八九〇年に米価が高騰し、都市部で不穏な状況が発生したこと、またこれに対応するために、都市部の富裕層が義援金・米穀の醵出などをおこなったことにあった。この状況の何が問題であったのか。議会で説明にあたった内務次官白根専一《しらねせんいち》は、以下のような説明をしている。恤救規則は救済の条件が厳しいため、生活に困窮した人は民間の慈善に頼ることになる。ところが、こうした慈善には地域間で格差が生じてしまう。たとえば富裕者がいる地域では義援金などが豊富に提供され、困窮の程度がはなはだしくない者までも救助対象となる。富裕者がいない別の地域では、もっと貧しい人がいたとしても、十分に救助が行き渡らないというようなことが発生しうる。そのため、ある程度救済する人の幅を広げ、法律によって、あらかじめ救済の基準を定めておく必要がある。

しかし、こうした内務省の説明は、衆議院議員たちの強い反発に直面し、窮民救助法案は否決、廃案となった。反対論の典型は、市町村に窮民救助の義務を負わせるとすれば、窮民は救助を受ける「権利」を有することになるが、こうした権利は認められないといったものである。こうした議論の背後には、貧困の原因は、貧困に陥った本人が、働き、貯蓄をするという努力を怠っているからだという考え方があった。裏を返せば、勤勉に働き、貯蓄につとめていれば、かならず成功するはずだという考え方が、近代日本の形成期には広まっていたのである（安丸良夫『日本の近代化と民衆思想』）。

こうした考え方のもとでは、救済の幅を広げることは、労働意欲を奪い、貯蓄の動機を失わせることになり「惰民《だみん》」（怠け者）を生む原因とされる。一方、内務省側も、むしろ富裕者による恣意的な救済の拡大こそ「惰民」養成につながると主張しており、両者はともにこうした「惰民」観を共有していたことがわかる。こうした、救助の拡大は「惰民」養成につながるという議論は、これ以降、政府内外の議論の共通の前提となってゆく。

新法の模索

一八九〇年に窮民救助法案が廃案となったのち、内務省内で、恤救規則にかわる新法制定に積極的だったのは、救貧を所管する地方局の官僚ではなく、衛生局長の後藤新平《ごとうしんぺい》（写真37）であった。日清戦争後の一八九五年に、二度目となる衛生局長に就任した後藤は、首相の伊藤博文《いとうひろぶみ》に対して、日清戦争賠償金の一部を皇室財産に組み入れ、それを皇室より

写真37　後藤新平
（国立国会図書館蔵）

下賜するかたちで窮民救済の費用に充てることを提案し、また一八九七年には、「帝国施療院」の設立をはじめとする、体系的な窮民救助・貧困対策の必要性を訴えるなど、くりかえし新政策・新法の必要性を説いた。そのなかには社会保険制度の構想も含まれている（鶴見祐輔編著『後藤新平』第一巻）。後藤は、医療・公衆衛生・保健・救貧を一体のものとしてとらえ、そうした問題群を、地方局ではなく衛生局の主導ですすめようとしていた。しかし、これらの提案が内務省の政策として具体化されることはなかった。

帝国議会では、一八九七年の第一〇議会に、進歩党の大竹貫一《おおたけかんいち》ら、超党派の議員によって恤救法案と救貧税法案という二つの法案が提出された。これは市町村に生活困難者救助の責任を負わせるとともに、財源としての救貧税を新設し、国庫補助を実施するという内容のものであったが、審議されないままに廃案となった。

その後、一八九八年、隈板内閣のもとで、内務省内で「窮民法案」と題する法案が作成されたことが知られている。板垣退助《いたがきたいすけ》内相は、就任にあたり地方行政の重要課題として

「恤救」を挙げていたように（『憲政党党報』第二号）社会問題への取り組みに熱心であったことがその背景にあったと思われる。しかし、この法案は内務省内で未定稿のままにとどめ置かれ、議会に提出されることはなかった（一八九八年一〇月三日付大隈重信《おおくましげのぶ》宛鈴木充美《すずきみつよし》内務次官書簡、『大隈重信関係文書』六）。救助費用は市町村・府県が担い、国庫がそれを補助するものとされていた。立ち消えとなった理由は不明であるが、財源をめぐって府県知事からの反発があったのではないかとされている（日本社会事業大学救貧制度研究会編『日本の救貧制度』）。

一九〇二年の第一六議会では、再び議員の側から、貧民救助労働者及借地人保護に関する建議案と救貧法案が提出される。提案者の代表は立憲政友会の安藤亀太郎《あんどうかめたろう》である。建議は可決されたものの、法案は否決され、この時も恤救規則に代わる新法は制定されなかった。

風化・防貧・救貧という序列

注目されるのは、同法の審議における井上友一《いのうえともいち》（コラム⑥）内務省府県課長の発言である。井上は、「貧民を救ふと云ふより救はるへき貧民を作らざるが先決問題」として、救貧の拡大に慎重な姿勢を示す。それと同時に、民間の慈善事業の発達に期待を寄せ、とくに「全国の大都会」では、近いうちに民間慈善施設の発展がみられるであろうと展望したうえで、それについては「奨励」「勧誘」はおこなっても、「一切の費用を公費にて負担すへきや否や」は慎重に検討しなくてはならないと述べている。整理すれば井上は、救貧よりも貧困の予防、のちに井上が多用する用語に従えば「防貧」に重点を置き、公的な支出で救貧をまかなうのではなく、民間の慈善事業を政府が組織化したり補助したりすることで貧困に対処しようとしていたことがわかる。この時期、井上がはっきりと公費支出の拡大に慎重姿勢を示した背景には何があったのだろうか。井上の発言のなかで「大都会」が言及されていることがヒントになるだろう。経済の資本主義化にともなう大都市への貧困層の集中は、地方費に依存するのであれば府県のあいだの負担の不均衡を発生させることが予想され、また将来的に国庫支出ではカバーできない水準に達することが懸念されたのであろう。

以後、井上友一府県課長は、二〇世紀初頭の内務省において、救貧政策を主導する位置に立つ。井上の著書『救済制度要義』(一九〇七年)は、「救済制度」の序列を、風化・防貧・救貧の順としている。すなわち、貧困を生まないような精神の土壌を作ること(「風化」)が最上位に置かれ、次に、貧困を防ぐこと(「防貧」)が位置づけられ、すでに存在する貧困を救う「救貧」は、「救済制度」のなかではもっとも価値の低いものとみなされるのである。そうした井上の観点からは、恤救規則の貧弱さも、内務省が帝国議会に提出した窮民救助法案が否決されたことも、日本にとっては幸運であったとみなされる。こうして、隈板内閣期までは内務省内に存在していた恤救規則改正への動きは、井上の登場とともに、いったん中断することになるのである。

個別法令による救助

こうして、生活困難者一般をカバーする法律としては、一八七四年に制定された恤救規則が効力を持ち続けた。一方、二〇世紀初頭には、特定の理由による生活困難者を、隔離・治療・教育の目的を兼ねつつ施設収容する諸法があいついで制定され、恤救規則を補うかたちが取られた。

さきがけとなったのは一八九九年の行旅《こうりょ》病人及行旅死亡人取扱法である。これは、移動中に病気により移動困難となったり、死亡したりした者、いわゆる「行き倒れ」への対応を定めたものである。明治に入り人の移動が自由となり、あらたな職業や生活環境をもとめて移動する人びとが増えたことがその背景にある（竹永三男「近代日本における行旅病人・行旅死亡人対応法制の成立と展開」）。

ついで、一九〇〇年には感化法が制定された。感化法に基づいて設置された感化院は、未成年犯罪者のみならず、孤児や親権者のいない貧困児童をも「不良少年」として収容する施設であった（田中亜紀子『近代日本の未成年者処遇制度』）。

病気を患うものへの法令としては一九〇〇年の精神病者監護法と、一九〇七年の「癩《らい》予防に関する件」が挙げられる。前者は、精神病者の家族に、精神病者を監護する義務を負わせたものであり、精神病者を隔離する一面を持っていたが、身寄りがない精神病者や、家族に監護の資産能力がないとされた場合には精神病院に入院させる措置がとられた（後藤基行『日本の精神科入院の歴史構造』）。後者はハンセン病者を対象とするもので、自宅での療養が不可能であったり、引き取り手が不在であったりする「無資力患者」を、府県知事が療養所に送致するものであった。ハンセン病者に対する社会的差別を背景とした法令ではあるが、この時点では、ハンセン病者をすべて療養所に隔離する法令ではなかったことに留意が必要である（廣川和花『近代日本のハンセン病問題と地域社会』）。

3　感化救済事業と社会事業

民間団体の組織化と補助——感化救済事業

井上友一の主導する新たな救済事業の方針は、日露戦争後に、恤救規則による救済の制限と、感化救済事業という新政策の二つの形をとって具体化した。

前者は、一九〇八年五月、各府県宛の地方局長通牒によっておこなわれた。その内容は、国庫支出額が各府県ごとにばらつきが大きいことを問題視し、生活困難者については市町村がまず救助にあたること、恤救規則にもとづく救助についてはその必要性を精査するよう求めたものである。これによって、恤救規則による被救済者数は、一九〇八年末の九三三五人から、一九〇九年末の三七五三人へと大幅に減少した。

感化救済事業は、一九〇八年九月から一〇月にかけて内務省が開催した感化救済事業講習会にはじまる。この講習会には、全国の慈善施設関係者が参加し、井上友一をはじめとする官僚や学者、あるいは各地の模範的とされた実践家が講師をつとめた。この講習会を通じ、内務省は各地の民間慈善団体を組織化し、それを奨励・補助するという政策を打ち出す。これに対応して、同じ年、民間慈善団体の全国組織としての中央慈善協会が設立された。

予算面では、一九一〇年度の予算から、北海道本庁及び府県費のなかの恤救規則関係の費目が、他の費目と一括されて「感化救済事業奨励諸費」となった。恤救規則にもとづく国費による直接救助は縮小され、その浮いた金額が、民間団体への補助金に振り替えられたのである（池本美和子『日本における社会事業の形成』）。「感化救済事業」の「感化」とは、先にふれたとおり「不良少年」を対象に含むものであったことを考えるならば、国費支出の削減、民間団体の組織化と補助への傾斜は、井上友一の説く、「風化・防貧・救貧」という「救済制度」の優先順位に沿ったものといえるだろう。

写真38　内務省社会局に陳情する岡谷製糸女子工員代表　（毎日新聞社）

「社会」関連部局の整備・拡大

しかし、感化救済事業の枠組みははやくも一九二〇年代には不十分なものとみなされるようになる。一九一七年、陸軍の要請により軍事救護法が制定され、その担当部署として地方局に救護課が設置された。これが内務省における生活困難者救助を担当する部署の最初であり、以後、冒頭で述べたように、一九一九年に社会課、一九二〇年に社会局（内局）、一九二二年に社会局（外局）と、内務省内における「社会」関連部局の整備・拡大が急速に進む（写真38）。この背景には、「社会の発見」と呼ばれるような時代思潮の変化があった（コラム⑧）。

初代の救護課長であり、社会課長、社会局長を歴任した田子一民は、一九二二年の著書『社会事業』のなかで、恤救規則について、「いかに、自立自営主義の経済学が、我が先輩の頭脳を支配し、又当時の人々には積極的に共存、共栄する思想の欠けて居たかが窺われる」と述べている。つまり、貧困は貧者の自身の責任であるとする「自立自営主義」にもとづく恤救規則では、もはや不十分だと述べ、その改正の必要性を強く示唆したのである。恤救規則にかわる法整備は不要と考えた井上友一の方針から、ふたたび内務省は方向を転じた（なお、井上友一は、東京府知事在任中の一九一九年に死去している）。

「社会事業」の登場——社会調査と方面委員

社会への関心の高まりは、統計学の技法や社会科学の知見に立脚した社会調査も活発にした。内務省がおこなった社会調査の初期のものとして知られているのが、一九一八年から一九二〇年にかけて、衛生局が実施した「東京市京橋区月島に於ける実地調査報告」（通称「月島調査」。一九二一年に報告書刊行）である。同調査では、月島地区の労働者世帯について、家計や衛生状態が詳細に調査された。社会局のもとでも、特に労働問題を中心とした調査報告が多く作成されている。

また、この時期には各府県で方面委員という役職が設置され、府県あるいは市町村が生活困難者を把握する際の末端を担った。方面委員は、岡山県で一九一七年に設置された済世顧問を原型とし、一九一八年に大阪府で設置されたのが始まりで、その背景には米騒動があった。管内をいくつかの「方面」に分割し、それぞれの地域の事情に詳しい篤志家などに方面委員を委嘱して、生活困難者の個別事情に即したケースワークに応じさせることにしたのである(飯田直樹『近代大阪の福祉構造と展開』)。この制度は他の府県にも広がり、一九三六年一一月の「方面委員令」によって、全国的制度となった。

4　社会局から厚生省へ

社会局(外局)の構成と救護法

一九二二年に外局として設置された社会局には、第一部と第二部が置かれ、第一部では主として労働問題を取り扱い、第二部では社会保険、失業救済、防止、救貧、児童保護、軍事救護など広範囲な政策分野が取り扱われることになった。住宅政策や職業紹介事業なども社会局の担当であった。

すでに一九二二年に田子一民が恤救規則の不十分性を指摘していたことはさきに見た通りだが、一九二一年一月、社会局のもとに社会事業調査会が設置され、恤救規則にかわる新しい救貧法の大綱を、一九二七年六月に答申した。また、生活困難者と直接向き合っている全国の方面委員たちも、恤救規則の不十分さを感じており、方面委員たちの新法制定促進運動も起きた。

こうした動きの結果、一九二九年、田中義一《たなかぎいち》内閣は帝国議会に救護法案を提出、議会を通過、四月二日に公布された。ただし、財源への不安から施行期日未定のまま公布されることになった。同法が施行され、恤救規則が効力を失ったのは一九三二年一月のことである。救護法の救助対象は、六五歳以上の者、一三歳以下のもの、妊産婦、病気の者および障がい者の四種で、それぞれについて、貧困のため生活することができない場合に救護がおこなわれるものとした。恤救規則の基準を緩和したものであったことは、救護法が施行された一九三二年に、救護人数が約一・八倍に増加したことからもわかる（前掲『日本の救貧制度』）。

厚生省の設置と女性官僚

一九三八年一月、社会局は新設の厚生省へと吸収される。厚生省設置（写真39）は、一九三七年六月に成立した近衛《このえ》内閣が掲げた「保健社会省」構想にもとづくもので、昭和恐慌後の農村社会問題の深刻化への対応を図りたい政府と、戦時に必要な兵士の体力的な質を求める陸軍の意図が合流して生まれたものだった（高岡裕之『総力戦体制と「福祉国家」』）。

写真39　1938年、厚生省の設置
（毎日新聞社）

最後に、内務省社会局に勤務した女性の官吏、谷野《たにの》（旧姓落合）せつについて触れておきたい。社会局が農商務省から労働行政を継承した際に、工場法に関連して、工場の実態を調査・監督する工場監督官・工場監督官補のポストも社会局に移された。一九二八年、谷野せつは、女性としてはじめてこの工場監督官補に着任した人物である。

戦前日本では、政府の官吏となるのは原則として男性であり、女性の官吏はごく限られた存在だった。女性が官吏となる一つのルートが、雇員《こいん》（官吏のように、国家に対する特別な義務や、身分保障といった権利を有さず、国家に「雇われている」者。今日でいえば「非正規」雇用の職員に近い）として一定期間官庁で働いたのちに、官吏に任用される場合だった（松沢裕作「近代日本の官僚制とジェンダー」）。谷野は一九二六年に日本女子大学校を卒業後、内務省社会局の雇員となり、一九二八年に官吏である工場監督官に登用された（谷野せつ『婦人工場監督官の記録　谷野せつ論文集（上）』）。

アジア・太平洋戦争後に厚生省から労働省が分離した際、同省に婦人少年局が設置されると、谷野は同局婦人労働課長に就任、のちに婦人少年局長を務めた。婦人少年局（のち婦人局、女性局）は、森山真弓《もりやままゆみ》、赤松良子《あかまつりょうこ》、村木厚子《むらきあつこ》など、戦後の女性官僚として著名な人物を輩出している（裏を返せば他省庁・他部局では女性のキャリア形成が困難であったということになる）。谷野はその源流の一人と位置付けることができよう。

参考文献

飯田直樹『近代大阪の福祉構造と展開』部落問題研究所、二〇二一年
池本美和子『日本における社会事業の形成』法律文化社、一九九九年
稲葉光彦『窮民救助制度の研究』慶應通信、一九九二年
後藤基行『日本の精神科入院の歴史構造』東京大学出版会、二〇一九年
高岡裕之『総力戦体制と「福祉国家」』岩波書店、二〇一一年
竹永三男「近代日本における行旅病人・行旅死亡人対応法制の成立と展開」『部落問題研究』一九六、二〇一一年
田中亜紀子『近代日本の未成年者処遇制度』大阪大学出版会、二〇〇五年
谷野せつ『婦人工場監督官の記録　谷野せつ論文集（上）』ドメス出版、一九八五年
鶴見祐輔編著『後藤新平』一、後藤新平伯伝記編纂会、一九三七年
日本社会事業大学救貧制度研究会編『日本の救貧制度』勁草書房、一九六〇年
廣川和花『近代日本のハンセン病問題と地域社会』大阪大学出版会、二〇一一年

松沢裕作「近代日本の官僚制とジェンダー」姫岡とし子・久留島典子・小野仁美編『「ひと」から問うジェンダーの世界史　第二巻「社会」はどう作られるか？——家族・制度・文化』大阪大学出版会、二〇二三年
安丸良夫『日本の近代化と民衆思想』平凡社、一九九九年
早稲田大学大学史資料センター編『大隈重信関係文書』六、みすず書房、二〇一〇年
『憲政党党報』第二号、一八九八年

コラム⑧　社会の発見——田子一民

渡部　亮

大正期には、それまで自明視されてきた「国家」の至高性が問い直され、代わりに、政府による統制の外にある公共空間、すなわち「社会」に対する関心が強まった（三谷太一郎『大正デモクラシー論』）。思想史学の領域では、このような認識枠組みの構造的転換を「社会の発見」と呼ぶ（有馬学『「国際化」の中の帝国日本』、飯田泰三『大正知識人の思想風景』）。

内務省は、このような新しいトレンドに対して機敏に感応し、社会事業を専管する部局を急ピッチで整備していく。一九一七（大正六）年、内務省地方局のもとに救護課が設置されると、わずか二年後には社会課へと改組された。中央官庁が、社会主義を連想させるとして忌避される向きもあった「社会」という熟語をその機構名に採用したのは、これが最初である。以後、一九二〇（大正九）年には内務省社会局が発足し、一九二二（大正一一）年にはそれが外局（通常の局とは異なり、その長官は内務次官と同格とされた）へと昇格して、戦前期日本の社会行政を牽引していく。

こうした流れの先頭に立ったのが、内務官僚の田子《たご》一民《いちみん》（写真40）である。田子は一八八一（明治一四）年岩手県盛岡生まれ。盛岡中学校・第二高等学校を経て東京帝国大学（法科大学）に進み、卒業後内務省に入る。はじめ地方官としてキャリアを築き、救護課が新

写真40　田子一民
（近現代PL／アフロ）

設されたタイミングで同課長に就任すると社会行政に対する関心を深め、一年間の欧米視察で労働問題や社会事業にかんする見聞を広めたのち、社会課長・社会局長などを歴任した。救護課から社会課への名称変更は、かれの発案によるものだという。

　社会行政に対する田子の考えは、一九二二（大正一一）年に出版されたその主著『社会事業』に集約されている。曰《いわ》く、「従来、慈善と云ふ言葉は多く用ゐられた」が、「慈善と云ふ言葉は、支那の慈恵の観念であつて、他人をあはれみ恵む意味であ」り、ここには地位の高い者から低い者への施しという勾配がある、そのような考え方は「社会を私達の社会としない社会にのみ通用すること」であり、もはや時代遅れである、これからは、共同体を構成する者はだれもが当事者であり、みな一丸となって社会問題を解決しなければならない、と。田子のいう「社会連帯」の思想は、「救済事業」を「社会事業」へと脱皮させるためのキーワードであり、この精神のもと、内務省社会局は職業紹介事業や保険制度の整備などに取り組んでいく。

一九三八〔昭和一三〕年、総力戦体制を構築するために社会福祉の強化が求められるなか、内務省社会局を前身として厚生省が発足した。その後、一九四七〔昭和二二〕年に労働省が独立、二〇〇一〔平成一三〕年にふたたび合同して厚生労働省が成立し、現在に至る。「社会の発見」を起爆剤とする内務省の再編は、以上のような歴史的経緯で、「社会福祉」という政策分野を専門の省を要する重要な問題領域として確立し、現代日本の行政システムにも影響を与えているといえよう。

参考文献

有馬学『「国際化」の中の帝国日本』中央公論新社、二〇一三年
飯田泰三『大正知識人の思想風景』法政大学出版局、二〇一七年
田子一民『社会事業』帝国地方行政学会、一九二二年
三谷太一郎『大正デモクラシー論』第三版、東京大学出版会、二〇一三年

テーマ編

第七章　内務省の議会史?――内務省と帝国議会

原口大輔

1　選挙干渉――内務省と議会の相剋？

内務省と民党の対立構図

本章のテーマは〝内務省と議会との関係如何《いかん》〟である。さて、「内務省と議会との関係」と聞くと読者はどのようなことを思い浮かべるであろうか？　自由民権運動が始まって以来、内務省は運動団体とそれらの系譜をひく政党――民党と長らく対立し続けた。なぜなら、地方長官（＝道府県知事）を任命することができる内務卿・内務大臣は、各道府県の警察行政を把握し、自由民権運動・民党を取り締まることが可能だったからである（テーマ編第三章）。明治政府はさまざまな法律によって民党側の活動を制限し、それに対して時に激化事件が起きるなど、民党は逆風の中、離合集散をくりかえしながら議会開設に向けて進んで行った、と理解される。もちろん、帝国議会開幕後もその対立構図はしばらく継続する。すなわち、選挙の管理・取り締まりは内務省の管轄となったのである。

第二回衆議院議員総選挙の選挙干渉

黒田《くろだ》清隆《きよたか》首相による「超然演説」（一八八九年二月一二日）は、日本を強大な国とするには不偏不党の公正な政治と政策の連続性が不可欠だが、国民の一部しか代表していない政党に依拠すれば公正な政治ができなくなるので、政府は政党から超然としなければならない、とその立ち位置を鮮明にするものであった。藩閥政治家や官僚はこの「超然主義」を、すべての政党を政権から排除するとまずは理解したのである（佐々木隆『明治人の力量』）。

内務省と民党の対立の極致として、一八九二年二月一五日に実施された第二回衆議院議員総選挙時の選挙干渉がよく知られている。第一次松方《まつかた》正義《まさよし》内閣の品川《しながわ》弥二郎《やじろう》内務大臣（写真41）と白根《しらね》専一《せんいち》内務次官が中心となり、民党に激しい弾圧を加えたとされている。民党は議席数を減らし、総選挙後、選挙干渉に対する強い批判が藩閥政府内でも生じたため、品川内相、白根内務次官は辞任した（通史編第一章）。

写真41　品川弥二郎
（国立国会図書館蔵）

総選挙後に開かれた第三議会では、衆議院では選挙干渉問題が取り上げられ、また、貴族院側からも松方内閣批判が生じた。一八九二年五月一一日、貴族院では「選挙干渉に関する建議案」（発議者・山川《やまかわ》浩《ひろし》、賛成者・二条基弘《にじょうもとひろ》ほか八四名）が提出された。彼らは、「衆議院議員の選挙は官吏の職権を以て之に干渉すべからざる」としたうえで、選挙干渉は「官民の軋轢《あつれき》のみならず又民間にても日増しに怨《うらみ》に怨を重ね遂に子々孫々までに至つて、国家などと云ふ観念はなくなつて（中略）遂に一家の不和を起し後に親族朋友相屠《ほふ》る惨状を見るに至るは鏡に懸けて見るよりも明白」（貴族院本会議における山川浩の趣旨説明）と、藩閥政府対民党といった対立構図のみならず、松方内閣に国民国家解体の危機を突きつけた。貴族院での議論は錯綜したが、八八票対六八票をもって建議案は可決され、貴族院は事実上、松方内閣に不信任を示した（内藤一成『貴族院』）。

ところで、近年『選挙干渉と立憲政治』を上梓した末木孝典によると、かつての研究において、選挙干渉は藩閥政府の組織的妨害と捉え、行政機構を利用した民党への投票忌避の呼びかけがあったと主張されてきた。すなわち、この選挙干渉事件は明治一〇年代の自由民権運動史の最終過程として取り上げられてきたとする。しかし、一九九〇年代以降、選挙期間中に組織的妨害があったことは確認できず、官選の地方長官が陰に陽に吏党候補を助けたことが、選挙後に大々的に喧伝され人口に膾炙《かいしゃ》した、といった理解が主流になったと先行研究を整理する。そのうえで、末木は選挙干渉事件を再検討し、天皇・松方内閣・内務省・各府県が選挙干渉を行っていたことを改めて示し、政府にとって良い選挙結果を出すことを命じたこと自体が〝干渉〟と指摘し、改めて選挙干渉を強調した。〝干渉〟

の力学を再解釈した末木の成果が、今後どのように議論されていくかはまだ分からないが、末木の成果は、教科書で太字となっているような人物・事柄・事件でも、研究が進展することでその解釈・位置づけがまた変わり得るという、終わりなき研究の営為の奥深さと発展可能性を示していよう。

とはいえ、内務省と議会との関係はなにも選挙をめぐる相剋に限るものではない。もちろん、二院制を採用している以上、貴族院との関係もある。本章は以上の点を念頭に、議会開設後から政党内閣期までの内務省と議会の関係を見ていくこととする。

2　明治後期から大正期——内務省から議会へ、議会から内務省へ

板垣退助の内務大臣就任——民党が熱望したポスト

自由民権運動以来、辛酸をなめ続けた民党にとって、選挙管理や警察行政を掌る内務省のポストは喉から手が出るほど欲しいものであった。また、地方長官と内務省土木局は道路、河川、港湾などの公共土木事業に関わる。これは内務省側も政党側も支持基盤を左右する重要な関心事であった（水谷三公『官僚の風貌』）。もちろん、藩閥政府は内政の要である

写真42　板垣退助
（国立国会図書館蔵）

内務省のポストを簡単に民党に渡さない。そうすると、民党は藩閥政府との政争や政治的駆け引きによってそのポストを虎視眈々と狙うこととなる。

最初にそれを達成したのは板垣退助《いたがきたいすけ》（写真42）率いる自由党であった。少し背景を補足したい。帝国議会では藩閥政府と民党が予算案をめぐって鋭く対立していた。政府が提出した予算案は予算審議権を有する衆議院に阻まれて実現できず、一方、民党の地租軽減法案も貴族院に阻まれて成立しないなど、内閣・貴族院・衆議院の三者が相対立したため議会政治は行き詰まりの様相を見せていた。時の第二次伊藤博文《いとうひろぶみ》内閣は、日清戦争勃発後、挙国一致的に戦時議会を乗り切ったものの、日清戦後経営において再び対立する。しかし、自由党は第二次伊藤内閣の産業育成などの積極政策に同調し、民党連合から脱して内閣との連携に向かい、その果実として、自由党総理の板垣が内務大臣に就任し、内務大臣秘書官、県治局長のポストに自由党員が就任することとなった。

隈板内閣と猟官運動

以後、第二次松方正義内閣は大隈重信《おおくましげのぶ》率いる改進党と提携するなど、藩閥政府と政党は少しずつ協同し、議会運営を行っていく。それは、明治憲法体制下において議会、とりわけ衆議院との協力なしに藩閥政府はその政策を実施することが難しいという制度上の帰結であった。これに対して、政党は藩閥政府に協力する見返りとして、大臣をはじめポストを要求する。そして、政党員はその官僚ポストをめぐって猟官運動を繰り広げるようになる。その最初のピークが日本初の政党内閣である第一次大隈重信内閣（隈板内閣）であった。

第一次大隈内閣は衆議院の圧倒的多数を占める憲政党による政党内閣で、その誕生は藩閥政治家や官僚たちに大きな衝撃を与えた（通史編第二章）。大隈内閣は政務官・事務官の区別を行うことで、官僚の地位を安定させ、官僚たちの政党嫌悪を緩和しようとした。しかしながら、隈板内閣が成立したことで、政党人の猟官が大規模に行われるのではないか？　という藩閥政治家や官僚たちの不安は現実のものとなり、憲政党中央や地方支部から代議士の猟官運動が激化した。内務省への就官としては、板垣退助内務大臣、鈴木充美《すずきみつよし》内務次官兼土木局長、山下千代雄《やましたちよお》県治局長、小倉久《おぐらひさし》警保局長兼監獄局長、中島又五郎《なかじままたごろう》北海道局長、西山志澄《にしやましちょう》警視総監、杉田定一《すぎたていいち》北海道長官、肥塚龍《こいづかりゅう》東京府知事、菊池侃二《きくちかんじ》大阪府知事ほか八県知事が挙げられる。

局長以上の人事は原則として国政経験を有する各派幹部の現職・元職代議士が配され、相応の配慮があったことも指摘される。とはいえ、藩閥政治家や古参の官僚が有する政党への不信感をぬぐうことはできなかった。初めての政党内閣は短期間で崩壊したため、うまくいかなかった部分も大きかったが、以後、各政党は統治構造の再設計に取り組むことになる（清水唯一朗『政党と官僚の近代』）。

貴族院で多数派を形成する山県系

帝国議会は衆議院と貴族院の二院制で構成されている。その貴族院を構成する議員は選出方法により、皇族議員、有爵者議員（華族議員）、勅選議員、多額納税者議員、帝国学士院議員（一九二五年設置）、朝鮮・台湾勅任議員（一九四五年設置）に分けられる。「けだし貴族院は以て貴冑《きちゅう》〔注―華族のこと〕をして立法の議に参預せしむるのみに非ず、また以て国の勲労・学識および富豪の士を集めて国民慎重練熟耐久の気風を代表せしめ、抱合親和して倶《とも》に上流の一団を成し、その効用を全くせしむる所以《ゆえん》なり」（伊藤博文著、宮沢俊義校訂『憲法義解』）と述べられたように、勅選議員は国家に勲労があり、または学識のある満三〇歳以上の男子から勅任される終身議員のことであり、官僚出身者が中心であった。それは、衆議院とは異なる貴族院の独自性を担保するためであり、『憲法義解』で示された貴族院への期待は官僚制と相性が良い。すなわち、勅選議員は官僚が自ら実務で培ってきた専門性を議場で発揮することが求められ、そうであるがゆえに、時の内閣は彼らの専門性・経験に裏付けられた議論に苦戦することとなる。

さて、隈板内閣の誕生により、多くの官僚が政党内閣に対する対応を迫られたことは先述した通りである。同時に官僚出身の貴族院議員たちも強い危機感を覚えた。隈板内閣に反発する彼らは、政党を嫌う元老・山県有朋《やまがたありとも》の腹心である平田東助《ひらたとうすけ》を中心に社交団体・幸《さいわい》倶楽部を発足させた（一八九九年一二月）。幸倶楽部は各議員が所属の会派に属したまま個別に参加する緩やかな連合体であり、勅選議員が中心の院内会派である茶話会《さわかい》と無所属と呼ばれる院内会派がその中核を占めていた。その中でも、山県と関係が深い勅選議員は「山県系」と呼ばれた。例えば、平田は法制官僚、大浦兼武《おおうらかねたけ》、松平正直《まつだいらまさなお》、清浦奎吾《きようらけいご》、小松原《こまつばら》英太郎《えいたろう》、安広伴一郎《やすひろばんいちろう》らは内務官僚として重要ポストを歴任し、山県から厚い信頼を得ていた（内藤一成『貴族院と立憲政治』）。

そして、山県は平田ら幸倶楽部幹部を通して間接的に貴族院に影響力を行使した。幸倶楽部は第一次・第二次桂内閣を支援しつつ、子爵議員中心の院内会派・研究会と提携し、貴族院内で多数派を形成した。彼らは予算や法律案などのなかに政党本位のものを嗅ぎ分けた時に猛然と立ち上がることとなる。そのため、西園寺公望《さいおんじきんもち》内閣は貴族院対策に苦しみ、貴族院対策が重要な政治課題として浮上する（前掲『貴族院』）。

勅選議員をめぐる原敬の画策——桂園内閣期

一九〇七年九月一〇日、西園寺公望首相と原敬《はらたかし》内相（写真43）は相談し、貴族院勅選議員が五名欠員なので、「可成《なるべく》現内閣の為めに尽力するもの」を推薦することとした（原奎一郎編『原敬日記』第二巻、一九〇七年九月一〇日条）。その後、一二月一〇日、奈良原繁《ならはらしげる》沖縄県知事、石渡敏一《いしわたびんいち》内閣書記官長、千頭清臣《ちかみきよおみ》鹿児島県知事、仁尾惟茂《におこれしげ》大蔵省専売局長、石黒五十二《いしぐろいそじ》元海軍技監、平山靖彦《ひらやまやすひこ》元佐賀県知事と新たに六名の勅選議員が任命された。

第一次西園寺内閣のもと内相となった原は、学士官僚の多い地方局系と、軍人や警視からの叩き上げの多い警保局系の間に対立があることを見出し、両者の関係を巧みに操作することで内務省改革に乗り出した。すなわち、原は、藩閥官僚対学士官僚という隈板内閣以来の潜在的な対立を利用して、地方長官の老朽淘汰を推進し、後者を厚遇することで省内に基盤を築く。また本省人事でも有能な学士官僚を抜擢し、他方、警察行政でも更迭人事を進めていった（清水唯一朗『近代日本の官僚』）。ただし、この時の勅選議員の銓衡《せんこう》はまだ政友会、とりわけ原の思うようにはならなかった。

以後も、原は政友会員の処遇と貴族院対策を兼ねて、政友会員を勅選議員とするために画策する。一方、第二次桂太郎《かつらたろう》内閣は、総辞職直前の一九一一年八月二五日、有松英義《ありまつひでよし》内務省警保局長、亀井英三郎《かめいえいざぶろう》警視総監、深野《ふかの》一三《いちぞう》愛知県知事、阪本釤之助《さかもとさんのすけ》名古屋市長（元鹿児島県知事）、和田彦次郎《わだひこじろう》日英博覧会事務官長（元農商務次官）、仲小路廉《なかしょうじれん》逓信次官、木内重四郎《きうちじゅうしろう》朝鮮総督府農商工部長官、押川則吉《おしかわのりきち》農商務次官、若槻礼次郎《わかつきれいじろう》大蔵次官、徳富《とくとみ》猪一郎《いいちろう》国民新聞社長の一〇名を勅選議員に推薦した。原は「悉《ことごと》く現任次官等なり」と嘆いたが（原奎一郎編『原敬日記』第三巻、一九一一年八月二五日条）、内閣更迭に伴い高級官僚や県知事などが入れ替わることを見越した人選だった。

もちろん、原も勅選議員の推薦は、「現内閣の下に於て尽力して内閣と共に其職を退かざるを得ざる者を採用すべく」と西園寺に述べたように（『原敬日記』第三巻、一九一二年三月一三日条）、政治任用ポストや重要ポストに就いた者が内閣更迭に伴う失職をカバーするため、勅選議員を選出した。勅選議員は自ら辞職しない限り終身であり、議員歳費も受け取れるため、政争に巻き込まれて身分が不安定になる可能性のある高級官僚にとって魅力的

写真43　原敬（国立国会図書館蔵）

な〃上がり〃ポストであった。

第二次西園寺内閣総辞職時に勅選議員となったのは、水野錬太郎《みずのれんたろう》内務省土木局長兼地方局長、古賀廉造《こがれんぞう》内務省警保局長、橋本圭三郎《はしもとけいざぶろう》大蔵次官、南弘《みなみひろし》内閣書記官長、河村譲三郎《かわむらじょうざぶろう》前司法次官の五名であった。西園寺首相、原内相、松田正久《まつだまさひさ》法相のもとで任じられた次官級官僚が選出されたことで、桂園内閣期に進行した官僚の党派性と、彼らに対する論功行賞としての勅選議員という位置付けがより明確となる。

党利党略の色彩が強まる

桂園内閣期における原と内務官僚の関係については次の二点が特徴として指摘されている。一つ目に、原によって抜擢され政友会に入党、または接近したため、その後の非政友会内閣によって休職処分となったり閑職に追われたりした人物を、原はほとんど例外なく日の当たる場所に復活させていることである。二つ目に、原の長期にわたる内相在任を背景に、地方長官、内務官僚の党派的人事異動に加速度がつき、党利党略の色彩も深まり、一方これに応じて派手に振る舞う知事以下の内務官僚も増加したことである（前掲『官僚の風貌』）。地方長官は原内相の意向と、任地での政党支部の圧力に挟まれた結果、政党支部と協力して党勢拡張に努めることとなる。

また、桂による立憲同志会の誕生は、のちの二大政党による政権交代の萌芽となった。その同志会にも官僚出身者が多数集結した。激しい選挙干渉から約二〇年が経ち、立憲政治が確実に定着した大正初期、内務官僚が政党に参加して議会——それも貴衆両院にそれぞれ議席を有する現象が生じていた。実績のある官僚を迎えた政友会、同志会の両党は、党人派・官僚派が時に内部で対立しつつも、政策立案・実行能力を高めていくこととなる（通史編第二章）。

政党と官僚の対立の場は議会へ

明治後期から大正期における議会と内務省の関係を見ると、政党の伸張に伴い、内務省は人事面でも政策面でも議会、とりわけ政党の大きな影響を受けるようになった。特に、内務省は内務大臣をはじめ上級ポストに政党員の就官が見られるようになり、内務省内の人事の流動性も高まった。確かに内務官僚の党派性といった帰着は目立つものの、それは政党による内務省への一方的な侵食ではなく、内務省側も学士官僚の登場など内在的な構造変化があったこともここでは注意しておきたい。他方、山県系と目されたかつての内務官僚の一部は、明治後期以降、貴族院勅選議員に勅任され、貴族院において政党と相対する。すなわち、政党と官僚の対立の場が議会へと移ったことそれ自体に、近代日本の議会政治の定着や統治機構の馴致《じゅんち》を見ることは果して過大評価であろうか。

3　政党内閣期と「官僚の政党化」

「党色知事」——政権交代ごとの人事異動

一九二四年六月に成立した第一次加藤高明《かとうたかあき》内閣（護憲三派内閣）から始まる政党内閣期は政党と官僚の関係にとってきわめて重要な時期である。政務官・事務官を区別することで行政の安定を図り、政党と行政の間に内閣と政務官を入れるという憲政会が主張した政官関係の構築が目指された一方、護憲三派内閣が解体し、憲政会から政友会、政友会から憲政会（民政党）へと政権が入れ替わるごとに、内務省では局長や地方長官の人事異動が行われ、官僚の系列化がさらに進んでいった（通史編第三章）。

この頃、地方長官を歴任していた内務官僚の松本学《まつもとがく》は、後年次のように語っている。

「ぼくは、大正一五年九月に静岡県知事に神社局長から転任したのであります。じつは、内務省にはいって行政官になり、そして局長まで来た、知事に出るというともう身分の上においても非常な変化が起るわけです。それはどういう訳かと言うと、政党色というものがしょっ中ついて回るし、自分がいかに公平に仕事をしておりましても色をつけられればそれっきり。いつなんどき首を切られるかもしれない」（伊藤隆監修『現代史を語る4　松本学』）。松本のように、内閣が替わるごとに任地が転々とする地方長官は「党色知事」と呼ばれていた。

そして、田中義一内閣が成立直後に実施した、一七知事の免官・休職を含む大規模な人事異動は大きな波紋を呼んだ。昭和天皇は牧野《まきの》伸顕《のぶあき》内大臣に対して、「近頃事務官の進退頻繁にて、然《し》かも其人の能否に依らず他の事情にて罷免する場合多き感ありて面白からずと思ふ、政務官を置きたるも其制度設置の趣旨徹底ならず、夫《そ》れは事務次官の進退も同様に扱はるゝ場合あればなり、前内閣の時、川崎《かわさき》〔卓吉《たくきち》〕の如き染色濃厚の者を用ひたるが如し、其他警保局長、警視総監抔《など》の更迭頻繁なるは取るところにあらず」（伊藤隆・広瀬順晧編『牧野伸顕日記』一九二七年六月一五日条）と深い憂慮を示したほどであり、政権交代に伴う官僚の更迭は大きな問題と認識されていた。

一九二八年二月、田中内閣のもと実施された総選挙は、いわゆる男子普通選挙法制定後、初めて実施された国政選挙であった。有権者の著しい増加に伴い厳密な取締規定が設けられただけでなく、田中内閣は総選挙に備えて三知事を休職にし、鈴木喜三郎《すずききさぶろう》内相のもと大規模な選挙干渉を行った。しかしながら、その結果は与党政友会が野党民政党に対して辛うじて一議席多いという結果に終わった。これもまた「党色知事」がもたらした政治的な影響の一つである。たしかに、政党内閣期は戦前日本におけるデモクラシーの到達点である一方、激しい選挙戦や政党間の醜聞の摘発、応酬のくりかえしにより、とりわけ二大政党は次第に国民からの信用を失うこととなる。

官僚の政党化

政治学者の升味準之輔は、一九二〇年代の日本では官僚に対する政党の影響力が拡大しており、内務省を中心に「官僚の政党化」が進んでいると指摘し、次の三点を挙げた（升味準之輔『日本政党史論』第四巻）。

一つ目に、政党員の就官である。文官任用令（一八九三年）の制定により自由任用のポストが規定され、一八九九年、第二次山県有朋内閣が改正し、地方長官を含むすべての高等官が原則として資格任用とされた結果、政務次官をはじめ、自由任用対象のポストに政党員が就任することとなった（通史編第二章、第三章）。

二つ目に官僚の系列化である。政治家や政党が行政事務の範囲内で政党の利益を推し進めた官僚にポストや昇進で報いることでこの状況は進展した。特に、地方長官のポストは政党にとって党勢拡張の中核と位置づけられ、政府与党は内務省と地方長官を影響下におくことで、各種選挙を有利に進めようとした。これは、自由民権運動期から初期議会期にかけて藩閥政府と民党が深く対立していた原体験に根づくものでもあった。

三つ目に官僚の政党参加である。官僚が政党に参加し、勅選議員として貴族院に議席を有する者に留まらず、衆議院議員選挙に出馬し、代議士を目指す者が登場するようになった。この状況は大正期に活発化するも、一九二五年の衆議院議員選挙法改正により現職官僚が衆議院議員を兼職することが禁じられ下火となる。

政治的な自立を志向する「新官僚」たち

しかしながら、政党内閣期に進行した官僚の政党化は、官僚が政党に翻弄される姿を露呈させる。そのため、一九三〇年前後より官僚の政党化から距離を置く新たな官僚たちが登場する。彼らは「新官僚」と呼ばれ、政治的な自立や「革新」的政策を志向していた。新官僚の中心となる官僚たちは右翼団体・国維《こくい》会《かい》に参加していた。国維会とは、一九三二年一月に設立された団体で、陽明学者・安岡正篤《やすおかまさひろ》をイデオローグとし、日本の内憂外患に対する危機感を背景に設立された団体で、先述の松本の他、大島辰次郎《おおしまたつじろう》、吉田茂《よしだしげる》（のちの首相とは別人）、後藤文夫《ごとうふみお》、香坂昌康《こうさかまさやす》、湯沢三千男《ゆざわみちお》らが理事に名を連ねるなど、多くの内務官僚が参加していた。彼ら新官僚は非政党内閣である斎藤実《さいとうまこと》内閣成立以後、官・軍の要職を席巻したことで注目を集めることとなる。例えば、松本は福岡県知事から警保局長へと異動となり（一九三二年五月）、新官僚の旗頭として注目された（河島真『戦争とファシズムの時代へ』）。

その松本は斎藤内閣総辞職とともに警保局長を辞任した（一九三四年七月）。松本は勅選議員に選出されることを強く期待していたが、この時は選出されず、「多数の選任をしながら自分がは入《い》っておらぬ」と憤懣《ふんまん》を日記に書きなぐった（伊藤隆・広瀬順晧編『松本学日記』一九三四年七月三日）。内閣総辞職に伴い更迭の可能性が高い官僚を論功行賞で勅選議員とする、という桂園時代から徐々に始まった慣習は、はっきりと官僚の中に根付いていた。なお、松本は次の岡田《おかだ》啓介《けいすけ》内閣発足直後に勅選議員に推薦される（一九三四年一一月）。松本は院内会派・研究会に所属し、敗戦後は憲法改正案の審議で活躍するなど、貴族院の終焉まで議員を全うすることとなる。

4 「内務省の議会史」に向けて

『内務省史』の自画像

元内務官僚と研究者によって編まれた、大霞会編『内務省史』全四巻は、内務省の通史として貴重な成果である。ところで、実は『内務省史』第一巻には、内務省と議会との関係について、次の二点を特徴として挙げている。①内務省の多くの重要政策を実施するにあたり、法律や予算を必要とするが、これらはすべて議会の協賛を経なければならないので、議会の意向が強く内務省行政に働いたこと。②非政党内閣の時期には必ずしも議会の意思にそわない政策が政府として考えられたが、それもまた対議会関係に苦心が払われたこと。これらは選挙干渉に伴う政党と内務省の対立や、官僚の政党化とは異なる内務省の自画像と言える。たしかに、これまでは自由民権運動や選挙における相剋といった内務省と政党の関係や、政官関係の展開を分析した研究が中心であった。それらの多くは重要な成果であり、本章の大半がそれに依っていることは言わずもがなである。しかし、それは必ずしも内務省と議会の関係——仮に「内務省の議会史」と呼ぶ——を明らかにしたとまでは言い切れないし、先行研究は必ずしもそこに力点を置いているわけではない。

議会対策のための史料

もちろん、「内務省の議会史」など言うは易し、行うは難し。そこで、本章の最後に内務省が議会対策のために作成した史料を紹介し、その研究の可能性を示したい。

国立公文書館には第五〇議会（一九二四年）から第八九議会（一九四五年）にかけての、「帝国議会参考書」、「帝国議会大臣答弁資料」なる簿冊がある。これらは会期ごとにまとめられ、その議会に提出された法律案、その要綱、提案理由の説明及び参考資料、地方局関係のもので二三冊ある（永桶由雄「自治省より移管された内務省関係公文書について」）。

これらの史料は国立公文書館デジタルアーカイブで閲覧可能である。例えば、「大臣答弁資料」の一部には稟議書が綴られており、内務省内における議会対策などのフローを窺い得る史料と言える。議会の議事速記録や他機関などが作成した諸史料と突き合わせることで、大正末期から戦後初期までの「内務省の議会史」をある程度通時的に分析することが可能となろう。

もう一点。副田義也は『内務省史』全四巻を通して内務省の財政を扱う部分がきわめて少ないことを指摘している。それに対して、副田は内務省管轄の歳出費目の変遷などを分析している（副田義也『増補版　内務省の社会史』）。その成果は重要であるが、副田は内務省管轄の予算案をめぐる議会審議に注目したわけではない。もちろん、本書の各章で取り上げられているように、内務省が管轄する広範な行政に関わる法律案・予算案などの審議は個別に分析が進められてきた。しかしながら、議会は内務省の予算案審議を通して果してどの程度影響力を発揮することができたのだろうか。そのような分析から見えてくる「内務省の議会史」は、先ほどの自画像とは異なることが予想される。
近年、ウェブ上で閲覧できる史料が著しく増え、検索も容易になり、研究の可能性は格段に拡がった。その結果、これまで見逃されてきたような史料が重要史料となることもあるだろう。そのような史料を用いた「内務省の議会史」研究が進むことを楽しみに待ちたい。

参考文献

伊藤隆監修『現代史を語る4　松本学』現代史料出版、二〇〇六年
伊藤隆・広瀬順晧編『牧野伸顕日記』中央公論社、一九九〇年
伊藤隆・広瀬順晧編『松本学日記』山川出版社、一九九五年
伊藤博文著、宮沢俊義校訂『憲法義解』岩波書店、一九四〇年
河島真『戦争とファシズムの時代へ』吉川弘文館、二〇一七年
佐々木隆『明治人の力量』講談社、二〇一〇年
清水唯一朗『政党と官僚の近代』藤原書店、二〇〇七年
清水唯一朗『近代日本の官僚』中央公論新社、二〇一三年
末木孝典『選挙干渉と立憲政治』慶應義塾大学出版会、二〇一八年
副田義也『増補版　内務省の社会史』東京大学出版会、二〇一八年
大霞会編『内務省史』一、原書房、一九八〇年
内藤一成『貴族院と立憲政治』思文閣出版、二〇〇五年

内藤一成『貴族院』同成社、二〇〇八年
永桶由雄「自治省より移管された内務省関係公文書について」『北の丸』一三、一九八〇年
原奎一郎編『原敬日記』二、三、福村出版、一九六五年
升味準之輔『日本政党史論』四、東京大学出版会、一九六八年
水谷三公『官僚の風貌』中央公論新社、一九九九年

コラム⑨　内務省出身者と政治教育――水野錬太郎と政治教育協会　西田彰一

たびたび内務大臣主導でおこなわれた選挙干渉に代表されるように、イメージとしては、内務省は戦前の政治の民主化・自由化を阻害する要因であると見なされがちである。だが実際には、一九二五（大正一四）年にいわゆる男子普通選挙法が施行されると、後藤新平《ごとうしんぺい》や有松英義《ありまつひでよし》などの内務省出身の有力者たちは、むしろ積極的に普選に対応しようとしている。本コラムで取り上げる水野錬太郎《みずのれんたろう》（写真44）もその一人である。

水野錬太郎（一八六八〈慶応四〉～一九四九〈昭和二四〉年）は戦前の政治家、内務官僚である。三度の内相経験を筆頭に内務省の要職を歴任したことから、「内務の大御所」の異名をとり、守旧的な印象を抱かれがちであるが、必ずしもそうではない。水野は早くも一九二五年七月に政治教育協会を組織し、自身が先頭に立って、著名な大学の教授や政治家、官僚らとともに、政治、法制、財政、経済、社会、国際、修養といった分野横断的な講演活動をおこなっている。そしてこれらを『政治教育講座』（一九二七～一九二八年）という全五巻の論集にまとめて、普通選挙の適切な実施を広く訴え、その前提となる実践的かつ多角的な議論に基づいた政治的常識と国民的信念（彼自身の言葉で言えば「政治的知徳」）を身に着ける必要を唱えている。

写真44　水野錬太郎
（国立国会図書館蔵）

政治教育協会において水野は、過度の愛国主義的主張を排し、立憲政治の実現を唱え、理知的な国民の政治参加と、その国民が支持する二大政党制（政友会と憲政会）に基づく政治の実現を説いていた。これらの水野の活動は、そもそも当時の一般民衆にとって高踏すぎたため訴求力を欠いていたことや、最初の男子普通選挙となった一九二八（昭和三）年二月の第一六回衆議院総選挙で不正が横行したことで、失敗に終わる。また、選挙後水野は本人が希望した内務大臣ではなく、不本意ながら文部大臣として入閣した田中義一《たなかぎいち》内閣で、昭和天皇の慰留の有無をめぐる不敬事件となった優諚《ゆうじょう》事件に巻き込まれ、本意を果たせずに同年五月に文相を辞し、その後影響力を落としていった。

しかしながら、水野が政治教育協会で力を入れていた、過度に愛国心を強調しない、道徳と知識及び判断力をバランスよく重視した政治教育や、学びによる国民共同体の改善、議会政治の改良という意識は、戦前日本における「未発の可能性」として、一考の余地があるであろう。その後内務省は、不正取り締まりを第一とする選挙粛正と公民としての道徳的自覚を促す公民教育へとシフトして、精神主義的な要素を強めていくことになる。しかし、『政治教育講座』に水野が集めた人材には、後に内務次官となる挟間茂《はざましげる》や戦後最高裁判所判事となる穂積重遠《ほづみしげとお》も関わっていた。道徳と知識のバランス及び多角的な物事の見方から導き出される判断力を重んじつつも、一般民衆に寄せた講座づくりにするなど少し軌道修正する時間があれば、『政治教育講座』の路線をうまく改善しながら自由主義的な方向へ進んでいくという、違う未来もあり得たのではないかと思わずにはいられない。

参考文献

苅部直『移りゆく「教養」』NTT出版、二〇〇七年
河野有理「「公民政治」の残影——蠟山政道と政治的教養のゆくえ」『年報政治学』六七—一、二〇一六年
河野有理「「自治」と「いやさか」——後藤新平と少年団（ボーイスカウト）をめぐって」『偽史の政治学——新日本政治思想史』白水社、二〇一六年（初出二〇一四年）
西田彰一「政治教育協会と水野錬太郎の政治思想」『立命館大学人文科学研究所紀要』一二九、二〇二一年

テーマ編

第八章　国民統合をめぐる攻防——内務省と軍部

大江洋代

軍部と内務官僚の国民観

内務省と軍部の共通点とは、なんだろう。それは国民を直接の相手とし、国民への働きかけを担う立場にあった点である。内務省は地方行政や警察行政を通じて、軍部は徴兵制を通じて、国民と接合していた。ゆえに、互いに我こそが国民をよく知っていると考えていたが、軍部と内務官僚の国民観は重なっていたとは言いがたい。この点が内務省と軍部の関係を考えるさいのポイントになると考えられる。

内務官僚は「知事は風が吹いても心配するというので、他の役所は、まず雨が降って心配するということはない」(元次官萱場《かやば》軍蔵《ぐんぞう》回想)との自己認識を持っていた。地方社会を、維持発展させる指導的立場に立つ牧民官意識である(古川隆久『昭和戦中期の議会と行政』)。

いっぽう軍部は、第一次世界大戦を通じて、軍事力を支える経済力、産業力、そして国民的基盤こそが戦争の勝敗を左右することを痛感した。国家総力戦である。それは軍事のみならず、政治、経済、文化、思想などあらゆる領域を戦争に動員していくものである。総力戦体制を作るにあたって、軍隊だけでなく、国民全体を動員する「軍民一体」を実現しようとした(黒沢文貴「大正・昭和期における陸軍官僚の「革新」化」)。

つまり、軍部は総力戦に対応しうる国民に関心があった。けれども軍部は、国民を政治的に統合することについて、軍部のみで実現できないことを理解していた。国民を戦争に動員していくための思想統制や地方行政にかかわる法令を策定、施行するのは内務省の所管であるからである。軍部が独自で、あるいは、国策研究会（一九三四〈昭和九〉年）などブレーントラストの力を借りた国民統合構想を打ち上げたとしても、これを実際に具現化するには、内務省の協力や合意が必要となる。加えて、軍部が政治的な力を持ってはならないことからも、政治性の高い国民統合政策を軍部が直接行うことは自己規制されたと考えられる。こうした理由から、軍部の成し遂げたい国民統合政策は、民政のエキスパートである内務省を通さないわけにはいかなかった。

軍部から頼られたり、命ぜられたりする内務官僚は、自らの抱く国民観、国民統合の主導権争いの意識、そして何より省益から、軍部による国民統合策に修正を加え、施行した。しかし、本土空襲が激化し、一般国民の命が日常的に危険にさらされていくようになると、内務官僚は牧民官であり続けることが難しくなってくる。軍部に対する抵抗手段は、その命令をサボタージュすることぐらいであった。こうして軍部との関係は、元内務官僚のなかで、軍の依頼は「一般国民に関係することであり、内務省は民政を預かるところだから嫌だと言って断る」（元次官萱場軍蔵回想）、「陸軍に対して、相当強硬に反発し、いろいろな意見で戦ったのは、つぶされた内務官僚に多かったと思っているのですが」（元次官挾間茂《はざましげる》回想）と、記憶化されるに至る。ここからわかるように、特に戦争が激化してからの内務省にとって、軍部主導の国民統合政策はストレスでしかなかったことは確かである。

いっぽう、国民の記憶からみれば、軍部が打ち上げ、内務省が修正した諸政策とは、「軍人と官僚の世の中が現出し、国民は新体制の重圧にうめき出すという世の中が現出する」（宣伝部情報係「参考情報第七号」）息苦しいものに他ならなかった。なぜだろうか。

なお、ここでは軍部とは陸軍を指す。

1　軍事行政　内務省に依存する軍部

兵事係の業務

軍部が、府県郡区市町村の内務省地方行政機構に依存して執行したものが軍事行政である。内務省地方行政機構の末端、市町村の兵事係では、（1）徴兵検査の合格者を兵役義務につかせるなど、戦時召集を行う兵事事務、（2）軍事援護、葬送や恩賞・年金に関する業務といった援護事務、（3）在郷軍人会、国防婦人会との連絡や指導を取り扱った。なお、著名な業務としては（1）に分類される、いわゆる「赤紙」、すなわち臨時召集令状の対象者への伝達がある。

以上が円滑に行われるよう、内務省側の地方行政機構と、連隊区司令部と呼ばれる軍側の地方出先機関とが連携した。加えて各地の有志で構成される兵事会、国防婦人会などの半官半民の団体が、公的機関と地域民とのあいだを取り持ち、兵役の重要性を鼓吹した。

写真45　日本最初の徴兵検査（近現代PL／アフロ）

兵事事務――情実を排した執行体制

一八七三（明治六）年、徴兵制導入当初、誰を徴兵するのか、その判定の権限は、近世以来の自然村における有力者から任命される戸長に預けられていた。このため、戸長の情実による徴兵逃れがみられた（写真45）。陸軍省は、府県庁に兵事課を設置するよう内務省に要請し、戸長の裁量による徴兵逃れを防ごうとした。さらに府県庁と軍の協議によってなされていた徴兵猶予を、軍の専決事項とした。軍部が確実な徴集を目指しはじめた背景には、大陸でも運用可能な師団制の導入に伴う軍備拡張（一八八八年）があった（遠藤芳信

「1880～1890年代における徴兵制と地方行政機関の兵事事務管掌」）。

こうして人々の事情の反映されにくい兵事事務執行体制が形成されていくようになり、日清戦争（一八九四～一八九五年）前後に、郡区（市）と連隊区司令部が提携して、兵事事務を執行する体制が確立された。兵事事務は、出生年月日が記録された戸籍と密接な関係があるので、戸籍係と兵事係を統合し、戸籍兵事係として事務を執る市町村もあった。

毎年の徴兵検査における「総理徴兵官」は陸軍大臣と内務大臣の二頭体制と規定されていた。しかし、軍部は日清戦争前後から、各地で兵事主任者会議、召集演習を主催し（前掲「1880～1890年代における徴兵制と地方行政機関の兵事事務管掌」）、内務省の系統にある兵事係の事務能力向上を「指導」していた。

以上のようにして軍部は、内務省地方行政機構の流れに乗り、地域に直結する太いパイプを獲得できた（白石弘之「解説」）。軍部は、戦時のみに国民の前に立ち現れるのでなく、平時より地方行政機構を通じて、地域の日常のなかに姿を見せていた。しかし、これは、軍部が内務省地方行政機構を利用しなければ、国民を直接動員することができなかったことも意味する。このことは昭和期の総力戦体制構築のなかで軍部にとって足かせになる。

援護事務——救貧をめぐる考え方の違い

男性が兵役に服し、あるいは戦死することによって困窮に陥った家族に対する軍事援護は一貫して、軍部による提案の後、内務省が修正のうえ、施行してきた。

日清戦争では、動員規模が小さかったこと、近世以来の自然村の名残による助け合いが機能していたことから、軍事援護制度は作られなかった（郡司淳『近代日本の国民動員』）。ところが大規模動員が予想される日露開戦（一九〇四年）の可能性が視野に入ってきた段階で、陸軍省が海軍省にはかり、援護法案を作成のうえ、内務省に主管を依頼した。この時、陸軍省と内務省のあいだで主管の押し付け合いが生じているが、援護の対象となる軍人遺家族とは、軍籍のない一般人であるとの陸軍省の主張により、内務省が引き取った（「召集下士兵卒家族救助ノ件」）。

主管の押し付け合いは、軍部と内務省のあいだで、救貧をめぐる考えの根本が異なっていたことも原因であった。軍部は、留守家族の援護を万全とすることを通じて、兵士の後顧の憂いを絶つことが戦力向上につながると考えた。しかし、恤救《じゅっきゅう》規則を所管する内務省にとって、困窮とは〈自己責任〉であり、救貧における国家の義務を否定してきた（テーマ編第六章参照）。ゆえに〈国家の責任〉で貧窮した者という新たな救貧分野の登場に戸惑うことになった。そこで内務省は一般救貧制度に比べて軍事援護が先鋭化しないよう、軍部案にあった援護を「市の義務」とするものから、「隣保相扶」に修正し、「下士兵卒家族救助令」を成立させた（前掲『近代日本の国民動員』）。

その後、軍事援護法制は、大正期における「軍事救護法」（一九一七年）、日中戦争期における「軍事扶助法」（一九三七年）と拡充されていく。この間、戦争形態が国家総力戦へ移行するのに伴い、軍部は、国民皆兵制の維持・補完策として援護の拡充を求め続けてきた（一ノ瀬俊也『近代日本の徴兵制と社会』）。

いっぽう、内務省にとって、軍部の要望に対応していくことは、一般救貧制度で否定していた「権利」としての救貧を認めていく過程となった。軍事援護を起点に社会政策が整備されていった側面も見逃せない。軍事救護法に伴う援護業務の拡大によって創設された救護課が、福祉行政を専管する部局として立ち上がり、後の社会局へと発展していくからである（テーマ編第六章参照）。

ところが、内務省は国民向けには一貫して、「権利」としての援護を否定し、親戚知己による助けや、地域の公私団体が担う「隣保相扶」による助けが不十分である場合に限って、扶助料が「恩典」として支給されると説明してきた（前掲『近代日本の国民動員』）。しかし、太平洋戦争段階になってくると、戦争の激化に伴う援護需要の高まりにより、援護における国家の役割や、国庫支出を拡大させざるをえなくなった（佐賀朝「日中戦争期における軍事援護事業の展開」）。

遺家族は軍部の管轄外

援護申請は、家族の出願に応じてなされていたが、日中戦争を受けた軍事扶助法にて、地方官が困窮者を見つけ出して援護することも可能となった。執行手順としては、区町村が「生活状況調査書」を作成し、郡長がこれを審査し、救助手段を定め、知事が決裁する。右は、明治期における業務フローであるが、全期間を通じて、内務省系統で完結し、この過程に軍部は関与しない。対象となった者の氏名が地方官から所属連隊へ通知されるだけである（「下士兵卒ノ家族救助上必要事項通報方」）。

援護事務の対象となる遺家族は、あくまでも軍部の管轄外に置かれた。陸軍が指導にこだわった兵事事務と異なる点である。それは軍部の関心が、前線で兵士として戦う存在——日露戦争段階では男性にあったためではないだろうか。援護政策の開始に際し、軍部は、女性を含む遺家族を所管外とし、内務省に所管させた。このため、女性を銃後に組み込む政策は、内務省の手で行われていくことになると考えられる。たとえば、遺家族の援護で最も重視された事項は生業扶助であった。これは出征者の妻や戦死者の妻が対象となったからである。

日中戦争以降の地方行政と軍事行政

日中戦争以降の市町村における軍事行政の極度の肥大化は、他の行政を圧迫し、立ちゆかなくさせるほどであった（小林啓治『総力戦体制の正体』）。さらには、総力戦がもたらす地域の動揺に対処するため、別系統であった軍部側の出先機関である連隊区司令部と地域行政とが一体化していたという見方もある（小野功裕「総力戦下の地域社会における陸軍と地方行政」）。

なお、付言すれば、こうした兵事係の文書は戦後の焼却命令（コラム④参照）により、残存しないと思われていたが、今に伝来する兵事係文書のなかには、どうしても焼けないと感じた兵事係の手元に残ってきたものもある。兵事係は、兵となった本人ばかりでなく、家族も苦難に巻き込む戦争の証として、焼けなかったのである（黒田俊雄編『村と戦争』）。

2 「革新」政策　内務省と軍部の合従連衡

内務省に接近する軍部

第一次大戦を経た軍部の問題関心が、国家総力戦を戦うための国民精神や国民動員といった人的資源の総動員に向けて、「良兵則良民」「良民則良兵」を唱えるようになると、内務省管轄の民政領域との接触を遂げることになる。軍部と内務省との接点は、内務省の各所で生じていたが（通史編第三章参照）、軍部はなぜ内務省に接近したのか。

まず、内務省の「新官僚」（通史編第三章、テーマ編第七章参照）と軍部「革新」派は、一九三二（昭和七）年に結成された右翼団体、国維会《こくいかい》を舞台に出会った。内務省からは後藤文夫《ごとうふみお》ら、軍部からは荒木貞夫《あらきさだお》が理事に名を連ねていた。彼らはゆるく連携し、漸進的に国家改造を目指す方向性を共有していた（河島真「国維会論」）。

ついで、軍部「革新」派は、内務官僚を「国防」と「治安維持」の両面で重要視すべき存在とみなし、内務官僚に「軍の在り方」を理解させる必要があると考え、提携を呼びかけた（山口利昭編『鈴木貞一氏談話速記録』上）。

また、軍部「革新」派は、全国各所に置かれた連隊で勤務する連隊付将校を通じ、昭和恐慌で疲弊した農村の惨状を知っており、兵を供給する農村の復興を行わねば、徴兵制の基盤が損なわれ、軍が弱体化すると感じていた。その農村復興には内務官僚の協力が不可欠であった。農山漁村経済更生運動（一九三二年、通史編第三章参照）は、農村復興に介入しようとする軍部と、内務官僚の職務領域が結合して政策化された側面もあった。

そのほか、軍部の発案であるが、軍部の能力では不可能な事項を実施し、軍部に誇示するパターンもあった。例えば、言論統制に関しては、軍部の要求を行きすぎと感じていたと回想する者もあれば（大坪保雄《おおつぼやすお》元長野県知事、元次官挾間茂の回想）、二・二六事件の戒厳令下では、今こそ内務官僚の力をみせようとの理由から、出版検閲を買って出る者も見られた（生悦住求馬『思ひ出乃記』）。このように戦争が激化する以前においては、軍部のアイディアを取り込んで、国民統合を進めようとする場面が確認できる。

軍部と内務省の「抗争」——ゴー・ストップ事件

世間の耳目を集めた警保局と軍部との喧嘩が、一九三三年のゴー・ストップ事件である（テーマ編第三章参照）。個々の警察官と兵士の小競り合いは明治以来しばしば起きていたものの、内務省と軍部の抗争に発展したのがこの事件であった。軍服をまとった休暇中の一等兵が赤信号を無視したのを、巡査が見とがめ、派出所へ連行、そこで殴り合いの末、双方ともに傷を負ったことが発端である。この時、寺内寿一《てらうちひさいち》第四師団長は「皇軍の威信」をもちだし、警察に謝罪を要求してきた。対する松本学《まつもとがく》警保局長は、軍が陛下の軍であるならば、警察も陛下の警察であると反論した（通史編第三章参照）。松本は戦後に、この事件を「軍部横暴の最初の頁」として位置づけているが（大霞会編『内務省外史』）、軍部と内務省が、さまざまな場面で競合しはじめる「最初の頁」ともいえる事件であった。

国家総力戦体制と内務省の既得権益

警保局は、軍部とは治安維持の側面において意気投合し、早い段階から親睦を深めてもいる。しかし、内務省の中でいち早く軍部と距離を取り始めたのも警保局であった。二・二六事件（一九三六年）のようなクーデターにうったえ、国家体制変革を目指す若手将校や、それにシンパシーを抱く軍部、そして国民に排外行動をあおる軍部は、治安を守るべき内務省にとって迷惑でしかなかったからである（黒澤良『内務省の政治史』、元内相木戸幸一《きどこういち》回想）。

また、日中戦争（一九三七年）以降、軍部「革新」派の主導する国家総力戦体制構築のための行政改革、地方制度改革、国民組織の方向性が、内務省の既得権益を掘り崩すものであることが明らかになってくると、内務省は、省として軍部と積極的に交わらなくなる（前掲『内務省の政治史』）。

それは、軍部主導の国家総力戦体制構築が、内務省が統御してきた地方制度を用いずに、つまり内務省をなるべく介在させずに、直接的に国民を動員しようとする傾向があったからである。このため親軍的で「革新」的とみなされた者たちは、内務省の存亡をかけた省益の観点から内務省主流より遠ざけられた（前掲『内務省の政治史』）。

大蔵省、商工省の「革新」官僚が、経済政策や資源政策をめぐって、自らの出身省庁を背負い、総合国策機関を舞台に軍部と連携できた（古川隆久『昭和戦中期の総合国策機関』）のとは好対照をなすものである。

こうした内務省のスタンスを踏まえたうえで、軍部と内務省の〈協働〉である国民動員政策に注目すると、次節でみていくように、内務官僚が軍部案を修正している。

3　国民組織　軍部案を修正する内務省

大政翼賛会――国民の声のゆくえ

一九四〇（昭和一五）年、日中戦争勝利に向け、全国民を団結させるための新組織、大政翼賛会が生まれた（通史編第四章参照）。政治性をもった組織を目指す軍部案では、道府県支部長に民間人をあてることになっていた。しかし、これは内務省の地方権益を侵すものであった。内務省は徹底抗戦し、県知事を翼賛会道府県支部長とすることに成功し、翼賛会を行政組織化していった。最終的に主導権を握り、運動を官製運動化した（大霞会編『内務省史』三）。

いっぽう軍部と内務省の一致が見られたのは、中央協力議会の位置づけである。「下意上達・上意下達」の実現のため、翼賛会中央本部に付置された中央協力議会は、民間人から構成された。しかし、中央協力議会は、軍部と内務省によって無力化された。軍部（武《む》藤《とう》章《あきら》陸軍省軍務局長）は、国民の意見の表明を嫌い、内務省（挟間茂内務次官）は、民間人が地方行政に介入するのを嫌ったからであった（須崎慎一「第2集解題」）。それぞれ異なる意図によってではあるが、翼賛会が国民の声の反映の場となることをともに防いだ。

国民義勇隊――文武が混濁した指揮命令系統

本土決戦が視野に入ってくると、軍部は大政翼賛会を解散のうえ、連合軍本土上陸の折には、戦闘組織にスライドする新たな国民組織、国民義勇隊を構想した（一九四五年六月施行、写真46）。

國民義勇隊
帝都の組織と運營方針決る
月末までに誕生
女子にも適切な作業を
一、組織

写真46　国民義勇隊の報道
（『朝日新聞』1945年5月13日）

これは大政翼賛会とは異なり、戦闘組織でもあった。しかし軍部は内務省にその組織化の主導権を譲っている。この時、大政翼賛会に代わる国民運動として旧政党人を中心とする大日本政治会の結成が間近となっており、軍部、内務省ともに大日本政治会に国民運動の主導権を渡すことを阻止したかったからである。軍部は、大日本政治会を出し抜いて、速やかに国民義勇隊の組織化を進めるためにも、大政翼賛会を所管していた内務省に所管させることを選んだ（照沼康孝「国民義勇隊に関する一考察」）。

軍部は国民義勇隊の戦闘隊機能に重きを置くことを期待していたが、内務省では、（1）国民は戦闘に従事することもあるかもしれないが、あくまでも日々の生産活動を重視すること、（2）翼賛会同様に、道府県本部長を地方長官とすること、（3）軍人の座る総司令官の設置に反対すること、これらによって、国民義勇隊を、翼賛会同様の内務省の行政補助機関に変えてしまった（前掲「国民義勇隊に関する一考察」、松村寛之「国民義勇隊小論」）。

しかし、「状勢急迫」に伴う戦闘隊転換の際は、所管も内務省から軍部に転換せざるを得ない。軍部は、その際にのみ、総司令官を置こうとしたが、これにも内務省は反対した。内務省が反対した理由は、従来の地方指揮系統が破壊されるため、そして戦闘隊転換の際、軍が戒厳令を敷き、軍政を敷く可能性を防ぐためであった（前掲「国民義勇隊小論」）。

いっぽうで内務省は、軍部の戦闘隊構想にも配慮し、各県にむけて（1）組織化にあたっては軍関係機関と連絡を密に保つこと、（2）軍隊として動けるよう各段階の指揮者の能力を見極めるように通達している（「国民義勇隊ニ関スル資料」）。

ところが、地方官以外から登用される各地の副部長を例にとると、軍人より内務省系の人物が多くの割合を占めていた（前掲「国民義勇隊小論」）。また、軍による幹部指導や訓練が実際に行われた形跡もあまり見られない（前掲「国民義勇隊小論」）。空襲や戦時行政で疲弊した地方官たちは、中央以上に軍部に配慮しなかった結果かもしれない。地方官は、国民義勇隊の地方行政補助機関化に拍車をかけたのであった。

軍部もこれに抵抗した形跡がない。それは（1）戦況悪化による発言力の低下、（2）各地における戦時軍事行政の逼迫で義勇隊の訓練がままならないこと、すなわち地方軍司令部側の疲弊、（3）「統帥権の独立」により、軍部以外が軍隊指揮にかかわることができない大前提のもとでは、義勇隊における国務（内務省）と、統帥（軍部）との競合問題を整理できなかったからである（前掲「国民義勇隊小論」）。そのため、国民義勇隊の戦闘組織転換は各地の軍管区司令官、鎮守府司令長官、すなわち軍部の発動によってなされるが、戦闘隊の出動指令は地方長官、すなわち内務省を通じて行うという文武が混濁した指揮命令系統となっていた（「義勇奉公隊（仮称）組織ニ関スル件」「状勢急迫セル場合ニ応スル国民戦闘組織ニ関スル件」）。地方長官をかませたのは、軍事行政の節でみたように、軍部は国民を直接動員できず、内務省地方機構を介するルールが、本土決戦を前にしても生きていたということであろう。

地方総監府──内務省の激しい抵抗

一九四五年六月、本土決戦に備えては、いまひとつ軍部発案のものを内務省が修正、設置、所管している。連合軍本土上陸による国土分断に備えた応急的な地方機関、全国八ヵ所の地方総監府である。本土での戦闘により、各地からの連絡が途絶した際、中央の権限を地方におろし、地方でおのおの完結的に行政を行おうとするものである。

ここでも内務省は、地方総監人事を内閣が握る案や、現役軍人をあてる案に激しく抵抗した。内務省は、最終的に軍人の就任を回避し、地方総監府の軍政機関化を防いだ。そのうえで、内務省が地方総監に対して、府県同様の指揮監督権をもつところまでもっていった（矢野信幸「太平洋戦争末期における内閣機能強化構想の展開」）。内務省が何よりおそれていたことが、軍部が地方行政権を握る軍政であったことがわかる。

省益と牧民官意識を手放す内務省

地方総監府は、国民義勇隊の戦闘隊編入を規定した陸海軍所管の義勇兵役法とほぼ同時に設置されている。こうして軍部は、本土決戦に備えた国民動員体制を内務省に「作らせた」が、戦闘隊構想も地方総監府も、地方行政を握り続けたい内務省の意向によって、軍事的色彩がそがれていった。

そして、「地方総監府、国民義勇隊が出来た後は内務省は傍でみていて暇になった」という（元人事課長林敬三《はやしけいぞう》回想）。内務省は、敗色が濃くなってきた一九四三年以降、各警察署を通じて民心調査を実施しており、「暇になった」ころには本土決戦を前に、国民の不安、不満、恐怖が限界に達していることを認識していた（警視庁情報課「警視庁より見たる社会情勢一般」）。そして、義勇隊についても「軍が国民を道連れにしようとしておる、けしからん」（元次官灘尾《なだお》弘吉《ひろきち》回想）とつぶやいていた。戦後の内務官僚の回想も、銃後の国民が戦争についていけていないことを認識していた発言が多く見られる。それにもかかわらず、国民義勇隊では国民を死においやるための法を起案し、地方総監府では内務省の力の源泉であった本省と地方を結ぶ線、国民とつながる回路が消えてしまった。以後、本省が「暇になった」ということは、事実上、仕事が少なくなったという意味と同時に、死守しようとした省益と、牧民官意識というプライドの両方を、本省を起点に手放しはじめたといえるかもしれない。終戦時の軍部クーデターを警戒していた警保局だけは多忙であったが、苛烈な空襲と本土決戦を前に内務省はなすべがなかった。内務省がよみがえるのは、終戦後の治安維持政策や、米軍の迎え入れ政策を待たなければならない。

総力戦体制と内務省の女性政策

さて、日本の総力戦体制では、兵士となる男性との関係において、女性が銃後にて果たすべき役割が構想され、性別役割分担が強化されていったとされる。この部分をめぐる政策が内務省の担当となったことの背景は、先述したように軍部が、兵士の家族を意識的に管轄外においたからである。

援護を事例に取ると、日露戦争段階において内務省は、婦人外郭団体の手を借りながら、兵士の妻に対する就労支援や託児所の設置に弾力的に取り組んだ（「軍人家族救護事業　増補時局救護事業概観」）。しかし、大正期以降においては、愛国婦人会などすべての外郭団体が、内務省の機構に組み込まれた。その結果、援護が女性を主たる対象としていたにもかかわらず、男性の考え方によって援護が展開していく（今井小の実『福祉国家の源流をたどる』）。そのひとつに、男性による〈理想の未亡人像〉が、援護政策に投影されていった点があげられる。

日中戦争以後の根こそぎ動員段階においては、生死不明で夫が戻ってこない妻や、未亡人が増大していった。内務省は、軍部の要請もあり、兵士の後顧の憂いを絶つ観点から、妻の「風紀問題」取り締まりにも進出していくことになった（牧野雅子「戦時体制下における出征兵士の妻に対する姦通取締り」）。内務省は、「姦通」禁止はもちろん、舅姑《きゅうこ》に孝養を尽くすべきこと、派手な化粧・服装を慎むべきことなど、いわば留守妻規範を描き出し、妻たちに強いていった（「軍人援護小冊子」、警視庁情報課「事務成績」）。このように、内務省の手により、兵士となって戦う男性である夫と、それを支え、家を守る女性である妻という家族規範が強化されていった。

いっぽう、軍部は「女子に於ては尚相当の余裕あり」（「昭和20年4月26日　帝国国力の現状（案）」）との観点から女性の兵力動員に踏み切ろうとした。義勇兵役法では、既婚女性を含む一七～四〇歳女性の戦闘参加が書き込まれたのである。これは従来の男性の役割を女性に開いたことを意味する。

しかし、これに対し、内務省は「女子に適する作業に留意すること」、「家庭生活の根軸をなす婦人の出動は、やむをえざるときに限る」と保留をつけた（「国民義勇隊ニ関スル資料」）。

こうした内務省の抵抗の示し方からは、「日本の筋金を入れているのは内務省」（元富山県知事岡本茂《おかもとしげる》回想）との自負が思い出される。内務省は、女性の兵力動員によって、日本国家・社会の「筋金」たるジェンダー秩序が崩れることを感知したのではないか。男性優位のジェンダー秩序を構築してきた兵士の役割に、女性をあてることを受け入れることができなかった。銃後も含めて国民を兵力とみなす軍部と、〈健全な〉社会の構成要素として国民をみていく内務省との違いがここに現れているかもしれない。

戦争中、内務官僚は、地方権益を守る熱意と同量の熱意で、牧民官たり得たとは言いがたいが、いかなる時も自分は牧民官であったと記憶している。女性の兵力動員の補正からは、そうした戦時下の内務官僚における牧民官意識の中身の一端を垣間見ることができよう。敗戦色が濃くなって以降、軍部に引き回されながら銃後の社会に向き合うことは、内務官僚にとって、牧民官であることを放棄することを意味したかもしれない。牧民官でいられなくなる危機感からも、内務官僚が現状維持的で、積極的に「革新」化しなかった原因も改めて見えてこよう。

4　軍部出身内務大臣

山田顕義から安藤紀三郎まで

最後に、軍部出身者の内相就任について考える。首相による兼任も含めると、明治期においては内務卿時代に山田顕義《やまだあきよし》、山県有朋《やまがたありとも》、内務大臣時代に山県、樺山資紀《かばやますけのり》、西郷従道《さいごうつぐみち》、児玉源太郎《こだまげんたろう》、桂太郎《かつらたろう》、昭和戦前期に田中義一、昭和戦中期に末次信正《すえつぐのぶまさ》、東条英機《とうじょうひでき》、安藤紀三郎《あんどうきさぶろう》である。海軍出身者は、樺山と末次である。ここでは、内務官僚が、軍部から送り込まれてきたと警戒した東条と安藤に注目したい。

東条英機――治安と国防の掌握

東条英機内閣では、首相が陸相・参謀総長・内相を兼ねることになった（一九四一年一〇月一八日〜一九四二年二月一七日在任、写真47）。内務官僚は、近衛内閣の最終局面に出てきた内務省廃止案の総仕上げかと警戒した（前掲『内務省の政治史』）。

しかし、東条の意図は、開戦回避の場合、内相として警察を押さえることで、国内の主戦論を取り締まること、そして陸相として憲兵を押さえることで軍内の抵抗を抑えることにあった。つまり治安と国防を一手に掌握することにあった。この考えには、関東憲兵隊司令官をつとめた東条の満洲経験が反映されていた。事実上の軍政が敷かれていた満洲の憲兵は、内地における憲兵の職務をはるかに超えて、軍の安全と治安維持の両方を握っていたのである。ここで東条は一般民衆の生活、行動にまで立ち入った監察取り締まりを確立

写真47　東条英機
（国立国会図書館蔵）

したといわれる（星野直樹「憲兵司令官東条英機」）。
内務省廃止でなく、治安維持の観点からの内相就任であったので、内務官僚たちは東条内相をしぶしぶ受け入れた。

安藤紀三郎——政府・内務省・翼賛会の関係再構築

東条が開戦に伴う治安維持を乗り切った後、東条内閣の内相は、生え抜きの湯沢三千男《ゆざわみちお》に戻された。しかし湯沢は、内務省の宿願であった市長官選制を議会に提出することで、政府、議会の不興を買って更迭された（前掲『内務省の政治史』）。後任に白羽の矢が立ったのは、事実上の翼賛会トップ、副総裁の安藤紀三郎（予備役陸軍中将）であった（一九四三年四月二〇日〜一九四四年七月二二日在任、写真48）。

安藤は、軍部「革新」派の武藤章と親しい関係にあったものの、軍部の意向を背負っているというより、国民組織に熱心に取り組み、翼賛会に詳しいとの立場を期待されての入閣であった。当時、翼賛会支部長である知事は、翼賛会から降ってくる命令を差し止めるなどして翼賛会との関係を悪化させていた。安藤には、政府・内務省・翼賛会の関係再構築が託されていた（『朝日新聞』一九四三年四月二一日、二二日朝刊）。また、安藤は中将といえども、陸軍大学校を出ておらず、陸軍省内における最高の職位は恩賞課長であった（古川隆久『東条英機』）。軍部エリートとは言えないからである。

かつて、予備役海軍大将出身内相末次信正（一九三七年一二月一四日〜一九三九年一月五日在任）は初登庁の日、軍刀を吊った海軍正装に身を包んで「提督大臣」などと揶揄されたが（『読売新聞』一九三七年一二月一六日夕刊）、安藤は軍服を着ていなかったことからも（『朝日新聞』一九四三年四月二二日夕刊）、軍部代表として臨んでいないことがうかがえる。

写真48　雑炊を試食する安藤紀三郎内相
（1944年、毎日新聞社）

しかしながら安藤は、翼賛会を政治的に活性化させようとしており、官製組織としたい内務官僚の翼賛会像とは異なる像を持っていた。安藤は翼賛会時代、「わしは何時《いつ》でも国民の懐ろに飛びこんでお互の肚を割りたい」（『読売新聞』一九四一年一〇月二三日朝刊）、翼賛会によって、国民をたたき直すというような思いあがった考えではいけない、国民の大多数が家族を戦場におくっているのだから、国民と「手をつないで進んでゆける」（『朝日新聞』一九四三年四月二二日朝刊）と述べている。内相となってからも、国民は事変以来苦労し、これからも苦労させるのだから行政の一線に立つ地方官は「誠意と恩情を旨とし」、「人間的潤ひ」のある行政を行うべき（『読売報知』一九四三年五月一八日夕刊）と訓示するなど、内務官僚が使用しない語彙を用いて、翼賛会のタテマエを本気で実現しようとしていた。

安藤の東条批判

政党出身内相と渡り合ってきた内務官僚からすれば、「熱と誠実の権化」（『読売報知』一九四三年四月二一日朝刊）である安藤は御しやすかったかもしれない。

地方局長古井《ふるい》喜実《よしみ》は、翼賛会嫌いであった。当然、安藤大臣がやってきたのも嫌で、茨城県知事に転出することを選んだ。東条内閣末期には倒閣運動にも参加していた。その古井が、安藤内相に対しては「情が移ってしまって、刀が鈍ってしまってこられたようで」との感触を抱いた（古井喜実『爽かな人生 いずこ』）。なぜだろうか。

古井から新居《あらい》善太郎《ぜんたろう》への地方局長引き継ぎには、「翼賛会は安藤大臣の信念なり」とのメモのそばに、安藤の翼賛会像とは異なって翼賛会を市町村自治に組み入れる方針が書き込まれている（「地方事務局長引継事項」）。また、国と市町村吏員との対立を緩和するための、「市町村吏委員栄誉的待遇確立」の項目には「大臣、次官熱心、或程度工作中」と書かれている。安藤の意欲を利用して、翼賛会、地方行政を内務官僚の思う方へ導いていった様子がうかがえる（「地方事務局長引継事項」）。

安藤自身も軍部の意向を忖度《そんたく》しなかったようである。たとえば、新設となる東京都長官の人選において、軍部からの軍人を推す声を抑えた。軍人では、今まで対立してきた市と府をひとつにまとめきれないと考えていたからである（大達茂雄伝記刊行会編『大達茂雄』）。さらには、港湾行政が、連合軍本土上陸に備えて陸軍に引き上げられる時も、安藤は「困った、がまんしてくれ（中略）その代り機構の内容については、よくいうことをきくから」と省内に対して懇願姿勢であったという（「座談会　建設省設立10周年を迎えて戦後の建設行政を回顧する」）。

そして最終的には東条批判に転じた。安藤は警保局を使って、反戦思想、反東条に苛烈な取り締まりを見せた。中野正剛《なかのせいごう》を自刃に追い込んだとされ、また『中央公論』、『改造』に廃刊処分を下したため、東条内閣の走狗のように思われてきた。

しかし、サイパン陥落後の閣議上、首相の国民向け戦況談話について、空疎である、政府に対する国民の信頼を傷つけると発言、東条と応酬となった（加瀬俊一『加瀬俊一回想録』下）。翌日の閣議で東条は「内務大臣は陸軍軍人にも不似合なる言を洩らした」と安藤を批判した（伊藤隆・沢本倫生・野村実編「沢村頼雄海軍次官日記」）。その数日後、内閣改造による東条内閣延命策に安藤と商工大臣岸信介《きしのぶすけ》が反対し、東条内閣は倒れた。安藤は、国民に不利な戦況を隠して戦争動員する軍部の方向性についていけなくなったと考えられる。

安藤は、生え抜き大臣でなかったからこそ、内務官僚よりも、理想主義的な牧民官像を掲げることができた。国民教化を旨とする内務官僚からみれば、それは噴飯物だったかもしれないが、彼らは民政に意欲を見せる安藤を内務省側に引き寄せた。安藤もそれを嫌がらなかった。ゆえに都長官人事に見られたように、軍部の要求を安藤を使って回避することもできた。生え抜き内相では不可能な軍部との交渉ごとも、安藤がやってくれた可能性もあろう。

埋めがたい国民観のずれ

安藤内相や、女性の兵力動員から見えるのは、軍部と内務省の拮抗の問題というより、お互いの国民観にずれがあったことである。安藤は内務行政に身を置くなかで、それを知ったのではないだろうか。

国民を組み込む国家総力戦の方向性は、軍部と内務省の間で一致をみることはなかった。しかし、戦中、戦後の国民は、両者は一体化していたように見なした。そして何より、いったん国家が戦争を決めると、一官庁は協力するしかなくなることを示している。

参考文献

生悦住求馬『思ひ出乃記』一九八七年
一ノ瀬俊也『近代日本の徴兵制と社会』吉川弘文館、二〇〇四年
一ノ瀬俊也『東條英機――「独裁者」を演じた男』文藝春秋社、二〇二〇年
伊藤隆・沢本倫生・野村実編「沢本頼雄海軍次官日記」『軍事史学』九八、一九八九年
今井小の実『福祉国家の源流をたどる――Her/His Storyを超えて』関西学院大学出版会、二〇二三年
遠藤芳信「1880～1890年代における徴兵制と地方行政機関の兵事事務管掌」『歴史学研究』四三七、一九七六年
大達茂雄伝記刊行会編『大達茂雄』大達茂雄伝記刊行会、一九五六年
長志珠絵「「母」は「銃後」にいたのか？――総力戦下の女性兵士論と「防空」業務」髙田京比子、三成美保、長志珠絵編『〈母〉を問う――母の比較文化史』神戸大学出版会、二〇二一年
小野功裕「総力戦下の地域社会における陸軍と地方行政」『日本史研究』七二三、二〇二二年
加瀬俊一『加瀬俊一回想録』下、山手書房、一九八六年
河島真「国維会論――国維会と新官僚」『日本史研究』三六〇、一九九二年
「義勇奉公隊（仮称）組織ニ関スル件」（JACAR　Ref.A03010248900、公文類聚・第六九編・昭和二〇年・第五三巻〈国立公文書館〉）
黒沢文貴「大正・昭和期における陸軍官僚の「革新」化」黒沢文貴、小林道彦編著『日本政治史のなかの陸海軍』ミネルヴァ書房、二〇一三年
黒澤良「内務官僚と二・二六事件後の政官関係」『年報政治学』二〇〇〇年
黒澤良『内務省の政治史――集権国家の変容』藤原書店、二〇一三年
黒田俊雄編『村と戦争――兵事係の証言』桂書房、一九八八年

「軍人援護小冊子」、「地方局長事務引継事項」、「国民義勇隊ニ関スル資料」（「新居善太郎関係文書」四五七、六四三、七九八、国立国会図書館憲政資料室所蔵）
郡司淳『近代日本の国民動員――「隣保相扶」と地域統合』刀水書房、二〇〇九年
警視庁情報課「事務成績」一九四五年、「警視庁より見たる社会情勢一般」一九四五年七月、粟屋憲太郎、中園裕編『戦争末期の民心動向』現代史料出版、一九九八年
纐纈厚『近代日本政軍関係の研究』岩波書店、二〇〇五年
小林啓治『総力戦体制の正体』柏書房、二〇一六年
佐賀朝「日中戦争期における軍事援護事業の展開」『日本史研究』三八五、一九九四年
「座談会　建設省設立10周年を迎えて戦後の建設行政を回顧する」『建設月報』一一―九、一九五八年
「座談会　終戦前後における内務省及び地方庁の活動状況」（3で利用した林発言）「大霞会旧蔵内政関係者談話録音速記録」三三、国立国会図書館憲政資料室所蔵（以下「録音」とする）
「召集下士兵卒家族救助の件」（JACAR　Ref.C06083940300、明治37年乾4月「弐大日記4月」〈防衛省防衛研究所〉）
「昭和20年4月26日　帝国国力の現状（案）」（JACAR　Ref.C12120293400、昭和20年　大東亜戦争　戦争指導関係綴　一般の部〈防衛省防衛研究所〉）
白石弘之「解説」『都史資料集成1　日清戦争と東京1』東京都、一九九八年
「状勢急迫セル場合ニ応スル国民戦闘組織ニ関スル件」（JACAR　Ref.A03010249100、公文類聚・第六十九編・昭和二十年・第五十三巻〈国立公文書館〉）
須崎慎一「第2集解題」『大政翼賛運動資料集成第2集別冊』柏書房、一九八九年
宣伝部情報係「参考情報第七号」赤沢四朗、北河賢三、由井正臣編『資料　日本現代史』12、大月書店、一九八四年
「大政翼賛会　国民精神総動員を語る」（2で利用した大坪、挟間発言）「録音」九

大霞会編『内務省史』三、地方財務協会、一九七一年
大霞会編『内務省史』四、地方財務協会、一九七一年
大霞会編『内務省外史』地方財務協会、一九七七年
「地方行政協議会等戦時業務座談会速記録」（3で利用した灘尾発言）「録音」一四
照沼康孝「国民義勇隊に関する一考察」『年報・近代日本研究　一　昭和期の軍部』山川出版社、一九七九年
冨江直子『救貧のなかの日本近代』ミネルヴァ書房、二〇〇七年
内務省「下士卒家族救助令施行手続」『東京市養育院月報』四〇、一九〇四年
内務省「軍人家族救護事業　増補　時局救護事業概観」『自治機関』六—七〇、一九〇五年
「内務省事務処理の実際」（はじめにで利用したひとつめの萱場発言）「録音」二四
永井和『近代日本の軍部と政治』思文閣出版、一九九三年
中村崇高「近代日本の兵役制度と地方行政——徴兵・召集事務体制の成立過程とその構造」『史学雑誌』一一八—七、二〇〇九年
林博史「日本ファシズム形成期の警保局官僚」『歴史学研究』五四一、一九八五年
古井喜実『爽かな人生　いずこ——歴史に学び自らを見つめる』牧野出版、一九八四年
古川隆久『昭和戦中期の総合国策機関』吉川弘文館、一九九二年
古川隆久『昭和戦中期の議会と行政』吉川弘文館、二〇〇五年
古川隆久『東条英機——太平洋戦争を始めた軍人宰相』山川出版社、二〇〇九年
星野直樹「憲兵司令官東条英機」『文藝春秋臨時増刊』三三—一二、一九五五年
牧野雅子「戦時体制下における出征兵士の妻に対する姦通取締り」『ジェンダーと法』一一、二〇一四年
松村寛之「国民義勇隊小論——敗戦と国民支配についての一断章」『歴史学研究』七二一、一九九九年
「元内務大臣座談会速記録」（2で利用した木戸発言）「録音」二
「安岡正篤氏座談会速記録」（はじめにで利用したふたつめの萱場発言）「録音」二七

矢野信幸「太平洋戦争末期における内閣機能強化構想の展開――地方総監府の設置をめぐって」『史学雑誌』一〇七―四、一九九八年
山口利昭編『鈴木貞一氏談話速記録』上、日本近代史料研究会、一九七一年
由井正臣『軍部と民衆統合――日清戦争から満州事変期まで』岩波書店、二〇〇九年
吉田裕「日本陸軍と女性兵士」早川紀代編『軍国の女たち』吉川弘文館、二〇〇五年

テーマ編

第九章　災害を防ぐ、備える——防災行政

吉田律人

1　町火消から公設消防組へ

災害大国

日本列島はプレート境界上に位置するため、内陸型地震だけでなく、海溝型地震、さらに火山噴火の脅威があるほか、夏季から秋季にかけて来襲する台風は大規模な水害や土砂災害を引き起こす。また、さまざまな要因で発生する火災は、時として都市を焼き払うような大火となり、多くの人の生命や財産を奪う可能性がある。日本列島に住む人々は常に災害のリスクと向き合わねばならず、明治維新以降、技術の進歩とともに、災害への備えを変化させてきた。そうしたなかで、幅広い分野を所管する内務省は、いくつもの側面で災害に対応する業務を行いつつ、被害の拡大を防止する政策を展開していった。

多岐にわたる「防災」の業務

今日の防災行政は災害対策基本法及び内閣府設置法、内閣府本府組織令などに基づき、内閣府の所管となっている。そして防災基本計画等を審議する中央防災会議のほか、政策統括官（防災担当）を中心とするスタッフが大規模災害に対する政策立案や総合調整を行う。

また、火災のような日常的な災害、大規模災害時の緊急消防援助隊の派遣、武力攻撃事態における国民保護などに関しては、総務省消防庁の所管となっており、各種政策の立案や発災時の調整を担っている。さらに実際の災害対応、予防政策などは都道府県、市町村の役割であり、実働の消防隊の管理・運用も市町村の消防長が担う仕組みである。しかしながら、第二次世界大戦の敗戦以前、そうした防災行政を統括するような専門の部署が内務省内にあったわけではなかった。

発災から事態の終息、そして次の災害への備えという時間的なサイクルを考えた場合、各局面において内務省内の担当部署は変わってくる。例えば、災害を防ぎ、被害を減少させる方法には、間接的な手段として、都市計画に基づく防火帯の設定や、河川改修による治水などがある。また、直接的な手段としては消防機関の運用、衛生機関の救療活動などもある。加えて、災害によって衣食住の手段を失った被災者に対しては、一定期間、それらを提供しつつ、生活再建へと導いていかなければならない。

一八七三(明治六)年一一月の内務省設置後、翌七四年一月に制定された内務省職制及事務章程は、「内務省は国内安寧人民保護の事務を管理する所」と、その役割を定めたうえで、事務章程第二八条で「災変に由り流亡せし人畜土地家屋を調査し例規に照して救助する事」と規定、続く二九条でも「生理を安寧にする諸法を施行する事」としている。また、

第一〇条及び第三二条では、道路や河川、堤防等の整備や管理も規定する。つまり、設立時から「防災」は内務省の仕事であった。

その後、内務省の職制と事務章程は数回にわたって改正された後、一八八五年一二月に内閣制度が導入されると、翌八六年二月二六日、改めて各省官制が定められ、内務省は大臣以下、総務局、県治局、警保局、土木局、衛生局、地理局、社寺局、会計局の八局から構成される。「防災」関係では、県治局府県課が賑恤救済に関する事項、同地方費課が備荒貯蓄に関する事項、土木局治水課が河川堤防港湾工事に関する事項、道路課が道路橋梁工事に関する事項を担ったほか、警察・消防を統轄する警保局や病院等の衛生機関を統轄する衛生局も発災時はさまざまな対応を行った。さらに一八八八年一二月一八日、地理局に気象課を新設し、気象観測や暴風警報、地震験測に関する事項を掌ることになった。

このように「防災」に関する内務省の業務は多岐にわたっており、限られた紙幅で論点を絞ることはきわめて難しい。そこで土木行政や衛生行政、社会行政等に関する部分はそれぞれ担当の各章に譲ることとし、本章では、主に警保局が担った消防、すなわち最も発生頻度の高い火災への対応を中心に、関東大水害や関東大震災などの大規模発生時の内務省全体の動向を踏まえながら、「防災行政」について俯瞰していきたい。また、第一次世界大戦後に浮上する防空問題についても本章で扱うこととする。なお、内務省が推し進めた官製国民運動と被災者救助に関する思想の変化は、伊藤陽平が中央報徳会の機関誌である『斯民』から分析しているので、そちらを参照いただきたい（伊藤陽平「罹災者救助思想の変容」）。

消防制度改革と川路利良

明治維新以前、消防の組織及び装備は幕府や藩という支配構造だけでなく、城下町や宿場町、門前町、集落という地域の性格によって大きく異なっており、統一的な制度は存在しなかった。また、放水器具である竜吐水《りゅうどすい》や水鉄砲は普及していたものの、消火方法の主流は建物を倒して延焼を防ぐ「破壊消防」が中心で、射程の短い放水は火消したちの支援に用いられる程度であった。そうしたなか、徳川幕府の城下町だった江戸の消防は、鳶《とび》によって構成される町火消によって主に担われていたが、明治維新以降、腕用《わんよう》ポンプや蒸気ポンプの導入など、東京府、さらに内務省や警視庁はその改革を推し進めていく（写真49）。

写真49　1880年代の出初式
（MeijiShowa／アフロ）

一八七三（明治六）年一〇月、ヨーロッパの視察から帰国した旧薩摩藩士の川路《かわじ》利良《としよし》は参議の大久保《おおくぼ》利通《としみち》に意見書を提出、警察制度の整備を訴えた。そのなかで「人民の損害火災より大なるは無し」としたうえで、「故に消防は警保の要務、之を府庁に任し別に其官員を置くは権限を失すと云べし。願くは各国の例に遵《したが》ひ消防事務を警保寮に委任せば、府庁に於て別に消防掛を置くに及ばず、是亦《これまた》府費を省くの一なり」と唱え、警察が消防を担うことを求めた（「建議」、国立国会図書館憲政資料室所蔵、大久保利通関係文書二七九）。大久保はこの川路の意見を採用、一二月二五日、太政官は東京府の消防を司法省警保寮に移管させた後、翌年一月一五日、内務省の指揮下で東京警視庁が誕生すると、消防をその所管へと移していった。さらに一九日、内務省は警保寮消防章程を制定し、東京における消防制度の大枠を定めた（『太政類典第二編』第一四六巻、国立公文書館所蔵）。

消防章程は消防の理念や指揮命令系統に関する第一章「消防規則」、消防組の組織に関する第二章「消防組役割」、ポンプ組に関する第三章「ポンプ組役割」、消防組員の行動に関する第四章「消防組頭以下心得」のほか、「消防組賞典定則」や「消防組死傷扶助定則」、「消防組罰則」などから構成され、町火消は消防組として、警視庁の指揮下で活動することになった。また、伝統的な破壊消防に加え、消防ポンプの運用も試みられた。その後、大警視に就任した川路は内務卿となった大久保に新型ポンプの増強を進言、一八七五年から翌七六年までの間に二六組のポンプ組が警察署単位で編成されていった。この過程で警視庁内には消防課が新設される（警視庁消防部編『帝都消防概観』）。

破壊消防から放水へ

西南戦争勃発直前の一八七七年一月、東京警視庁の廃止と同時に、新設の内務省警視局が東京の警察事務を担うようになり、東京警視本署を置いた。この背景には、①経費節減と②全警察を統一して士族反乱等に対応する意図があった（警視庁史編さん委員会編『警視庁史　明治編』）。ここで消防課は消防掛となった。また、大警視は東京だけでなく、全国の警察行政も統轄した。七九年一〇月一三日、警察・消防行政を先導してきた川路が没する一方、警視局は八〇年六月一日、ポンプを中心とした常設の消防隊を創設、消防掛は消防本部へと発展し、職制章程や消火卒規則、職務心得等を制定していった。加えて、水防事務も消防本部が所管するようになった。川路死後、消防制度の整備は小野田元熙《おのだもとひろ》（後の警保局長）を中心に進められていくことになる。その後、八一年一月一四日、再び警視庁が設けられると、消防本部は消防本署へと改められた。また、警視局は警保局となる。この間、消防隊と消防組との対立が表面化、出初式や火災現場で衝突したほか、大火災も頻発する。同年五月三一日、東京府会での議論を踏まえ、警視庁は不熟練な消防隊を廃止し、東京の消防は再び鳶を中心とした消防組が担うようになった。

一八八四年五月、常備消防の創設をめざす警視庁は「消防法改正」を東京府会に提出、常備消防体制の整備や新型ポンプの導入が図られていった。以後、警視庁は蒸気ポンプの導入を進め、一八八九年には東京市内の六つの消防分署に各一台の蒸気ポンプが配備される。これによって警視庁内の消防本署以下、各消防分署が常勤職員から構成される蒸気ポンプ隊と、腕用ポンプを主力とする消防組を運用するようになっていった。従来の破壊消防は建物の変化もあって次第に廃れ、常備消防による放水が消防の主力となっていく。東京市は日本で最も整った消防体制を構築していったのである（鈴木淳『町火消たちの近代』）。

他方、東京に最も近い開港場であった横浜では、民間の常備組織である居留地消防隊が活動するなど、西欧の消防技術や制度を積極的に取り入れていた。さらに一八八七（明治二〇）年一〇月、イギリス人技師ヘンリー・パーマーの協力を得た神奈川県は、横浜に日本初の近代水道を整備する。安全な飲料水を提供する水道の開通は、衛生面の改善だけでなく、消防上も大きな効果があり、水道消火栓とスタンドパイプを用いた放水活動を可能とした。神奈川県はこれを契機に蒸気ポンプや腕用ポンプを廃止、消防組織を改編して「旧弊」の一掃を図っていった（吉田律人「横浜消防の近代史」）。

公設消防組の誕生

警視庁が江戸時代以来の町火消、伝統を重んじる鳶の慣習に苦しんだように、全国の消防は地域ごとにさまざまな問題を抱えていた。そうしたなか、一八九四(明治二七)年二月三日、第二次伊藤博文《いとうひろぶみ》内閣の内務大臣であった井上馨《いのうえかおる》は消防組規則の制定案を閣議に提出、その審議を伊藤に求めた。

内務省は規則制定の理由を①消防組織・制度の不統一、②消防夫の進退処罰の不徹底、③水火災の警防以外に消防組を活用する事例等に求めている(『公文類聚第十八編』第四十巻、国立公文書館所蔵)。つまり、これらの問題を解消するため、消防組を警察の管轄下に置くことで統制の強化を図ったのである。また、鈴木淳は選挙に際して消防夫が混乱を招いた事例を紹介しつつ、消防組の政治活動を抑制する意図があったと指摘している(前掲『町火消たちの近代』)。実力を有した消防組が特定の政治勢力に与《くみ》するのは問題だった。

消防組規則は閣議での審議を経て、二月一〇日に勅令第一五号として公布される。それと同時に内務省令で消防組規則施行概則も制定され、消防組規則を補った。こうした法令に基づき、各府県は府県令で細部を定めた法令を制定していった。例えば、神奈川県は一八九一年一一月一六日に消防組設置規程標準を制定し、県内市町村の消防組設置に際して統一基準を設けていたが、消防組規則に合わせて消防組規則施行細則(一八九四年五月六日、県令第一九号）を制定、改めて警察と消防組との関係などを規定した。消防署及び消防分署のある東京市を除き、地域の防災を担ったのは、専従職員を置かない消防組であった。

神奈川県の細則は全三四条から構成され、第一条で「消防組の設置区域、名称、人員は別に之を定む」と規定され、第二条で「火災防禦《ぼうぎょ》の消防組に左の三係を設く。但し警察署長分署長は土地の状況に依り係を増減し又は係を設けさることを得」とし、基本的に各消防組に鳶係、喞筒《そくとう》係、給水係の三つを置くことになった。以下、各条項は消防組規則及び消防組規則施行概則に基づき規定されているが、第二四条では、「消防組員は警察官吏の指揮命令に服従し一致協力を旨とすべし」と指揮命令系統を明確にしている。また、第二八条では、平時の消防組員の遵守事項として、①他の消防組員との闘争禁止、②無許可の集会の禁止、③他人に対する脅迫行為・粗暴な挙動の禁止、④無許可で金品や飲食物を受け取る行為の禁止、⑤消防組名義の興行、物品の贈与、契約の禁止などを挙げた。ここから旧弊を排し、消防組を警察の統制下に置こうとする意図がうかがえる。さらに細則第一条に基づき、消防組設置区域名称人員表（一八九四年五月七日、県令第二〇号）を制定し、県内各町村の消防組について構成員の定員や管轄の警察署を定めた。そうした消防制度の改変の動きは、各府県で実施されていったが、末端では制度改正が徹底されない部分もあった（前掲「横浜消防の近代史」）。

内務官僚・松井茂と消防制度の整備

一八九八年一一月、帝国大学を卒業した後、内務省に入省した松井茂《まついしげる》が消防署長（警視庁第二部長兼務）に就任する。松井は消防組関係者に接近すると同時に、消防制度及び技術の研究を進め、その整備に尽力していく。また、同年一二月、東京市においても近代水道が開通し、水道消火栓の利用も可能となった。すでに横浜以外でも函館、長崎、大阪で水道が開通しており、東京以後も広島、神戸、岡山等で水道の布設が進んでいた（松本洋幸『近代水道の政治史』）。これによって大規模な火災は急速に減少していくが、一八九九年八月一二日に発生した横浜市の雲井《くもい》町大火のように、水利を水道のみに依存したため、断水で消火活動ができない事例も生じた。明治後期には、水道消火栓とともに、蒸気ポンプやガソリンポンプの普及が全国的な課題として浮上することになる。

他方、一九〇三年五月、内務省警保局内に消防の後援団体となる大日本消防協会が設立され、同年七月から『大日本消防協会雑誌』を発行する。同会則三条は①消防制度の研究と発達、②消防従事者の技芸・学術の向上、③顕彰、④病傷者及び死亡者遺族の慰安・救済等を設立目的としており、機関誌等を通じて消防制度を中心に、災害対策に関する議論を深めていく。松井も積極的な情報発信を行いつつ、警保局の中核となって消防制度や技術の改善を推し進めていったのである。

2　関東大水害と関東大震災

磐梯山噴火の支援

一八八八（明治二一）年七月一五日、福島県の磐梯山《ばんだいさん》で大規模な火山噴火が発生すると、内務省は一八日の『官報』に「磐梯山噴出並ニ被害景況」を掲載し、災害の状況を全国に発信した（北原糸子『磐梯山噴火』）。この災害では、山体崩壊によって五村一一集落が埋没、四七七人の犠牲者を出した（北原糸子・松浦律子・木村玲欧編『日本歴史災害事典』）。以後、内務省は『官報』を通じた情報発信を続けていく。大規模な災害が発生すると、内務省は現場に職員を派遣して情報収集にあたったほか、府県は備荒儲蓄金制度に基づき、さまざまな被災者支援を展開していった。

一八九一年一〇月二八日に発生した濃尾《のうび》地震（マグニチュード八・〇、犠牲者数七三六〇人）では、総理大臣の松方正義《まつかたまさよし》に随行するかたちで県治局長の大森鍾一《おおもりしょういち》も被災地の視察を行っている。続いて日清戦争後の一八九六年六月一五日には、三陸沖でマグニチュード八・二

〜八・五の地震が発生、東北地方の沿岸部は津波に襲われた。また、同年七月から九月にかけて、全国各地で水害も発生し、東京市も大きな被害を受けている。翌九七年、砂防法と森林法が公布され、九六年公布の河川法とあわせて、治水関係の法整備も進められていった。さらに一八九九年三月二二日には罹災救助基金法も公布され、各府県は災害の発生に備え、罹災救助基金を貯蓄したほか、内務省と大蔵省はその管理を担った。

軍隊の「災害出動」制度

日露戦争後も一九〇七年八月の水害、一九〇九年七月の大阪北の大火、同年八月の姉川《あねがわ》地震と大規模な災害が相次いだ。そうしたなか、国民との接近を図る陸軍省軍務局は一九一〇年三月に衛戍《えいじゅ》条例を改正、救護を任務とした「災害出動」制度を確立させる。これは内務省の所管であった災害対応の領域に軍隊が関与することを意味したが、陸軍側の基本的な姿勢は地方官に対する支援であった。同年五月の青森大火では、同地駐屯の歩兵第五連隊だけでなく、弘前の第八師団、さらに海軍も出動して災害対応にあたったほか、政府は被災者救助のため、日露戦争で残った軍用の食糧を内務大臣の管轄に移管した。一方で、このような軍隊の動きが災害現場において行政間の感情的な対立を生むことにもなった（吉田律人『軍隊の対内的機能と関東大震災』）。

関東大水害の発生

一九一〇年八月、梅雨前線による長雨に加え、二つの台風が日本列島を直撃したことで、各地で水害が発生する。特に関東地方では、利根川・荒川水系で氾濫し、東京市の東側も水没した。犠牲者の数は七六九人にのぼっている（写真50）。東京府や東京市、警視庁、さらに現場の郡役所や区役所、警察署などが対応にあたるなか、内閣総理大臣の桂太郎《かつらたろう》はじめ、内務大臣の平田東助《ひらたとうすけ》など、国務大臣の大部分は避暑のため東京を離れており、鉄道の不通で帰京が困難な状況に陥っていた。内務次官の一木喜徳郎《いっききとくろう》も小田原に滞在していたが、豪雨の中を帰京し、自ら現場を視察するなど陣頭指揮にあたったほか、陸軍省や海軍省と交渉して軍隊の応援を求めた。内務省の要請もあり、陸海軍ともに兵力を被災地に派遣したものの、区役所や警察署との間で意思疎通を欠くなど、円滑な活動ができるまで時間を要した（吉田律人「関東大水害と軍隊」）。

水害の被害が拡大していく状況に新聞各紙は行政機関の対応を批判する社説を掲載した。特に八月一五日付の『万朝報』は「内相東京に在らざるも、尚次官あり局長あり、各地水害の報頻々《ひんぴん》として内務省に達するの時、嘗《かつ》て一人の視察員を急派するの必要を認めざりしと云ひ得べきか、大臣の命令なき故を以て、為すべき事をなさゞりしと云ひ得べきか、水害は地方の事也、内務省の関する所にあらずと云ひ得べきか」と、内務省の姿勢を厳しく批判している。さらに出兵要求に関しても、「内務省は内閣の注意によりて始めて之を東京府に交渉したるに非らずや、此の類の事枚挙に遑《いとま》あらず、内務当局者の無能、怠慢、冷淡、無責任なる、言語道断と謂《い》はざるを得ず」と評した（八月一八日付）。内務省に対する新聞各紙の批判は一木の胸にも突き刺さったと推察できる。

写真50　関東大水害（MeijiShowa／アフロ）

八月一五日午前、東京に戻った平田は警視総監等から報告を受け、各方面に職員を派遣して情報収集に努めた。一七日付の『都新聞』は社説で「此の如き場合に際して処する平生の用意と準備予《あらかじ》め内務省、府、市等当局者間に権限の規定以外に統一あり又脈絡あるや否吾輩之を知らざれども、外間より見れば救護の方法と処置に脈絡もなければ統一もなきが如く思はる」とする一方、内務省の災害対応に関する一木の談話を掲載している。さらに水害が終息にむかうなか、二〇日には「甚だしきは事実を誤り或は事実を曲げて攻撃せられたる点もある様なり、是の如きは必ずしも市当局者のみにはあらざるべし、内務省や府知事や警視総監とても同一なるべし、局に当る者の難事聊《いささ》か同情なき能はず」と、行政機関の対応を擁護する社説も掲載した。行政の対応を冷静に評価する動きも見られるようになった。

内務省は平田の指示で治水政策の立案に着手する。後に一木は「之が動機となり、全国的に大治水計画を樹立した。即ち全国六十河川に就き、第一期に二十河川、第二期に四十河川改修を施すことになり、首相内相共に苦い経験を味つたので、頗《すこぶ》る熱心に計画し、遂に大蔵省の了解を得て、公債を財源とする此《この》大計画が出来上つた。其の後内容に多少の変遷はあつたかも知れないが、今日迄継続せられて居る」と回想している（一木喜徳郎『一木先生回顧録』）。関東大水害を契機に、治水政策は大幅に見直され、東京では荒川放水路の開削事業が進んでいった。

常備消防機関の整備

東京市に続き、一九一〇（明治四三）年には大阪市でも常備消防が誕生する。三月二六日に制定された大阪市消防規程は、第一条で「大阪市に四消防署を置き大阪市水火災の警戒防禦を掌り必要の場合に於ては市外水火災の警戒防禦に応援せしむ」としたほか、「知事に於て必要ありと認むるときは消防署の下に消防分署を置くことを得」と定めた。前年の大阪北の大火で大きな被害を受けた大阪市では、常備消防設置の気運が高まっていた。内務省警保局から大阪府の警視となった福原金吉は新設の消防課長に就任し、一九一四年には『大阪市消防要論』（柳原書店）を著すなど、その整備に努めていく。大阪府警察部消防課は機動力の向上をめざし、自動式蒸気ポンプや馬曳きの蒸気ポンプなどを導入していった。

一九一四（大正三）年三月、上野公園で始まった東京大正博覧会に二台のガソリン式消防ポンプ自動車が出陳される。一台はイギリスのメリーウェザー社製、もう一台はドイツのベンツ社製で、前者は横浜の薩摩町消防組（旧居留地消防隊）、後者は名古屋市が購入した。名古屋市導入の背景には、愛知県知事だった松井茂の影響があったという（藤野至人『火防消防講話』）。後年、松井はヨーロッパでの消防ポンプ自動車の視察経験を踏まえ、「而《しか》して余は、東京に於て、親しく独逸《ドイツ》のベンツ会社の自動車を目撃したる上、旧知伯林《ベルリン》消防司令長ライヘル氏に相談の結果、終に之を購入する事となしたのである」と、導入の経緯を回想している（松井茂『国民消防』）。一九一七年に警視庁消防部もアメリカン・ラフランス社製の消防ポンプ自動車を導入、以後、その増強を図っていった（前掲『町火消たちの近代』）。

他方、全国各地の消防組織は基本的に消防組以外になく、主力装備も腕用ポンプであった。そうしたなか、内務省警保局は常備消防のない六大都市、すなわち横浜市、名古屋市、京都市、神戸市への消防署設置を模索、法整備を進めると同時に、該当府県の警察部を通じて根回しを図った。消防組規則に基づき、従来、各都市の消防組は市費で運営されたが、常備消防は府県の警察費で運用されることになった。それゆえ、各府県会の承認が必要だったが、一九一八年一一月から一二月の神奈川県会は有吉忠一《ありよしちゅういち》知事から出された提案を否決した。理由は財政難であった。また、薩摩町消防組への依存もあったと考えられる。

しかし、翌一九年四月二八日、横浜で約三二〇〇戸を焼く埋地大火が発生すると流れは変化する。数ヵ所から出火したこの火災では、警視庁消防部も消防ポンプ自動車を派遣するなど、消火活動は困難をきわめた。その後、五月から始まった臨時県会では、常備消防の設置案が承認される（前掲「横浜消防の近代史」）。

一九一九年七月一六日、特設消防署規程が制定され、神奈川県を除き、同年七月二〇日から施行される。制定の理由について内務省は、「消防組員は職業の傍《かたわら》之に従事するものなるを以て充分の訓練を施すの暇なく、従つて活動力微弱且《かつ》機敏を欠き、都市の大建造物其の他科学的知識を要する消防に任ぜしむるに適せざること」と説明している（『公文類聚』第四十三編第三巻、国立公文書館所蔵）。神奈川県の施行日は九月一日で、同日、横浜市内に第一と第二の二つの消防署が誕生した。前者は新設、後者は薩摩町消防組の施設と装備を引き継いだものであった。遅延の背景には、神奈川県会の抵抗があったと推察できる。後に松井茂は「常備消防は、其の性質上、専門的に、消防の職に従事するものである故、平素から、深く消防の知識に通じ得べき特長を有するものであつて、消防能力の発揮上、多大の効果を挙げ得べき性質のものである。併《しか》し多くの経費を要する故、都市は比較的其の負担に耐へ得らるゝも、町村では、到底困難なるを免かれない。そこで我邦でも、特別消防の組織は、先づ之を六大都市に設置したる次第である」と、常備消防制度の導入の背景を述べている（前掲『国民消防』）。各府県は消防ポンプ自動車を中心に、消防力の増強を図っていった。

一〇万五〇〇〇人が犠牲となった関東大震災

それから四年後の一九二三年九月一日午前一一時五八分、神奈川県を震源とするマグニチュード七・九の関東地震が発生、南関東一帯は激しい揺れに襲われた。都市部では同時多発的な火災が生じたほか、相模湾を中心とした沿岸部は津波、山間部では土砂崩れも誘発された。また、交通網や通信網、水道・電気などの社会基盤が崩壊するなか、人々の不安は拡大、「朝鮮人暴動」に代表される流言も広まった。今日、「関東大震災」と呼ばれるこの地震災害では、約一〇万五〇〇〇人が犠牲となる。その死因の約九割は火災であった。（災害教訓の継承に関する専門調査会編『一九二三関東大震災報告書』第一編・第二編）。都市部の出火点は東京で一三四ヵ所、横浜で二八九ヵ所に上り、警視庁消防部、神奈川県警察部ともにそれぞれの対処能力を超えていた。水道管の破裂や道路の寸断、がれき等の障害物が消防ポンプ自動車等の消火活動を阻み、最終的に横浜市の大部分と、東京市の東半分は焼け野原となったのである。

燃え広がる火災

関東大震災時はちょうど加藤友三郎《かとうともさぶろう》内閣から第二次山本権兵衛《やまもとごんべえ》内閣への移行期間であり、急死した加藤総理大臣の代理を外務大臣の内田康哉《うちだこうさい》が務めていた。前内閣の内務大臣だった水野《みずの》錬太郎《れんたろう》は東京市麴町《こうじまち》区外桜田町の内相官邸で被災する。最初、水野は事態を楽観視していたが、宮中に参内した後、首相官邸の臨時閣議に出席して他の閣僚たちと善後策を協議する。ただし、混乱状況のなか、情報が入ってこないため、明確な方針を打ち出すことはできなかった。その後、夜になって内相官邸に戻った水野は職員たちと対応を協議し、さらに火災が広がる東京市内の視察に出発した。ここでようやく深刻な事態を認識する（水野錬太郎『我観談屑』）。

一方、直接、災害対応にあたる東京府や東京市、警視庁は通信網が途絶するなか、混乱状況に陥っていた。一九一七（大正六）年一〇月の東京湾台風の後、当時の東京府知事だった井上友一《いのうえともいち》は「非常災害に対する法令及施設の改善に関し建議したる意見書」を作成したほか、東京府は非常災害事務取扱規程（一九一八年五月八日）、東京市は非常災害処務規程（一九二二年一〇月一二日）を制定して発災時の対応を定めていた（土田宏成『災害の日本近代史』）。宇佐美《うさみ》勝夫《かつお》知事や永田《ながた》秀次郎《ひでじろう》市長は庁舎前に天幕を張り、各種規程に基づいて応急対応にあたったが、警視庁の庁舎は炎に包まれ、幹部たちは避難することになった。発災から約二時間後の午後二時、赤池濃《あかいけあつし》警視総監は警視庁官制に基づき、軍隊に出動を要請する。すでに東京に所在する第一師団や近衛師団の部隊は衛戍《えいじゅ》条例等に基づき、独自の判断で活動し、兵営周辺で消火活動や救療活動を展開していた。ここで警視庁から正式な出動要請を受けたことで、それらの活動は追認されていく（前掲『軍隊の対内的機能と関東大震災』）。

燃え広がる火災は警視庁だけでなく、内務省の庁舎も焼き払った。庁舎内で被災した堀《ほり》切《きり》善次郎《ぜんじろう》は内相官邸に移動、三矢《みつや》宮松《みやまつ》、大塚《おおつか》惟精《いせい》、次田《つぎた》大三郎《だいさぶろう》、赤木《あかぎ》朝治《ともはる》などと共に徹夜で対応にあたった。大臣官房会計課長だった堀切は東京府の罹災者救助基金だけでは不足すると考え、大蔵省と交渉して救護費用の用意に奔走した。また、赤木は臨時震災救護事務局官制の条文案を準備、九月二日朝、堀切と赤木は首相官邸に赴いて閣僚たちの承認を得た。同日午後、非常徴発令や臨時震災救護事務局、戒厳令の部分適用などの勅令が公布される。これによって未曽有の大災害に対応する事務体制が整っていった（大霞会編『内務省外史』）。だが、戒厳令等の情報は被災地の緊張を高める効果があったほか、当初、「朝鮮人暴動」の流言を信じた警保局は各方面にその警戒を通達、全国へ広げてしまった。このことが朝鮮人や中国人に対する迫害、殺傷行為へとつながっていった（宮地忠彦『震災と治安秩序構想』）。

他方、新たに発足した山本内閣の内務大臣となった後藤新平は都市改造を含む帝都復興計画を推し進め、内務省からも多くの職員が帝都復興院に出向することになった（伊藤匠「関東大震災と帝都復興院」）。都市計画官僚たちは区画整理とともに、災害に強い街をつくっていった。

３　「防空」にいかに対応したか

関東大震災が陸軍に与えた衝撃

地震発生から四ヵ月後、一九二四（大正一三）年一月一五日の丹沢《たんざわ》地震で関東地方は再び激しい揺れに襲われたほか、関西地方でも翌二五年五月二三日の北但馬《きたたじま》地震、一九二七（昭和二）年三月七日の北丹後《きたたんご》地震と大きな地震が続いた。さらに一九三〇年一一月二六日には北伊豆《きたいず》地震が発生、静岡県だけでなく関東地方も揺れたほか、一九三三年三月三日には、昭和三陸《しょうわさんりく》地震も発生し、東北地方の太平洋側は津波に襲われた。このような地震災害が続くなか、各都市は防災とともに、防空を意識した対応を迫られていった。ヨーロッパが戦場となった第一次世界大戦では、日本は空襲を経験しなかったが、都市を破壊した関東大震災は人々に大きな衝撃を与えた。特に陸軍は国民を動員した防空体制の構築をめざしていく。内務省の権限を重視する陸軍省は、それまで防災行政に積極的に関与することはなかったが、「防空」という課題に直面したことで、方針を大きく変えていった。

関東防空演習の実施

関東大震災から九年後の一九三二年九月一日、陸軍主導の下、空襲に備える防護団が結成され、翌三三年八月には関東防空演習を実施する。一九三四年九月二一日に関西方面を襲った室戸台風では、防護団も各種救護活動を展開した（大阪市編『大阪市風水害誌』）。そうしたなか、業務の重なる消防組と防護団の対立問題が浮上、また、中央でも防空法案をめぐって内務省と陸軍省が衝突する。一九三七年四月二日、防空法が成立、さらに七月七日に日中戦争が勃発すると、消防組は防護団の機能を吸収する方向で動いていく（写真51）。六大都市は予算の問題を背景に、内務省に防護団存続を訴えたものの、一九三九年一月二四日、警防団令が制定される。消防組は火災や水害への対応だけでなく、防空等にも従事する警防団に改編されていった（土田宏成『近代日本の「国民防空」体制』）。

一方、内務省内では、防空法以降、都市計画官僚を中心とする計画局（後の防空局）と警保局の権限争いが表面化、現場レベルにも影響を与えていった（高橋未沙「昭和戦前期内務省における防空の担い手」）。

写真51　内務省作成の防空演習ポスター（1938年、毎日新聞社）

各都市では、消防ポンプ自動車を備える消防署に加え、警防団の機械化も進んだものの、担い手は次々と戦場へ送り込まれていく。一九四一年九月六日、内務省官制が改正され、それまで計画局に属していた防空課は防空局に昇格、防空に関する企画や調査、訓練などを所管するようになった。各地では空襲に備える防空演習が行われるとともに、一九四三年一一月一日には、内務省の管下に新たに防空総本部も設置される。

そして第二次世界大戦末期、日本全国の都市が空襲を受けるなか、消防署や警防団は対応するが、効率的な消火活動はできなかった。一九四五年三月一〇日の東京大空襲をはじめ、同年八月の広島、長崎への原子爆弾の投下によって日本の都市は焼け野原となっていく。その後、九月二日、ポツダム宣言を受諾した日本は降伏文書に調印、連合国軍最高司令官総司令部（ＧＨＱ）の統治下で内務省は解体される。

内閣府中心の体制構築へ

占領下で警察と消防の機能は分離し、消防行政は市町村に移管されることになった。一九四七年四月三〇日、消防団令が公布され、警防団も消防団に改編された。さらに一二月二三日に消防組織法が公布されると、翌四八年に国家消防庁が国会公安委員会内に誕生、国家消防本部、自治省消防庁を経て、現在の総務省消防庁となっていく。また、一九四七年一〇月一八日には災害救助法を制定、災害救助対策協議会の設置や救助方法、費用負担など災害対応の大枠も定められていった。同三〇日制定の災害救助法施行令はその細部を定めており、中央災害救助対策協議会の事務局長は内閣官房長官が兼務することになったほか、スタッフは関係省庁の職員によって担われた。さらに一九五九年九月の伊勢湾《いせわん》台風を契機に一九六一年一〇月三一日に災害対策基本法も制定され、今日の災害対応に繋がる法令が整備される。ミサイル攻撃などの武力攻撃事態も想定されるなか、内閣府や総務省消防庁は国民保護法に基づく対応も担っている。戦前は内務省が広く防災行政を担っていたが、戦後は現在の内閣府を中心に災害に対応する体制が構築されていったのである。

参考文献

一木喜徳郎『一木先生回顧録』河井弥八、一九五四年
伊藤匠「関東大震災と帝都復興院――災害復興組織の実態と意義」『年報首都圏史研究』一二、二〇二三年
伊藤陽平「罹災者救助思想の変容――戦前日本の官製国民運動にみる災害と自治」土田宏成・吉田律人・西村健編著『関東大水害――忘れられた一九一〇年の大災害』日本経済評論社、二〇二三年
大阪市編『大阪市風水害誌』大阪市、一九三五年
北原糸子『磐梯山噴火――災異から災害の科学へ』吉川弘文館、一九九八年
北原糸子・松浦律子・木村玲欧編『日本歴史災害事典』吉川弘文館、二〇一二年
警視庁史編さん委員会編『警視庁史　明治編』警視庁史編さん委員会、一九五九年
警視庁消防部編『帝都消防概観』警視庁消防部、一九三六年
災害教訓の継承に関する専門調査会編『一九二三関東大震災報告書』第一編、中央防災会議、二〇〇六年
災害教訓の継承に関する専門調査会編『一九二三関東大震災報告書』第二編、中央防災会議、二〇〇九年
鈴木淳『町火消たちの近代――東京の消防史』吉川弘文館、一九九九年
大霞会編『内務省外史』財団法人地方財務協会、一九七七年
高橋未沙「昭和戦前期内務省における防空の担い手――計画局・警保局を事例として」『年報首都圏史研究』二、二〇一二年
土田宏成『近代日本の「国民防空」体制』神田外語大学出版局、二〇一〇年
土田宏成『災害の日本近代史――大凶作、風水害、噴火、関東大震災と国際関係』中央公論新社、二〇二三年
福原金吉『大阪市消防要論』柳原書店、一九一四年
藤野至人『火防消防講話』消防新聞社、一九二二年
松井茂『国民消防』松華堂書店、一九二六年
松本洋幸『近代水道の政治史――明治初期から戦後復興期まで』吉田書店、二〇二〇年

水野錬太郎『我観談屑』万里閣書房、一九三〇年
宮地忠彦『震災と治安秩序構想――大正デモクラシー期の「善導」主義をめぐって』クレイン、二〇一二年
吉田律人『軍隊の対内的機能と関東大震災――明治・大正期の災害出動』日本経済評論社、二〇一六年
吉田律人「横浜消防の近代史――開港から消防署の誕生まで」横浜開港資料館編『横浜の大火と消防の近代史』公益財団法人横浜市ふるさと歴史財団、二〇一九年
吉田律人「関東大水害と軍隊――海軍の救護活動を中心に」前掲『関東大水害』、二〇二三年

テーマ編

第十章　省内外にひろがる土木技術者のネットワーク
――港湾行政

稲吉　晃

1　港湾行政とは何か

グローバルな移動の活発化

港湾行政の最大の特徴は、その多様性にある。「港湾」という独立した行政領域があるのではない。「港湾」という場で行われている多様な行政活動を総称するときに、港湾行政という言葉が使われる。たとえば外国貿易が認められている港湾の場合、戦前の日本では、大蔵省（税関）が所管する関税行政、逓信省（海事部）が所管する航路標識・船舶検査・船員行政、農商務省（植物検査所）が所管する植物検査行政など、多様な行政領域に分かれていた。

内務省が港湾でかかわったのは、土木局が所管する港湾修築と、海港検疫所が所管する検疫である。このうち、検疫についてはテーマ編第四章で扱った。本章では、土木局が所管する港湾修築を主たる対象とする。

近現代の世界では、港湾修築（築港ともいう）が、港湾行政の中心となる。なぜなら、この時代にはグローバルな人や物、情報などの移動が急速に活発化したからである。蒸気船や鉄道の発明とその大型化は、大量の貨物を安定的に遠隔地に運ぶことを可能にした。ペリーが来航した一八五〇年代には、排水量二〇〇〇トン級の汽船が大型船とみなされていた。それが日清戦争前後の時期にあたる一八九〇年代には四〇〇〇トン級汽船が一般的となり、第一次世界大戦期の一九一〇年代には二万トン級汽船ですら珍しくなくなった（ヘッドリク『帝国の手先』）。

このような船舶の大型化が新たな需要を呼び起こし、さらに多くの貨物が世界を飛び回る。鉄道と蒸気船航路の中継地点である港湾には、それまでとは比べものにならないほどの人と物が集まるようになった。たとえば横浜港から一八六八年に輸出された生糸はおよそ一二〇万斤（一斤＝およそ六〇〇グラム）であったが、五〇年後の一九一八年にはその二〇倍のおよそ二四〇〇万斤が輸出されている（横浜市編『横浜市史　資料編第二』）。この間に横浜港取扱貨物の多品種化も進んでいるから、貨物総量の伸びは二〇倍どころではない。

そしてその傾向は、今なお続いている。現代の大型船の代名詞ともいえるパナマックスには排水量八万トンを超えるものもあり、船舶の大型化は留まるところを知らない。近現代の港湾は、このように大型化した船舶と大量の貨物を受け入れるために、絶えず水深を掘り下げ、海面を埋め立てて倉庫や荷さばきスペースを拡大し続けなければならないのである。

土木行政のなかでは主流ではなかった港湾修築

近現代の港湾行政の柱は、修築にある。しかし、内務省の土木行政のなかで港湾修築は決して主流ではなかった（土木行政全般については、テーマ編第五章を参照）。

この点について、まず予算（修築費）の割合からみてみよう。政府によるインフラ投資額（河川・鉄道・道路・港湾・電信電話・農林漁業・治山の七項目）の割合をみると、河川改修費の割合は一八八〇年代から一九〇〇年代にかけては総インフラ投資額の五〇パーセントを超えている（沢本守幸『公共投資１００年の歩み』）。テーマ編第五章でみたように、人命にかかわる大規模な水害が頻発している状況では、政府がまず河川改修に手を付けることは当然であっただろう。これに対して、港湾修築費の割合が総インフラ投資額の一〇パーセントを超えたことは、内務省が設置されていた時代を通じて一度もない。ある港湾技師は、一九三〇年代を振り返って、「当時の土木局は河川が主体で道路と港湾はつけたりのようなものであったから、予算はいつも縮小される傾向にあった」と回顧する（日本港湾協会『日本港湾発展回顧録』）。

しかも当時の日本の三大港（横浜・神戸・大阪）は、内務省土木局が整備したわけではなかった。第一次横浜築港（一八八九〜一八九六年）は外務省、第二次横浜築港（一九〇〇〜一九一七年）と第一次神戸築港（一九〇六〜一九二二年）は大蔵省、第一次大阪築港（一八九七〜一九二

インフラストラクチャー投資の施設別構成比

1877～1962年度（1960年度価格による5ヵ年平均値）

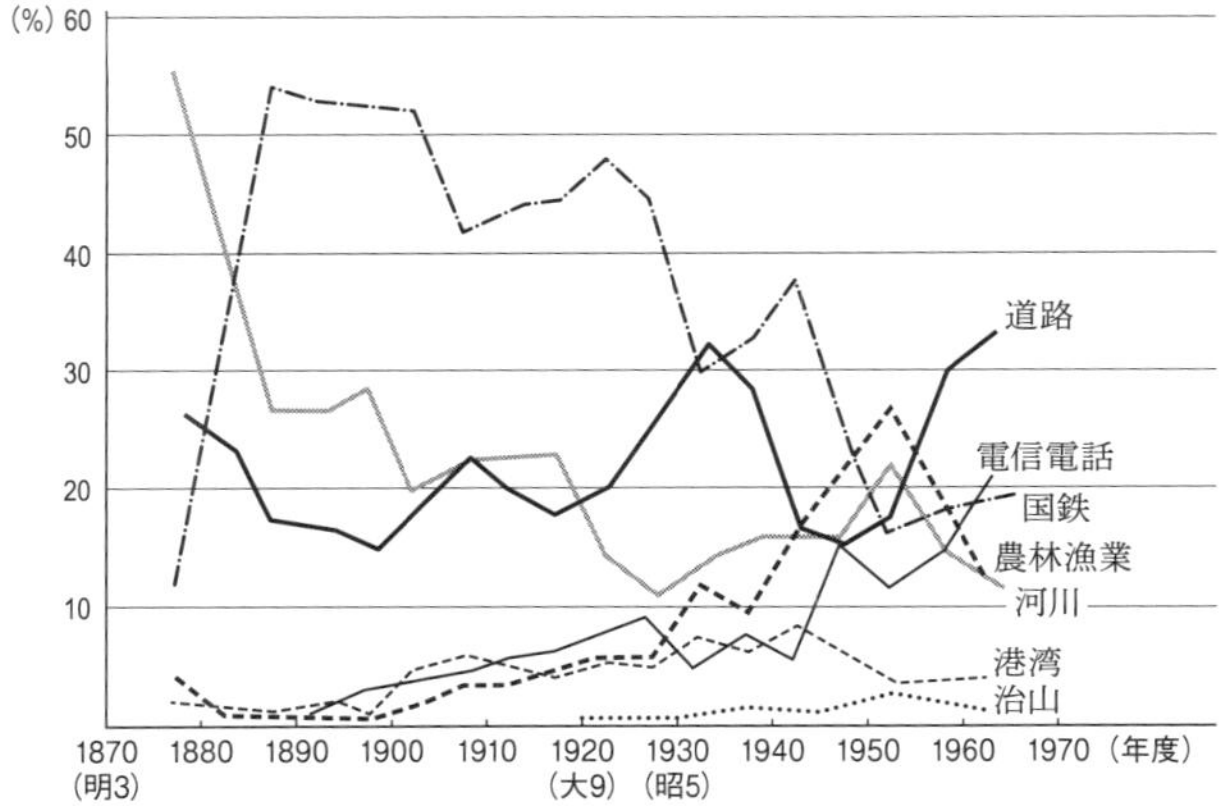

（沢本守幸『公共投資100年の歩み』より）

八年）は大阪市によってそれぞれ着手されたものである。大阪築港にこそ内務省予算から若干の補助があったものの、これらの修築費は内務省からの支出ではない。

法や組織の整備も遅れた。河川改修の基本法である河川法が一八九六年、道路整備の基本法である道路法が一九一九年に制定されているのに対して、港湾法の制定は内務省解体後の一九五〇年まで待たなければならなかった。港湾修築の基本方針としては、内務省が設置した港湾調査会の決議（一九〇七年「重要港湾ノ選定及ヒ施設ノ方針」）があったに過ぎない。しかもこの決議では、横浜・神戸などごく一部の重要港（第一種重要港）を除いて、ほとんどすべての港湾修築工事の主体は府県市であることが確認された。

安定しない組織と制度

組織面でも、内務省土木局におかれたのは治水課や河港課であって、長らく港湾修築は河川改修の一環として位置づけられていた。実際に河川改修や港湾修築を担う土木技師の多くは、本省ではなく、全国におかれた土木監督署（一九〇五年以降は土木出張所に改称）に所属していたが、そこでも港湾を専門とする技師はほとんどいなかったようである。一九一八年に新潟土木出張所に赴任したある港湾技師は、「当時の内務省土木出張所は河川改修が主流であったから新潟土木でも一〇名余の技師は皆河川畑で港湾は私一人だけだった」と回顧している（運輸省第一港湾建設局新潟港工事事務所編『新潟港修築史』）。

港湾課として独立したのは、一九一九年のことである。このときには、通史編第二章・第三章やテーマ編第五章でもふれた技官の待遇改善運動の成果のひとつとして、技術課も独立している。河川課や港湾課などは、予算の獲得や法制度の整備を業務とする文官の組織であり、調査設計や技術開発を担う技官は、このときに新設された第一技術課・第二技術課（一九三八年に第三技術課が新設）に所属することになった。これにより、技官も課長ポストに就けるようになった。戦時体制下の一九四一年には、改めて文官と技官の融合が図られた。三つの技術課は廃止され、河川課や港湾課は技官主体の部署となる。

その二年後の一九四三年には、港湾修築は内務省から離れた。土木局港湾課は新設の運輸通信省に移されて港湾局に昇格する。これに伴い、各地の土木出張所からも港湾部門が分離され、港湾建設部となった。戦後には、旧内務省土木局の後継機関である建設院へ港湾局の再合流を求める運動も展開されたが、最終的には運輸省に残った。

以上のように、港湾行政の柱である港湾修築は、その組織や制度が安定しなかった。その最大の理由は、冒頭で触れた港湾行政の多元性にあるだろう。外務省通商局や大蔵省関税局は、国際港である横浜・神戸両港の修築に対して内務省土木局よりも高い関心をもつことがあり、また都市の経済的発展を目指す大阪市などの大都市にとって港湾修築は死活問題であった。そのため、全国の河川改修に追われる内務省土木局は、時として港湾修築を外務省や大蔵省、都市に委ねたのである。本章では、こうした港湾行政の多元性に留意しつつ、内務省による港湾修築の展開を概観することにしたい。

その際に注目したいのは、港湾技師である。港湾修築の主体は、内務省の他にも大蔵省や府県市など多岐にわたる。したがって、ひとつの組織に着目すると、港湾行政全体を見通すことができない。しかし、港湾技師はそれらの組織をまたがって活動しており、彼らに注目することで全体像をつかむことができる。以下では、一八七〇年代から一九四〇年代までの港湾技師を大きく四つの世代に分けたうえで、そのネットワークに注目して内務省と港湾行政を跡付ける。

2　港湾技師たちの近代

第一世代——河川舟運との接続

内務省の設立当初、日本の港湾修築を担ったのはお雇い外国人技師、とりわけオランダ人技師団であった。一八七〇年代から八〇年代にかけては、沿岸海運と河川舟運とを接続させることが目指されていたため、水利土木技術の発達したオランダから、多くの技師が内務省に招聘《しょうへい》された。宮城県の野蒜《のびる》、福井県の三国《みくに》、そして熊本県の三角《みすみ》の築港工事を、俗に「明治の三大築港」というが、これらはすべてオランダ人技師による設計である。このうち野蒜と三国に共通するのは、それぞれ北上《きたかみ》川と九頭竜《くずりゅう》川という大きな河川の河口部に位置しているということである。これらのほかにも、たとえば大阪（淀川）・東京（隅田川）・新潟（信濃川）など、この時期には大河川の河口部に位置する港湾修築が目指されていた。これらの築港は実現しなかったものの、河川改修と港湾修築は未分離だったことがうかがえる。

河川改修と港湾修築が未分離だったことによって、内務省は横浜・神戸という二大貿易港を軽視するようになる。横浜・神戸には大きな河川が接続していないからである。オランダ人技師団は、大きな河川とつながり、しかも大消費地である東京や大阪への築港を重視した。横浜築港に巨額の経費を投じても無駄になる、と主張したのである。こうしたオランダ人技師団の姿勢は、不平等条約下で外国使節・商人との関係改善に心を砕く外務省が横浜築港に乗り出す背景となった。一八八八年、外務大臣大隈重信《おおくましげのぶ》は、内務省の反対を押し切り、イギリス人技師の設計による第一次横浜築港を決定する（寺谷武明『日本港湾史論序説』）。

ともあれ一八八〇年代末頃には、オランダ人技師たちは次第に帰国するようになり、古《ふる》市公威《いちこうい》、沖野忠雄《おきのただお》、廣井勇《ひろいいさみ》など、欧米で土木技術を学んだ日本人技師が彼らと入れ替わる。日本の土木行政の礎を築いた彼らを、本章では第一世代と呼ぶことにする。

古市と沖野は、オランダ人技師団が残した計画を引き継ぎ、またそれらを参考にしながら新たな計画を立案することで、河川改修と港湾修築に取り組んだ。姫路藩から新政府の大学南校に派遣された貢進生であった古市と、同じく豊岡藩の貢進生であった沖野は、ともに一八七〇年代に明治政府からフランス留学の機会を与えられ、エコール・サントラルで土木技術を学んだ。ゼネラリスト志向が強かった古市は、サントラルを卒業後、パリ大学で数学や政治経済学を学び、一八八〇年に帰国して内務省に入省する。一八八六年には帝国大学工科大学長を兼任し、さらに一八九〇年には土木局長に就任した。このように本省で土木行政全般を主導していく古市に対して、沖野はスペシャリスト志向が強かった。サントラル卒業後はフランスで現場経験を積んだ沖野は、帰国後、淀川など主要河川の改修に土木監督署長として取り組んだ。淀川の河口部には日本最大の港湾のひとつである大阪港があり、実質的には大阪築港も沖野が指導していくことになる。

本省と現場の双方で内務省土木局の本流をつくりあげていく古市・沖野とは異なり、廣井の主な活動の場は北海道と帝国大学であった。一八六二年に土佐藩士の家に生まれた廣井は、古市・沖野より八歳年少だったこともあって貢進生制度は利用できず、官費が支給される札幌農学校への進学を選んだ。卒業後は、開拓使・工部省につとめた後、米国に渡りミシシッピ川の治水工事に従事する。一八八七年に帰国後は札幌農学校、一八九九年からは東京帝国大学の教授を務めて後進を育成する一方で、函館港や小樽港、小倉港などの港湾修築を指導した。その著書には日本初の港湾修築にかんする専門書『築港』全五巻などがあり、廣井は「港湾工学の父」とも呼ばれる。

第二世代——三大港（横浜・神戸・大阪）の修築

第一世代の技師は、河川改修・港湾修築・橋梁建築など土木事業は何でもこなした。専門分化が進み、「河川屋」や「港湾屋」といった意識が芽生え始めるのは、その次の世代以降である。そうした意味での最初期の港湾技師には、沖野忠雄のもとで経験を積んだ技師が多かった。一八九一年に大阪の土木監督署長に就き、また一八九七年からは大阪市築港事務所工事長を兼任した沖野は、後進の育成にも力を注いだ。淀川改修を担当する内務省技師と大阪築港を担当する大阪市技師の融合に力を入れたこともあり、両者はまるで「一家」のようにまとまっていたという（真田秀吉『内務省直轄工事略史——沖野博士伝』）。古市・沖野・広井ら第一世代の技師の薫陶を直接受けた彼らを、本章では第二世代と呼ぶことにする。彼らが取り組まなければならなかったのは、横浜・神戸・大阪など主要港の修築であった。

第二世代の代表的なひとりは、丹羽鋤彦《にわすきひこ》である。丹羽は、一八八九年に帝国大学工科大学を卒業し、内務省に入省した。沖野の下で淀川改修事業に従事していた丹羽に、一八九九年、転機が訪れる。

この年、横浜港に本格的な修築工事が施行されることになった。開港以来、横浜港の貿易量は増大し続ける一方であった。だが、河川改修に追われる内務省土木局は、横浜築港に乗り出す余力がない。第一次築港を主導した外務省も、条約改正の実現以降は横浜築港への関心を失っていた。そこで横浜税関長水上浩躬《みなかみひろちか》は自前の築港を目指すのだが、大蔵省に築港工事を設計できる土木技師はいない。水上にとって幸運であったのは、一八九八年の憲政党（第一次大隈重信）内閣の成立に反発して、古市公威が退官していたことである（政党内閣への内務官僚の反発については、通史編第二章を参照）。内務省を離れてフリーの立場にあった古市の設計案を得て、大蔵省は税関拡張工事の名目で実質的な築港工事に乗り出すことができた（稲吉晃『海港の政治史』）。

とはいえ、工事の施行段階でも土木技師は必要である。そこで内務省から大蔵省に技師を派遣することになり、丹羽に白羽の矢が立った。丹羽自身の回想によれば、沖野からは「内務省としても将来港に手を出す時もあるべく、（中略）今から技術者を養成して其の準備をして置かなければならん」と説得されたという（「座談会　丹羽鋤彦氏に昔の横浜港を聴く　第二回」）。ただし、横浜に移った後の丹羽は、大蔵省所属の港湾技師としてのアイデンティティを深めたようで、後に内務省に呼び戻された時には断っている。

沖野の薫陶を受けた港湾技師として、もうひとり森垣亀一郎《もりがききいちろう》を挙げておこう。森垣は沖野と同郷の豊岡出身で、一八九八年に帝国大学を卒業した後は、沖野の勧めに従い大阪市に奉職した。森垣は桟橋築造の主任となり、一九〇三年には大阪港のランドマークとなる大桟橋を完成させる（写真52）。当時、大型船舶を繋留できる桟橋は、日本にはほとんどなかった。大型船は沖合に停泊し、陸地との交通は艀《はしけ》と呼ばれる小舟によって担われていたのである。大阪湾の埋め立て地に現れた幅二二メートル、長さ四五五メートルの鉄製桟橋は新たな技術を象徴するもので、大型船が繋留しているときはもちろん、そうでないときも見物客や釣り人で賑わった（橋爪紳也『「水都」大阪物語』）。

写真52　大阪・築港桟橋（大正7年頃）

一九〇六年に大蔵省が神戸築港工事を施工することになると、森垣も沖野の勧めにより大蔵省へ移り、神戸築港に従事することになる。

このように、横浜・神戸・大阪という日本の三大港の修築工事は、内務省が自ら施工したものではないものの、沖野忠雄を中心とする技師の人的ネットワークによって実現したのである。

もちろん内務省の技師のなかにも、港湾を専門とする技師は登場しつつあった。その代表例は、安芸杏一《あききょういち》である。安芸自身の回想によれば、彼は帝国大学在学中から港湾技師を目指していたという。そこで古市公威に相談したところ、信濃川の河口改修は新潟築港のための基礎事業であるため新潟は格好の任地だと勧められ、一八九六年、内務省第三区土木監督署（新潟）に赴任した（安芸杏一「築港回顧録（一）」）。一九〇六年に内務省が港湾調査会を設置した際には、管内の秋田から福井まで、人力車、自転車、船を乗り継いで調査旅行を敢行した。こうした各地の調査をもとに、翌〇七年に「重要港湾ノ選定及ヒ施設ノ方針」が定められ、全国の港湾修築が本格化していくのである。一九一三年に本省勤務となった安芸は、港湾調査会の幹事を長くつとめ、内務省を代表する港湾技師のひとりとなっていく。

第三世代①——港湾修築の全国拡大

かくして、一九一〇年代には内務省が港湾修築に乗り出していくことになる。個別の主要港の問題をピンポイントに解決すればよい外務省や大蔵省と異なり、内務省に求められたのは地域バランスを重視し、港湾修築を全国に拡大していくことであった。「重要港湾ノ選定及ヒ施設ノ方針」では、横浜・神戸などの第一種重要港に加えて、地域バランスを重視して全国に八つの第二種重要港が指定された。これらの重要港の整備には国庫から費用が支出される。ただし国庫には限りがあるから、国直轄事業は第一種港に限定し、第二種港は府県市が事業主体となることが定められた（『原敬関係文書』第八巻）。

こうして全国的な港湾修築が図られた時期に活動を開始した港湾技師を、本章では第三世代と呼ぶことにする。丹羽や森垣の指導を受けて一人前になった世代である。その代表的なひとりは、直木倫太郎《なおきりんたろう》である。直木は、一八九九年に東京帝国大学を卒業後、東京市に奉職した。一八八〇年代から東京築港を目指していた東京市は、そのための準備を進めていたが、財政上の問題や横浜の反対運動などに直面し、実現の目途は立っていなかった。そこで横浜築港の責任者であった丹羽鋤彦が、東京築港が始まるまでの期間限定という約束で、直木の横浜派遣を東京市に依頼したのである。直木は、一九〇六年から大蔵省臨時建築部技師として横浜築港に従事し、一九一一年に東京市が隅田川河口改良工事（実質的には東京築港工事の一部に相当する）に着手すると、約束通り東京市へ復帰した。その後直木は、一九一七年には大阪市港湾部長に就き、大阪築港も指導する。

直木が大蔵省臨時建築部で経験を積んだ最初期の港湾技師のひとりだとすれば、その最後期のひとりが鮫島茂《さめじましげる》である。一九一七年に東京帝国大学を卒業した鮫島は、大蔵省臨時建築部神戸支部に奉職した。そのわずか二年後の一九一九年、横浜・神戸両港の修築事務が、大蔵省から内務省に移管される。この決定を主導したのは、原敬内閣の床次竹二郎《とこなみたけじろう》内相と高橋是清《たかはしこれきよ》蔵相で、現場の技師たちにとっては寝耳に水の事態であった。丹羽鋤彦によれば、「大蔵大臣は非常に淡泊な人だから」移管が決まってしまったという（「座談会　丹羽

写真53　横浜港出帆の光景

鋤彦氏に昔の横浜港を聴く　第二回」）。

ただし、横浜では丹羽が、神戸では森垣が、実質的に工事を指揮する体制は当面は変わらなかった。鮫島は、「形式的の内務省神戸土木出張所長は原田内務技監の兼務だが、事実上のさいはいを振られたのが兼務の森垣さんで、日夜計画を督励され、（中略）しかられたり、オダテられたり、港湾技術の実地教育に与った」と回顧する（森垣博士功績顕彰会編『森垣亀一郎伝』）。

横浜・神戸の両築港工事に一段落がついた一九二一年が、ひとつの転機となった（写真53）。この年、丹羽・森垣ともに大蔵省を退職した。丹羽の後任として横浜築港の指揮にあたったのは、内務省系港湾技師の第一人者である安芸杏一であった。その直後に起こった関東大震災の復旧事業、その後の第三次築港を経て、横浜土木出張所は名実ともに内務省のもとに一元化され、「港湾屋のメッカ」のひとつとまで称されるようになる（日本港湾協会『日本港湾発展回顧録』）。

ただ大蔵省と内務省とでは組織文化の違いはあったようで、のちに横浜土木出張所に異動した鮫島は、岸壁の築造位置や経費の処理などで安芸とは意見が合わないことがあったと回想している（鮫島茂「遺稿　思い出の記」）。内務省土木局は、港湾修築にかかわる組織文化の多様性を乗り越えるために、大蔵省や府県、私企業などの人々が相互理解を深める機会をつくる必要があった。こうした狙いのもと、一九二二年に港湾協会が設立される。

港湾協会設立のきっかけをつくったのは、直木倫太郎であった。当時の日本の港湾管理の主体は、税関・府県・市・私企業などさまざまであった。ひとつの港湾で複数の管理主体があることも珍しくなく、その一方でこれらの諸主体のあいだでは相互の連絡がとられていなかった。そのため、海運企業・倉庫企業などからの不満が多かった。そこで当時大阪市港湾部長であった直木は、外地も含めた日本の港湾管理主体が一堂に会する連絡会の開催を内務省土木局に提案したのである。直木の提案を受けた内務省土木局の松本学《まつもとがく》は、これを単なる連絡会にとどめず、外郭団体として港湾協会を発足させる（港湾協会編『港湾協会十年史』）。

その設立の経緯からも明らかなように、港湾協会の特徴は、内務省にとどまらず、多様な主体が参画するネットワークだった点にある。会長には、本書にも何度も登場する水野《みずの》錬太郎《れんたろう》が就いた（コラム②、コラム⑨、通史編第二章）。土木局長の経験もある水野は、港湾修築に思い入れがあったようで、一九四七年三月まで約二五年にわたって在任した。設立当初は副会長ポストが五つあったが、そのうち三つは内務・大蔵・逓信三省次官の充て職であった。残りの二つには内務省系技師の権威である古市公威と、海商法の権威である松波《まつなみ》仁一郎《にいちろう》が就いた。大蔵省系技師である丹羽鋤彦も幹事・理事・副会長などを歴任した。会員には税関・府県・市・私企業など多様な港湾管理者が名を連ねた。

港湾協会は、これらのネットワークを活用して全国各地の港湾修築を後押しした。とくに府県・市町村にとって有益だったのは、調査設計のための技師派遣である。港湾修築に必要な技師を、すべての府県や市町村が確保しているわけではない。港湾協会には、内務省の現役技師のみならず、OBや他省・府県市の港湾技師も参加しており、彼らが全国各地をまわって築港工事の調査設計を担った。港湾修築の全国拡大に、港湾協会は不可欠であった。とくに自由が利くOBが活躍したようで、一九二九年に退官した安芸杏一は、その後も港湾協会を通じて各地からの依頼を受け、晩年まで調査設計に従事した（安芸杏一『春風秋雨五十年』）。

第三世代②——工業港化の推進

第三世代の技師が活躍した一九二〇年代末から三〇年代にかけては、港湾をめぐる状況に大きな変化が訪れた時期でもあった。工業港化である。一九一〇年代までは、港といえば物流の中継地点である商港を指した。多くの工場は沿岸から離れた内陸の後方地域にあり、原料や半製品および完成品が工場群や消費地などのあいだを移動する際の中継地点が港だったのである。しかし一九二〇年代以降、工場を海岸線に直接建設することが増え、これらの工場を主役とする港が工業港と呼ばれるようになる。

内務省土木局に工業港という概念を導入し、その普及を推進した技師は鈴木《すずき》雅次《まさつぐ》である。鈴木は、一九一四年に九州帝国大学を卒業し、内務省に入省した。入省当初は河川改修を担当していたが、一九二〇年から翌年にかけて欧米諸国を視察したのを契機に、港湾技師としての道を歩むことになる。ライン川など大河川を中心に舟運が発達した欧米諸国では、河川の沿岸に工業地帯が点在している。これをみた鈴木は、島国で沿岸海運が発達している日本の場合は、臨海部にこれを応用して工業地帯建設を目指すべきだと考えるようになった。帰国後の一九二九年には、鈴木は安芸杏一の後を継いで、内務省の港湾修築政策の実質的な責任者となった。工業港という概念の普及に努め、また実際に大阪北港の設計や東北振興政策のなかにそれを反映させていく（小堀聡「臨海工業地帯の誕生と普及」）。

鈴木によれば、商港と工業港の大きな違いのひとつは、その後方地域との関係にある。物流の中継地点である商港は大きな後方地域を必要とするが、ひとつの工場で多くの貨物を積み降ろす工業港では、後方地域そのものが必要ない。したがって、これまでのように

写真54　小名浜築港

都市の近くに港湾をつくる必要はなく、工場さえ誘致できれば相対的に小さな町でも港湾開発が可能である。こうした発想に基づき、内務省土木局は一九三〇年代以降、全国各地に臨海工業地帯を造成していくのである。

従来の港湾修築の基本方針は、大蔵省・内務省ともに、都市に近い既存の港湾を重点的に整備することにあった（大港集中主義）。商港から工業港への転換はこの常識を打ち破るもので、それは世代間のギャップとして港湾行政の現場で表面化した。鈴木は、自らが幹事をつとめる内務省の港湾調査会に、福島県の小名浜《おなはま》港（写真54）を重要港湾に指定する原案を提出したことがあった。将来の工業港としての発展を見据えてのことである。しかし、このとき港湾調査会の委員をつとめていた廣井勇は、小名浜港には商港としての実績がないことを理由に反対し、口論になったという（鈴木雅次『土木屋さん』）。

こうした世代間のギャップはありつつも、工業港の地方分散は、その後の内務省土木局の港湾修築政策の基本方針となった。一九三〇年代には、塩竈《しおがま》・四日市・広島などの地方都市で臨海工業地帯の造成を目指す動きが活発化する。日本における工業港建設の基礎を固めた鈴木は、土木技師の最高位である内務技監を最後に退官し、戦後は経済企画庁、運輸省などの各種審議会の会長・委員として各地の臨海工業地帯開発を主導していく。

工業港開発は、日本国内に留まらず、日本の勢力圏にも広がった。一九三二年に満洲国が建国されると多くの土木技師が現地に渡ったが、そこでもやはり工業港が建設された（土木技師の大陸進出については、通史編第三章を参照）。その最たるものは、一九三八年に計画された大東港計画である。満洲と朝鮮の国境地帯、鴨緑江《おうりょっこう》が黄海にそそぐ河口に一大工業地帯を造成する計画で、上流のダム建設による電源開発と、その電気を利用した工業港を一体のものとして作り上げる計画であった。この計画を推進したのは直木倫太郎で、彼はその視察の帰途に客死する。

第四世代――「新しい港湾行政」の模索

工業港化に加えて、港湾行政のあり方を変えたのは、戦時体制の進展である。戦時体制では、輸送力の強化が求められた。企画院は、そのために鉄道省と逓信省を一元化して運輸通信省にまとめようと考え、海陸交通の結節点である港湾行政もそのなかに組み込まれることになったのである。内務省土木局港湾課は一九四三年に運輸通信省に移管され、港湾局に昇格する。これを後押ししたのは、当時内務技監だった鈴木雅次であった。

現場でこれらの問題に直面した港湾技師を、本章では第四世代と呼ぶことにする。その代表例は、嶋野貞三《しまのていぞう》と後藤憲一《ごとうけんいち》、そして東寿《あずまひさし》である。嶋野は一九二一年に内務省に入省し、横浜土木出張所などを経て、一九三四年に本省に配属となった技師である。嶋野が本省に配属されたときの直属の上司が鈴木で、嶋野を高く評価していた鈴木は、彼を新設の港湾局長に就任させるよう後押しをした。こうして嶋野は、内務省最後の港湾課長と運輸通信省最初の港湾局長を務めることになる。後藤憲一は、嶋野の内務省入省の二年後、一九二三年に内務省に入省した。一九四五年に嶋野が退官すると、その後任として港湾局長に就任した。

港湾技師のあいだでは、内務省から離れることへの不安は大きかったようである。運輸通信省への移管当初、嶋野は「鉄道総局と海運総局との間に挟まれて、うっかりしていれば潰ぶされるかもしれない」という心境であったという（嶋野貞三「港湾局の昔話し」）。そのため彼の関心は、港湾行政の独自性を維持することに注がれた。しかし、この経験は、港湾技師たちに「港湾行政とは何なのか」という問題を改めて考えさせるきっかけとなる。後藤憲一は、「一体港湾局の持っている内容の本筋は何であるか」ということを改めて考えるようになり、その結果、「単なる港湾の建設行政だけでは駄目だ。維持管理、そして運営というか、経営指導というか、こういう各種行政を（中略）リードして行く」べきである、という結論にたどり着いたと述べる（「港湾局創立二十周年記念座談会」）。

港湾修築のみならず、港湾を場とする各種行政の統合を港湾行政の本旨と考えるようになった後藤にとって、内務省土木局への復帰は考えられないことであった。内務省解体後の一九四八年、旧土木局の後継機関である建設院への港湾行政移管が取り沙汰されたときも、後藤にその気はなかった。しかし、中堅・若手技師の多くは、建設院への合流を望んだ。その中心的な存在が、東寿である。東は一九三三年に内務省に入省し、下関土木出張所などを経て、一九四二年より本省勤務となった中堅技師であった。

もっとも、運輸省への残留を望む後藤と、建設院への移管を望む東とのあいだで、根本的な対立があったわけではない。なぜなら、ロジスティクスの一端を担う港湾行政においては、ただ建設するだけではなく、維持・管理・運営を一体として捉える必要があり、それゆえ他の土木行政とは性質が異なるという理解が、この頃には港湾技師のあいだに浸透しつつあったからである。なにより東自身が、そうした「新しい港湾計画学」の主唱者のひとりでもあった。東の唱える新しい港湾計画学とは、後背地の大きさによって港湾の規模を決め、また港湾運営を国家や自治体から切り離して、運営の自由度を高めようとするものである（稲吉晃「東寿とその港湾運営構想」）。そのためには、全国的な地域バランスを重視する旧内務省系の建設院への合流は合理的ではない。かくして、港湾行政は運輸省にとどまる。

とはいえ港湾行政は、運輸省に閉じこもってしまったわけではない。組織をまたいだネットワークは、その後も健在であった。後藤や東は、運輸省の港湾技師を経済企画庁などへ積極的に出向させ、そうした人事交流を梃子に関係官庁や諸団体から港湾計画への支持を調達していくのである（山田健「港湾をめぐる中央―地方関係と政策過程の行政史」）。

一九三〇年代に外地に渡った港湾技師たちは、戦後には各都道府県の技師としてこのネットワークの一端を担った。一九二八年に内務省に入省し、一九三四年に満洲国国務院に移って大東港建設局第一部長などを歴任した五十嵐真作《いからししんさく》は、その一例である。戦後、五十嵐は新潟県土木部長・新潟市助役を務め、運輸省港湾局と連携しながら、新潟東港（工業港）開発を推進した。退官後に港湾コンサルタント会社を興していた鮫島茂は、新潟県が設置した審議会の委員として、新潟東港計画を後押しした。

海外との窓口をいかに整備するのか

島国である日本にとって、海外との窓口は港湾に限定される。飛行機による移動が一般的になった現代でさえ、日本の輸出入貨物の九九パーセント（重量ベース）は海運が担っている。その窓口である港湾をいかに整備するのか、という問題は、近現代を通じて今なお大きな課題であり続けている。戦前は横浜港や神戸港などの大貿易港が、戦後は全国各地に整備された臨海工業地帯が、日本の経済発展を支えた。それは、内務省土木局のみならず、大蔵省や経済企画庁、都道府県などに広がる港湾技師のネットワークが可能にしたものだったのである。

参考文献

安芸杏一「築港回顧録（一）」『港湾』二三―一、一九四六年
安芸杏一『春風秋雨五十年』一、二、私家版、一九五一、五三年
稲吉晃『海港の政治史――明治から戦後へ』名古屋大学出版会、二〇一四年
稲吉晃『港町巡礼――海洋国家日本の近代』吉田書店、二〇二二年
稲吉晃「東寿とその港湾運営構想」『土木史研究講演集』四二、二〇二二年
運輸省第一港湾建設局新潟港工事事務所編『新潟港修築史』運輸省第一港湾建設局新潟港工事事務所、一九九〇年
港湾協会編『港湾協会十年史』港湾協会、一九三四年
「港湾局創立二十周年記念座談会　顧みる二〇年」『港湾』四一―一、一九六四年
小堀聡「臨海工業地帯の誕生と普及――土木技術者鈴木雅次の軌跡　一九二〇―一九七〇」『ノートル・クリティーク』五、二〇一二年
「座談会　丹羽鋤彦氏に昔の横浜港を聴く　第二回」『港湾』二六―四、一九四九年

真田秀吉『内務省直轄工事略史――沖野博士伝』旧交会、一九五九年
鮫島茂「遺稿　思い出の記（横浜・川崎昔ばなし）」『港湾』五八―一、一九八一年
鮫島茂氏追想録刊行会『鮫島茂さんを偲んで』鮫島茂氏追想録刊行会、一九八二年
沢本守幸『公共投資１００年の歩み――日本の経済発展とともに』大成出版社、一九八一年
嶋野貞三「港湾局の昔話し」『港湾』二七―七、一九五〇年
鈴木雅次『土木屋さん』筑土書房、一九五六年
大霞会編『内務省史』三、原書房、一九八〇年
寺谷武明『日本港湾史論序説』時潮社、一九七二年（一九九三年に『近代日本港湾史』として再版）
土木学会図書館委員会ほか編『古市公威とその時代』土木学会、二〇〇四年
土木学会土木図書館委員会沖野忠雄研究資料調査小委員会編『沖野忠雄と明治改修』土木学会、二〇一〇年
土木学会土木図書館委員会直木倫太郎・宮本武之輔研究小委員会編『技術者の自立・技術の独立を求めて
――直木倫太郎と宮本武之輔の歩みを中心に』土木学会、二〇一四年
日本港湾協会『日本港湾発展回顧録』日本港湾協会、一九七七年
橋爪紳也『「水都」大阪物語――再生への歴史文化的考察』藤原書店、二〇一一年
原敬文書研究会編『原敬関係文書　第八巻　書類篇五』日本放送協会、一九八七年
ヘッドリク、Ｄ・Ｒ〔原田勝正・多田博一・老川慶喜訳〕『帝国の手先』日本経済評論社、一九八九年
森垣博士功績顕彰会編『森垣亀一郎伝』森垣博士功績顕彰会、一九六七年
山田健「港湾をめぐる中央―地方関係と政策過程の行政史」北海道大学博士学位論文、二〇二二年
横浜市編『横浜市史　資料編第二　日本貿易統計１８６８―１９４５』横浜市、一九六二年

コラム⑩ 内務省と植民地

李 炯植

内務省は植民地を管轄する機関として、日本の植民地支配に大きな影響を与えた。

日清戦争後に台湾を植民地として領有すると、日本政府は拓殖務省を設置したが、約一年半後に廃止され、台湾に関する事務は内閣に設置された台湾事務局に引き継がれた。以後、台湾事務局は内務省の外局になり、まもなく廃止されると、台湾事務は内務大臣官房台湾課が担当することになった。

日露戦争後、樺太を獲得すると、内務大臣官房に樺太課が設置された。韓国併合を前にして、桂太郎《かつらたろう》内閣は内閣総理大臣直轄の拓殖局を設置し、植民地統治を管理させたが、内閣拓殖局は一九一三年六月に山本権兵衛《やまもとごんべえ》内閣の行政整理により廃止され、朝鮮、台湾、および樺太に関する事務は、またもや内務省が管轄することとなった。

これに伴い、内務省地方局には拓殖課が設置された。その後、植民地行政は内閣拓殖局、拓務省（一九二九年設置）に引き継がれた。しかし、拓務省は期待に反して十分に機能せず、廃止論が絶え間なく続き、太平洋戦争が勃発した後の一九四二年一一月には大東亜省の設置と内外地行政一元化の措置により廃止され、植民地に関連する業務は敗戦まで内務省管理局が担当することとなった。台湾の獲得から始まる植民地支配の五〇年間、内務省は約二〇年間（全体の四割）にわたって植民地統治を担当していた。

内務省は警察や地方行政を担当する総合的な機関であり、巨大な組織を持つことから、植民地官僚の重要な供給源となった。新たな植民地官庁（台湾総督府、関東都督府、樺太庁、韓国統監府、朝鮮総督府、南洋庁など）が設置されるとき、内務省の官僚たちは植民地に派遣された。

また、第一次世界大戦後、政党勢力が日本帝国の統治の中心として登場し、内務省は植民地統治に深く関与することとなった。特に政党内閣時代には、植民地統治の「政党化」が行われ、内閣変動に連動して植民地官庁の首脳部の交代が頻繁に行われた。

文官総督制が実現された台湾総督府の場合、内閣交替に連動して総督、総務長官、局長、課長まで一度に更迭され、統治の安定性が懸念されるほどであった。朝鮮総督府では、三・一運動後に普通警察制度が実施され、統治改革のために五〇人以上の内務省の官僚が朝鮮に派遣された。その後、台湾ほどではなかったが、内閣交替に伴い、政務総監や主要な局長が交代した。この時も、多くの内務省官僚たちが植民地に進出し、植民地統治を担当した。

内務省官僚の植民地への大量流入は、彼らの発想や統治様式が植民地に伝播する結果を招いた。内務省官僚たちが主導した地方改良運動、「警察の民衆化」・「民衆の警察化」キャンペーンなどは、植民地に派遣された彼らを通じて広がったのである。

参考文献
岡本真希子『植民地官僚の政治史――朝鮮・台湾総督府と帝国日本』三元社、二〇〇八年
李炯植『朝鮮総督府官僚の統治構想』吉川弘文館、二〇一三年

コラム⑪　北海道と沖縄

塩出浩之

日本が台湾や南樺太、朝鮮を領土とする以前は、北海道や沖縄こそが日本の植民地だった。

北海道は近世には蝦夷島《えぞがしま》と呼ばれ、松前藩の領国である和人地とアイヌが暮らす蝦夷地に分かれていた。一八六九（明治二）年、新政府は蝦夷島を北海道と命名して日本の領土とし、開拓使の管轄下に置いた。

北海道の開発と統治を担う開拓使は、太政官に直属し、諸省と同等の官庁だった。八二（明治一五）年に開拓使は廃止され、内務省のもとに函館・札幌・根室の三県が置かれたが、八六（明治一九）年に三県は廃止され、内閣直属の北海道庁が設置された。道庁は九〇（明治二三）年に内務省に移管されたが、その後も府県と異なり、地方官官制には属さなかった。

開拓使、そして北海道庁は、府県からの移民による入植を推進した。移民は九〇年ごろから急増し、その勢いは一九二〇（大正九）年ごろまで続いた。移民の激増と入植の進展によって、アイヌは急速にマイノリティ化した。漁猟の場を奪われ、居住地の移転を強いられ、さらには日本語教育など同化政策の対象とされた。

近世の琉球は、中国（明、のち清）に服属しながら薩摩藩にも服属する国家だった。明治維新後、主権国家という西洋のルールを受け入れた新政府は、琉球を日本の一部にしようとした。

まず一八七二（明治五）年、政府は琉球国王の尚泰《しょうたい》（写真55）を「琉球藩王」として冊封《さくほう》し、「琉球藩」を外務省の管轄下に置いた。府県と同様に扱わなかったのは、清との関係を断絶すれば外交問題になると懸念したためだが、他方で琉球が幕末に米仏蘭と結んだ条約は、外務省が接収した。

七四（明治七）年に政府が実行した台湾出兵には、琉球が日本の一部だと清に認めさせる狙いがあった。七一（明治四）年に台湾に漂着した宮古島島民を殺害した先住民に対し、制裁するための出兵だったのである。清が出兵に抗議する中、政府は「琉球藩」を外務省から内務省に移管した。清との交渉が妥結すると、政府は清が琉球を日本の一部と認めたとみなし、内務省を通じて、琉球に清への朝貢をやめ、府県に準ずる制度とするよう命じた。琉球は抵抗したが、七九（明治一二）年、「琉球藩」は廃止され、沖縄県が設置された（琉球処分）。

写真55　琉球国王・尚泰
（近現代PL／アフロ）

琉球士族が日本の支配に抵抗し、清も琉球処分に抗議する中、政府は沖縄県で従来の制度（旧慣）を維持した。しかし日清戦争に勝利し、琉球復国の可能性がなくなると、政府は地租改正に相当する土地調査事業を実施するなど、他府県同様の制度を沖縄県に導入した。

このように、明治維新後の新領土であり植民地だった北海道と沖縄県は、制度面では他府県と格差があった。地方制度の整備は遅れ、一八八九（明治二二）年に公布された衆議院議員選挙法でも、北海道・沖縄県は対象外だった。さらに、日清戦争後に日本が台湾を獲得したのを受けて、一八九六（明治二九）年に設置された拓殖務省は、台湾総督府とともに、内務省から移管された北海道庁を管轄下に置いた。なお、拓殖務省官制の原案では、沖縄県の管轄も検討されていた。

しかし、翌一八九七（明治三〇）年に拓殖務省は廃止され、北海道庁は再び内務省に移管された。一九〇〇（明治三三）年には、北海道・沖縄県にも選挙区が設置された。ただし、衆院選挙法がすぐに施行されたのは、すでに地方制度が整備されていた札幌・函館・小樽だけだった。残りの地域は、地方制度の整備をへて施行された。

こうして、北海道・沖縄県は制度上、他府県とほぼ同等となり、大日本帝国憲法発布後の新領土たる台湾・南樺太・朝鮮とは区別されるようになった。言いかえれば、「中央」に対する「地方」として、一方では内務省による「自治」育成の対象となり、他方では政党による利益誘導に依存していったのだ。
しかし、その後も、アイヌや沖縄の人々への社会的な差別は解消しなかった。植民地とは制度の問題ではなく、民族どうしの関係のありようだとすれば、北海道や沖縄が植民地ではなくなったとはいえないのである。

参考文献
塩出浩之「北海道・沖縄・小笠原諸島と近代日本」大津透ほか編『岩波講座　日本歴史15　近現代1』岩波書店、二〇一四年

年表

清水唯一朗

年	内閣	内務卿／大臣	内容
1867年			12月、王政復古の大号令が発せられる。
1868年			3月、神祇官が復興される。
1869年			2月、民部官に土木司が新設される。7月、民部省に改組される。 8月、民部省、大蔵省が事実上合併される（翌年7月に再分離）。
1871年			7月、廃藩置県が実行される。
1872年			3月、神祇省が廃止され、教部省が新設される。
1873年		大久保利通	8月、河港道路修築規則が制定される。10月、内治優先の詔勅が出される。 11月、内務省が新設される。大久保利通が初代内務卿となる。
1874年		木戸孝允 大久保利通 伊藤博文 大久保利通	1月、内務省職制及事務章程が仮定。勧業寮・警保寮（一等寮）・戸籍寮・駅逓寮・土木寮・地理寮（二等寮）・測量司（一等司）と定まる。東京警視庁が設置される。2月から11月にかけて、多忙な大久保にかわり木戸孝允、伊藤博文が代役として内務卿を務める。12月、恤救規則が公布される。
1875年			3月、博物館が文部省から移管される。 7月、内務省で火災が発生し、初期の資料が焼失する。文部省医務局が内務省に移管され、衛生局となる。

1876年			5月、勧商局を設置する（79年、大蔵省商務局に）。
1877年			1月、教部省が廃止され、内務省に社寺局が設置される。
1878年		伊藤博文	5月、大久保が暗殺され、伊藤が内務卿を継ぐ。 8月、戸長はなるべく公選とするよう通達。
1879年			4月、琉球処分が行われ、沖縄県が設置される。9月、千住製絨所が開業する。 12月、各府県に地方衛生会が設置される。
1880年		松方正義	2月、松方正義が内務卿となる。11月、工場払下概則が制定される。
1881年			4月、農商務省が創設され、勧業事業が移管される。
1881年		山田顕義	10月、山田顕義が内務卿となる。
1883年		山県有朋	2月、大日本私立衛生会が設立される。12月、山県有朋が内務卿となる。
1884年			「明治17年の地方制度改革」が実施される。
1885年	伊藤1	山県有朋	2月、国道表を告示。6月、県治局が設置される。 12月、内閣制度発足。初代内務大臣に山県有朋が就く。
1886年			2月、各省官制発布。総務局、県治局、警保局、土木局、衛生局、地理局、社寺局、会計局の八局体制に。6月、日本薬局方を公布。 7月、全国を6区に分けて土木監督署が設置される。
1887年			8月、気象台測候所条例を公布。

1888年	黒田	山県有朋 松方正義	4月、市制・町村制が公布される。 12月、松方正義が内相となる。地理局に気象課が設置される。
1889年	山県1	山県有朋	2月、黒田清隆首相、いわゆる超然演説を行う。 12月、山県有朋、首相兼内相となる。
1890年		西郷従道	5月、府県制・郡制が公布される。西郷従道が内相となる。 7月、北海道庁、内務省に移管。9月、鉄道局を鉄道庁と改称して所管する。
1891年	松方1	品川弥二郎	5月、第一次松方内閣が発足。6月、品川弥二郎が内相となる。
1892年		副島種臣 河野敏鎌	2月、第2回衆議院議員総選挙で大規模な選挙干渉を行う。 3月、副島種臣が内相となる。6月、鉄道会議が設置される。 7月、河野敏鎌が内相となる。鉄道庁が逓信省に移管される。
1892年	伊藤2	井上馨	8月、第二次伊藤内閣が発足し、井上馨が内相となる。
1894年		野村靖	2月、消防組規則が公布される。6月、土木技監が設置される。 7月、日清戦争はじまる。10月、野村靖が内相となる。
1895年			4月、下関条約が締結され、台湾を領有する。
1896年		芳川顕正 板垣退助	2月、芳川顕正が内相となる。4月、拓殖務省が設置され、台湾と北海道の管轄が同省に移る。自由党総理の板垣退助が内相となる。河川法が制定される。
1896年	松方2	樺山資紀	9月、第二次松方内閣が発足し、樺山資紀が内相となる。

1897年			3月、砂防法、4月、森林法が公布される。8月、監獄局が設置される。 9月、拓殖務省廃止。北海道の管轄が内務省に戻る。
1898年	伊藤3 大隈1 山県2	芳川顕正 板垣退助 西郷従道	1月、第三次伊藤内閣が発足し、芳川が内相となる。2月、台湾事務局が内閣から内務省に移管。6月、第一次大隈内閣が発足し、板垣が内相となる。11月、県治局を地方局と改称する。第二次山県内閣が発足し、西郷が内相となる。
1899年			3月、伝染病研究所が内務省の所管となる。
1900年	伊藤4	末松謙澄	3月、精神病者監護法が公布される。4月、社寺局が神社局と宗教局に分割される。7月、監獄局が司法省に移管される。9月、立憲政友会が創立する。 10月、第四次伊藤内閣が発足し、末松謙澄が内相となる。 10月、娼妓取締規則を公布する。
1901年	桂1	内海忠勝	6月、第一次桂内閣が発足し、内海忠勝が内相となる。
1903年		児玉源太郎 桂太郎	5月、警保局に大日本消防協会が設立される。7月、児玉源太郎が内相となる。 10月、児玉が参謀次長に転出し、桂太郎首相が内相を兼任する。
1904年		芳川顕正	2月、日露戦争がはじまる。芳川が内相となる。3度目の就任は初。肺結核予防令を公布する。
1905年		清浦奎吾	3月、土木監督署に代わり土木出張所が設置される。 9月、日比谷焼き討ち事件が起こる。清浦奎吾が内相となる。
1906年	西園寺1	原敬	1月、第一次西園寺内閣が発足し、原敬が内相となる。 4月、雑誌『斯民』が創刊される。

1907年			10月、港湾調査会、港湾整備の基本方針を決議。
1908年	桂2	平田東助	7月、第二次桂内閣が発足し、平田東助が内相となる。10月、戊申詔書が公布される。地方改良運動が本格化する。
1910年			6月、内閣に拓殖局が設置される。8月、韓国を併合する。
1911年	西園寺2	原敬	8月、大逆事件を機に特高が設置される。第二次西園寺内閣が発足し、原が内相となる。
1912年	桂3	大浦兼武	2月、床次竹二郎次官、教派神道、仏教、キリスト教の三教会同を実施する。12月、第三次桂内閣が発足。大浦兼武が内相となる。
1913年	山本1	原敬	2月、憲政擁護運動が起こり、第一次山本内閣が発足し、原が内相となる（3度目）。6月、大規模な行政改革を実施。宗教局が文部省に、内閣拓殖局の廃止により朝鮮、台湾、樺太の事務が内務省に移管される。
1914年	大隈2	大隈重信	4月、第二次大隈内閣が発足し、内相は9ヵ月にわたって首相の兼任となる。8月、第一次世界大戦に参戦する。10月、伝染病研究所、文部省に移管（16年に東大の附置研究所に）。
1915年		大浦兼武 一木喜徳郎	1月、大浦兼武が内相となる。3月、総選挙で大規模な選挙干渉が行われ、議会で問題となる。8月、一木喜徳郎が内相となる。
1916年	寺内	後藤新平	10月、寺内内閣が発足し、後藤新平が内相となる。

1917年			5月、岡山県、済世顧問を設置する。7月、内閣に拓殖局を設置。朝鮮、台湾、樺太の事務が移管される。8月、地方局に救護課を新設（社会局の前身）。
1918年	原	水野錬太郎 床次竹二郎	1月、外国人入国に関する件を公布。4月、水野錬太郎が内相となる。 7月、米騒動が発生、全国に波及する。 9月、原内閣が発足し、床次竹二郎が内相となる。
1919年			1月、自動車取締令を公布。3月、朝鮮で三・一運動起こる。 4月、道路法が公布される。10月、大阪府、方面委員を創設する。 12月、土木局、河港課を河川課と港湾課に分割する。
1920年			8月、地方局社会課が社会局に昇格する。
1921年	高橋		1月、社会事業調査会が設置される。 11月、原首相暗殺。高橋是清内閣が発足し、内相は床次が留任する。
1922年	加藤友	水野錬太郎	5月、都市計画局を設置。6月、加藤友三郎内閣が発足し、水野が内相となる。 10月、港湾協会が設立される。11月、社会局に農商務省から労働行政が移管される。これに伴い、長官を置く外局に昇格する。
1923年	山本2	後藤新平	9月、関東大震災が発生（内務省庁舎も罹災する）。第二次山本内閣が発足し、後藤が内相となる。12月、虎ノ門事件が起こる。
1924年	清浦 加藤高	水野錬太郎 若槻礼次郎	1月、清浦内閣が発足し、水野が内相となる（3度目）。第二次護憲運動が起こる。2月、帝都復興院の廃止に伴い、外局として復興局が設置される。 6月、加藤高明内閣が発足し、若槻礼次郎が内相となる。

1925年			4月、治安維持法、5月、男子普通選挙法が公布される。
1926年	若槻1	浜口雄幸	1月、第一次若槻内閣が発足し、内相は首相が兼任する。6月、浜口雄幸が内相となる。
1927年	田中	鈴木喜三郎	4月、田中内閣が発足し、鈴木喜三郎が内相となる。
1928年		望月圭介	2月、男子普通選挙による初の衆議院議員総選挙が実施され、選挙干渉が問題化する。5月、望月圭介が内相となる。6月、改正治安維持法が公布される。
1929年	浜口	安達謙蔵	4月、府県制、市制、町村制が改正され、地方自治権が拡充される。7月、浜口内閣が発足し、安達謙蔵が内相となる。
1930年			4月、復興局が廃止され、復興事務局が設置される(32年に廃止)。
1931年	若槻2 犬養	中橋徳五郎	3月、労働組合法、婦人公民権法、貴族院で審議未了となる。4月、寄生虫病予防法が公布される。第二次若槻内閣が発足し、内相は安達が留任する。12月、犬養内閣が発足し、中橋徳五郎が内相となる。
1932年	斎藤	鈴木喜三郎 山本達雄	1月、救護法が施行される。3月、鈴木が内相となる。5月、五・一五事件が起こる。斎藤内閣が発足し、山本達雄が内相となる。
1933年			6月、大阪でゴー・ストップ事件が起こる。8月、土木会議が設置される。9月、内務省新庁舎が完成
1934年	岡田	後藤文夫	7月、岡田内閣が発足し、後藤文夫が内相となる。10月、「朝鮮人移住対策の件」が閣議決定される。

1935年			1月、地方官官制が改正され、府県に経済部が新設される。6月、選挙粛正中央連盟が結成される。7月、著作権審査会が設置される。
1936年	広田	潮恵之輔	2月、二・二六事件が起こる。3月、広田内閣が成立、潮恵之輔が内相となる。11月、方面委員令が公布される。
1937年	林 近衛1	河原田稼吉 馬場鍈一 末次信正	2月、林内閣が発足し、河原田稼吉が内相となる。4月、メーデー禁止を通達する。4月、防空法が成立する。6月、第一次近衛内閣が発足し、馬場鍈一が内相となる。9月、国民精神総動員運動が始まる。12月、末次信正が内相となる。
1938年			1月、衛生局と社会局が分離独立し、厚生省が発足する。5月、国家総動員法が施行される。
1939年	平沼 阿部	木戸幸一 小原直	1月、平沼内閣が発足し、木戸幸一が内相となる。8月、阿部内閣が発足し、小原直が内相となる。
1940年	米内 近衛2	児玉秀雄 安井英二 平沼騏一郎	1月、米内内閣が発足し、児玉秀雄が内相となる。親子での内相は初。7月、第二次近衛内閣が発足し、安井英二が内相となる。10月、大政翼賛会が発足する。11月、神祇院が設置され、内務省神社局を移管する。12月、平沼騏一郎が内相となる。
1941年	近衛3 東条	田辺治通 東条英機	7月、第三次近衛内閣が発足し、田辺治通が内相となる。9月、土木局が国土局に改組される。10月、東条内閣が発足し、内相は首相が兼任する。
1942年		湯沢三千男	2月、湯沢三千男が内相となる。11月、拓務省廃止、大東亜省設置。内務省に管理局が新設。台湾事務の監督権が内務大臣に付与される。

1943年		安藤紀三郎	1月、米英の楽曲の演奏禁止リストを配布。4月、安藤紀三郎が内相となる。11月、運輸通信省設置に伴い、港湾事務を移管。
1944年	小磯	大達茂雄	7月、小磯内閣が発足し、大達茂雄が内相となる。
1945年	鈴木 東久邇 幣原	安倍源基 山崎巌 堀切善次郎	4月、鈴木内閣が発足し、安倍源基が内相となる。8月、敗戦。東久邇内閣が発足し、山崎巌が内相となる。防空事務などを廃止する。10月、幣原内閣が発足し、堀切善次郎が内相となる。12月、GHQ、神道指令を発布。神祇院が廃止される。宗教法人令が発令される。
1946年	吉田1	三土忠造 大村清一	1月、三土忠造が内相となる。4月、初の男女普通選挙が実施される。5月、第一次吉田内閣が発足し、大村清一が内相となる。8月、調査局が新設される。
1947年	片山	植原悦二郎 木村小左衛門	1月、植原悦二郎が内相となる。4月、新憲法下で初の統一地方選挙、衆議院議員総選挙、第1回参議院議員通常選挙が行われる。消防団令が公布される。GHQから内務省解体の指令が出される。5月、外国人登録令が公布、施行される。5月、片山内閣が発足し、6月、木村小左衛門が内相となる。政府、内務省の解体について地方分権を徹底し、民政省と改称すると回答。GHQ、さらなる回答を求め、政府は地方自治委員会、建設院、公安庁の分離独立を回答する。9月、労働省が設置される。12月、内務省が廃止される。
1948年	芦田 吉田2		1月、国土局と戦災復興院が合併して建設院が発足する。3月、国家地方警察本部と自治体警察が創設される。7月、建設省が発足する。
1949年	吉田3		6月、地方自治庁が総理府の外局として設置される。

1950年			5月、港湾法が公布される。6月、北海道開発庁が設置される。
1952年	吉田4		7月、公安調査庁、8月、自治庁が設置される。
1954年	鳩山1		7月、国家地方警察と自治体警察が廃止され、警察庁と都道府県警察に再編成される。
1956年	鳩山3 石橋		4月、内政省設置法案が国会に提出される。
1958年	岸1		3月、内政省設置法案が撤回される。
1960年	岸2 池田1		7月、自治省が設置される。
1984年	中曽根2		7月、総務庁が設置される。
2001年	森2		1月、中央省庁再編が実施される。旧内務省の所管分野は、総務省、厚生労働省、国土交通省、国家公安委員会などにそれぞれ統合される。

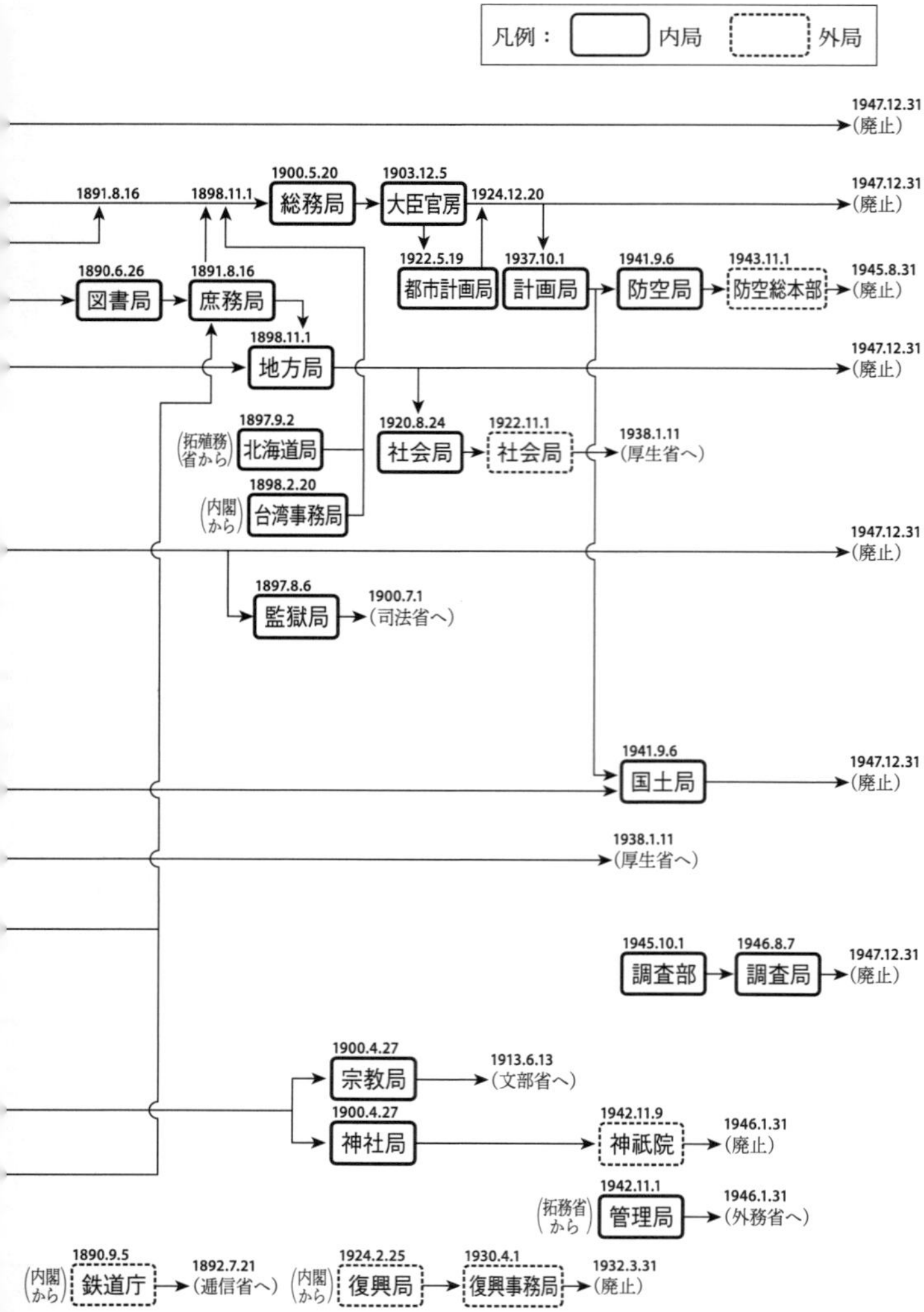
凡例：内局 外局
1947.12.31 (廃止)
1891.8.16
1898.11.1
1900.5.20 総務局
1903.12.5 大臣官房
1924.12.20
1947.12.31 (廃止)
1890.6.26 図書局
1891.8.16 庶務局
1922.5.19 都市計画局
1937.10.1 計画局
1941.9.6 防空局
1943.11.1 防空総本部
1945.8.31 (廃止)
1898.11.1 地方局
1947.12.31 (廃止)
(拓殖務省から) 1897.9.2 北海道局
1920.8.24 社会局
1922.11.1 社会局
1938.1.11 (厚生省へ)
(内閣から) 1898.2.20 台湾事務局
1947.12.31 (廃止)
1897.8.6 監獄局
1900.7.1 (司法省へ)
1941.9.6 国土局
1947.12.31 (廃止)
1938.1.11 (厚生省へ)
1945.10.1 調査部
1946.8.7 調査局
1947.12.31 (廃止)
1900.4.27 宗教局
1913.6.13 (文部省へ)
1900.4.27 神社局
1942.11.9 神祇院
1946.1.31 (廃止)
(拓務省から) 1942.11.1 管理局
1946.1.31 (外務省へ)
(内閣から) 1890.9.5 鉄道庁
1892.7.21 (逓信省へ)
(内閣から) 1924.2.25 復興局
1930.4.1 復興事務局
1932.3.31 (廃止)

組織機構図（小幡圭祐作成）

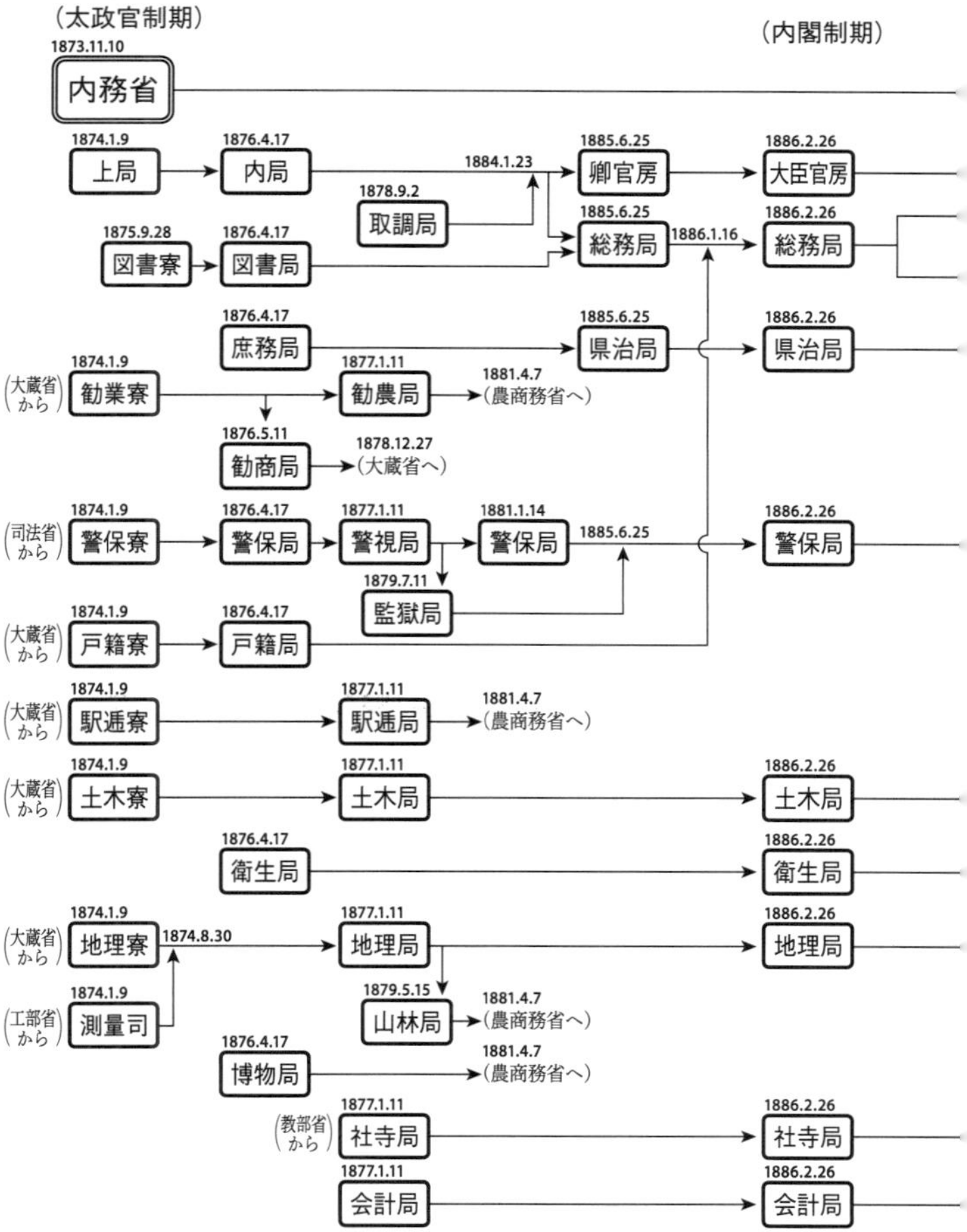

※吉川弘文館編集部編『近代史必携』（吉川弘文館、2007年）195〜197頁の「内務省機構変遷図」をもとに作成した。

あとがき

本書は「内務省研究会」による書籍である。そもそも「内務省研究会」とはどういった研究会なのか。「はじめに」でも簡単に記されているが、本書を手に取った多くの方が気になることであろうから、あらためてこの点から説明したい。以下は、研究会のブログにある「本会について」という文章である。

本会は、2001年に若手の日本政治史研究者が大学を横断して研究交流を行う目的から立ち上げられ、2ヶ月に1回のペースで研究会を重ねてきました。当初は内務省そのものの研究に軸足を置いて活動してきましたが、現在は、日本近代史に関わる研究報告が行われています。北は北海道から南は沖縄まで、近年は、アメリカ、韓国、中国、台湾、ドイツ、イタリアなどからも研究者が集まり、活発な議論が交わされています。

「内務省研究会」という名前から、内務省だけに対象を絞って研究する者が集う研究会による書籍と思われる方が多いだろう。しかし、本会は内務省を直接の研究対象とする研究者だけではなく、近・現代日本の政治・行政に関心を有する若手・中堅の研究者によって組織されている。具体的には、政治学の一部を構成する「日本政治(外交)史」、歴史学の一部を構成する「日本近・現代史」を専門とするメンバーを中心に、法学の一部を構成する「日本法制史」など、多分野の研究者が集っている。

二〇〇一年以来、出身大学の持つ学風が交わりあいながら、それぞれのディシプリン(方法論)、そして時に国境も越えて闊達な議論が行われている。本会のメンバーシップは緩やかであり、会費も徴収しておらず(扱う金銭は毎回の懇親会費くらいであろう)、会員名簿も作成していないが、名簿代わりのメーリングリストには約一五〇件のメールアドレスが登録されている。

こうした大学や分野を横断した緩やかな研究交流、しかも完全にボランタリーな交流は二五年の長期に及ぶ。以下、本書の性格とも深く関わる、これまでの会の活動を振り返りたい。

会発足のきっかけとなったのは、二〇〇一年三月、横浜開港資料館脇にあった「喫茶ペリー」において、三名で行われた修士論文報告会だった。同年六月、清水唯一朗(政治学)、市川智生(歴史学)を幹事として会は立ち上げられ、第一回の研究会が開催された。「研究会や大学の枠を越えて、いろいろな専門、ディシプリン、背景を持った仲間たちと研究交流をしていきたい」、そうした試みに賛同したメンバーが第一回の研究会に集った。「内務省」の名が研究会に付されたのは、広範な分野を扱った内務省が、多くの人が参加できる研究対象だったことによる。

二〇〇九年には会創設当初から参加していた松沢裕作（歴史学）が幹事に加わった。二〇一〇年一〇月には五〇回記念の研究会を迎え、清水・市川・松沢の三幹事が研究報告をした。二〇一四年には若月剛史（歴史学）を幹事に加え、若月が関西に職を得て幹事を勇退した後は、二〇一七年に手塚雄太（歴史学）が幹事に就任した。

設立から一〇年が過ぎ、一九七〇年代生まれの大学院生によって立ち上げられた研究会には、八〇年代生まれの後続の世代が加わり、世代の幅も拡がった。しかし、二〇一八年には研究会の存続が話題になったこともあった。会創設から二〇年近い歳月が経ち、発足時幹事の境遇も大きく変化し、幹事の役割を担うことが難しくなったためである。

幸いにも八〇年代生まれを中心とするメンバーから、幹事として会の運営を引き継ぎたいと手が挙がった。これにより、二〇一九年からは小幡圭祐（歴史学）、手塚雄太、中西啓太（歴史学）、原口大輔（歴史学）、米山忠寛（政治学）の五幹事による新体制となった。今後は首都圏以外でも研究会を開き、研究交流の輪にさらなる広がりを持たせようと話していた矢先、二〇二〇年には新型コロナウイルス感染症の感染拡大に見舞われた。交流を広げるどころか、一転して活動の危機を迎えることになった。

しかし、幹事間で協議のうえで、同年五月には早速オンラインで研究会を再開し、多くの方に集っていただいた。二〇二二年六月には無事に一〇〇回の記念回を迎え、対面とオンラインの併用で小幡・中西・手塚・原口の四幹事が研究報告を行った。米山が研究報告をした一〇一回以降も継続して対面とオンラインを併用することによって、さまざまな事情で対面参加が難しかった参加者も気軽に参加できるようになり、研究交流はいっそう拡がった。会には九〇年代生まれ、そして二〇〇〇年代生まれの大学院生が加わるようになり、世代の幅もよりいっそう拡がっている。

以上のとおり、本会は日本の近・現代に関心を抱く中堅・若手の研究者が、出身大学や分野を越えて集う緩やかな組織である。そうした本会が編者となって本書が編まれたきっかけは、二〇二二年九月、講談社現代新書編集部の所澤淳・小林雅宏の両氏から、幹事の一人だった清水唯一朗に「内務省」をテーマとして新書を執筆しないかと依頼があったことによる。清水はお二人に内務省研究会として新書を執筆するというプランを提案し、講談社よりご快諾いただいたことから、本書の企画は始まった。

清水の提案を受け、趣旨に賛同した前任・現任幹事一同は事実上の編者として構成案を練り、個別に執筆を依頼した。そのうえで全メンバーから自由なテーマでのコラムを募った。

二〇二三年九月には内容を調整するための研究会を開催し、本書の方向性と各章の内容について認識の共有を図った。原稿の調整にあたっては、執筆者全員で原稿を共有し、互いに原稿にコメントを入れあうかたちでブラッシュアップを図った。この間、当初よりスケジュールが遅れてしまい、執筆をご辞退された方があったことは編者の力不足であった。ともかく、こうして本書は「内務省研究会編」の書籍として完成した。

本書は近・現代日本の政治や行政に強い関心を抱く本会の参加者から執筆者が構成されていることもあり、政治家や官僚、いってみれば為政者側の動向や考え方が中心として扱われている。よって、政策や諸施策の受け手である市井の人々はそれに付随して論じられる傾向を有している。また、紙幅の都合もあり、労働政策、公娼制度、国土計画・都市計画といった内務省を考えるうえで重要な論点について章やコラムを設けるに至らず、通史編・テーマ編の各章のなかで取り上げるに留まっている。こうした点に本書の限界があることは付言しておきたい。

本書の刊行に至るまで、そして長年の会運営のなかでは、ほんとうに多くの人々にお世話になった。まず、本書刊行の機会を作っていただき、刊行まで導いていただいた講談社現代新書編集部の所澤淳・小林雅宏両氏に感謝申し上げたい。また、執筆者の皆さまには、お忙しく事情もそれぞれあるなかで、短い期間で最新の研究成果をコンパクトにまとめ上げていただいた。全体のとりまとめ役を務めた清水・手塚からは、一般向けの書籍とするためにかなりのご無理をお願いしたこともあった。この点、深くお礼とお詫びを申し上げたい。そして、研究会の活動に日頃からご協力をいただいている会参加者のみなさまには、この場でお一人お一人のお名前を挙げることができないことをほんとうに申し訳なく思いつつ、感謝の意を表したい。

本書でもたびたび取り上げられてきた『内務省史』は、通史編を除いて内務省もしくは後身の各省に勤務した者によって、五年もの歳月を費やしてまとめられた全四巻三七〇〇ページに及ぶ大著である。『内務省史』第一巻の「序」において、元内務大臣の後藤文夫は「かつての当局者が、その当時の心持ちを回想しながら執筆したところに、他に類のないこの書物の特色がある」と記している。これに対して、『内務省史』から約五五年が経って編まれた本書は、（新書としては異例の厚さとはいえ）ページ数では遠く及ばず、企画から刊行に至る期間も三年に満たない。しかし、本書は大学や専門分野、そして世代や国境を越えた、二五年に及ぶ学術交流による産物である。是非や善し悪しは別として、この点に「他に類のないこの書物の特色」がある。

本書が多くの人々に手に取ってもらえることを、そして、願わくば本書が末永く読まれることを祈念してやまない。

二〇二五年一月

内務省研究会　現任幹事
小幡圭祐・手塚雄太・中西啓太・原口大輔・米山忠寛
前任幹事
市川智生・清水唯一朗・松沢裕作・若月剛史

執筆者紹介

清水唯一朗（しみず・ゆいちろう）

慶應義塾大学総合政策学部教授。博士（法学）。専門は日本政治史、オーラルヒストリー。主な著書に『政党と官僚の近代』（藤原書店、二〇〇七年）、『近代日本の官僚』（中央公論新社、二〇一三年）、『*The Origins of the Modern Japanese Bureaucracy*』（Bloomsbury Publishing, 二〇一九年）、『日本政治史』（共著、有斐閣、二〇二〇年）、『原敬』（中央公論新社、二〇二一年）など。

小幡圭祐（おばた・けいすけ）

一九八三年、宮城県生まれ。山形大学人文社会科学部准教授。専門は歴史学（日本近現代史）、地域アーカイブズ学、サーカス学。著書に『井上馨と明治国家建設――「大大蔵省」の成立と展開』（吉川弘文館、二〇一八年）、論文に「「地域アーカイブズ学」構築に向けての論点整理」（共著、『情報知識学会誌』三三―二、二〇二三年）、「日本のサーカスにおけるアシカはなぜ「オットセイ」と呼ばれ続けたのか？」（『サーカス学』五、二〇二四年）など。

谷川みらい（たにかわ・みらい）

東京外国語大学世界言語社会教育センター講師。専門は日本近代史、日本経済史。論文に「小坂鉱山の払下げと工場払下ヶ概則の廃止」（『日本歴史』八七七、二〇二一年）、「物産取扱所と開拓使の理念――「開拓使官有物払下げ事件」の一背景」（『日本史研究』七三〇、二〇二三年）など。一九九〇年、埼玉県生まれ。東京大学大学院人文社会系研究科博士課程修了。博士（文学）。

若月剛史（わかつき・つよし）

一九七七年、広島県生まれ。東京大学大学院人文社会系研究科博士課程修了。現在、関西大学法学部教授。専門は日本政治史、日本近現代史。著書に『戦前日本の政党内閣と官僚制』（東京大学出版会、二〇一四年）、『立憲民政党全史』（共著、講談社、二〇二四年）などがある。

松谷昇蔵（まつたに・しょうぞう）

一九八八年、神奈川県生まれ。早稲田大学大学院文学研究科博士後期課程人文科学専攻日本史学コース修了。現在、日本学術振興会特別研究員PD・東京大学先端科学技術研究センター特別研究員。専門は日本近現代史。著書に『近代日本官僚制と文部省――「非主要官庁」の人事と専門性』（法律文化社、二〇二四年）。

手塚雄太（てづか・ゆうた）

國學院大學文学部史学科准教授。一九八四年、千葉県生まれ、國學院大學大学院文学研究科博士課程後期修了。博士（歴史学）。専門は日本近現代史、日本政治史。著書に『近現代日本における政党支持基盤の形成と変容』（ミネルヴァ書房、二〇一七年）、『新訂　日本近現代史』（共著、放送大学教育振興会、二〇二一年）、『政務調査会と日本の政党政治』（共著、吉田書店、二〇二四年）など。

米山忠寛（よねやま・ただひろ）

東海大学政治経済学部政治学科特任准教授。専門は日本政治外交史。博士（法学）。一九七九年生まれ。東京大学法学部卒業。東京大学大学院法学政治学研究科博士課程修了。主な著作として、単著『昭和立憲制の再建――1932〜1945年』（千倉書房、二〇一五年）、論文「岸信介次官更迭事件」（『年報政治学』六九―一、二〇一八年）など。

下重直樹（しもじゅう・なおき）

学習院大学文学部教授。専門は歴史学（日本近代政治行政史）・アーカイブズ学。一九八一年、福島県生まれ。筑波大学大学院人文社会科学研究科歴史・人類学専攻博士課程単位取得退学。国立公文書館、内閣府での勤務を経て現職。主な編著に『アーキビストとしてはたらく――記録が人と社会をつなぐ』（山川出版社、二〇二二年）がある。

中西啓太（なかにし・けいた）

東京大学文書館准教授。専門は日本近現代史、地方行財政史、地方経済史。一九八七年、神奈川県生まれ。東京大学大学院人文社会系研究科修了。名古屋商科大学経済学部、愛知県立大学日本文化学部を経て現職。主な著書、論文に『町村「自治」と明治国家』（山川出版社、二〇一八年）、「一八八〇年代末〜一九二〇年代初頭の地方工場における単純肉体労働者」（『歴史と経済』六六―一、二〇二三年）。

白木澤涼子（しらきざわ・りょうこ）

北海道大学非常勤講師。専門は日本近現代史。一九六〇年、富山県生まれ。北海道大学大学院経済学研究院博士後期課程修了。博士（経済学）。主な論文に「昭和初期の電気料値下げ運動」（『歴史学研究』六六〇、一九九四年）、「東京新市域（荏原区）における町内会の創設過程」（『年報　首都圏史研究２０２０』一〇、二〇二〇年）、「一九四〇年地方税法と明治地方自治体制――地方公共団体の整理と解体」（『日本歴史』八九二、二〇二二年）。

小川原正道（おがわら・まさみち）

一九七六年、長野県生まれ。慶應義塾大学大学院法学研究科博士課程修了。博士（法学）。現在、慶應義塾大学法学部教授。専門は日本政治思想史。著書に、『「信教の自由」の思想史』（筑摩書房、二〇二四年）、『西郷従道』（中央公論新社、二〇二四年）、『日本政教関係史』（筑摩書房、二〇二三年）、『福沢諭吉　変貌する肖像』（筑摩書房、二〇二三年）など。

木下順（きのした・じゅん）

法政大学大原社会問題研究所嘱託研究員。元國學院大學教授。一九五一年、大阪府生まれ。大阪市立大学大学院博士課程後期修了。博士（経済学）。専門は労働史・社会政策史。主な著書、論文に『アメリカ技能養成と労資関係――メカニックからマンパワーへ』（ミネルヴァ書房、二〇〇〇年）、「井上友一の欧米視察――『列国ノ形勢ト民政』（一九〇一年）をめぐって」（『國學院大學紀要』四八、二〇一〇年）。

中澤俊輔（なかざわ・しゅんすけ）

秋田大学教育文化学部准教授　専門は日本政治外交史。一九七九年、新潟県生まれ。東京大学大学院法学政治学研究科博士課程修了。博士（法学）。主な著書、論文に『治安維持法――なぜ政党政治は「悪法」を生んだか』（中央公論新社、二〇一二年）、「日清・日露戦間期の警察改革」（『本郷法政紀要』一三、二〇〇四年）。

藤井なつみ（ふじい・なつみ）
一九九四年、埼玉県生まれ。早稲田大学大学院文学研究科博士後期課程在学中。専門は日本近現代史、演劇史。主な論文に「近代日本検閲研究の現状と演劇検閲研究の可能性」（『年報近現代史研究』一三、二〇二一年）、「大正期東京における演劇検閲の変容――検閲基準としての「芸術性」」（『史学雑誌』一三四―二、二〇二五年）。

市川智生（いちかわ・ともお）
沖縄国際大学総合文化学部教授。一九七六年、静岡県生まれ。横浜国立大学大学院国際社会科学研究科博士課程後期修了。博士（学術）。専門は日本近代史、医療社会史。共編著『衛生と近代――ペスト流行にみる東アジアの統治・医療・社会』（法政大学出版局、二〇一七年）、『暮らしのなかの健康と疾病――東アジア医療社会史』（東京大学出版会、二〇二二年）。

柏原宏紀（かしはら・ひろき）
慶應義塾大学法学部教授。一九七八年、大阪府生まれ。慶應義塾大学大学院法学研究科政治学専攻後期博士課程修了。博士（法学）。専門は日本行政史・日本政治史・日本経済史。主な著書、論文に『工部省の研究』（慶應義塾大学出版会、二〇〇九年）、『明治の技術官僚』（中央公論新社、二〇一八年）、「内務・工部省合併の頓挫と伊藤博文」（『日本歴史』九〇四、二〇二三年）。

松沢裕作（まつざわ・ゆうさく）

慶應義塾大学経済学部教授。一九七六年生まれ。東京大学大学院人文社会系研究科博士課程中退。専門は日本近代社会史、史学史。著書に『町村合併から生まれた日本近代』（講談社、二〇一三年）、『生きづらい明治社会』（岩波書店、二〇一八年）、『歴史学はこう考える』（筑摩書房、二〇二四年）など。

渡部亮（わたべ・りょう）

一九九五年、愛知県生まれ。東京大学大学院人文社会系研究科博士課程修了。成蹊大学文学部助教を経て、現在、四天王寺大学社会学部講師。専門は日本近現代政治史・思想史。主な論文に、「昭和新党運動の重層的展開」（『史学雑誌』一三二―二、二〇二三年）、「占領期社会党の民主戦線運動」（『日本史研究』七四二、二〇二四年）、「選挙粛正運動の二つの顔」（『日本歴史』八九九、二〇二三年）などがある。

原口大輔（はらぐち・だいすけ）

一九八七年、熊本県生まれ。九州大学大学院人文科学府博士後期課程修了。博士（文学）。現在、九州大学附属図書館付設記録資料館准教授。専門は日本近現代史。著書に『貴族院議長・徳川家達と明治立憲制』（吉田書店、二〇一八年）、共編著『松本学日記――昭和十四年〜二十二年』（芙蓉書房出版、二〇二一年）などがある。

西田彰一（にしだ・しょういち）

国際日本文化研究センタープロジェクト研究員。専門は近代日本史、思想史。一九八六年、兵庫県神戸市に生まれ大阪府東大阪市に育つ。総合研究大学院大学文化科学研究科国際日本研究専攻博士後期課程単位取得退学。博士（学術）。主な著書、論文に『躍動する「国体」――筧克彦の思想と活動』（ミネルヴァ書房、二〇二〇年）、「政治教育協会と水野錬太郎の政治思想」（『立命館大学人文科学研究所紀要』一二九、二〇二一年）、「水野錬太郎と国士舘の教育――国士舘の高等教育機関化への関わり」（『国士舘史研究年報　楓原』一三、二〇二二年）。

大江洋代（おおえ・ひろよ）

東京女子大学現代教養学部准教授。お茶の水女子大学大学院人間文化研究科博士後期課程修了。博士（人文科学）。専門は日本近代史。著書に『明治期日本の陸軍――官僚制と国民軍の形成』（東京大学出版会、二〇一八年）、『アカデミズムとジェンダー――歴史学の現状と課題』（共著編、績文堂、二〇二三年）など。

吉田律人（よしだ・りつと）

横浜都市発展記念館主任調査研究員。専門は日本近現代史。一九八〇年、新潟県生まれ。國學院大學大学院文学研究科博士課程後期修了。博士（歴史学）。主な著書に『軍隊の対内的機能と関東大震災――明治・大正期の災害出動』（日本経済評論社、二〇一六年）、共編著『関東大水害――忘れられた１９１０年の大災害』（日本経済評論社、二〇二三年）など。

稲吉晃（いなよし・あきら）

新潟大学人文社会科学系（法学部・経済科学部）教授。一九八〇年、愛知県生まれ。首都大学東京大学院社会科学研究科博士課程修了。博士（政治学）。専門は日本政治外交史。主な著書に『海港の政治史――明治から戦後へ』（名古屋大学出版会、二〇一四年）、『港町巡礼――海洋国家日本の近代』（吉田書店、二〇二二年）がある。

李炯植（イ・ヒョンシク）
高麗大学校亜細亜問題研究院教授。一九七三年、韓国生まれ。東京大学大学院人文社会系研究科博士課程修了。博士（歴史学）。専門は日本近現代史。主な著書に『朝鮮総督府官僚の統治構想』（吉川弘文館、二〇一三年）、『植民地帝国日本における知と権力』（共著、思文閣出版、二〇一九年）。

塩出浩之（しおで・ひろゆき）
京都大学大学院文学研究科教授。専門は日本近現代史。主な著書に『岡倉天心と大川周明』（山川出版社、二〇一一年）、『越境者の政治史』（名古屋大学出版会、二〇一五年）、『公論と交際の東アジア近代』（編著、東京大学出版会、二〇一六年）、『論点・日本史学』（共編著、ミネルヴァ書房、二〇二二年）など。

講談社現代新書　2772

内務省《ないむしょう》　近代日本《きんだいにほん》に君臨《くんりん》した巨大官庁《きょだいかんちょう》

二〇二五年四月二〇日第一刷発行　二〇二五年六月二日第三刷発行

著　者　内務省《ないむしょう》研究会《けんきゅうかい》編《へん》

発行者　篠木和久
発行所　株式会社講談社
東京都文京区音羽二丁目一二—二一　郵便番号一一二—八〇〇一
電　話　〇三—五三九五—三五二一　編集（現代新書）
〇三—五三九五—五八一七　販売
〇三—五三九五—三六一五　業務
装幀者　中島英樹／中島デザイン
印刷所　株式会社ＫＰＳプロダクツ
製本所　株式会社国宝社
定価はカバーに表示してあります　Printed in Japan

N.D.C. 317.21　552p　18cm
ISBN978-4-06-539430-4

「講談社現代新書」の刊行にあたって

教養は万人が身をもって養い創造すべきものであって、一部の専門家の占有物として、ただ一方的に人々の手もとに配布され伝達されうるものではありません。

しかし、不幸にしてわが国の現状では、教養の重要な養いとなるべき書物は、ほとんど講壇からの天下りや単なる解説に終始し、知識技術を真剣に希求する青少年・学生・一般民衆の根本的な疑問や興味は、けっして十分に答えられ、解きほぐされ、手引きされることがありません。万人の内奥から発した真正の教養への芽ばえが、こうして放置され、むなしく滅びさる運命にゆだねられているのです。

このことは、中・高校だけで教育をおわる人々の成長をはばんでいるだけでなく、大学に進んだり、インテリと目されたりする人々の精神力の健康さえもむしばみ、わが国の文化の実質をまことに脆弱なものにしています。単なる博識以上の根強い思索力・判断力、および確かな技術にささえられた教養を必要とする日本の将来にとって、これは真剣に憂慮されなければならない事態であるといわなければなりません。

わたしたちの「講談社現代新書」は、この事態の克服を意図して計画されたものです。これによってわたしたちは、講壇からの天下りでもなく、単なる解説書でもない、もっぱら万人の魂に生ずる初発的かつ根本的な問題をとらえ、掘り起こし、手引きし、しかも最新の知識への展望を万人に確立させる書物を、新しく世の中に送り出したいと念願しています。

わたしたちは、創業以来民衆を対象とする啓蒙の仕事に専心してきた講談社にとって、これこそもっともふさわしい課題であり、伝統ある出版社としての義務でもあると考えているのです。

一九六四年四月　野間省一

日本史Ⅰ

Ⓖ

日本史Ⅱ

政治・社会

1145 冤罪はこうして作られる 小田中聰樹
1201 情報操作のトリック 川上和久
1488 日本の公安警察――青木理
1540 戦争を記憶する――藤原帰一
1742 教育と国家――高橋哲哉
1965 創価学会の研究――玉野和志
1977 天皇陛下の全仕事――山本雅人
1978 思考停止社会――郷原信郎
1985 日米同盟の正体――孫崎享
2068 財政危機と社会保障――鈴木亘
2073 リスクに背を向ける日本人 山岸俊男 メアリー・C・ブリントン
2079 認知症と長寿社会――信濃毎日新聞取材班

2115 国力とは何か――中野剛志
2117 未曾有と想定外――畑村洋太郎
2123 中国社会の見えない掟 加藤隆則
2130 ケインズとハイエク 松原隆一郎
2135 弱者の居場所がない社会 阿部彩
2138 超高齢社会の基礎知識 鈴木隆雄
2152 鉄道と国家――小牟田哲彦
2183 死刑と正義――森炎
2186 民法はおもしろい――池田真朗
2197 「反日」中国の真実――加藤隆則
2203 ビッグデータの覇者たち――海部美知
2246 愛と暴力の戦後とその後――赤坂真理
2247 国際メディア情報戦――高木徹

2294 安倍官邸の正体――田﨑史郎
2295 福島第一原発事故 7つの謎 NHKスペシャル『メルトダウン』取材班
2297 ニッポンの裁判――瀬木比呂志
2352 警察捜査の正体――原田宏二
2358 貧困世代――藤田孝典
2363 下り坂をそろそろと下る 平田オリザ
2387 憲法という希望――木村草太
2397 老いる家 崩れる街 野澤千絵
2413 アメリカ帝国の終焉 進藤榮一
2431 未来の年表――河合雅司
2436 縮小ニッポンの衝撃 NHKスペシャル取材班
2439 知ってはいけない――矢部宏治
2455 保守の真髄――西部邁

哲学・思想Ⅰ

66 哲学のすすめ——岩崎武雄
159 弁証法はどういう科学か 三浦つとむ
501 ニーチェとの対話——西尾幹二
871 言葉と無意識——丸山圭三郎
898 はじめての構造主義 橋爪大三郎
916 哲学入門一歩前——廣松渉
921 現代思想を読む事典 今村仁司 編
977 哲学の歴史——新田義弘
989 ミシェル・フーコー 内田隆三
1001 今こそマルクスを読み返す 廣松渉
1286 哲学の謎——野矢茂樹
1293 「時間」を哲学する——中島義道
1315 じぶん・この不思議な存在——鷲田清一
1357 新しいヘーゲル——長谷川宏
1383 カントの人間学——中島義道
1401 これがニーチェだ——永井均
1420 無限論の教室——野矢茂樹
1466 ゲーデルの哲学——高橋昌一郎
1575 動物化するポストモダン 東浩紀
1582 ロボットの心——柴田正良
1600 ハイデガー＝存在神秘の哲学——古東哲明
1635 これが現象学だ——谷徹
1638 時間は実在するか 入不二基義
1675 ウィトゲンシュタインはこう考えた 鬼界彰夫
1783 スピノザの世界——上野修
1839 読む哲学事典——田島正樹
1948 理性の限界——高橋昌一郎
1957 リアルのゆくえ——大塚英志 東浩紀
1996 今こそアーレントを読み直す——仲正昌樹
2004 はじめての言語ゲーム——橋爪大三郎
2048 知性の限界——高橋昌一郎
2050 超解読！ はじめてのヘーゲル『精神現象学』 竹田青嗣 西研
2084 はじめての政治哲学 小川仁志
2099 超解読！ はじめてのカント『純粋理性批判』 竹田青嗣
2153 感性の限界——高橋昌一郎
2169 超解読！ はじめてのフッサール『現象学の理念』——竹田青嗣
2185 死別の悲しみに向き合う——坂口幸弘
2279 マックス・ウェーバーを読む——仲正昌樹

世界史Ⅰ